Vem aí a República!

JOAQUIM ROMERO MAGALHÃES

Vem aí a República!
1906 – 1910

ALMEDINA

VEM AÍ A REPÚBLICA!
1906 – 1910

AUTOR
JOAQUIM ROMERO MAGALHÃES

EDITOR
EDIÇÕES ALMEDINA, SA
Avenida Fernão Magalhães, 584, 5.º andar
3000-174 Coimbra, Portugal
T: 239 851 904 | F: 239 851 901 | editora@almedina.net
www.almedina.net

DELEGAÇÃO NO BRASIL
ALMEDINA BRASIL, LTDA
Alameda Lorena, 670
Jardim Paulista
01424-000 São Paulo, Brasil
brasil@almedina.com.br
www.almedina.com.br

DESIGN
FBA.

FOTO DE CAPA
A revolução republicana, soldados e civis armados, de Joshua Benoliel
Arquivo Municipal de Lisboa / Arquivo Fotográfico

PRÉ-IMPRESSÃO | IMPRESSÃO | ACABAMENTO
G.C. GRÁFICA DE COIMBRA, LDA.
Palheira – Assafarge
3001-453 Coimbra, Portugal
producao@graficadecoimbra.pt

OUTUBRO 2009

DEPÓSITO LEGAL
300301/09

Os dados e as opiniões inseridos na presente publicação
são da exclusiva responsabilidade do(s) seus(s) autor(es).

Toda a reprodução desta obra, por fotocópia ou outro
qualquer processo, sem prévia autorização escrita do editor,
é ilícita e passível de procedimento judicial contra o infractor.

Biblioteca Nacional de Portugal – Catalogação na Publicação

MAGALHÃES, Joaquim Romero, 1942-
Vem aí a República! : 1906-1910

ISBN 978-972-40-3964-0

CDU 323
94(469)"1906/1910"

*A monarquia estava perdida, não sendo já, naquela altura,
senão uma máquina de inutilizar homens.*

BRITO CAMACHO

*Foi um bambúrrio, diz-se. Mas não se esqueçam de
que tudo estava preparado por dentro para esse bambúrrio.
Convicções monárquicas não existiam, e a obra
de demolição era extraordinária.*

RAUL BRANDÃO

*Se bem estou lembrado, no decorrer daquele mansíssimo
dia de outubro, a nossa ansiedade não foi grande.
Sabíamos que a monarquia estalava de decrepitude
e que ninguém a defenderia com denodo.*

AQUILINO RIBEIRO

À memória de meus Avós,
João da Rocha Vieira Magalhães
(partidário de Afonso Costa)
e Santiago Formosinho Romero
(amigo de Mendes Cabeçadas)

Ao meu neto
Pedro Romero Magalhães Pinheiro

Palavras Prévias
13

CAPÍTULO 1
O liberalismo, a Carta Constitucional, o rei e a política
17

CAPÍTULO 2
Erros que de longe vêm
39

CAPÍTULO 3
Os adiantamentos à Casa Real
65

CAPÍTULO 4
A rua e a imprensa
79

CAPÍTULO 5
A questão académica
95

CAPÍTULO 6
A ditadura de João Franco
105

CAPÍTULO 7
O 28 de Janeiro e a lei de 31 de Janeiro de 1908
141

CAPÍTULO 8
O regicídio e a acalmação
153

CAPÍTULO 9
Velhas questões
183

CAPÍTULO 10
A defesa da monarquia
e a propaganda do rei
203

CAPÍTULO 11
A marcha para o abismo
233

CAPÍTULO 12
A questão religiosa
269

CAPÍTULO 13
A carbonária, conspiradores
e revolucionários
307

CAPÍTULO 14
Os propósitos republicanos
321

CAPÍTULO 15
De 3 a 5 de Outubro
– a revolução na rua
353

Fontes
399

Bibliografia
409

PALAVRAS PRÉVIAS

Há livros que desde sempre se querem escrever. Mas que nem por isso acontecem. Ou acontecem depois de muitas vezes adiados. Planeada, começada e abandonada várias vezes, aqui vem finalmente a minha proclamação da República.

A República concretiza-se nos primeiros anos do século, quando o regime monárquico se mostra exaurido e incapaz de conduzir e governar o País. Nada parece evitável do que lhe sucede em cascata de descalabros. Um erro puxa outro, numa sequência que parece conduzir ao 5 de Outubro. Embora não se acredite em fatalidades. Mas a verdade é que a monarquia não soube ou não quis perdurar. D. Carlos 1º, O Último, arriscou-se a uma ditadura, a pior das soluções, sem que se chegasse a perceber bem porquê. Disso decorre o final abrupto da sua própria vida. E os pouco mais de dois anos que se seguem não passam de um tempo de preparação para o partido republicano. E de um tempo de demonstração da absoluta impossibilidade da monarquia se tornar aceitável: dela se disse ser um regime «incompatível com a dignidade e prosperidade da Nação.» Vista na sua cronologia, a proclamação da República parece inelutável. E bambúrrio foi a relativa facilidade da sua concretização: apenas. Responsabilidades foram, no dizer de um anónimo monárquico, «as dos que sacrificaram a administração pública às preocupações da política. As dos que mais contribuíram para a desorganização da política monárquica. As dos que mais puseram a realeza directamente em foco e em cheque. As dos que, por nefastos conluios ou compromissões com o republicanismo, enfraqueciam a acção monárquica e fortificavam o impulso republicano. As, finalmente, dos que, envolvidos em tais compromissões, ou mesmo fora d'elas, no momento crítico, por covardia, traição, ou simples inépcia, não souberam ocupar o seu posto de honra.» Responsáveis teriam sido, afinal, todos os monárquicos. A questão dos tabacos abre a série, seguem-se os adiantamentos à Casa Real, o caso do Crédito Predial, entre os mais gravosos. Não poucos episódios aparentemente menores se acumulam para ajudar à liquidação do regime. A «insofismável imposição de inquéritos, publicação de documentos e ajuste de contas velhas, que alvoroçavam o país nos últimos anos da monarquia» anunciavam o desfazer da feira. Era esse percurso a caminho do fim que eu queria narrar. Por necessidade interior. Sendo republicano e educado em meio republicano, conheço razoavelmente as vicissitudes do regime e o quanto foi desacreditado por adversários e mesmo por seguidores. Nem por isso o tenho por menos decisivo e menos generoso. E capaz de dignificar os cidadãos que deixaram de ser súbditos. A centralidade da cidadania é o grande contributo do novo regime. Que nunca pode ser minimizado.

O presente livro trata apenas dos últimos anos da monarquia, desde a substituição do último ministério da presidência de José Luciano de Castro pelo de Hintze Ribeiro (Março de 1906), até à proclamação da República em Lisboa, na manhã de 5 de Outubro de 1910. Naturalmente que se confina aos aspectos políticos, porque esses foram os decisivos na trama dos acontecimentos que levaram ao fim da monarquia. O primado do político neste caso é evidente. Ao longo do texto são muitas as citações de escritos da época. Impôs-se-me deixar que fossem as fontes a transmitir o que se passou. Para assim conservar um insubstituível sabor. Buscando em publicações muito variadas essa multiforme informação que enriquece uma narrativa. De um tempo afinal tão próximo e ao mesmo tempo já tão distante.

A todos os que de algum modo me ajudaram a encontrar documentos, livros, revistas e jornais os devidos agradecimentos. Não me faltaram amizades nem generosidades.

Coimbra, 31 de Janeiro de 2009
Joaquim Romero Magalhães

CAPÍTULO 1
O LIBERALISMO,
A CARTA CONSTITUCIONAL,
O REI E A POLÍTICA

«Isto termina, fatalmente, por um crime ou por uma revolução», terá dito numa reunião do Conselho de Estado, em 1907, Júlio de Vilhena, chefe do partido regenerador.[1] Enganava-se: acabou num crime – o assassinato do rei D. Carlos em 1 de Fevereiro de 1908 – e numa revolução – a proclamação da República em 5 de Outubro de 1910. Não se cumpriria a alternativa.

1910 é o ponto de chegada de uma longa evolução, da falência de uma tenteante política monárquica, incapaz de se opor à expansão da ideia de República como salvadora e redentora dos males da Pátria. A monarquia tornava necessária a revolução que a substituiria. Porque como regime político, se encontrava enredado em contradições insanáveis. Não significa isso que fatalmente soçobrasse. Mas soçobrou, sem remédio nem remissão. Não sem se defender. Embora essa defesa se não tivesse mostrado eficaz.

A queda da monarquia decorre das transformações sociais e culturais que vão acontecendo ao longo do constitucionalismo monárquico. Da tomada de consciência por camadas populacionais cada vez mais largas do beco-sem-saída em que se afundara o regime político português. Dois momentos grandes de propaganda anti-monárquica e pró-republicana prepararam a afirmação do partido republicano e a eclosão do 5 de Outubro: o centenário de Camões, em 1880 e o ultimatum inglês e a tentativa revolucionária de 1891 (o 31 de Janeiro no Porto). Se o centenário de Camões radicou optimismo nos republicanos, a derrota de 1891 instalou o pessimismo quanto à possibilidade de apear a monarquia com simples passeio de tropas ao som de banda militar. O partido republicano entrou em crise prolongada.[2] Quase arriscando o seu desaparecimento. Os republicanos de 1880-1890 tinham perdido a oportunidade de avançar para a mudança do regime. A partir daí ficou mais claro que só pela revolta armada a sério se chegaria lá – e que não seria fácil consegui-lo. Havia que esperar as circunstâncias oportunas. Saber antecipá-las. Talvez mesmo suscitá-las. E outros serão os protagonistas, mesmo se não desaparecem da militância as figuras de referência de Theophilo Braga, Manuel de Arriaga, Alves da Veiga, Sampaio Bruno ou Bazilio Telles. Como serão os mais novos – por vezes ditos da geração do ultimatum – os principais protagonistas da mudança: Afonso Costa, António José de Almeida, Brito Camacho, para deixar alguns nomes.[3]

Será a própria política monárquica que depois, durante a primeira década do século XX, abrirá o caminho à república, preparando terreno para o êxito de uma propaganda arrasadora. Pegue-se na palavra do monárquico Carlos Malheiro Dias: «A questão dos tabacos inaugurou-a. A cisão do partido progressista animou-a. A queda do ministério de Hintze Ribeiro – o ministério dos 58 dias – agravou-a. A ditadura do conselheiro João Franco precipitou-a. O regicídio é a baliza trágica de um naufrágio. D. Manuel é apenas um náufrago que se sustenta ao lume d'água três anos.»[4]

Sobre um fundo económico, social e cultural de uma sociedade em mudança, inscreve-se uma trama de acontecimentos marcadamente políticos. O regime liberal português, tal como se instalara desde a Regeneração (1851), conduziu a um conjunto de práticas que não estavam previstas na Carta Constitucional de 1826. Com efeito, as normas de direito público ou o cumprimento estrito da lei não explicam o modo de funcionamento da política liberal e a supremacia que o poder executivo nela assumiu. Porque nos procedimentos, «o executivo é uma realidade, e o legislativo uma ficção; que efectivamente nós temos um ministério que executa, mas não temos um Parlamento que legisle.»[5] As câmaras – com frequência adiadas ou suspensas – limitadamente cumpriam o seu papel. Pelo que o governo só encontrava condicionamento no efectivo exercício do poder pelo rei. Pelo que os demais poderes constitucionais oscilavam entre as tutelas régia e governamental. Rei e partidos políticos compartilhavam o poder. Theophilo Braga divide as opiniões políticas apenas em dois partidos: o partido do rei (que seriam os regeneradores e os progressistas) e o partido da Nação (que era o partido republicano). Ambos os partidos monárquicos agem como que considerando o paço a fonte de toda a soberania.[6] Os ministros eram do rei, não da Nação, reconheceu uma vez Hintze Ribeiro.[7] O rei fazia e desfazia os executivos que se iam sucedendo, no respeito por alguma alternância entre os dois agrupamentos dominantes – regeneradores e progressistas. Alternância que variou com as situações.[8] Com posterior apoio no sufrágio, devidamente condicionado. E feitas as eleições com os recursos do Estado. Como escreveu João Chagas, o «governo pretende vencer as eleições e para as vencer, dispõe dos dinheiros públicos, como se estes pertencessem aos cofres do seu partido. Amanhã virá outro governo que, para vencer por sua vez outras eleições, fará outro tanto.»[9] Anos antes afirmara: «em Portugal não há dois partidos, mas uma quadrilha só, dividida em dois bandos.»[10] À vez usavam as funções governativas para conseguirem fruir das benesses públicas. Muito em especial, porque governar era distribuir lugares nos serviços do Estado. «Os amigos do governo pretendem, a todo o transe, que ele se conserve... para os servir; os inimigos do governo pretendem, a todo o custo, que ele se vá embora... para se servirem eles.»[11] Assim se despachava este ou aquele para esta ou aquela posição ou lugar. Fosse um amanuense de secretaria, um pároco, um juiz, um administrador de concelho. Sem que houvesse diferença entre o que cada partido fazia – mudavam as pessoas, não os procedimentos: «Assim como os seus princípios, assim como as suas fórmulas, assim como as suas práticas.»[12] Com maior virulência se expressava Homem Christo, já em 1889: os partidos monárquicos eram «agências de negócios sujos, onde todos entram com o propósito exclusivo de encher os bolsos. Brio, independência, dignidade, patriotismo, tudo isso é *retórica*.»[13] Como dirá, mais tarde, Júlio de Vilhena (chefe do partido regenerador), os «partidos eram tribus de famélicos que o rotativismo alimentava. Os chefes de grupo convertiam todas as questões económicas, sociais ou políticas em negócios de dinheiro.»[14]

Resultou isto bem – politicamente – sobretudo enquanto o partido regenerador foi chefiado por António Maria Fontes Pereira de Melo (até 1887). Logo depois, com a liderança de António de Serpa Pimentel (1887-1900), começam as dissidências. Com Ernesto Rodolfo Hintze Ribeiro (1900-1907) e a seguir com Júlio Marques de Vilhena (1907-1910) assim tornou a ser, não mais se tendo sustentado entre os regeneradores a coesão do tempo de Fontes. Constituíram-se facções, chefiadas por pretendentes à chefia do governo.[15] Por isso a dissidência que leva à criação do Partido Regenerador Liberal liderado por João Franco Castelo Branco em 1901.[16] Por parte dos Progressistas chefiados por José Luciano de Castro, embora mais coesos nestes anos iniciais do século, também se assinala uma fractura, com a defecção dos Progressistas Dissidentes chefiados por José Maria d'Alpoim, em 1905 – por não lhe ter sido confiada a pasta do Reino, dizia-se.[17] Cisões que os respectivos dirigentes provocam por incompatibilidades pessoais com os chefes partidários: Ernesto Hintze Ribeiro (regenerador) e José Luciano de Castro (progressista). Pelas escolhas para pastas ministeriais.[18] E pelas nomeações, que satisfaziam ou desfeiteavam os partidários, os amigos, as clientelas. Afastando personalidades próximas que se encontravam em ruptura. Em 1900 Franco, marechal do partido, não foi escolhido deputado pelos regeneradores. E entre os pares do Reino nomeados em 1901 nenhum era da sua parcialidade.[19] No caso dos progressistas, o afastamento do indisciplinado Alpoim das cadeiras governamentais veio a causar grandes dificuldades. No entanto, coincidiu com a questão dos tabacos, que foi tomada como pretexto para o seu afastamento. Demissão decidida pelo Presidente do Conselho, ao arrepio das praxes parlamentares.[20]

No confronto dos partidos não havia incompatibilidade por ideias distintas, que não tivessem tido acolhimento. De origens diversas e defendendo programas diferentes, no princípio do século os partidos da rotação já mal se distinguiam. Sobremaneira importavam as rivalidades internas, os confrontos pessoais, os frustrados desejos de chefia. Desde há muito que essa tendência para a indiferenciação se notava: já em 1874 tinha isso sido objecto de crítica por Ramalho Ortigão.[21] Mais tarde, em 1887, Oliveira Martins também insistia em que a diferença entre regeneradores e progressistas era tão só «uma tradição já vazia de significado político.»[22] Theophilo Braga acentua que o «conflito entre eles não provém das teorias governativas, nem das doutrinas económicas, nem da realização de grandes mas incertos planos; provém do ciúme pessoal, resumido n'esta frase vulgar: *tira-te de lá, que me quero pôr.*» Eram partidos sem ideias, «à mercê dos acidentes casuais das pessoas.»[23] Em «Portugal não existe política de princípios entre os partidos que se revezam no poder e cujos processos são perfeitamente idênticos sem que um grande ideal administrativo ou sociológico os faça distinguir», escreve Alfredo Gallis, jornalista com experiência no poder local.[24] Brito Camacho concretiza: «Regeneradores e Progressistas são dois rótulos do mesmo frasco, são duas alcunhas do mesmo tipo, são duas tabuletas da mesma loja, são duas marcas da mesma fábrica.» «A luta entre os dois grandes partidos históricos, partidos de governo, como lhes chamam, até ao momento em que se irmanaram e confundiram, nunca foi uma luta de princípios, foi sempre um conflito de meios – os indecorosos meios de que era necessário lançar mão para chegar ao poder.»[25] Todos, e de muitas facções e parcialidades, se mostravam de acordo na apreciação.

O que era o rotativismo? A resposta só podia ser: «Duas grandes associações de socorros mútuos, amparando-se uma à outra, salvando-se uma pela outra, tendo por artigo fundamental de idêntico estatuto este artigo: guerra de morte a quem tiver talento, guerra de morte a quem tiver carácter.»[26] No entanto, já mais nítida diferença havia entre as duas dissidências dos grandes partidos, porque Franco anunciava um programa político próprio – ou pelo menos assim o proclamava. Talvez não tivesse chegado à elaboração de um texto formal especialmente dito «programa». Porém, as ideias-mestras estavam definidas e apresentadas desde 13 de Maio de 1903. Embora fugisse a discussões candentes, como a questão religiosa e evitasse debruçar-se sobre o proletariado – esta questão só mais tarde sumariamente tratada.[27] Ficavam destrinçados três pontos essenciais: responsabilidade ministerial; reforma da lei eleitoral; independência do poder judicial.[28] Do lado da outra dissidência, só em Dezembro de 1907 Alpoim veio a apresentar um *Memorandum da Dissidência Progressista* que ficou a fazer as vezes de programa do grupo.[29] Simplesmente: pela sua actuação sempre os Dissidentes puderam ser tidos por mais avançados do que o conjunto do partido progressista. Eles próprios, em 6 de Outubro de 1910, no momento de se extinguirem, se declaram como tendo estado na extrema esquerda da monarquia: que queriam democrática. Embora também se dissesse de Alpoim que era um «democrata de contrabando.» Diferenças grandes havia entre João Franco e José Maria d'Alpoim, que não deixaram de ser notadas por quantos compararam os dois agrupamentos e não apenas os dois chefes.[30]

O principal é que faltavam ideias e propósitos diferenciadores aos dois partidos da rotação. Que misturavam gente muito diversa: «A excessiva conciliação de elementos diversos e até antagónicos produz *mayonnaises* políticas, mas não organiza partidos fortes. E sem partidos fortes não há política séria nem governo a valer.» Formulação ajustada esta, de Carlos Lobo d'Ávila, político malogrado, vencido da vida e fautor responsável da política de engrandecimento do poder real.[31] Não podiam ser fortes os partidos que se comportavam «como duas metades do mesmo zero.» Assim, nos princípios do século XX os dois grandes agrupamentos centrais do constitucionalismo monárquico não esgotavam já, nem sequer satisfaziam, o espectro ideológico e as transformações porque passava o eleitorado.[32] Todavia ainda não se havia manifestado nos outros pequenos grupos de amigos políticos uma alternativa que se revelasse consistente. Grupos todos eles em que a mediocridade campeava. O período terminal do constitucionalismo monárquico afastou da política muita gente capaz. «Os partidos rotativos foram-se pouco a pouco transformando em campos fechados ao merecimento e apenas abertos à mediocridade intrigante. Com o mal entendido apoio dos dois últimos monarcas [D. Luís e D. Carlos], os chefes omnipotentes e nem sempre os mais capazes, eliminaram, sistematicamente, os hábeis e os insubmissos. D'alto a baixo dominou a mesma lei de exclusão.»[33] Aconteceu isso com todo aquele que não sentia vocação para esterilizar a sua vida «amarrado como um boi à nora da política.» Assim se exprimia Oliveira Martins, que nunca acreditou ser «com rabulices de politiqueiros nem com manhas de galopim que se resolve a situação.»[34] Um republicano, Bazilio Telles, resume a situação de uma outra maneira – «A monarquia em Portugal tem sido isto: a incompetência, o impudor e a opressão.»[35]

«Quando o rotativismo começou em 1901, a partir da cisão de João Franco, pelo acordo dos dois partidos tradicionais, governando um e fingindo outro de oposição, o país entrou a ser tão detestavelmente governado como nunca o fora. E o partido republicano engrossou, engordou, alastrou, à custa do desgosto e do sofrimento nacional.»[36] Era a visão do *Diario Ilustrado*, jornal de João Franco. Que se preparava para atalhar o mal rotativo em que se enleava a monarquia. Houve quem dele dissesse que pretendia abalar a apatia habitual do povo perante a política. Quereria fazer de modo diferente. Contrapondo-se também decididamente ao partido republicano. Os republicanos queriam «combater a monarquia liberal que o sr. João Franco trata de organizar.»[37] Porque o mais aguerrido dos partidos era frontalmente contra o regime: o partido republicano português. Mas não actuava só fora do sistema que pretendia derrubar. Pelo contrário, desde 1870 concorria a eleições e de quando em vez conseguia eleger deputados. A tendência crescente dos republicanos em número de sufrágios perturbava as combinações dos partidos monárquicos. E mais se sabia com a denúncia das tropelias que ocorriam nos actos eleitorais. O que abalava a ordem estabelecida. Nem por isso os assustados monárquicos se coibiam de se digladiar. A eles se deve «o sistema intolerável de interromper as sessões da câmara dos deputados [...] com arruaças tempestuosíssimas, invectivas injuriosas, incidentes adrede preparados, objurgatórias irritantes, berros, estilhaços de carteiras pelo ar, e até charutos acesos nas bocas crispadas de ódio e chapéus nas cabeças encandecidas dos incorrigíveis desordeiros.»[38]

As pugnas retóricas (e ao que diziam não só retóricas) contavam ainda com a participação bem activa e provocadora dos republicanos. Que intermitentemente foram elegendo como deputados personagens de alta craveira política: Rodrigues de Freitas, Elias Garcia, Zófimo Consiglieri Pedroso, Latino Coelho, Eduardo Abreu, Bernardino Pereira Coelho, Teixeira de Queirós, José Jacinto Nunes, Gomes da Silva, Manuel de Arriaga, Afonso

Costa, Xavier Esteves e Paulo Falcão. Desde 1878 a 1900.[39] Que foram aproveitando escândalos, corrupções e inabilidades para lançarem o descrédito sobre o regime monárquico por dentro de uma instituição central como o parlamento. A organização dos centros e comissões do partido republicano por todo o País ia sendo feita. Tendo passado por uma crise profunda, até 1906, no entanto o partido começava a recuperar. E recomeçava a expandir-se. Multiplicavam-se os comícios fora de Lisboa e do Porto: Faro, Covilhã, Viseu, Aveiro, Santarém, Guarda, Braga, Coimbra, Bragança, Leiria...[40] Cresciam os partidários em número e influência social. Logo em 1908 haverá quem lhe queira escrever a história: o jornalista Augusto José Vieira, que só chegou a narrar o que de importante lhe parecia ter ocorrido de 1807 a 1834.[41] Em fascículos. Com a difusão propagandística que isso proporcionava. A existência de deputados dispostos a denunciar escândalos da administração levava a que funcionários desapontados, conhecedores do que se passava, denunciassem irregularidades na esperança de as verem publicamente descobertas.[42] Na câmara alta os dignos pares do Reino, todos monárquicos, também se não esquivavam a pôr em causa os executivos, usando por igual a violência verbal e a provocação. O deputado, depois par do Reino João Arroyo, regenerador, não poupando ataques ao rei e à rainha, pôde mesmo ser dito um dos principais culpados pela queda da monarquia.[43]

O parlamento era o espaço por excelência da luta política e difusor de velhas e novas propostas para a governação. Além disso os grupos partidários tinham os seus jornais próprios que amplificavam o que era dito ou proposto nas cortes. Mesmo periódicos locais tinham a colaboração atenta e cuidadosa dos políticos de Lisboa. Que assim iam garantindo a sua presença junto dos eleitores – eventualmente beneficiados. Mesmo em meios pequenos. António Cabral, marechal progressista não descurava a escrita de fundos e *sueltos* no semanário *A Verdade* do Marco de Canaveses. É um bom exemplo.[44] Os centros de propaganda e as comissões do partido republicano faziam chegar muito longe o seu propósito de bota-abaixo do regime. Actividade constante, que acontecia não apenas nos grandes centros como em vilas e aldeias: por toda a parte se apresentavam estes «missionários da República.»[45] Atacando muito especialmente a figura do rei e as instituições monárquicas que naturalmente se apresentavam e eram tidas como solidárias. Porque o rei constituía, obviamente, o centro do regime e também porque se revelava como a figura mais vulnerável – por mais exposta. Porque o rei acabava por ser visto também como a personagem central por dele depender o executivo. A acção régia tinha perdido isenção e extravasado para fora do que lhe competiria como titular do poder moderador, tal como a Carta Constitucional lho conferia. E por isso a exposição e a fragilidade em que se encontrava a realeza. Muitos se confinavam a pensar que tudo se passava como antes da Carta Constitucional: «O rei, para esta gente, é quem dá e quem tira o poder. A monarquia representativa de toda essa gente não difere, senão no rótulo, da monarquia absoluta. Para eles, não é a nação que dá e tira o poder, é o rei.»[46]

O rei escolhia quem encarregar de formar governo. O rei decidia que medidas governamentais aprovava ou rejeitava. O rei dissolvia a câmara baixa do parlamento, suspendia e adiava as sessões das cortes. O rei nomeava as fornadas de pares do Reino para garantir aos governos maiorias na câmara alta. Dizendo-se que o rei reinava mas não governava, na realidade o monarca estava implicado a sério nas políticas governamentais. E D. Carlos «reinava e queria governar. E, de facto, se não governava sempre, muitas vezes governava», no testemunho de um antigo ministro da Coroa.[47] Ao convidado governante Oliveira Martins escreveu que queria ver as propostas da Fazenda «porque não desejo que projecto algum seja apresentado em cortes sem que eu d'ele tenha completo conhecimento.»[48]

Logo depois de iniciar o seu reinado, D. Carlos ouviu com demasiada atenção e interesse quantos lhe falavam de «engrandecimento do poder real». Tratava-se de um cesarismo (à portuguesa), que alguns reformistas perfilhavam. Chegando a concretizar-se, embora fugaz e incompletamente, na ditadura de 1895.[49] Que também pôde ser apreciada como uma crise moral.[50] Porém, constatava-se a incapacidade de salvação por dentro do regime? Era pergunta que muitos monárquicos faziam e continuariam a fazer. O autoritarismo do monarca – ou o seu gosto de mandar – acabou por ir sendo satisfeito numa política em que os governos se mostravam incapazes de se autonomizarem do poder moderador. Com satisfação dos governantes que assim exerciam um poder bem pouco limitado pela opinião pública. «O Estado é o rei. Cidadão há um único: D. Carlos. Os deveres são nossos, os direitos dele.»[51] Porém, e por mais poderes que o rei exercesse, faltavam-lhe os apoios de dentro, dos políticos do regime. Porque «tudo se concentrou no poder real, todas as responsabilidades, com fundamento ou sem ele, lhe imputam.» A conclusão era óbvia: « Não é lícito, pois, esperar a salvação dentro da monarquia. Não é possível.» Assim proclamava o sempre moderado Bernardino Machado, não muito depois de ter aderido à república. Moderado confesso.[52] Muito se falara em criação de novos partidos, sem que nada acontecesse. «Portugal é uma monarquia sem monárquicos», terá afirmado D. Carlos.[53] Se não o disse, tudo indica que o poderia ter dito: resta saber por que assim acontecia. E se ao próprio D. Carlos não cabia boa parte dos motivos da desafeição popular que ia corroendo o regime.

Pela sua frequente intervenção nos actos governativos, mesmo os monárquicos pouco respeitavam o rei. A menos de a sua facção se encontrar no governo. Se na oposição era a vez de o monarca ser atacado de todas as formas, no parlamento e na imprensa. «Sempre que o rei recorreu a estes actos políticos violentos – a dissolução do parlamento, 11 vezes em 18 anos –, os partidos lesados completamente esqueceram a sua qualidade de partidos monárquicos e trataram-no como *sans-culottes*, qualificando-o com os piores termos e ameaçando-o de o destituir. Isto não foi uma crise, ou um incidente político: foi toda a história do reinado de D. Carlos, desde o princípio ao fim.» «Enquanto estavam no poder, os partidos ainda o suportavam, com a sua soberbía e a sua arrogância. Era o poder. Na oposição não o podiam ver, porque os políticos que serviram a D. Carlos só o viram com bons olhos, enquanto ele os serviu – a eles. Sempre que os pôs de parte, tornou-se-lhes intolerável. Então aparecia-lhes com todos os seus defeitos e nenhuma das suas qualidades, se as teve, e para esses singulares monárquicos não era então já o monarca – era o inimigo a quem não se dá quartel, que se combate por todas as formas, mesmo as mais malignas, cujo poder se procura abalar, cujo prestígio se procura acometer, discursando, escrevendo, falando, murmurando, intrigando.»[54] Síntese justa, elaborada por um republicano, e por um republicano fortemente empenhado na luta contra a monarquia; e mesmo já punido com deportação e degredo em consequência do 31 de Janeiro em que não participara. Mas leia-se um monárquico: «Quem derrubou a Monarquia senão os monárquicos, os que se diziam seus servidores fiéis e o não eram?»[55] Dito ainda de outra maneira: «Em que assenta a política portuguesa? Na mais simples e na mais mesquinha de todas as considerações. Para governar é preciso espreitar a vontade de el-rei, para satisfazer-lha.»[56]

Ao mesmo tempo, o partido republicano assume-se como representando os interesses democráticos do País, oposto ao das camarilhas rotativas e cortesãs.[57] E, por suposto, ao rei. «Desde que el-rei entrou pessoalmente na luta, voluntariamente se tornou alvo da investida e dos ataques d'aqueles de quem deixou de ser Soberano para passar a ser adversário.»[58] Ataques feitos pela Pátria e pela República, como proclama Sebastião de Magalhães Lima.[59] Identidade ofensiva, aguerrida, mesmo se a representação política republicana era pequena no conjunto parlamentar (quando a havia). Que todavia se mostrava não só corajosa como competente. A «República é a condição imprescindível da nacionalidade, livre, respeitada, próspera, progressiva», diziam os seus propagandistas.[60] República que se queria identificada «com a alma livre da nação inteira.»[61] «Os interesses do partido republicano ou são os próprios interesses do País, ou não são coisa alguma que valha o mínimo sacrifício.»[62] Nessa consonância democrática com a Nação se baseava a sua propaganda. «N'esta agudíssima crise nacional a república é mais do que uma simples forma de governo. É o último esforço, a última energia, que uma nação moribunda opõe à morte. Viva a República! É hoje sinónimo de – viva Portugal!»[63]

Era um ponto de partida e um ponto de chegada. E um incentivo à acção revolucionária, quando se percebesse que era possível dar o golpe que virasse a situação. A ideia republicana já em 1906 conseguia forte apoio em Lisboa e uma nutrida presença em outros meios urbanos. Muito fraca ou mesmo quase inexistente em meios rurais? Tem-se dito e imagina-se que assim seria. Mas apesar de as redes de partidários monárquicos serem difíceis de romper nos pequenos centros, os republicanos iam tendo representantes seus por todos os concelhos do País – dominavam já o Sul, embora tivessem maiores dificuldades de penetração e de actuação no Norte rural de população dispersa. Mas a propaganda e a agitação começava a chegar a todos os lados: comissões de paróquia, municipais e distritais do partido republicano instalam-se em boa parte do território.[64] Os meios rurais começam a estar contaminados por essa divulgação dos ideais democráticos. Os jornais apareciam, se bem que com atraso, um pouco por toda a parte. E com eles as grandes questões que se debatiam na capital e nos meios políticos mais desenvoltos. Havia que pensar bem como prosseguir mas com uma actividade revolucionária. Não podia tardar a passagem à acção directa para derrube do regime.[65]

Propaganda, há que insistir. Mas propaganda hábil e consistente. Porque a monarquia deixava por resolver os problemas que afectavam a vida do País e disso se ressentia a sua popularidade. Tornava-se fácil mostrar a sua inadequação para governar Portugal. Enquistava-se num sentimento de segurança e não punha em dúvida a sua própria existência – apesar de constantemente se ver ameaçada. O parlamento, recheado de bons oradores e de esforçados eleitos não representava os interesses nacionais, mas os dos partidos nele representados. Quando era precisamente essa a primeira e mais grave das questões políticas. E a eleição acontecia em grande parte como resultado do querer dos chefes partidários e de algum dos seus agentes, com nome de influente, cacique ou galopim – assim diziam do «homem de influência e prestígio eleitoral que dominava uma região.» «O influente na política e o filoxera nas vinhas, são dois males que têm causado a Portugal prejuízo sem nome.»[66] Destacava-se a perversão e a mistificação da máquina eleitoral. Tudo valia para assegurar o resultado do sufrágio: nem que para isso a urna fosse previamente cheia com votos – aquilo a que se chamava chapelada. Leia-se uma simples afirmação de António Cabral, administrador do concelho do Marco de Canaveses referindo-se ao começo de uma vida política bem preenchida: «E aqui afianço e afirmo que se meu irmão não pudesse ser eleito [...] o candidato da oposição também o não seria, porque eu não deixaria que o fosse, ainda que tivesse que empregar a violência.»[67] Eram assim as eleições. Como escrevia o nacionalista Jacinto Cândido, com «a lei actual a eleição é – salvo Lisboa e Porto – o que a autoridade quer que seja.»[68] Porque a administração se deixava subordinar aos interesses dos homens no poder. Nomeavam-se funcionários sem justificação, apenas para pagar favores ou garantir silêncios. Muitos serão os que recebem vencimentos do Estado sem contribuírem com algum trabalho.[69]

O regime liberal cartista encontrava-se bloqueado pelos próprios partidos políticos que na sua defesa e no preenchimento da sua arquitectura jurídica se tinham formado. Como os partidos se encontravam bloqueados nas suas propostas pelas vicissitudes das finanças públicas. Que resultavam abafadas pelos encargos da dívida pública. O equilíbrio orçamental e o equilíbrio das contas públicas condicionavam fortemente as políticas governamentais.[70]

A vontade dos eleitores ficava secundarizada e dependente em relação à vontade dos aparelhos partidários. Melhor: pouco contava, pois nem sequer a vontade expressa nas urnas poderia ser considerada autêntica. Para que isso assim mais bem ficasse havia uma legislação que fora designada «ignóbil porcaria» por um prócere do regime que nada fez para a alterar quando pôde. O que a todos interessava era fazer as eleições para sustentar os governos escolhidos pelo rei, não preocupando alguém ouvir o que as populações tinham a dizer sobre a marcha dos negócios públicos. Hintze Ribeiro, regenerador que a fizera aprovar, refere que a representação parlamentar de cada um dos partidos rotativos fora combinada com José Luciano de Castro, o chefe progressista. Como escreve Hintze ao seu «parceiro», «V. Ex.ª sabe que eu tracei as circunscrições eleitorais de forma a garantir ao seu Partido uma representação já bastante maior do que a que tinha na passada sessão legislativa, combinando particularmente com V. Exª.»[71] Convinha a ambos esta prévia distribuição de lugares. Mais: os próprios votos eram somados antes. Havia que contar com a eficácia votante dos influentes e com as chapeladas que executavam – para ajeitar as coisas. De acordo com a distribuição prévia feita entre ambos os partidos. «A votação será a seguinte»... podem anunciar – e anunciam.[72] Inicialmente para evitar que houvesse votos em João Franco e nos regeneradores-liberais. Eram, como satirizava Rafael Bordalo Pinheiro, os Inimigos íntimos.[73] Depois os grandes adversários passam a ser os republicanos.

Entretanto os impropérios e insultos entre os partidos rotativos não se acalmavam. Que uma coisa era o cozinhado eleitoral outra os debates nas duas câmaras do parlamento. De envolta com a perfídia possível: «O governo não se contenta em pôr este país em leilão. Vai mais longe ainda este desmanchar de feira. O país é posto a saque.» Assim se dizia do lado regenerador. Mas logo das cadeiras progressistas se respondia: «À frente dos negócios públicos em Portugal tem estado verdadeiras quadrilhas de ladrões.»[74] Numa coisa todos concordavam: em conluiar-se para impedir o acesso eleitoral do partido republicano. Haveria mesmo ordens para oporem «todas as contrariedades possíveis àqueles que pretendessem inscrever-se como eleitores.»[75] O recenseamento eleitoral era cuidadosamente vigiado para impedir o acesso de indesejáveis ao sufrágio – o que quer dizer republicanos. Muito em especial isso acontecia na cidade de Lisboa – que potencialmente se revelava perigosa. E a que por isso os partidos monárquicos dedicavam a melhor das suas atenções, começando pelo recenseamento eleitoral. Dele havia que afastar, recusando a inscrição como eleitores, quantos fossem suspeitos de republicanos. Com isso também jogavam os chefes políticos: e assim, enquanto a população cresce, o número de eleitores baixa depois de 1890.[76] Leis bem feitas para o propósito que se pretende e estreita vigilância sobre os cadernos dos inscritos. Assim melhor se garantia o resultado previamente decidido. Ou, pelo menos, assim se evitavam surpresas.

A política estava inquinada, a falta de seriedade era manifesta: «Até quando durará este pagode?», perguntava indignado, e com razão, um jornal republicano...[77] Nenhum dos governos – nem sequer os que tinham denunciado com veemência a lei eleitoral – alguma vez se dispôs a fazer aprovar nova lei. Seriamente. Anunciavam a intenção, estudavam os efeitos desta ou daquela modificação e... ficava tudo na mesma. A conclusão seria sempre a já sabida: convinha encontrar maiorias no parlamento a partir de (e em seguida) às nomeações de governos pelo rei. Tampouco o monarca – D. Carlos ou D. Manuel, qualquer deles – alguma vez se incomodou com a injustiça da lei eleitoral. Era sabido que à queda do ministério se seguia «uma mudança radical na *opinião* política do país.»[78] Como proclamava em sátira João de Deus:

> «Há entre el-rei e o povo
> Por certo um acordo eterno:
> Forma el-rei governo novo,
> Logo o povo é do governo.»

> «Graças a esta harmonia,
> O Governo, o ministério,
> Ganha sempre as eleições
> Por enorme maioria.»[79]

Era bem conveniente que os governos tivessem sempre apoio nas câmaras: assim partilhavam os partidos rotativos a sua passagem pelos executivos. O rei também ficava muito mais à vontade para exercer o seu próprio poder de mudar os governos se dele dependessem. O que poderia não acontecer na representação parlamentar encontrada por eleições sérias. O que poderia ainda escapar à vontade, aos arranjinhos e combinações de quem mandava – rei e políticos.

Tudo convergia para que a monarquia se mostrasse incapaz de reformar a vida pública. Sequer que a maioria dos políticos se apercebessem da necessidade de modificar o modo como se governava. E que se conseguisse evitar que grande parte das elites sociais se passassem sem via de retorno para a solução que mudasse o que estava: o que significava a adesão a um novo regime político, o republicano. Porém, o pagode ainda iria continuar.

CAPÍTULO 1
NOTAS

1 Tê-lo-á primeiro escrito a 20 de Outubro de 1907 num artigo no jornal *O Popular* – segundo António Cabral, *O agonizar da Monarquia. Erros e crimes – Novas revelações*, Lisboa, Livraria Popular de Francisco Franco, 1931, p. 188.

2 Emilio Costa, *É precisa a Republica?*, Lisboa, Imprensa de Libanio da Silva, 1903, p. 33 .

3 Theophilo Braga, *História das Ideias Republicanas em Portugal*, reed., Lisboa, Vega, 1983, pp. 163-174; Joaquim de Carvalho, «Formação da ideologia republicana (1820-1880)", *in* Luís de Montalvor, *História do Regímen Republicano em Portugal*, Lisboa, Ática, 1930, vol. I, pp. 285-303; Ferreira de Mira, «O homem público», *in* Ferreira de Mira e Aquilino Ribeiro, *Brito Camacho*, Lisboa, Livraria Bertrand, (1942), p. 39.

4 Carlos Malheiro Dias, *Do desafio á debandada, I. O pesadêlo*, Lisboa, Livraria Classica Editora, 1919, p. 16.

5 Brito Camacho, "O conflito parlamentar", *in A Lucta*, nº 1174, de 29 de Março de 1909.

6 Theophilo Braga, *Soluções positivas da Politica Portugueza*, Porto, Livraria Chardron, 1912, vol. I, p. 146; Idem, *História das Ideias Republicanas em Portugal*, p. 172.

7 Augusto Vivero e Antonio de La Villa, *Como cae un trono (La revolución en Portugal)*, Madrid, Biblioteca del Renacimiento, 1910, p. 26.

8 José Tengarinha, «Rotativismo», *in* Joel Serrão (dir.), *Dicionário de História de Portugal*, Lisboa, Iniciativas Editoriais, 1964-1971.

9 João Chagas, *As minhas razões*, Lisboa, Livraria Central de Gomes de Carvalho, editor, 1906, p. 218.

10 João Chagas, *Na brecha (Pamphletos) 1893-1894*, Lisboa, Agencia Universal de Publicações – Editora, 1898, p. 119.

11 Brito Camacho, "Os tabacos", *in A Lucta*, nº 4, 4 de Janeiro de 1906.

12 João Chagas, *Posta-restante (cartas a toda a gente)*, Lisboa, Livraria Editora – Viuva Tavares Cardoso, 1906, p. 132.

13 Homem Christo, *Monarchicos e Republicanos (Apontamentos para a Historia Contemporânea)*, Porto, Livraria Escolar Progrédior, 1928, p. 85.

14 Júlio de Vilhena, *Antes da Republica (notas autobiográficas)*, Coimbra, França & Armenio – Editores, 1916, vol. II, p. 460.

15 Rui Ramos, *João Franco e o fracasso do reformismo liberal (1884-1908)*, Lisboa, ICS, 2001, p. 69.

16 António Cabral, *As minhas memórias políticas. Na linha de fogo*, Lisboa, Livraria Popular de Francisco Franco, 1930, pp. 19-56.

17 António Cabral, *As cartas d'el-rei D. Carlos ao Sr. João Franco*, Lisboa, Portugal-Brasil, s/d, pp. 31-32; António Cabral, *As minhas memórias políticas. Na linha de fogo*, p. 199; Henrique Baptista, *Ilusões e Desenganos. Carta ao Snr. Conselheiro José d'Alpoim*, Porto, ed. Autor, 1910, pp. 8-9.

18 António Cabral, *As minhas memórias políticas. Cinzas do passado*, Lisboa, Livraria Popular de Francisco Franco, 1929, p. 437.

19 Rui Ramos, *João Franco e o fracasso do reformismo liberal (1884-1908)*, p. 106; António Cabral, *As minhas memórias políticas. Na linha de fogo*, p. 23.

20 *A Lucta*, nº 22, 22 de Janeiro de 1906; *História da República*, Lisboa, Editorial O Século, s / d., p. 168; João Costa, *O anno parlamentar. 1905. A sessão – A questão dos tabacos*, Lisboa, Livraria Editora Viúva Tavares Cardoso, 1906, p. 154.

21 Ramalho Ortigão, *As farpas. Crónica mensal da política, das letras e dos costumes*, reed., Lisboa, Livraria Clássica Editora, 1946, tom. XIV, pp. 133-143.

22 Oliveira Martins, *Dispersos*, ed. António Sérgio e Faria de Vasconcelos, Lisboa, Publicações da Biblioteca Nacional, 1923, vol. I, p. 27.

23 Theophilo Braga, *Soluções positivas da Politica Portugueza*, vol. II, p. 80.

24 Alfredo Gallis, *A burla do constitucionalismo. Autopsia á politica portugueza no actual momento historico*, Lisboa, Parceria Antonio Maria Pereira, 1905, p. 58.

25 Brito Camacho, «Os comícios», *in A Lucta*, nº 21, 21 de Janeiro de 1906 e nº 724, 31 de Dezembro de 1907.

26 Annibal Passos, *A tragedia de Lisboa e a Politica Portuguesa*, Porto, Empresa Litteraria e Typographica – Editora, 1908, p. 295.

27 *O programma do Sr. João Franco. Commentario em Artigos publicados no jornal a Tarde*, Lisboa, 1904; vd. discurso no Porto, *in* Annibal Passos, *A tragedia de Lisboa e a Politica Portuguesa*, pp. 134-135; *O Seculo*, nº 8761, de

18 de Maio de 1906; Alfredo Gallis, *Um reinado tragico*, *in* M. Pinheiro Chagas e J. Barbosa Colen, *Historia de Portugal (complemento)*, Lisboa, Empreza da Historia de Portugal, 1908-1909, vol. II, pp. 398-399.

28 Luis Morote, *De la Dictadura á la República (La vida política en Portugal)*, Valencia, F. Sempere y Comp.ª Editores, (1908?), pp. 104-111.

29 Ibidem, p. 90; Freitas Saraiva, *Como se implantou a Republica em Portugal (Notas de um revolucionário)*, Lisboa, Editores Santos & Vieira – Empreza Litteraria Fluminense, 1910, p. 165.

30 Henrique Baptista, *Ilusões e Desenganos. Carta ao Snr. Conselheiro José d'Alpoim*, pp. 6-7 e 21.

31 F. A. Oliveira Martins, *D. Carlos I e os "Vencidos da Vida"*, 2ª ed., Lisboa, Parceria António Maria Pereira, 1942, pp. 140-143; Lopes d'Oliveira, *Oliveira Martins. O seu programa e o engrandecimento do poder real*, Lisboa, Edições Excelsior, s. / d..

32 Guerra Junqueiro, *Patria*, 1896, Anotações, p. IV.

33 Annibal Passos, *A tragedia de Lisboa e a Politica Portuguêsa*, p. 237.

34 J. P. Oliveira Martins, *Correspondência*, ed. de Francisco d'Assis Oliveira Martins, Lisboa, Parceria A. M. Pereira, 1926, pp. 105 e 117.

35 Bazilio Telles, *Do Ultimatum ao 31 de Janeiro. Esboço d'Historia Politica*. Bazilio Telles, editor, 1905, p. 101.

36 *Diario Ilustrado*, *apud Resistencia*, nº 1095, 8 de Abril de 1906.

37 Luís de Magalhães, «João Franco», *in Campo Santo*, Braga, Livraria Cruz, 1971, p. 274; Luis da Camara Reys, *Cartas de Portugal (Para o Brazil)*, Lisboa, Livraria Ferreira, Editora, 1907, p. 96.

38 António Cabral, *As minhas memórias políticas. Na linha de fogo*, p. 34.

39 Maria Cândida Proença, *D. Manuel II*, Lisboa, Círculo de Leitores, 2006, pp. 35-36.

40 *A Lucta*, nº 346, 14 de Dezembro de 1906.

41 *Historia do Partido Republicano Portuguez. Obra de propaganda republicana*, ilustrações de Alberto de Souza, Lisboa, Empresa de Publicações «A Democrata», 1908.

42 A. H. de Oliveira Marques, *Correspondência política de Afonso Costa. 1896--1910*, Lisboa, Editorial Estampa, 1982, nº. 272, p. 264.

43 António Cabral, *Para a história. Os culpados da queda da monarquia*, Lisboa, Livraria Popular de Francisco Franco, 1946, p. 120.

44 António Cabral, *As minhas memórias políticas. Na linha de fogo*, p. 127.

45 Magalhães Lima, *Episodios da minha vida. Memorias documentadas*, Lisboa, Livraria Universal de Armando J. Tavares, (1927), vol. I, pp. 239-245.

46 *O Mundo*, nº 3268, de 6 de Dezembro de 1909.

47 António Cabral, *As cartas d'el-rei D. Carlos ao Sr. João Franco*, pp. 57-58.

48 J. P. Oliveira Martins, *Correspondência*, p. 170.

49 Bernardino Machado, *Da monarchia para a republica. 1883-1905*, Coimbra, J. Moura Marques – editor, 1905, p. 340; Pilar Vazquez Cuesta, *A Espanha ante o "ultimatum"*, trad., Lisboa, Livros Horizonte, 1975, pp. 32-38; António José Saraiva, *A Tertúlia Ocidental*, 2ª ed., Lisboa, Gradiva, 1996, pp. 88-98.

50 Joaquim António da Silva Cordeiro, *A crise nos seus aspectos morais*, 2ª ed., Lisboa, Edições Cosmos – Centro de História da Universidade de Lisboa, 1999.

51 Guerra Junqueiro, *Patria*, Anotações, p. XIX.

52 Bernardino Machado, *A concentração monarchica*, Lisboa, Typographia do Commercio, 1908, p. 3; Bernardino Machado, "Formas de Governo", *in Portugal em crise. Da agonia da monarquia à implantação da República*, Porto, Fronteira do Caos Editores, 2006, pp. 243-244.

53 Carlos Malheiro Dias, *Do desafio á debandada*, p. 17; Fialho d'Almeida, *Saibam quantos... (cartas e artigos políticos)*, Lisboa, Livraria Clássica Editora, 1912, p. 107.

54 João Chagas, *Cartas políticas*, Lisboa, João Chagas, 1908-1910,1ª série, pp. 131 e 135.

55 António Cabral, *As minhas memórias políticas. Na linha de fogo*, p. 120.

56 *Apud Da Monarquia à República. Crimes e esperanças*, Lisboa, Imprensa Nacional, 1915, p. 22.

57 *Obras de Afonso Costa, Discursos parlamentares, I. 1900-1910*, ed. A. H. de Oliveira Marques, Lisboa, Publicações Europa-América, 1973, p. 193.

58 António Cabral, *As cartas d'el-rei D. Carlos ao Sr. João Franco*, p. 71.

59 Sebastião de Magalhães Lima, *Pela Patria e pela Republica*, Porto, Casa Editora Alcino Aranha & C.ª, s./d.

60 Sampaio Bruno, *A Dictadura. Subsidios moraes para seu juizo critico*, Porto, Livraria Chardron, 1909, p. 61.

61 *Apud* A. H. de Oliveira Marques e Fernando Marques da Costa, *Bernardino Machado*, Lisboa, Montanha, 1978, p. 36.

62 *A Lucta*, nº 137, de 19 de Maio de 1906.

63 Guerra Junqueiro, *Patria*, Anotações, p. XXV.

64 A. H. de Oliveira Marques, *História de Portugal*, Lisboa, Palas Editora, vol. II, 1973, p. 115; A. H. de Oliveira Marques, *História da 1ª República. As estruturas de base*, Lisboa, Iniciativas Editoriais, (1978), pp. 581-585; Maria Cândida Proença e António Pedro Manique, «Da reconciliação à queda da monarquia», *in* António Reis (direc.), *Portugal Contemporâneo,* Lisboa, Edições Alfa, 1996, p. 480.

65 Luz de Almeida, «A obra revolucionária da propaganda. As sociedades secretas», *in* Luís de Montalvor, *História do Regímen Republicano em Portugal*, Lisboa, Ática, 1932, vol. II, p. 211; A. H. de Oliveira Marques (direcção), *História da 1ª República Portuguesa. As estruturas de base*, Lisboa, Iniciativas Editoriais, 1978, p. 584; Dr. Joaquim Pinto Coelho, *Textos Políticos, 1905- -1910*, ed. Francisco Azevedo Brandão, Espinho, Câmara Municipal, s./d., p. 64.

66 *Alma Nacional*, nº 28, de 18 de Agosto de 1910, p. 445; Oliveira Martins, *Dispersos*, vol. I, p. 51; Alfredo Gallis, *A burla do constitucionalismo. Autopsia á politica portugueza no actual momento historico*, p. 62.

67 António Cabral, *As minhas memorias politicas. Cinzas do passado*, p. 91.

68 José Luciano de Castro, *Correspondência Política (1858-1911)*, edição de Fernando Moreira, Lisboa, Instituto de Ciências Sociais da Universidade de Lisboa – Quetzal Editores, 1998, nº 235, pp. 529-531.

69 Tomás da Fonseca, *Memórias de um Chefe de Gabinete*, Lisboa, Distribuidor Livros do Brasil, 1949, p. 39.

70 José da Silva Lopes, «Finanças públicas», *in* Pedro Lains e Álvaro Ferreira da Silva (organizadores), *História Económica de Portugal 1700-2000*, Lisboa, ICS, 2005, vol. III, pp. 266-267.

71 José Luciano de Castro, *Correspondência Política (1858-1911)*, nº 226, pp. 510-511.

72 Ibidem, nº 229, pp. 518-519.

73 *In* José-Augusto França, *Rafael Bordalo Pinheiro. O Português tal e qual*, Lisboa, Bertrand, 1980, p. 427.

74 *Apud Da Monarquia à República. Crimes e esperanças*, p. 22.

75 *A Lucta*, nº 5, 5 de Janeiro de 1906.

76 Pedro Tavares de Almeida, Materiais para a História Eleitoral e Parlamentar Portuguesa, 1820-1926.

77 Brito Camacho, "Melhoramentos locais", *in A Lucta*, nº 85, 27 de Março de 1906.

78 Alfredo Pimenta, *O Fim da Monarchia*, Coimbra, Typographia Democrática, 1906, p. 61.

79 João de Deus, *Campo de Flores*, 10ª ed., Lisboa, Bertrand, 1974, vol. II, p. 49.

CAPÍTULO 2
ERROS QUE DE LONGE VÊM

Em Março de 1906 o novo governo chefiado por Ernesto Rodolfo Hintze Ribeiro, chefe regenerador, tinha dois graves problemas para resolver: a adjudicação do monopólio da fabricação dos tabacos, que se arrastava havia dois anos, e a situação vinícola no Douro, que estava também para durar. Só os ministérios tinham curta duração. O chefe progressista José Luciano de Castro sofrera enraivecido a demissão do seu governo por exclusiva vontade do rei – era mais um ministério que caía no Paço, que não no parlamento ou na opinião pública. Durara 16 meses. Sem cerimónia, anunciara ao monarca e à rainha que havia de ajustar as suas contas com o novo Presidente do Conselho, Hintze Ribeiro.[1] Desta vez a rotação não ia à vontade das partes, mas apenas ao arbítrio do rei e a contento dos regeneradores que eram chamados ao poder. A ameaça de José Luciano era para ser tomada a sério. A desforra havia de vir. Bem depressa. Assim o rei empurrava uma ligação política dos progressistas com os regeneradores liberais de João Franco. O que ocorreu quase de imediato. Não parece que essa coligação estivesse de antemão preparada à espera dos acontecimentos. Mas havia conversações, e havia quem dissesse que João Franco se preparava para se *concentrar* com José Luciano no governo. Que para isso teria mesmo sido recebido pelo rei.[2]

Previa-se uma vida atribulada para o novo governo regenerador. Governo que estava decidido a resolver a questão dos tabacos. Abrira-se concurso para a adjudicação do seu fabrico, em regime de monopólio. Problema que se arrastava há anos e tanto mais complexo quanto nessa concessão estava implicada a garantia de pagamento da dívida externa, o empréstimo de 1891. Dizia-se que o exclusivo e a conversão da dívida eram operações «enganchadas». Porém havia quem entendesse que essas duas operações deviam ser separadas – e a maioria da comissão da fazenda do parlamento isso votou. Como havia quem quisesse que fossem outros os capitalistas a quem se adjudicaria o contrato. Era um caso deveras difícil, pelo significado político e pelas suas implicações financeiras. Ou que a elas se associava. Mas os interesses estrangeiros também se manifestavam – o todo-poderoso Burnay da Companhia dos Tabacos, em especial, encontrava-se ligado a capitalistas franceses – era a *burnaysia*, na linguagem republicana. Que era tida por muitos como trazendo engatilhada «grossa manigância» financeira.[3] Opunha-se-lhe a Companhia Portuguesa de Fósforos, em que pontificava o financeiro Jorge O'Neill, emparceirada com a Banque de Paris et des Pays Bas. A qual fizera uma proposta mais elevada. Havia que contar com gente que exercia fortes pressões sobre os governos. Dos dois lados. Como escreveu quem bem conheceu estes feitos, a «política e a finança davam-se as mãos, para fins nem sempre confessáveis.»[4] E a imprensa ia explorando os escândalos reais ou imaginários do processo de decisão. Enquanto o partido republicano, sem representação parlamentar, ia realizando comícios para denunciar as roubalheiras que se revelavam. A questão dos tabacos já provocara a queda de um ministério presidido por José Luciano. Dificuldades muitas, que Hintze Ribeiro procurou explicar mais tarde.[5] Como se explicou Teixeira de Sousa, o ministro da Fazenda que tomara a peito a realização do concurso e a adjudicação do monopólio.[6]

As coisas logo começaram a correr mal ao novo governo. A 8 de Abril de 1906 amotinaram-se os marinheiros a bordo do cruzador *D. Carlos*. Não queriam um dos oficiais, que restringira licenças habitualmente concedidas. Pretexto? Houve quem o dissesse: a perturbação teria sido preparada pelo grupo dos progressistas dissidentes para derrubar o anterior governo dos progressistas. Porém acabou por estalar já com os regeneradores empossados – essa uma explicação, nunca bem apurada. Teve de ir a bordo o almirante Ferreira do Amaral, major-general da armada, tentar a rendição sem luta. No dia 13 novo motim, desta feita a bordo do cruzador *Vasco da Gama* e da canhoneira *Tejo*. Alegadamente por solidariedade dos marinheiros com os seus camaradas do *D. Carlos*. Porque parecia que a sublevação «obedecia a um plano previamente ajustado e com largas ramificações em todos os navios inclusive os torpedeiros.»[7] Pelo menos devia considerar-se que alguma coisa estranha se passava. «Estamos sobre um braseiro», exclamava o presidente do ministério Hintze Ribeiro.[8] E estavam. Bem se queixa o chefe do governo: esse «vento de insânia não o assoprámos nós; vinha de trás.»[9] Esta crise tinha fins políticos, que não foram por diante – e nem sequer se deslindaram. Pode ter-se tramado criá-la e aproveitá-la para forçar D. Carlos ao exílio, abdicando no Príncipe Real.[10] Pretenderiam os implicados embarcá-lo para o estrangeiro a bordo de um dos navios sublevados. Operação mal amanhada, e pior esclarecida – ficou por averiguar o porquê da revolta de que resultou serem presos e encerrados em masmorras 174 marinheiros. Houve quem culpasse a propaganda anti-militarista, que tocaria sobretudo os alistados voluntários: «por espírito de rebelião contra o existente, sem um ideal que o justifique, sem uma grande aspiração pacífica e humanitária que a fundamente.» Claro que não deixavam de aparecer como culpadas as associações que propunham realizar ideias avançadas, como acusaria o promotor.[11] A ordem estabelecida temia as mudanças da sociedade. O processo iria ter uma organização viciosa.

Pouco depois foram as eleições. Feitas pelo governo, como não? Que fez eleger deputados regeneradores, claro, mas ainda dissidentes e em que alguns franquistas (n'*A Lucta* lhes chamam por vezes francácios) também conseguiram lugares. Foram eleitos 104 regeneradores, 19 progressistas, 9 dissidentes, 7 franquistas, 6 nacionalistas, 1 miguelista e 1 republicano.[12] Com uma grande chapelada de votos na assembleia do Peral o governo impediu a eleição por Lisboa de Afonso Costa, em benefício de Bernardino Machado, também republicano mas que os regeneradores esperavam mais cordato. As chamadas chapeladas de votos eram uma prática eleitoral conhecida e frequente, que os progressistas em eleição anterior tinham feito especialmente contra os republicanos na Azambuja. Assim, a Azambuja e o Peral ficaram como referências a como os monárquicos faziam eleições. A Azambuja tinha a vantagem de invocar imediatamente assaltos e crimes: a Lisboa eleitoral podia ser vista como o pinhal de Azambuja, sendo os monárquicos os salteadores...[13] Alexandre Braga, tido como o mais eloquente dos oradores republicanos, dirá de um atropelo judiciário, tratar-se de «uma Azambuja de beca, constituída por galopins togados...»[14]

Afonso Costa tinha por si uma enorme hostilidade dos monárquicos, depois que em 1899 fora deputado eleito pelo Porto com Paulo Falcão e Xavier Esteves. Então, anuladas e repetidas as eleições, a votação nos republicanos aumentara. Estes deputados puseram questões no parlamento que indispuseram a monarquia, sobretudo a propósito de uma epidemia de peste que lavrara na cidade. Razão pela qual os republicanos tinham sido então chamados «os deputados da peste». Era preciso impedir mesmo a eleição dos adversários do regime. Ou de quantos não fossem queridos pelo governo. Daí a nova lei eleitoral preparada por Hintze Ribeiro que João Franco designou bem por «ignóbil porcaria». Por isso lhe chamavam n'*A Patria* um «monstro hintzácio». Essa lei foi feita expressamente para impedir João

Franco de se eleger e fazer eleger deputados seus, acto «jamais visto, jamais presenciado em nenhum país»; era «uma burla intolerável, um escárnio à nação», segundo o visado. Assim, «depois de 15 anos de luta, vi-me esbulhado dos meus direitos, e posto de lado sem a menor contemplação pelos meus serviços e pela sincera honestidade com que sempre procurei ser útil ao meu país.»[15] Pois sim. Mas da mesma lei a seu tempo se aproveitou, «como os monárquicos todos de todos os matizes perfeitamente entendidos para com eles cozinharem parlamentos de feição.»[16] Lei que esteve em vigor enquanto se fizeram eleições na monarquia.

Mas desta vez as traficâncias com os sufrágios tiveram funestas consequências. A 4 de Maio de 1906 chegava à estação do Rossio o Dr. Bernardino Machado, que recusara a eleição fraudulenta por Lisboa. A multidão que o aguardava para se manifestar foi violentamente reprimida pelas forças da ordem. O governo dera ordens para que na repressão se empregasse «toda a energia» que fosse preciso para evitar manifestações hostis.[17] O que provocou largos protestos. O 4 de Maio veio mostrar que a monarquia não hesitava em espadeirar o povo: 6 mortos e mais de 100 feridos. «Não fui eu, não fui, quem mandou chacinar o povo de Lisboa em 4 de Maio», terá dito Hintze Ribeiro. E os republicanos queriam acreditar nele. Houve quem escrevesse que fora a «San Barthélemy Republicana».[18] E que a «ordem de matança» tinha sido dada pelo rei a Hintze. Teria mesmo sido o rei? Essa era a insinuação que convinha aos republicanos. Mas ninguém sabe se verídica, porque não se apuraram responsabilidades. Dois dias depois, na praça de touros do Campo Pequeno, Afonso Costa (a quem tinha sido roubada a eleição por Lisboa) era delirantemente aplaudido. Isto na presença das rainhas D. Amélia e D. Maria Pia e do infante D. Afonso.[19] D. Amélia chora em público, chocada com o desacato. Que era uma vingança e uma provocação republicana, profundamente sentidas também por D. Carlos, que pela ausência escapara ao confronto directo.[20] As dificuldades vinícolas no Douro agravavam-se, e houve tumultos na Régua. Para ali foi preciso mandar tropas. Os obstáculos ao governo de Hintze acumulavam-se. Acompanhados de ataques ao rei. O que já não era coisa nova. Mas vai tomar uma amplitude maior com a questão dos tabacos e a violência com que os progressistas dissidentes o culpam. Chegam estes a preconizar abertamente a abdicação de D. Carlos no Príncipe Real D. Luís Filipe. Houve quem pensasse que a proposta iria mesmo ser apresentada formalmente na câmara dos Pares por João Arroyo.[21] Tinha havido uma grande manifestação de aplauso ao príncipe num teatro, na ausência do rei. Porque o rei não era benquisto, nem popular. Sabia-se que considerava o Reino uma «piolheira».[22] E o exemplo dos brasileiros, que tinham despedido Pedro II sem confrontos nem violências, era de boamente lembrado. Com razão estava D. Carlos apreensivo com o estado do País e da monarquia. A revolta dos marinheiros, o 4 de Maio, a manifestação do Campo Pequeno a Afonso Costa eram bons motivos de preocupação. Logo o rei tratava de preparar a substituição do governo. Ao que parece os cortesãos já tinham feito os seus jogos, e o diplomata marquês de Soveral viera mesmo de Londres dar uma ajudinha ao senhor que se seguiria. Disse-se que João Franco entrou no poder «pela mão do sr. marquês de Soveral, político de salão, influente de alcova, glória desportiva de alfaiate.»[23] Pode ter havido uma ajudinha: mas a verdade é que tudo estava já preparado. A desforra de José Luciano depressa chegara – bastara-lhe esperar para ver. E também dar um jeitinho. Por uma vez governo regenerador e oposição progressista em quase nada se entendiam.

As coisas não corriam bem, pois, quando em 15 de Maio de 1906 Hintze Ribeiro, Presidente do Conselho e chefe regenerador, propôs ao monarca que se adiasse a abertura da sessão legislativa – apesar da câmara dos deputados acabada de eleger, em que tinha feito a maioria esperada. E isto sem ouvir o Conselho de Estado. Porém, D. Carlos entendeu não consentir. «Entendes tu e o governo da tua Presidência, não poder prosseguir na presente situação, sem que eu te conceda o adiamento das Cortes, que devem abrir ao começar o próximo mês, e que este adiamento seja feito por um simples decreto, não sendo ouvido previamente o Conselho de Estado. [...] Não me parece conveniente o adiamento das Cortes, que além de trazer muitos outros inconvenientes, promoveria uma imediata sublevação do espírito público; não digo já dos republicanos, essa era lógica, mas de muitos senão de todos os monárquicos, que não te acompanham n'esta ocasião. Esta era certa, e é necessário não nos fazermos ilusões a tal respeito, seria lançar para o número dos descontentes, já não pequeno por motivos e erros que de longe vêm, com a massa dos que ainda lá estão. Não me parece o momento próprio para uma aventura d'estas, e a responsabilidade do decreto ainda que, aparentemente, só acto do poder executivo, recairia mais uma vez sobre o Rei, a quem todos pediriam a responsabilidade da sua assinatura e apenas serviria para o desprestígio da instituição monárquica em vez de servir para a sua consolidação. Fazendo-o, o governo depois só se poderia conservar pela violência e pelo terror, e mal está para aqueles que só d'esta maneira se podem sustentar.»[24]

Acumulam-se, pois, dificuldades governativas, fruto de «erros que de longe vêm», como o rei lucidamente escreveu na missiva a Hintze Ribeiro. A carta transformou-se num documento político de primeira grandeza. Acabou por ser publicada – com autorização de D. Carlos – e depois largamente debatida. Porque revelou como o monarca, a par do que se passava, entendia desligar-se da sorte daquele executivo. E como entendia ainda que por parte da realeza tinham sido cometidos erros – o que pressupunha o desejo de neles não reincidir. A carta era como que a «ordem de marcha» para o governo. Que, naturalmente, se demitiu, em 19 de Maio de 1906. Faltara-lhe um dos «elementos constitucionais para governar, a confiança da Coroa.»[25] Fora o governo dos 58 dias. Pôde ser dito por alguns que o rei tinha então morto a monarquia![26] Porque então verdadeiramente começa a ascensão republicana neste período da vida constitucional. *O Mundo* exulta: era *A primeira vitória do povo – As pranchadas do estertor – O governo dos 58 dias.*[27]

Não havia como cortar com aqueles erros que de longe vinham e encetar uma nova política no quadro partidário existente? Não parece que o rotativismo se mostrasse incapaz de proporcionar a continuidade governativa. Porém D. Carlos quis romper então com essa estafada alternância de partidos, que não de políticas. Demitido o regenerador Hintze Ribeiro, em vez de chamar a formar governo José Luciano de Castro, chefe progressista, entendeu nomear João Ferreira Franco Pinto Castelo Branco como Presidente do Conselho de Ministros. Era uma nomeação premeditada de algum tempo antes. E mesmo comunicada aos chefes políticos.[28] Que não tinham querido escutar a ameaça. Talvez fosse mesmo o resultado de uma «conspiração de palácio».[29]

José Luciano teria sentido o golpe – no quadro habitual do rotativismo seria a sua vez de voltar ao governo. Mas o rei escreve-lhe a anunciar a decisão e envia um áulico de confiança, o conde de Sabugosa, a convencê-lo de que aquela seria a boa solução.[30] João Franco além de chefe da facção dissidente do partido regenerador, os regeneradores-liberais, era também conhecido como um dos «endireitas». Fora ministro do Reino na ditadura de 1894-1895. Não era um desconhecido. Nem os seus métodos enérgicos teriam nada de inovador – embora a contrição quanto ao seu passado fosse notória. A ditadura marcara-o e dela se dizia arrependido. Então referira-se a exaltação do poder real, como forma de sair das dificuldades políticas. Mas esse cesarismo democratizante da invenção de Oliveira Martins (que João Franco bem conhecia e admirava[31]) daria mau resultado. Mesmo os seus propagandistas depois se esquecerão disso, ou pelo menos não insistirão em repetir o essencial da sua formulação: o rei devia governar. Mas ao contrário do que propusera o empenhado historiador, o monarca não figurara como independente de uma cabala. Pelo contrário, mostrara a coroa como solidária duma facção – o que viciara a possibilidade de o cesarismo ter uma aceitação generalizada. Sem que tivesse posto de lado a Carta Constitucional, nem que invocasse um estado de extrema necessidade, de imperiosa «salvação pública», para dirigir a política do executivo.[32] Como a coerência mandava.

João Franco, político ambicioso, desejando fazer do seu ainda recém-criado partido regenerador-liberal uma grande formação, aceita a incumbência real. Isso se esperava pelo menos desde princípios de 1906.[33] Depois que se separara dos regeneradores promovera por todo o país uma campanha política a favor do grupo que liderava. Fizera propaganda, arranjara apoios, tinha organizado centros, fundara jornais. Logo em 1904 inaugura instalações do seu partido bem no centro da capital, na rua Garrett.[34] Sofrera com obstáculos postos pelo governo: nesse mesmo ano de 1904 as autoridades proíbem manifestações em Coimbra onde anunciara ir. Era um partido que alguns julgavam que havia de «salvar a Pátria»: tratava-se de «um movimento de homens esclarecidos, um protesto elitista contra o descrédito dos partidos rotativos»[35] O franquismo pretendia apresentar-se como um «fenómeno político novo», um como que liberalismo purificado das práticas que o tinham desfigurado. Anunciava-se como «tendo um programa oficial em cujas liberdades políticas e progressos económicos e financeiros fundamenta, há cinco anos, as suas pretensões ao poder.»[36]

Propunha-se sobretudo atacar os partidos rotativos e caçar no terreno dos republicanos. Em simultâneo: «Façam a República depressa, aliás eu lhes prometo que não lha deixamos fazer.»[37] Tentava trazer para a monarquia a virtude de ser capaz de impor (e de mostrar ser capaz de conseguir) um novo método de governo, de resolver dentro do regime os problemas que afligiam o País, «substituindo a insurreição republicana pela revolução do poder.»[38] Porque «não há partidos da rotação, há um sindicato governativo Hintze, Luciano e C.a que pretende explorar o país, só cuidando da consolidação partidária.» Tratava-se, pois, de arrepiar caminho, de remendar, rebocar e repintar a monarquia, para lhe estender a duração.[39] Mas um partido novo não seria fácil de erguer. Se é que era possível. Como escrevera Oliveira Martins, os «partidos nascem espontaneamente das convicções dos povos: não se inventam. Por maior que seja o valor de um homem, ou antes de um grupo de homens, a ideia de formarem um partido não passa de uma fantasia.»[40]

A novidade que João Franco representava, o abandonar dos caminhos batidos sem solução capaz à vista, convenceram o rei a chamá-lo: talvez achasse que lhe convinha comungar da promessa salvífica do franquismo... Mas D. Carlos sabia bem com quem lidava. A sua história pessoal não recomendava que nele se confiasse. Embora fosse o próprio que afirmava, referindo-se à actuação passada: «Reconheço que errei e não tenho receio de o confessar, porque reconhecer o erro é cumprir um dever de honestidade. Renegar é não conformar os actos com os princípios. Se amanhã for chamado ao Governo e desmentir o meu programa de oposição, desqualificar-me-ei política e moralmente para sempre.»[41] Até mesmo os republicanos terão esperado dele melhor governação, ou pelo menos governação mais aberta. Com razão, porque o governo à partida proclamava-se «tolerante e liberal».[42] Mas não havia muito quem alimentasse ilusões quanto a João Franco: «Serviu-se, noutro tempo, da força; vai agora servir-se da astúcia, com o mesmo fim e os mesmos propósitos.»[43] Se assim acolhido era do lado republicano, por parte dos regeneradores parecia muito pior.[44] Porque o principal adversário que então se atravessa no percurso de João Franco é Hintze Ribeiro – e o seu partido regenerador.[45] Porque o ataque aos rotativos caía bem em grande parte da opinião pública, farta daquele constante desandar e tornar a desandar – enjoara o regime dito dos alcatruzes, ou dos quartos de sentinela, ou dos turnos. Sem que nada verdadeiramente mudasse. Ódios entre próximos. Sempre os mais acirrados.

A intenção inicial – pelo menos a intenção declarada inicialmente – era de governar com o parlamento (à inglesa, dizia), para o que João Franco se alia com os progressistas de José Luciano, que o apoiam sem entrarem no governo – chamou-se concentração liberal a esta aliança de incidência parlamentar. Em que os progressistas não teriam «nem pastas nem postas.» Mas desempenhando um substancial apoio nas cortes. Assim, mais cedo do que contava, José Luciano de Castro ajustava as suas contas com Hintze Ribeiro. Embora isso tenha obstado ao seu regresso pessoal às cadeiras do poder. Na aproximação dos franquistas aos progressistas houve logo quem visse a tentativa de criar um novo partido «à custa dos votos e dedicações progressistas.»[46] Franco quereria mesmo absorvê-los: todavia, apesar da doença de José Luciano não encontrou nos progressistas os apoios necessários para tanto.[47] Porque o velho líder ia sobrevivendo à grave doença que quase o paralisara. Ficava-se por isso por um acordo «ofensivo e defensivo», que garantia a maioria necessária na câmara dos deputados.[48] E só assim era aceitável a concentração liberal. Porque seria contraditório partir em guerra contra os rotativos e fundir-se com um deles. Trata-se de uma aliança para uma governação que se diz com princípios e com lisura moral. «Ao oportunismo cínico, egoísta e imoral dos últimos tempos, é preciso opor o regresso ao doutrinário. É preciso que os homens políticos tenham e definam princípios e, na oposição e no Governo, se mostrem fiéis a eles. Quero dedicar o que resta da vida a trabalhar pelo estabelecimento de normas e práticas de um verdadeiro regime representativo e pela observância e respeito das garantias individuais estatuídas na Constituição, as duas grandes bases de grandeza e de felicidade da Inglaterra, sem as quais o Rei pode ter força, mas não tem prestígio e o País pode ter pão, mas não tem prosperidade.»[49] Boas pareciam ser as razões e as intenções de João Franco para «fazer ao País os altos e urgentes serviços e benefícios que dela [coligação] se espera.»[50] Pelo menos disso se convenceu o rei e acataram os progressistas dando-lhe a sua colaboração – embora ficassem especialmente atentos ao que se iria passar. Mas assim parecia que ia suceder.

Era em 19 de Maio de 1906. D. Carlos promete reiteradamente empenhar-se na sustentação da fórmula política ajustada com João Franco. Para o rei significava, sem que isso se dissesse, tornar ao exercício prático do engrandecimento do poder real. A solidariedade do monarca é essencial e surge apresentada sem qualquer restrição. D. Carlos não apenas via a solução como adequada como a defendia sem rebuço. Era a maneira de quebrar a rotina rotativista, de regeneradores substituindo progressistas, de progressistas sucedendo a regeneradores. Sem que entre eles houvesse substanciais diferenças. «São ambos monárquicos liberais e nenhum deles o é mais do que o outro. Ambos dizem servir o país e nenhum o tem servido por maneira diferente do outro. São absolutamente iguais e só se tornam diferentes pelo facto de ocuparem diferentes posições na sociedade política. [...] Os dois partidos são, pois, duas ficções.» Assim escreveu João Chagas. «Todos são politicamente iguais, porque todos são ramos a bracejar do mesmo tronco», dirá ao parlamento António José de Almeida.[51] Mas seria só o querer acabar com o rotativismo existente que motivava D. Carlos e João Franco? Hintze Ribeiro viu logo o perigo que João Franco representava para os conservadores. Que logo foram atacados com as propostas «mais avançadas», apoiadas «n'um rasgado programa liberal.» Era evidente a feição reformadora – tentativa de provocar uma «verdadeira conversão» com que «radicalmente se transformavam os nossos costumes, o nosso sistema parlamentar.» O chefe regenerador Hintze Ribeiro viu com clareza toda a movimentação política – até porque de início era o alvo preferido de João Franco. Logo alertou para a dificuldade da coligação com o partido progressista. E muito bem prenunciou os perigos que desta política advinham – ou podiam advir – para a monarquia: «Que extraordinária ilusão a do Sr. Presidente do Conselho.»[52]

Os monárquicos rotativistas não acreditavam em boas intenções, os republicanos temiam uma concorrência que poderia salvar a monarquia. Mas receberam o novo governo com boas expectativas: «começou a governar com a solidariedade d'esse partido [republicano], que o olhava com uma curiosidade simpática, quando já os seus amigos conservadores o combatiam com fúria. A imprensa republicana foi acusada de lhe dar apoio. Quase de cumplicidade com a sua obra foram acusados os deputados republicanos. A opinião pública, com a qual [João Franco] dizia ser indispensável governar, dava-lhe uma adesão que, pelo facto de não ser entusiástica, nem por isso era menos efectiva.»[53] Havia para com João Franco uma alargada condescendência benévola.[54] Porque também ele próprio parecia disposto a presidir a um governo diferente: «Quero e desejo que o sistema representativo volte ao seu regular funcionamento, [...], e n'isto vai um serviço ao país e às instituições, porque Parlamento que não represente a opinião publica não é Parlamento: é uma oligarquia.» E mais: «É preciso, é indispensável que esta máquina funcione com a máxima regularidade e que o país veja em nós uma força, posta ao serviço dos seus interesses, e não de forma alguma um instrumento, posto ao serviço de quaisquer ambições.»[55]

O próprio Bernardino Machado lhe prometeu não fazer oposição, com a condição de governar liberalmente.[56] Embora convencido de que João Franco no governo conduziria ao fim do «messianismo» franquista, o próprio Brito Camacho se mostra bastante cordato nas suas expectativas: «agora que o franquismo está no Poder, queremos tratá-lo conforme os seus actos, a que faremos inteira justiça. Não levaremos em conta o seu passado, para denegrir o que fizer de bom, e tudo quanto fizer de bom o tomaremos em desconto das suas culpas.»[57] Era uma tomada de posição de quem procurava ser capaz de alguma isenção. Há mais, e no mesmo tom. «Se, pois, o governo cumprir o seu programa; se num espírito rasgadamente democrático propuser as medidas liberais reclamadas pela opinião; se administrar economicamente, sem avareza, os dinheiros públicos; se der a todas as parcialidades políticas a representação que elas legitimamente conquistarem, o governo terá prestado às instituições um serviço relevante e certamente encontrará nos seus maiores adversários, salvo em pontos doutrinários fundamentais, colaboradores preciosos na resolução das questões pendentes de carácter financeiro e económico.»[58] Era uma boa confiança, que João Franco parecia merecer. Disse-se que acordou «no país um movimento de curiosidade e simpatia.» E, para alguns, mesmo de «grandes esperanças.» Ainda em Setembro se lia num periódico republicano: «O sr. João Franco com portarias, decretos, artigos de jornais, desde que está no poder, tem demonstrado que eram verdadeiros todos os crimes que os republicanos assacavam aos governos monárquicos, e que os ataques aos esbanjamentos das diversas coroas que nos regem, tinham fundamento indiscutível.»[59]

De imediato tem de fazer frente – e de procurar resolver» – uma das questões que envenenava a vida política parlamentar: a questão dos tabacos. Mas o novo Presidente do Conselho dizia que muitas eram as reformas previstas, porque «larga é a obra reformadora de que o país carece e difícil e árdua a tarefa a executar». Assim escrevera no discurso da Coroa. E confirmara o seu programa governativo em intensa actividade de propaganda.[60] Mas para o poder executar tem de conseguir primeiro a maioria parlamentar. Logo o rei procede à indispensável fornada de pares; a câmara dos deputados seria eleita no dia 19 de Agosto – a anterior maioria regeneradora não durou. Com a garantida maioria do governo que «fazia as eleições». Como de costume: agora seriam 65 regeneradores-liberais (franquistas), 45 progressistas, 24 regeneradores, 4 republicanos e 4 dissidentes.[61] Regozija-se João Franco: a reforma eleitoral «foi feita contra ele e os seus amigos para os afastar do Parlamento. Dir-se-ia que Deus escreveu direito por linhas tortas pondo-lhe nas mãos uma reforma que se fizera contra ele.»[62] Ao que João Chagas comenta, pondo as coisas no sítio: «Ora adeus! Afinal o governo, como todos os governos, ganhou as eleições. Nunca um governo em Portugal deixou de ganhar as eleições.»[63] Desta vez, porém, com a entrada no parlamento de republicanos por Lisboa: Afonso Costa, António José de Almeida, Alexandre Braga e João de Meneses. João Franco terá contado com estes novos deputados republicanos para provocarem uma animação parlamentar bem diferente da que os rotativos concretizavam. Eram poucos, mas ir-se-ia provar o seu valor como perturbadores da habitual e estéril agressividade parlamentar. Saberiam pôr à câmara dos deputados de assegurada maioria regeneradora--liberal e progressista questões que muito perturbariam o regime monárquico. Porque essas questões que os republicanos levantavam na câmara chamavam a atenção do público. O modo desassombrado como as apresentavam despertava curiosidade e difundia a conclusão inevitável de que tudo o que ia mal se devia à monarquia. Do que decorria ser necessário acabar com ela... Não só: a qualidade técnica das discussões, a preparação que demonstram, tudo os favorecia. Os jornais republicanos, em especial *O Mundo* e *A Lucta* amplificavam o efeito conseguido nas Cortes. E os deputados surgiam nos comícios como homens moralmente rectos que procuravam uma lisura de procedimentos na política que só a República futura permitiria. Os seus discursos iam sendo editados em fascículos e depois reunidos em volume: publicações baratas, que se destinavam ao povo.[64]

Os deputados passaram a ser os grandes agentes da propaganda republicana. Estavam mais à vista, a imprensa dava mais relevo às suas intervenções. Era uma novidade que arejava o parlamento do constitucionalismo monárquico. E que fortemente abanava as rotinas instaladas pelos partidos da rotação – mesmo as mais barulhentas. Enquanto isto, os rotativos acusavam-se mutuamente de cravarem «as unhas aduncas no tesouro público.»[65] Era esclarecedor. O rei cedo se apercebeu da necessidade de evitar a leitura das publicações republicanas: quer que seja proibida a sua difusão nos quartéis.[66]

E os conselhos de guerra impuseram duros castigos aos marinheiros que se tinham sublevado. Dolorosos para os intervenientes: os acusados sofreram pesadas penas de degredo em Angola, em horríveis condições. A reclusão em fortalezas em África era considerada um «emparedamento em vida.» Foram as chamadas «sentenças da Inquisição de S. Julião da Barra.»[67] Talvez por coincidência o julgamento começou logo a seguir às eleições ganhas por João Franco. Generalizou-se uma sensação de injustiça e de falta de cumprimento de promessas feitas pelo almirante Ferreira do Amaral. Este, na qualidade de major- -general da armada, tinha recebido grande apoio dos oficiais da Marinha – que perceberam as promessas feitas precisamente para atalhar a insubordinação.[68] O resultado do julgamento foi sentido como uma traição. «Traição do governo ou uma traição do rei?»[69] Fosse de quem fosse, o que aconteceu repercutiu fortemente nas forças navais, com efeitos na sua conversão ao ideário republicano. Que assim se acelerou.

Mas afinal a expectativa benevolente dos republicanos para com o governo de João Franco gorar-se-á. Porque será contra o partido republicano e para contrariar o seu crescimento que

João Franco vai ter que actuar. Esse era o grande problema que se punha ao rei e à monarquia. Que os rotativos não tinham sido capazes de impedir. E para os republicanos as várias formações monárquicas passam a ser analisadas do mesmo modo. João Franco percebia claramente que a verdadeira oposição estava a ficar polarizada entre ele e os republicanos. E vai explorar isso na sua propaganda: «entre o programa regenerador-liberal e o do partido republicano não há diferenças. É o mesmo: economia e moralidade. Os meios de o pôr em prática é que diferem. Ao passo que os regeneradores-liberais querem fazer uma remodelação dentro do regímen e à boa paz, os republicanos tentam implantá-lo a despeito mesmo do abalo social que deve fatalmente produzir, com todas as consequências, que daí advirão tais como o derramamento de sangue, a intervenção estrangeira, etc.» Pérfidas as ameaçadoras referências ao derramamento de sangue e à invasão estrangeira. Esquecendo que o regime constitucional português também surgira de uma rebelião e se salvara com uma intervenção estrangeira... Mas essa proximidade nos propósitos dos dois partidos é que faz com que o inimigo principal seja objecto de todas as medidas de propaganda e também repressivas que podiam ser tomadas no quadro político. Confronto permanente e atento. Inicialmente tentando fazê-lo sem violência: «Já se viu que a monarquia não pode salvar-se pela força; o sr. João Franco tenta agora salvá-la pela habilidade. Preconizava-se a República, em nome da Liberdade? Pois a monarquia também é liberal. [...] Reclamava-se um regímen de moralidade? Pois o governo mostrará que dentro da Monarquia também se pode administrar honestamente.»[70] Centro regenerador-liberal contra centro republicano, reunião contra reunião, manifestação contra manifestação – às vezes com verdadeiras batalhas campais, que os exaltados e os provocadores não faltavam de parte a parte. Os dois partidos vigiavam-se e combatiam-se. Em desigualdade, porque o franquismo tinha por si a Guarda Municipal e a Polícia

Civil. João Franco achava e dizia que o partido republicano estava «precisado d'uma boa dose de sabre; mas o governo não lha dará, por muito que isso contrarie e desgoste os inimigos das instituições.»[71] Não convinha fazer mártires. Mas ficava posta e endereçada a ameaça. Enquanto o governo defendia o rei que o apoiava, os republicanos punham em causa o monarca como culpado por todos os erros que de longe vinham. Que não consideravam já resgatáveis. João Franco queria matar dois coelhos de uma só cajadada: ataque sem freios mas habilidoso e (se possível sem violência) ao partido republicano, ataque aos partidos rotativos (enquanto tais) que eram dados como incapazes de defender a monarquia. E que já o tinham demonstrado. Monarquia que assim tendia a ficar sendo identificada com o franquismo. Exercício de lógica política primária, que por si se destinava a ter um efeito imediato na propaganda. Como teve. Mas não aquele que o Presidente do Conselho pretendia.

Em paralelo, e enquanto isso foi conveniente, também para os republicanos o inimigo que era o regime pôde ser parcialmente substituído pelo franquismo – que o representava como forma de governo e como estilo prepotente e provocatório. Decidido a resolver as grandes dificuldades da monarquia. Cujo ataque tornava mais fácil – e com mais frentes, porque também os menosprezados rotativos participavam nesse desgastante conflito. E os partidos monárquicos, arredados da governação e sentindo-se atacados não eram meigos com João Franco e sobretudo com o rei. Que os republicanos atacassem o rei, era assim mesmo, esperado e mesmo legítimo. Mas que os regeneradores o fizessem tomava outra gravidade. Era uma defecção no interior de um regime que se apresentava como sendo a boa solução, com os seus sete séculos de história. E os que podiam ser justamente acusados de terem culpas pelos erros que de longe vinham viam-se agora em palpos de aranha e esforçavam-se por se ilibar. João Franco como Presidente do Conselho dava um forte abanão nas práticas a que o País estava habituado. Salvaria isso a monarquia que começava a ser vivamente contestada? Com a entrada de João Franco no governo cessaram os ataques à monarquia? Nada disso: nem assim «o Rei deixou de ser o homem mais discutido do seu País; – se a sua presença na capital é mais festejada do que era; – e se a Nação está hoje mais monárquica do que estava.» Eram questões pertinentes que Hintze Ribeiro apresentava na câmara dos Pares.[72]

Pelo menos era uma tentativa diferente de enfrentar a dificuldade vital em que se encontrava o regime monárquico. Como dirá pouco depois João Franco, em propaganda eleitoral, «temos governado com a lei, e temos usado com impecável tolerância para todas as opiniões.»[73] Do outro lado surge a contradita: «Já se viu que a monarquia não pode salvar-se pela força; o sr. João Franco tenta agora salvá-la pela habilidade. Preconizava-se a República em nome da Liberdade? Pois a Monarquia também é liberal.»[74] Mas o Presidente do Conselho não dispensava começar pela exaltação daquele engrandecimento do poder real que, embora não referido, parecia estar a ser retomado. Como escreveu Brito Camacho sobre a ditadura de 1894-1895, criou-se, «então, uma parlamento real, um exército real, uma armada real, uma magistratura real, uma burocracia real, tudo isto produzindo uma realíssima bandalheira, como a todos é manifesto.»[75] Porque agora se começava a acentuar a conflitualidade política, com o partido republicano a atacar as instituições que se mostravam incapazes ou tíbias na sua defesa. Talvez por excesso de confiança.

Ainda nenhuma monarquia caíra na Europa apenas como resultado de uma campanha contra ela. Aliás, repúblicas eram na Europa só a velha Confederação Suíça e a muito mais recente República Francesa. E tendo ainda próximo o exemplo frustrado da república espanhola (1873-1874). Mas se a Confederação Helvética assentava numa sólida interligação e solidariedade comunal, a III República Francesa instalara-se sobre as ruínas de um império desfeito. E desfeito por força de uma derrota militar (1871). Porém, indo deitar as suas raízes ideológicas no vendaval revolucionário de 1789. Em Portugal o partido republicano queria contar com as novidades do franquismo para se lhe opor e fortalecer, organizar, educar politicamente, tomar consciência das suas responsabilidades... Em resumo: iria «aproveitando os benefícios d'uma situação excepcional.» Havia que saber actuar: «O partido republicano cometeria um erro grave, se escorraçasse do poder um governo sinceramente liberal, económico e moralizador. Mas o partido republicano cometeria um erro ainda mais grave, se não criasse todas as dificuldades a um governo falsamente liberal, falsamente económico e só na aparência moralizador.»[76] A propaganda tinha que continuar, que se afinar e que descobrir os pontos fracos do adversário para imediatamente por aí o atacar.

As posições estavam marcadas, faltava saber quem melhor jogaria a partida que não poderia ser resolvida sem se chegar a um duro confronto. Que se esperava que havia de chegar. Ou que pelo menos ocorresse sem que fosse visível a possibilidade de uma saída sem os partidários de um e outro regime se entrechocarem. A mudança teria de acontecer: ou para uma monarquia liberal restaurada e remodelada – e para isso aí estava João Franco apoiado pelo rei – ou para um regime republicano que profundamente avançasse no refazer da realidade nacional. Havia que dar tempo ao tempo e esperar que se esgotassem as tentativas de salvação da monarquia. Se disso alguém ou algum grupo fosse capaz e conseguisse chegar a tempo. Ainda. Os jogos estavam preparados, os adversários a postos: chegara o tempo de se confrontarem ideias e soluções. Sem que previamente se pudesse decidir o que se seguiria. O governo propunha-se cumprir um programa «amplamente liberal e democrático, com o propósito de governar constantemente com o Parlamento, com a intenção bem manifesta de respeitar a Constituição, de fazer obra progressiva, reformadora, radical.»[77] Seria. Por que duvidar? Mas convinha esperar para ver. Não iam contar as palavras mas as acções.

Muito agradado com o seu Presidente do Conselho de ministros estava el-rei. Era o rei que de início presidia ao Conselho de Ministros em dias de assinatura, «com o fim de se inteirar melhor dos factos ocorrentes da administração e da política. Ficava claro o desejo do Chefe do Estado de, «agora mais no que nunca, intervir na administração, e na política do país.»[78] Tanto que poucas semanas depois de o nomear se apressou a condecorar João Franco com a grã-cruz da Torre e Espada.[79] Nada menos. O passado intento de engrandecimento do poder real não deixa de ser recordado. De envolta com algumas insinuações embrulhadas, que anunciam coisas graves. «Com efeito um dos planos do sr. João Franco é prestar um altíssimo serviço ao Chefe do Estado, com prejuízo do tesouro – mas querendo ainda que o país lhe fique agradecido.»[80] Por enquanto seria segredo, a revelar quando pudesse ser usado contra o regime. Mas segredo mal guardado: em Setembro o jornal *Resistencia*, de Coimbra, já refere a «questão dos dois erários.»[81] Prepara-se a borrasca.

CAPÍTULO 2
NOTAS

1 António Cabral, *As minhas memórias políticas. Na linha de fogo*, pp. 273 e 280.

2 *O Mundo*, nº 2029, de 10 de Maio de 1906.

3 *Ibidem*, nº 2553, 23 de Janeiro de 1909.

4 António Cabral, *As minhas memórias políticas. Na linha de fogo*, p. 177; João Costa, *O anno parlamentar. 1905. A sessão – A questão dos tabacos*, pp. 341-408.

5 Hintze Ribeiro, *Dois discursos*, 1906, pp. 19-27.

6 Teixeira de Sousa, *A questão dos tabacos (De 21 de Março a 17 de Maio de 1906)*, Lisboa, Typographia Lusitana – Editora, 1906, pp. 8-23.

7 *O Seculo*, nº 8850, de 1 de Agosto de 1906.

8 *O Mundo*, nº 1999, de 29 de Março de 1906; *A Lucta*, nºs 101-102, de 12-14 de Abril de 1906.

9 Hintze Ribeiro, *Dois discursos*, p. 32.

10 Lopes d'Oliveira, *História da República Portuguesa. A propaganda na monarquia constitucional*, Lisboa, Editorial Inquérito, (1947), pp. 287-298.

11 *O Seculo*, nº 8862, de 27 de Agosto de 1906.

12 Rocha Martins, *João Franco e o seu tempo e comentários livres às cartas d'el-rei D. Carlos*, Lisboa, edição do autor, s/d, p. 40, n.

13 Brito Camacho, «Operações eleitorais», *in A Lucta*, nº 70, 12 de Março de 1906.

14 Diário da câmara dos deputados, Sessão de 11 de Junho de 1906; *in A Lucta*, nº 275, 4 de Outubro de 1906.

15 Diário da câmara dos pares, Sessão de 4 de Junho de 1906; Luis Morote, *De la Dictadura á la República (La vida política en Portugal)*, p. 103; Maria Cândida Proença e António Pedro Manique, «Da reconciliação à queda da monarquia», António Reis (direc.), *Portugal Contemporâneo*, vol. I, 2ª Parte, p. 465.

16 *A Patria*, nº 99, de 25 de Janeiro de 1910.

17 Rocha Martins, *João Franco e o seu tempo e comentários livres às cartas d'el-rei D. Carlos*, p. 43, n.; cfr. Rui Ramos, *D. Carlos, 1863-1908*, Lisboa, Círculo de Leitores, 2006, p. 258.

18 *Obras de Afonso Costa, Discursos parlamentares, I. 1900-1910*, p. 291; Edo Metzner, *Fragmento de uma satyra. No agonisar da Monarchia (ao ultimo dynasta de Bragança)*, Lisboa, 20 de Outubro de 1906, p. 9.

19 António Cabral, *As minhas memórias políticas. Na linha de fogo*, pp. 302-305.

20 *História da República*, p. 200.

21 António Cabral, *As minhas memórias políticas. Na linha de fogo*, p. 215.

22 Thomaz de Mello Breyner, *Diário de um monárquico. 1911-1913*, 2 ª ed., Porto, s/e, 1994, p. 82; sobre D. Carlos, vd. Fialho d'Almeida, «A morte do rei», *in Saibam quantos... (cartas e artigos políticos)*, pp. 90-110.

23 Teixeira de Sousa, *Para a história da Revolução*, Coimbra, Moura Marques & Paraisos, 1912, vol, I, p. 34; *Resistencia*, nº 1107, de 20 de Maio de 1906.

24 *Cartas d'el rei D. Carlos I a João Franco Castello-Branco seu ultimo Presidente do Conselho*, Lisboa, Livrarias Aillaud & Bertrand, 1924, p. 88.

25 Teixeira de Sousa, *A questão dos tabacos (De 21 de Março a 17 de Maio de 1906)*, p. 7.

26 Anselmo de Andrade, *apud* Rocha Martins, *D. Carlos, História do seu reinado*, Lisboa, Edição do Autor, 1926, p. 484.

27 *O Mundo*, nº 2036, de 17 de Maio de 1906.

28 António Cabral, *As minhas memórias políticas. Na linha de fogo*, p. 34; *História da República*, p. 172.

29 Rocha Martins, *D. Carlos, História do seu reinado*, p. 489.

30 António Cabral, *As cartas d'el-rei D. Carlos ao Sr. João Franco*, p. 45.

31 João Franco, *Carlos Lobo d'Avila. Discurso Parlamentar*, Lisboa, Imprensa Nacional, 1896, p. 8; Joel Serrão, «Martins, Joaquim Pedro de Oliveira», *in Dicionário de História de Portugal*.

32 Oliveira Martins, *Política e História*, Lisboa, Guimarães & C.ª Editores, 1957, vol. II – 1884-1893, pp. 293-297; Oliveira Martins, «Condições da formação de um partido vivedoiro», *in O Repórter*, Lisboa, vol. I, p. 163; F. A. Oliveira Martins, *D. Carlos I e os "Vencidos da Vida"*, 2ª ed., Lisboa, Parceria António Maria Pereira, 1942, pp. 11-24; Maria Cândida Proença e António Pedro Manique, «Da reconciliação à queda da monarquia», *in* António Reis (direc.), *Portugal Contemporâneo*, vol. I, 2ª Parte, pp. 469-471.

33 *A Lucta*, nº 38, 7 de Fevereiro de 1906.

34 António Cabral, *As minhas memórias políticas. Na linha de fogo*, p. 135; Rui Ramos, *João Franco e o fracasso do reformismo liberal (1884-1908)*, pp. 107 e 115; *O programma do Sr. João Franco. Commentario em Artigos publicados no jornal a Tarde*, p. 9.

35 Arquivo da Universidade de Coimbra, Colecção Fausto de Quadros, VI-III--5-4; Jeronymo Salgueiro, *O franquismo*, Coimbra, Typographia M. Reis Gomes, 1904; A. H. de Oliveira Marques, *Portugal da Monarquia para a República*, *in* Joel Serrão e A. H. de Oliveira Marques, *Nova História de Portugal*, Lisboa, Editorial Presença, 1991, p. 691.

36 *O Seculo*, nº 8763, de 20 de Maio de 1906; Amadeu Carvalho Homem, «João Franco ou a tentação ditatorial», *in* João Medina (direc.), *História de Portugal dos tempos pré-históricos aos nossos dias*, Lisboa, Clube Internacional do Livro, 1998, vol. IX, pp. 389-392; Rui Ramos, *João Franco e o fracasso do reformismo liberal (1884-1908)*, p. 124.

37 *Apud* António Maria da Silva, *O meu depoimento*, I vol., *Da monarquia a 5 de Outubro de 1910*, Lisboa, República, s/d, p. 97.

38 José Relvas, *Memórias políticas*, Lisboa, Terra Livre, 1977, vol. I, p. 46.

39 Sampaio Bruno, *A Dictadura. Subsidios moraes para seu juizo critico*, p. 53; Jeronymo Salgueiro, *O franquismo*, p. 14.

40 Oliveira Martins, «Condições da formação de um partido vivedoiro», *in O Repórter*, Lisboa, Guimarães & Ca., 1957, vol. I, p. 161.

41 *Apud* Alberto Xavier, *História da greve académica de 1907*, Coimbra, Coimbra Editora, 1962, p. 332.

42 Angelo Vaz, *Bernardino Machado. Sentimentos, ideias e factos do seu tempo*, Porto, edição do autor, 1950, p. 118; vd. alguns pontos do programa governamental *in* Armando Ribeiro, *A Revolução Portugueza*, Lisboa, João Romano Torres & Ca. – Editores, s/d, vol. I, pp. 133-137.

43 *A Lucta*, nº 146, 28 de Maio de 1906.

44 *O programma do Sr. João Franco. Commentario em Artigos publicados no jornal a Tarde*.

45 João Franco, *apud* Rocha Martins, *D. Carlos, História do seu reinado*, Lisboa, Edição do Autor, 1926, p. 485-486.

46 José Luciano de Castro, *Correspondência Política (1858-1911)*, nº 251, pp. 558-559.

47 Teixeira de Sousa, *Para a história da Revolução*, vol. I, p. 52.

48 António Cabral, *As minhas memórias políticas. Na linha de fogo*, p. 285-286.

49 *Apud* Alberto Xavier, *História da greve académica de 1907*, pp. 332-333.

50 José Luciano de Castro, *Correspondência Política (1858-1911)*, n° 252, pp. 560-561.

51 António José de Almeida, *Quarenta anos de vida literária e política*, Lisboa, J. Rodrigues & C.ª, 1933-1934, vol. I, p. 191.

52 Hintze Ribeiro, *Dois discursos*, p. 62.

53 João Chagas, *João Franco, 1906-1907*, Lisboa, ed. autor, 1907, p. 83.

54 Hermano Neves, *Como triumphou a Republica. Subsidios para a Historia da Revolução do 4 de Outubro de 1910*, Lisboa, Empreza Editora "Liberdade", 1910, p. 22.

55 Diário da câmara dos pares, Sessão de 4 de Junho de 1906.

56 Angelo Vaz, *Bernardino Machado. Sentimentos, ideias e factos do seu tempo*, p. 118.

57 Brito Camacho, "Ora ainda bem...", *in A Lucta*, n° 137, 19 de Maio de 1906.

58 *O Seculo*, n° 8771, de 28 de Maio de 1906.

59 Luis da Camara Reys, *Vida Política*, 1911, p. 195; *Resistencia*, n° 1141, de 16 de Setembro de 1906, p. 195.

60 Vd. o discurso eleitoral do Porto, *in* Annibal Passos, *A tragedia de Lisboa e a Politica Portuguesa*, pp. 116-140; discurso da coroa *in O Seculo*, n° 8776, de 2 de Junho de 1906.

61 Rocha Martins, *João Franco e o seu tempo*, p. 85, n.

62 In *Diario Ilustrado, apud O Mundo*, n° 2114, de 8 de Agosto de 1906.

63 João Chagas, *1908. Subsidios criticos para a historia da ditadura*, Lisboa, Editor João Chagas, 1908, p. 29.

64 *Discursos dos illustres deputados republicanos Srs. Drs. Affonso Augusto da Costa, Alexandre Braga, Antonio José de Almeida e João de Menezes, proferidos no Parlamento*, vols. I e II, Lisboa, 1906-1907.

65 Teixeira de Sousa, *Para a história da Revolução*, vol. I, p. 54.

66 Armando Ribeiro, *A Revolução Portugueza*, vol. I, pp. 216-217.

67 *O Mundo*, n° 2132, de 21 de Agosto de 1906; *A insubordinação do Vasco da Gama*, pelo advogado António de Sousa Horta Sarmento Osório, Lisboa, 1906, p. 4.

68 *A Lucta*, n° 100, 11 de Abril de 1906.

69 Lopes de Oliveira, «A obra de propaganda republicana», *in* Luís de Montalvor, *História do Regímen Republicano em Portugal*, Lisboa, Ática, 1932, vol. II, p. 171.

70 *A Lucta*, nᵒˢ 198 e 199, 19 e 20 de Julho de 1906.

71 Brito Camacho, "Os acontecimentos", *in A Lucta*, nᵒ 215, 5 de Agosto de 1906.

72 Hintze Ribeiro, *Dois discursos*, p. 56.

73 *O Seculo*, nᵒ 8813, de 9 de Julho de 1906.

74 *A Lucta*, nᵒ 199, de 20 de Julho de 1906.

75 Brito Camacho, "O que mudou", *in A Lucta*, nᵒ 146, de 28 de Maio de 1906.

76 Brito Camacho, "Os acontecimentos", *in A Lucta*, nᵒ 215, 5 de Agosto de 1906; Idem, «Novo programa», *in A Lucta*, nᵒ 218, 8 de Agosto de 1906.

77 *Apud* Luis Morote, *De la Dictadura á la República (La vida politica em Portugal)*, p. 118.

78 *O Mundo*, nᵒ 2045, de 26 de Maio de 1906.

79 *O Seculo*, nᵒ 8815, de 11 de Julho de 1906.

80 *O Mundo*, nᵒ 2080, de 30 de Junho de 1906.

81 *Resistencia*, nᵒ 1144, de 27 de Setembro de 1906.

CAPÍTULO 3
OS ADIANTAMENTOS À CASA REAL

A primeira grande questão que vai ser discutida na câmara dos deputados com o governo da presidência de João Franco prende-se com a nacionalidade do ministro da Fazenda. Ernesto Driesel Schröeter nascera austríaco pelo que a sua nomeação iria contra os preceitos constitucionais. Era uma boa maneira de se atrasar a discussão da lei da contabilidade pública, submetida às cortes pelo governo. Com ela se articulava uma outra proposta dada como inovadora, a lei de responsabilidade ministerial. Também não se avançava na discussão da lei do descanso semanal, bandeira republicana que o franquismo empalmara. Havia sido apresentada ainda a lei da remodelação do ensino que não merecera melhor atenção da câmara dos deputados. Enleiam-se as duas casas naquela questão menor, resolvendo por fim a maioria que o ministro era português e que estava constitucionalmente nas cadeiras do governo. O partido republicano aproveita para uma imponente manifestação de rua junto das cortes, lendo Bernardino Machado uma moção de protesto dirigida aos deputados.[1] Era propaganda o que se tratava de fazer. Mas as questões que a provocavam eram sobretudo entre o governo e o partido regenerador dele afastado por vontade do rei. De que os republicanos iam aproveitando. Como deles se aproveitava o governo: assim fora no caso do aumento dos soldos ao exército, com que se antecipara uma proposta republicana. Mas acompanhou-a de uma suspensão de abonos e adiantamentos aos servidores civis do Estado. A lei de 13 de Fevereiro de 1895 – a que chamavam a «lei celerada» –, porque permitia perseguições a anarquistas mas que era aplicada mesmo aos que o não eram, continuava em vigor, apesar da promessa de revogação que João Franco tinha feito. Lei que permitia deportações para África e para Timor, em condições de indignidade e sofrimento. E contra a qual os republicanos sempre protestaram.[2] Finalmente, com João Franco, foi aprovado o contrato monopolista dos tabacos – fora ele mesmo que concebera a concessão em regime de monopólio em governo anterior, em 1890. Agora, repetia a proposta regeneradora já preparada, que trazia ganhos para o Estado. No montante de 6520 contos anuais de renda fixa – em vez dos anteriores 4500. Embora se mantivesse o monopólio, tinha a vantagem de reduzir a sua duração para 19 anos, a terminar em 1926.[3] Além de que se previam melhorias para a condição operária. Tendo mesmo João Franco prometido a criação de uma Caixa de Reforma; o que não aconteceu.[4] A aprovação do contrato suspendia uma interminável discussão. Desta vez com largo benefício para a fazenda pública, pois não só elevava a receita da adjudicação como dava ao Estado participação anual nos lucros de exploração. *O Seculo* logo propõe que esse crescimento de receita se gaste com a instrução primária. Era esta e seria sempre a principal preocupação democrática.[5]

Mal teria corrido uma reunião em Alcântara à saída de uma reunião de João Franco com partidários seus num centro dos regeneradores-liberais. Terminada em pancadaria. Alcântara era um bairro popular de Lisboa em que os militantes republicanos eram muito numerosos. Por isso João Franco ali se queria medir com eles. Um cadastrado, armado com um punhal (ou não), assalta a carruagem do chefe do Governo. O que piora as coisas. São distúrbios de confrontação de propagandas. Mas ninguém garantiu que isso não tinha sido preparado.[6] Porque João Franco pretendeu tirar dividendos políticos referindo-se ao caso inúmeras vezes. E pintando-o com uma gravidade que não tinha – mas nunca foi efectuado um inquérito que pudesse ser esclarecedor. D. Carlos, atento, escreve ao seu chefe de governo: «Desde que felizmente nada sofreste pessoalmente e nenhum ferimento houve de gravidade, a minha opinião é que coisa alguma de maior sorte poderia ter sucedido ao governo em prol das ideias que desejamos levar avante e que cada vez me convenço mais que são as únicas que conseguirão fazer alguma coisa deste nosso tão bom, mas até hoje (pœnitet me) tão mal tratado país.[...] Deram um óptimo pretexto ao governo para acabar de vez com histórias nas ruas, e tiveram a habilidade de pôr contra si toda a gente honesta, e esta felizmente para nós ainda é a maioria.»[7] Sorte, pretexto...: estava, pois, o rei, interessado num outro método de governo que esperava de João Franco. Governo bem mais musculado do que os anteriores. Em conjugação, acentuar-se-ia a perseguição ao partido republicano – desde logo acabando com manifestações de rua. A aposta da monarquia em João Franco tem este significado dúplice. E explica por que o monarca nunca se recusou a assinar os decretos mais repressivos que o ministério mais tarde lhe apresentou. Era preciso calar os republicanos de qualquer maneira. Barulhos de rua eram incómodos a que se devia atalhar. Não fosse acontecer que se multiplicassem e dessem em explosão incontrolável. A repressão estava instalada, embora por enquanto se contivesse nos limites das leis liberais. Da parte dos republicanos espera-se para ver o que dá. Aguardava-se, pois. Para eles a monarquia agia como «o desgraçado que cai no lodo – todo o esforço que tenta para se salvar serve apenas para o enterrar mais.»[8]

A 12 de Novembro de 1906 é o próprio João Franco que na câmara dos deputados lança o assunto que vai tornar-se um dos mais corrosivos para a monarquia: a questão dos adiantamentos à casa real. O assunto foi ao de leve aflorado, como que sugerido, pelo deputado António Centeno, e não fica sem réplica de João Franco. «Não há dúvida que adiantamentos têm sido feitos à Casa Real. D'esses adiantamentos há-de o governo dar conta ao parlamento. Esse assunto há-de ser trazido à câmara e não tem, o governo, tenção de aproveitar qualquer disposição da lei de contabilidade, que se possa prestar para resolver o assunto de tal maneira.»[9] Segundo o presidente do Conselho depois explicará, a lista civil fixada ao rei e à família real em princípios do regime constitucional não estava actualizada. Tinha mesmo sofrido reduções: mas também as tinha aguentado o funcionalismo, dir-se-á.[10] Por isso, além do que lhes era entregue anualmente, as augustas pessoas tinham de gastar também os rendimentos do seu próprio património – a Casa de Bragança. Por isso também, e porque a lista civil e esses rendimentos se revelavam insuficientes, iniciou-se a prática de os reis e seus familiares pedirem à Fazenda Pública adiantamentos sobre os futuros pagamentos da lista civil.[11] Nunca se tomando contas e apurando resultados. A confusão estava instalada, assim, entre o público e o bolsinho do monarca: resquício do absolutismo. João Franco pretende resolver a questão de vez. Mas era ela candente. O partido republicano vai aproveitar a tentativa de solução para fazer um imenso escândalo e assim atacar o rei e as instituições monárquicas. Era, afirmava Afonso Costa, o «capítulo mais vergonhoso da história da monarquia», o «hediondo monturo dos adiantamentos!»[12] Alguma coisa teria anteriormente transparecido sobre a existência da dívida real e das dificuldades que havia em resolvê-la a contento das majestades e conforme o rigor desejável para a administração pública. Assim se referia ser prática corrente desde o tempo de D. Luís. *A Lucta* não se esquecia de avançar pequenas referências à lista civil e à exorbitância dos gastos da realeza: «é voz corrente que o governo pretende que o tesouro público pague as dívidas da casa de Bragança.» Insistia em que ninguém podia receber mais do que o que estava estipulado na lei; estas e outras referências fazem suspeitar um conhecimento prévio do que havia de ser o motivo do escândalo

maior da monarquia. Já em Agosto *O Mundo* se referia a lega-
lização «de despesas indevidamente feitas.» Parece mesmo que
os republicanos se preparavam para essa refrega.

Logo a 6 e 8 de Outubro de 1906 o deputado João de Meneses apresenta requerimentos para obter mapas de despesas de
viagens régias e de obras em paços reais. Mesmo uma referência
a adiantamentos aparecera já em jornais do Porto e de Coimbra. Suspeita ou realidade que parece ter sido do conhecimento
de muita gente – embora disso se não falasse. Havia ainda que
considerar que a Casa Real tinha a sua administração própria,
que não prestava contas ao Erário Público. E nem sempre era
tida como competente.[13] Para *O Mundo* revelava-se finalmente o
segredo que cuja gravidade insinuara: *Os assaltos da monarquia.
O sr. João Franco confessa no Parlamento que tem sido dado
dinheiro, ilegalmente, à chamada «casa real» – o país deve pagar
essas dívidas?*[14] Iniciava-se uma questão longa e decisiva. Que
rapidamente soará por todo o País – logo a 18 de Novembro a
Gazeta de Espinho declara aberto o incidente. Descompõe-se a
linguagem, ao entrar num terreno que diz «miasmático e pan-
tanoso da política triunfante»: «Causa náuseas esta indecência!
É uma liquidação sórdida!»[15]

Mas será no parlamento que as coisas se agitam. «Em vez de
o Sr. Ministro da Fazenda ter trazido este projecto à Câmara, o
que devia ter feito era, em primeiro lugar, estudar o estado da
nossa administração e, em segundo lugar, tratar de remodelar
os nossos costumes políticos, fazendo cumprir inexoravelmente
as disposições moralizadoras das leis vigentes.» E continua:
«Esses costumes têm sido aqui classificados como «descalabro»,
«desbaratos», «ilegalidades», «ofensas à lei», etc. Eles justificam plenamente a nossa disposição, como em geral a de todo o
Partido Republicano, de combater directamente, não o actual
Governo ou qualquer outro, mas o próprio regime com todos os
seus representantes e servidores, porque é o regime exactamente

que tem produzido a péssima administração do País.» É assim que o deputado republicano Afonso Costa, começa a apreciar a grave questão. Insurge-se contra a monarquia, que agora aparecia contrita, «arrependida e purificada como uma vestal, ela que não tem tido pejo de se exibir como uma messalina impudica perante a Nação, que a sustenta e lhe paga.»[16] Estava dado o tom em que iam decorrer os debates. Não seria sempre o mais elevado – embora decisivamente dissolvente tenha sido o seu efeito sobre o prestígio da monarquia.

Afonso Costa vai em frente, num longo e fundamentado discurso: «Quando se trata de uma Nação tão pobre como a nossa, tão cheia de fome e de desgraças, como Portugal, desviar dinheiro é um crime tão insusceptível de toda a espécie de arrependimento, que não pode o Sr. Presidente do Conselho, sem manchar os seus lábios, querer fazer acreditar à Câmara que o rei é também um arrependido em questões de dinheiro, como S. Ex.a o diz ser em questões de liberdade.» E concluirá propondo que o Presidente do Conselho, resolvida a questão, diga ao rei: «Retire-se, Senhor, saia do País, para não ter de entrar numa prisão em nome da lei!...» Chamado à ordem pelo presidente da câmara, Afonso Costa acrescenta: «Por muito menos crimes do que os cometidos por D. Carlos I, rolou no cadafalso, em França, a cabeça de Luís XVI!» Será a força armada a executar a expulsão do deputado da sala das sessões.[17] Alexandre Braga, na continuação dos trabalhos afirmava: «Há nesta casa quem ainda defenda a administração da monarquia. Esta foi já definitivamente julgada pelo País depois de se verificar que há nela quem receba adiantadamente dinheiro numa Falperra de manto e coroa.» A câmara expulsá--lo-á por sua vez. António José de Almeida bem tentou acompanhá-los: de pé em cima de uma carteira, propôs aos soldados irem às Necessidades prender o rei e mandá-lo pela barra fora. «Soldados! Lembrai-vos que sois cidadãos. Vamos para a revolução. Com essa meia dúzia de baionetas e com a minha voz, atravessando a cidade, podemos fazer o resgate dum povo inteiro, promovendo a glória duma Pátria nova.» Mas o presidente da câmara já tinha arranjado estardalhaço suficiente e não o expulsou. Afonso Costa e Alexandre Braga serão suspensos dos seus mandatos por um mês. Porém, o escândalo dos adiantamentos estava instalado para durar. O rei ficava exposto, como tendo infringido as leis do Reino ao confundir os dois erários: o público e o da casa real. Sabendo-se das dificuldades pelas quais a Fazenda Pública passava há uns anos, esta displicência régia para com os dinheiros do contribuinte só podia ser mal vista. Mesmo em pequenos meios isso se sabe: «a revelação dos adiantamentos ao Rei também aqui produziu má impressão e não falta quem a explore.» Assim o constata um progressista dos Covões, arredores de Coimbra.[18] E com isso, discutindo-se o rei e as suas relações com o erário, era a monarquia que se punha em causa. «Até aqui o rei era aquela entidade irresponsável, que reinava sem governar, tão somente para representar a ficção que encarna.» «Mas sobrevém João Franco e o rei é arrancado à sua irresponsabilidade.»[19] Como também viu Hintze Ribeiro, João Franco, em vez de tranquilizar o espírito público, deixa «que a onda se levante e engrosse, envolvendo os homens públicos, o Chefe do Estado, as Instituições monárquicas...!»[20]

Não parece muito coerente a actuação de João Franco. É ele que confirma a existência de adiantamentos, em Novembro de 1906, na câmara dos deputados. Depois do escândalo dos tabacos, não podia esperar-se um acolhimento muito favorável. Ou que a questão não fosse aproveitada contra a monarquia. Não estaria o Presidente do Conselho a pretender amarrar o rei a si e à sua política pela questão dos adiantamentos? É uma suspeita que se pode levantar. O liberalismo de João Franco, se o era, pretendia instalar um Estado forte, actuante contra a rua e as suas perturbações. Apoiado na confiança do rei. O que não permite pensar que tivesse feito esta revelação por acaso. Mas é também ele que de imediato afirma que só trará a questão ao parlamento quando puder ser tratada de harmonia com os princípios da justiça e com os verdadeiros interesses do País. Assim, só a apresentaria quando entendesse que devia ser resolvida.[21] Dizendo-o, não era possível doravante esconder uma revelação destas na serenidade cúmplice dos gabinetes. O conselheiro António Cabral, progressista, não deixará de considerar essa revelação como um «erro gravíssimo», «inesperado e profundo golpe no prestígio do Rei e da Monarquia.»[22] Hintze Ribeiro, José Luciano de Castro e José Dias Ferreira – anteriores presidentes do Conselho – apressam-se a afirmar com toda a solenidade que nunca nos governos a que presidiram tinha havido concessão de adiantamentos...[23] Excepto os necessários à recepção dos chefes de Estado estrangeiros, das reparações nos paços reais... E tudo seria culpa dos governos, que não tinham feito cumprir os preceitos legais. Sabiam que mentiam. Mas expunham-se para salvaguardar a realeza de um percalço que anteviam funesto. Como bem clama Hintze Ribeiro na Câmara Alta, «com isso a Coroa nada teve, nem tem. São despesas do Estado, a cargo do Estado, e não da Coroa.» O chefe regenerador logo em 21 de Novembro de 1906 procurava afastar do rei qualquer suspeita ou culpa pelos adiantamentos. Previa o manifesto desgaste que as instituições monárquicas podiam vir a sofrer. Ficavam ainda os políticos do regime como que amarrados ao pelourinho dos adiantamentos.[24] João Franco «não prestou um bom serviço à Coroa, lançando o desconceito sobre as administrações passadas, sobre todos os homens públicos e monárquicos do seu país. Assim, só levantou nos escudos a causa dos republicanos, só serviu a exploração republicana [...].»[25] O líder regenerador acertava em cheio. As declarações do chefe do governo tinham desencadeado um efeito perverso. Só ficavam imunes os que nunca tinham tido responsabilidades na governação. Assim, restavam puros e ilesos... apenas os republicanos!

Não poucas razões para preocupações estavam os deputados democráticos a oferecer aos monárquicos. Como dizia António José de Almeida, eles eram a desafinação no parlamento.[26] A questão dos adiantamentos – com o consequente ataque ao prestígio da Coroa – dava bom alimento às interpelações e invectivas da oposição radical na câmara dos deputados. Mas na câmara dos pares a temível voz monárquica de João Arroyo retomava a acusação: «O País não deve admitir sem protesto, que o rei seja arrastado pelo governo a uma posição de indignidade e subserviência. O sr. João Franco deixa acusar a coroa e alimentar a onda de suspeições, tendo no bolso a conta dos adiantamentos para exercer uma violenta pressão sobre o chefe do Estado. É um procedimento ilegal e ilegítimo.»[27] A João Chagas resta concluir, com toda a lógica: «Levantada a questão dos adiantamentos, a monarquia ficou exposta não já a todas as suspeitas, mas a todas as afrontas. Desconceituou-se, desonrou-se, perdeu-se.»[28] Com ironia, Brito Camacho avisa: «Vai fazer-se com a discussão dos adiantamentos o processo do Regímen. São indiciados como réus quantos, no actual reinado, têm exercido funções governativas, a começar no chefe da Nação, a quem os adiantamentos foram feitos, talvez mesmo contra a sua vontade, coitado.»[29]

Não sossegavam os monárquicos na câmara. Porque nem sequer tinham sido os republicanos a lançar a questão, mas o próprio Presidente do Conselho. Perguntava-se a João Franco, «que necessidade tinha ele de trazer essa questão ao parlamento sem a acompanhar da respectiva solução?»[30] Seria para comprometer regeneradores e progressistas que tinham passado pela pasta da Fazenda e colaborado nesses desvios, desacreditando-os? É o que parece. E o mais curioso é que o primeiro dos ministros da Fazenda que fez adiantamentos à casa real se chamava... João Franco.[31] Foi em 1890, a que se seguiram muitos outros (dezasseis, nada menos). Mas a verdade é que o mais desacreditado seria sempre D. Carlos, o beneficiado. Os ministros só podiam ser condenados por cumplicidade. E condenados moralmente. Não era isso difícil de prever. «D. Carlos cerca-se de lacaios submissos que se prestam a todas as subserviências e a todos os desacatos à moralidade e à honradez. Quer sejam Hintze Ribeiro, o palaciano maluco e vaidoso, José Luciano, idiota e fraldiqueiro, ou João Franco, o tiranete sem escrúpulos e o galo-pim avariado.»[32] Sendo João Franco, no momento, o homem do rei, que o escolhera e abrira caminho para as reformas que se propunha, como entender que expusesse o monarca à opinião pública, sob um aspecto tão pouco digno? Quereria comprometê--lo para assim estar seguro de ser defendido e mantido no lugar? Podia Alexandre Braga perguntar o que era «que o Sr. Presidente do Conselho guarda cautelosamente, como navalha de ponta e mola, não se sabe se contra o Rei, se contra os seus aliados progressistas, se contra os regeneradores, se contra todos jun-tamente?»[33] Nunca ficou clara a intenção com que João Franco lançou a grave questão dos adiantamentos nas cortes. Há que ter como certo que não foi por algum impulso de momento: agiu de caso pensado. No mínimo, errou ao não prever a dimensão que o caso iria atingir.

Ora o Presidente do Conselho não poderia deixar de ante-cipar o efeito que a sua revelação ia desencadear. João Franco não era um político recém-chegado nem um deputado ingénuo: bem ao invés, era um governante experimentado, muito batido na câmaras. Era mesmo considerado um dos mais notáveis ora-dores parlamentares do seu tempo. Por isso fica a suspeita de que algum efeito escondido pretendia desencadear, sem o qual não se compreende a denúncia que fez. Porque logo a seguir à revelação na câmara dos deputados, foi a vez de João Arroyo levantar na câmara dos pares um tremendo requisitório contra o rei. «Podem estar certos que acima da luta dos partidos, acima da vontade de quem quer que seja, os dias da dinastia de Bragança estão contados. A declaração do Presidente do Conselho sobre a existência de adiantamentos à casa real criou para a coroa uma situação inconstitucional. Está coacta a coroa e o rei não pode mais exercer a sua função de agente do poder moderador e supremo chefe do executivo. Com o seu acto, o chefe do governo deixou em plena luz a sua responsabilidade insofismável.»[34] Não eram palavras de um republicano radical inimigo das instituições. Eram ditos de um monárquico e par do Reino. Embora dos mais virulentos... Mais tarde, em 1908, Afonso Costa afirma no parlamento aquilo que muitos pensavam – e certamente os republicanos queriam que se pensasse. A revelação dos adiantamentos fora parte de uma manobra de chantagem de João Franco sobre D. Carlos. Para ter o soberano à sua mercê, para poder fazer a ditadura com o apoio real. Houve mesmo quem depois dissesse que fora *a ditadura dos adiantamentos à Casa Real.*[35] «Ditadura dos adiantamentos» saíra mesmo em manchete, a toda a largura da primeira página de *A Lucta*. O jornal manter-se-á sempre a repisar as suas razões, enquanto vai apresentando os números dos gastos da Nação com a família real: a começar pela própria lista civil, desde que foi institucionalizada – para cima de 28 mil contos – soma que impressiona.[36]

Não se impõe essa interpretação de coacção régia que foi invocada incessantemente pelo partido republicano: no momento inicial João Franco, perante a alusão de António Centeno, não tinha como negar o que se tinha vindo a passar. No entanto, poderia ter amaciado a resposta à questão. Embora não fosse do seu estilo embrulhar um acontecimento para que passasse despercebido. Por isso a franqueza da sua revelação – segredo partilhado por muita e boa gente: dezasseis ministros da Fazenda![37] Depois com isso terá encadeado o rei. No que não parece ter havido uma intenção premeditada. Mas tratou-se de um desacerto de graves consequências. E o efeito produzido terá sido mesmo o de obrigar o rei à defesa de João Franco e do seu governo. O rei deixava de ser o árbitro, o titular do poder moderador que a Carta Constitucional tinha estatuído. Entrava na liça concreta das lutas partidárias em defesa própria – e não por boas razões. Com todos os perigos que essa posição lhe acarretava, além do mais obrigando-o a uma activa solidariedade com o governo. O rei constitucional não se podia por então escusar-se de ser parte e de ter responsabilidades pelo andamento da coisa pública. Mas ficava na pior das situações, porque amarrado a um partido, e a um partido que ainda se queria afirmar. E a um grupo que queria modificar a seu contento a alternância entre os velhos agrupamentos rotativos. Não se tratava de uma formação política de todo inovadora, isenta e superior, como o cesarismo pressupunha e defendia. Era uma via perigosa aquela por que passava a ser conduzida a monarquia. Porque o rei, a quem tudo devia, dificilmente se conseguiria libertar das responsabilidades assumidas. As circunstâncias não deixavam nem abriam alternativas, indispensáveis para o bom e tranquilo governo. O caminho passava a ser muito estreito e sem saídas aparentemente à vista. Tudo o que ocorresse, todas as soluções poderiam sempre ser apontadas como subterfúgios para iludir uma realidade que se queria mascarar.

A propaganda republicana encontrara na questão dos adiantamentos a sua alavanca mais poderosa para lançar o partido e as massas populares contra a coroa. Porque não era o monarca e a família real apenas que estavam a ser apontados como culpados. Eram também acusados como cúmplices quantos tinham governado e consentido ou facilitado adiantamentos. Eram todos os políticos dos últimos anos do liberalismo. Enfim, era o regime que ficava para ser citado e julgado como um todo. A expulsão dos deputados republicanos marca a inflexão no conflito político. A partir daí haverá dois partidos: «o partido monárquico e o partido republicano. A luta está travada; dum lado a monarquia desorientada, vexada, criminosa; do outro o partido republicano representando o país e a soberania nacional.»[38]

CAPÍTULO 3
NOTAS

1 Alfredo Gallis, *Um reinado tragico*, vol. II, pp. 405-406.

2 Armando Ribeiro, *A Revolução Portugueza*, vol. I, pp. 203 e 208.

3 Teixeira de Sousa, *A questão dos tabacos (De 21 de Março a 17 de Maio de 1906)*, pp. 62 e 273.

4 Raul Esteves dos Santos, *Os Tabacos. Sua influência na vida da Nação*, Lisboa, Seara Nova, 1974, vol. II, pp. 381-385.

5 Hintze Ribeiro, *Dois discursos*, pp. 26-27; Diário da câmara dos deputados, Sessão de 2 de Outubro de 1906; *O Seculo*, nº 8 751, de 8 de Maio de 1906.

6 António Cabral, *As minhas memórias políticas. O agonizar da monarquia*, p. 29.

7 *Cartas d'el rei D. Carlos I a João Franco Castello-Branco seu ultimo Presidente do Conselho*, pp. 58-59.

8 Brito Camacho, «A eleição», *in A Lucta*, nº 213, 3 de Agosto de 1906.

9 Trindade Coelho, *Manual politico do cidadão português*, 2ª ed., Porto, Typographia a vap. da emprêsa literaria e typographica, 1908, pp. 458-459; Rocha Martins, *João Franco e o seu tempo*, p. 124.

10 Luis Morote, *De la Dictadura á la República (La vida política en Portugal)*, pp. 191-193.

11 Ibidem, 127-129.

12 *Obras de Afonso Costa, Discursos parlamentares, I. 1900-1910*, p. 372.

13 Por exemplo, *A Lucta*, nº 154, 5 de Junho; nº 198, 19 de Julho e nº 321, 19 de Novembro de 1906; Luis Morote, *De la Dictadura á la República (La vida política en Portugal)*, pp. 191-193; Alfredo Gallis, *Um reinado tragico*, vol. II, p. 423; Raúl Rêgo, *História da República*, Lisboa, Círculo de Leitores, 1986, vol. I, p. 237.

14 *O Mundo*, nº 2216, de 13 de Novembro de 1906.

15 Dr. Joaquim Pinto Coelho, *Textos Políticos, 1905-1910*, p. 43.

16 *Obras de Afonso Costa, Discursos parlamentares, I. 1900-1910*, p. 160.

17 Ibidem, pp. 181-182.

18 José Luciano de Castro, *Correspondência Política (1858-1911)*, nº 258, p. 577.

19 João Chagas, *João Franco 1906-1907*, p. 57.

20 Hintze Ribeiro, *Dois discursos*, p. 7.

21 *Obras de Afonso Costa, Discursos parlamentares, I. 1900-1910*, p. 199.

22 António Cabral, *Para a história. Os culpados da queda da monarquia*, pp. 52-53.

23 *A Lucta*, nº 467, 17 de Abril de 1907.

24 Dr. Joaquim Pinto Coelho, *Textos Políticos, 1905-1910*, p. 70.

25 Hintze Ribeiro, *Dois discursos*, pp. 12-13.

26 *A Lucta*, nº 855, de 12 de Maio de 1908.

27 *História da República*, p. 234.

28 João Chagas, *João Franco 1906-1907*, p. 56.

29 *A Lucta*, nº 440, 20 de Março de 1907.

30 Rocha Martins, *João Franco e o seu tempo*, p. 144.

31 *História da República*, p. 334.

32 *Resistencia*, nº 1159, de 22 de Novembro de 1906.

33 Diário da câmara dos deputados, Sessão de 11 de Janeiro de 1907.

34 *Apud História da República*, p. 230.

35 Luz de Almeida, «A obra revolucionária da propaganda. As sociedades secretas», *in* Luís de Montalvor, *História do Regímen Republicano em Portugal*, vol. II, p. 232.

36 *A Lucta*, nº 511, 31 de Maio de 1907.

37 Carlos Ferrão, *Em defesa da verdade. O regicídio, os adiantamentos, a diplomacia de D. Carlos*, Lisboa, Editorial Século, s /d, pp. 166-190; *Adiantamentos à Família Rial Portuguesa deposta em 5 de outubro de 1910. Relatório elaborado pela comissão de sindicância à Direcção Geral da Tesouraria*, Lisboa, Imprensa Nacional, 1915, p. 7.

38 *Resistencia*, 1160, de 25 de Novembro de 1906.

CAPÍTULO 4
A RUA E A IMPRENSA

João Franco tinha-se em alta conta. Não hesitava em dizê-lo: o seu governo era «um raio de sol, na noite caliginosa da administração pública.»[1] Muitos gostariam que fosse. Claro que nem por isso João Franco conseguiria calar o partido republicano, sobretudo numa matéria tão escaldante como a dos adiantamentos, que punha em causa a honorabilidade real. Era preciso divulgar o que se passava, apresentar razões contra a monarquia. Pelo que o partido republicano marca um comício para o Porto, a 2 de Dezembro de 1906. Tratava-se de fazer propaganda da acusação republicana quanto aos adiantamentos e de denunciar ainda a expulsão do parlamento de Afonso Costa e Alexandre Braga. Interessava agitar. E era de esperar que os ânimos se exaltassem. Bastava provocar a excitação. Porque se sabia que João Franco avançaria impulsivamente na repressão. O mecanismo de excitação-repressão era simples de pôr em prática. Bastava saber aproveitar. Foi o que aconteceu.

Em 1 de Dezembro chegavam ao Porto os deputados republicanos. Juntam-se populares na estação de São Bento a aguardar Afonso Costa, Alexandre Braga e Bernardino Machado. Estava a manifestação proibida na rua, mas não na gare. À saída a Guarda Municipal dispersa os manifestantes com cargas de cavalaria. Depois começam os tiros. É a balbúrdia, a desordem generalizada. Houve um morto e três feridos. A «estratégia defensiva» de João Franco metia, portanto, actuação policial sem respeito pelas regras legais que permitiam as manifestações públicas.[2] Era um segundo 4 de Maio, «ainda mais cobarde do que o outro.»[3] No comício do dia seguinte é a vez de Bernardino Machado proclamar: «Não! A antiga confiança da nação nas instituições monárquicas dissipou-se para sempre: e não há hoje nada no coração das multidões que a faça reviver... A destituição da realeza impõe-se.»[4] Na excitação o partido republicano sabia bem mexer-se. Levar o governo a ser repressivo e violento. Era a máxima cunhada por Brito Camacho: «quanto mais liberdade nos derem, mais havemos de pedir. Havemos de obrigá-los às transigências que rebaixam ou às violências que comprometem.»[5] Assim se estava a fazer. E o governo a deixar-se levar para uma repressão em que só conseguiria acumular ódios.

João Franco não se deixava atrapalhar pelas dificuldades postas no parlamento. Era obstinado e arrebatado – Afonso Costa chamava-lhe casmurro.[6] Na propaganda republicana, João Chagas trata-o de demente que certamente não era.[7] Irascível seria, e daí «doido», como o diz o conde de Mafra.[8] Outros o caracterizam como «assaz violento, imensamente agressivo, absorvente e atrabiliário.»[9] Seria tudo isso: seguramente obstinado e com mau feitio – questão de temperamento, agreste e autoritário; impulsivo e rancoroso, «por vezes destrambelhado e incoerente», também se escreveu.[10] Como a imprensa não lhe dava tréguas, resolve avançar com uma nova lei para a regulamentar e domesticar. A lei de imprensa, apresentada ao parlamento em Dezembro de 1906, foi preparada pelo deputado franquista Doutor António José Teixeira de Abreu, professor ilustre da Universidade.[11] De imediato a Associação dos Jornalistas de Lisboa e a do Porto protestaram e organizaram manifestações contrárias à sua aprovação. Brito Camacho, o director da republicana *A Lucta* logo a contesta em artigo de fundo do seu jornal: a lei seria «qualquer coisa como um cárcere de ferro onde se pretendesse engaiolar o pensamento.» «Vivíamos num regimen duro; passamos a vivèr num regimen bárbaro. Posta em vigor a nova lei de imprensa, só pode ser director d'um jornal quem se reconhecer capaz de ser um herói, ou com estofo para ser um pulha.»[12]

No parlamento Afonso Costa não lhe poupará as suas críticas. Mas essas objecções não são exclusivamente técnicas. O deputado republicano aproveita, como sempre, para as integrar no desgaste empreendido contra a monarquia e contra o governo que pretendia travar-lhe o desprestígio. E logo: a proposta de lei de imprensa «obedece ao propósito confessado de impedir os jornais de discutir os adiantamentos ilegais à casa real.»[13] Ou, noutra voz: «quando em Portugal todos os direitos forem postergados e todas as liberdades forem esmagadas; e quando o Governo, à custa de um completo esquecimento de todas as suas promessas, julgar ter criado a atmosfera propícia para a discussão dos adiantamentos à Casa Real, um único direito o país há-de conservar ainda, para o consolar da perda transitória de todos os outros direitos e de todas as outras liberdades: o de responder com o seu desprezo a quem, para o insultar, tem a suprema cobardia de primeiro o amordaçar.» Era a palavra inspirada e acusadora de Alexandre Braga.[14] Não se segue que efectivamente assim tivesse sido. Mas a acusação republicana vai pegar. E ficar para durar. Como disse o conselheiro Augusto José da Cunha, presidente da câmara dos pares, «os adiantamentos, em resumo, constituem hoje toda a razão de ser do Partido Republicano. O sr. João Franco, que muitos serviços lhe havia prestado já, prestou-lhe mais esse que é incalculável...»[15]

«Para realizar a sua obra especial, o chefe do Governo tem atravessado duas fases: – Na primeira esforçou-se por mostrar o estado em que encontrou a monarquia – como tinham sido atropeladas por ela todas as liberdades; como haviam sido malbaratados os dinheiros públicos; como ela se havia alimentado faustosamente com adiantamentos ilegais; como era preciso, numa palavra, pôr cobro aos erros e crimes, de carácter moral e jurídico, no meio dos quais, e por sua graça, estavam vivendo a monarquia e os seus representantes, a começar pelo chefe do Estado.» E a seguir: «– Na sua segunda fase, o chefe do Governo, depois de assim ter feito conhecer a todo o País o que era a tortíssima e aviltante administração superior da monarquia – lembrou-se ineditamente, de a salvar ou restaurar, e para isso não encontrou melhor maneira do que suprimir todas as liberdades, desde a da tribuna parlamentar, provocando assim uma indignação profunda na massa popular, criando um abismo inultrapassável entre o País e o representante da monarquia, estabelecendo um divórcio absoluto e radical, entre o povo e o rei.» E avança mais: «A Nação não lho consentirá, e o Sr. Presidente do Conselho realizará o papel que a história lhe destina, fazendo cair com ela quem realmente deve cair – o rei de Portugal.»

Adiantamentos revelados para amarrar o rei ao governo, repressão nas ruas e coerção através da lei da imprensa conjugam-se. «O que caracteriza a obra do Governo sobre a liberdade de imprensa é que ela pertence a um período de reacção política, e provém de um desprezo absoluto, ou melhor, de um ódio rancoroso, pelas conquistas liberais, que tanto sangue e tantas vidas custaram aos nossos maiores.»[16] Lei reaccionária, pois. Assim vigorosamente expunha a questão o deputado Afonso Costa.[17]

António José de Almeida também eleva a sua voz dando João Franco como «hipócrita que esconde cavilosamente nas dobras da sua sotaina as intenções criminosas da sua torva consciência de velho déspota incorrigível.» Porque corresponsabiliza o director da publicação pelo delito de infracção à lei é tirânica; porque havendo dois ou mais crimes pode-se ser processado apenas por um é inquisitorial; porque legisla a perseguição para as alegorias, suposições, frases alusivas e equívocas é jesuítica; porque permite que o governo proíba a entrada de livros e jornais estrangeiros é autocrática. E o tribuno não deixa de escarafunchar na ferida: «O jornalista que, descrevendo uma caçada do sr. D. Carlos, disser que ele, ao cair da tarde, se *adiantou* até ao ponto extremo de um córrego à procura de um cabrito, emprega uma frase equívoca em que se ofende o rei, porque a palavra *adiantar* deve ao Sr. João Franco os foros de um sentido novo e agressivo no vocabulário português.»[18] N'*A Lucta* também se explora o trocadilho: o sultão de Marrocos «ainda se não adiantou em conquistas civilizadoras.» N'*O Mundo* abre-se uma subscrição pública para pagar um cheque protestado da rainha D. Maria Pia.[19] A retórica e a eloquência parlamentar são usadas com toda a largueza, conforme as qualidades e os propósitos de deputados e pares do Reino. Usava-se a ironia e o humor na composição dos discursos. Como o exploravam os jornalistas nas suas narrativas e crónicas. E a questão dos adiantamentos, como a mais candente, mais se prestava também a isso. E melhores efeitos poderia obter, pois não haveria sobre essa questão muitos indiferentes. Porque nem os mais fiéis admiradores do Senhor D. Carlos de imediato se chegaram à liça a defender a justeza com que o monarca se tinha... adiantado.

A lei de imprensa de 11 de Abril de 1907 – uma nova *lei das rolhas* (denominação que também tinham merecido as leis de imprensa de 1840 e de 1890) e liberticida para os opositores – não era contudo uma lei despótica. Mas procurava defender o governo de ataques que o próprio considerasse inconvenientes. Passava a ser governamental a avaliação dos efeitos do que se publicava. Determinava a lei que os processos contra os abusos da liberdade de expressão escrita e publicada seriam julgados sem intervenção do júri no caso de acusação de injúria. Porque os júris inclinavam-se normalmente para absolver os infractores. Contra a lei que assim os ameaçava se elevaram os jornalistas, e políticos de todos os quadrantes – excepto os regeneradores-liberais, como é bem de ver. Há manifestações no parlamento. Velhas glórias republicanas como Zófimo Consiglieri Pedroso, Bulhão Pato, Theophilo Braga muitos e muitos outros, entre eles Sampaio Bruno, tomam posição contra a lei. Escrevem, vêm mostrar-se nas galerias da câmara dos deputados, assistem a discussões acaloradas. Insurge-se a Associação dos Jornalistas e Homens de Letras do Porto. Juntam-se quase todos os directores do jornais numa comissão de protesto contra o projecto de lei de liberdade de imprensa. Que decide aplicar um corte de relações com os defensores da lei e aplicar a «pena do silêncio» aos políticos e a todos os que a defendessem publicamente.[20] Esses deixariam de ser referidos nos seus relatos. O que deu escassos resultados – como muitos vaticinaram. Embora: mais uma vez, vão os republicanos aproveitar para acossar o rei. «Todas as vezes que o rei saia para fora da lei, pratica abusos, comete crimes, tais como o dos adiantamentos, confessado pelo Presidente do Conselho, é não só um direito, mas um dever e uma necessidade social, discuti-lo e criticá-lo, impor-lhe todas as responsabilidades, fazê-lo conter nos limites do respeito devido a todos os direitos e especialmente aos do povo.» Se os deputados iam discutir os adiantamentos, também a imprensa devia fazê--lo. Porque o móbil da urgência de aprovação desta lei «visava a impedir qualquer juízo da opinião pública acerca da família Bragança e suas relações confusas com os dois Erários.»[21]

Demonstrados os apoios contra a lei da imprensa e denunciado o escândalo dos adiantamentos, o partido republicano tinha também que mostrar-se na rua. Com grandes manifestações que seriam comícios. Por todo o País, e no mesmo dia. Foi a 16 de Dezembro. E o mais concorrido, naturalmente foi o de Lisboa. O Partido Republicano tinha que demonstrar que a rua estava insatisfeita, o governo tinha que sentir essa recusa popular aos seus propósitos. A boa razão era a solidariedade com os deputados expulsos das cortes. «O povo que aqui se reuniu mostra, com a sua simples presença, que em Portugal existe uma força superior à do governo do sr. João Franco. Apesar de todas as fórmulas, com as quais se pretende sofismar essa realidade, ela acabará por se impor.» Assim falou Theophilo Braga. E depois João de Meneses, deputado, acrescentou: «O partido republicano é hoje em Portugal, não só um partido de ordem, mas o único capaz de a garantir. Como não hão-de fazer desordens os monárquicos, se o seu único objectivo é fazer perdurar privilégios contrários ao sentimento da esmagadora maioria da Nação e consagrar todas as injustiças e privilégios que justificam a legítima revolta do povo?» Seguiram-se Afonso Costa e Alexandre Braga, os deputados expulsos da câmara. Claro que no fim houve correrias sobre os manifestantes, da parte da Guarda Municipal e da polícia.[22] Fora de Lisboa, embora ainda sobretudo nas capitais distritais, as propostas republicanas ganhavam aderentes. E era isso que o partido queria também mostrar. Os chamados círios civis juntavam muita gente em redor do ideal democrático. Outras acções de rua, reuniões, banquetes se organizaram. O partido crescia e sabia mostrar esse crescimento. Tinha de o fazer para se reforçar e pôr os adversários de sobreaviso. Não bastava já exibir-se como um agrupamento de gente bem-comportada, tendo representantes que participavam nos trabalhos da câmara baixa e dispondo de uma imprensa aguerrida para dar abanões à monarquia. Vinha para a rua mostrar-se e fazer valer a força das massas populares e os seus apoios. As adesões ao partido eram anunciadas nos jornais republicanos como *A Lucta* e *O Mundo*. E eram muitas.

Um pouco de relativa calma voltou ao parlamento. A lei sobre o descanso semanal – velha reivindicação democrática – foi apresentada. Ao mesmo tempo trazia o governo uma reestruturação das forças armadas, prevendo a instituição de um Supremo Conselho de Defesa, presidido pelo rei, este sem direito a voto. Na câmara dos pares, onde estavam alguns generais, a discussão foi cerrada. Mas estas leis, sobretudo a lei de imprensa, não terão sido um desvio intencional, para prolongar discussões? Não é claro que fossem urgentes. Urgente era o orçamento e urgentes eram as leis constitucionais, que ficaram por apresentar.[23] Bernardino Machado, em discurso no Centro de São Carlos – sede do Directório – bem pergunta: «Qual a obra do actual governo? Legislativamente foi nula. Nem se ocupou da instrução, seu cavalo de batalha quando na oposição, nem reformou a que o chefe do governo chamou ignóbil porcaria, nem nada fez para levar o Parlamento a aprovar medidas úteis para o País.» Cedo se percebeu que assim iria ser.[24] Da mesma opinião era o progressista António Cabral: «Leis de utilidade geral – nenhumas! Medidas práticas, exigidas pelo país, e que ao país aproveitassem – nenhumas!» «Que levaram e propuseram os ministros à análise das cortes? – De alta importância, pouco. Pouquíssimo.»[25]

Quase parece que João Franco premeditara a entrada em ditadura. Para convencer o rei teria de mostrar o vazio legislativo em que se caíra, disso atribuindo culpas às cortes. A sessão parlamentar prolongara-se, quando três meses era o período anual previsto – Artigo 17º da Carta Constitucional. Se o Presidente do Conselho se queixava da lentidão legislativa do parlamento, por que deixou prolongar o tempo da sessão anual? Acabada esta no prazo normal, sem cometer qualquer infracção constitucional, poderia ter continuado a governar sem sentir a pressão das oposições nas câmaras que estariam constitucionalmente encerradas. A menos de se pensar que o que João Franco queria era precisamente mostrar a impossibilidade de o governo actuar com o parlamento e de preparar o ambiente para justificar uma ditadura tão premeditada quanto antecipadamente negada. Há ainda uma outra explicação: o carácter impulsivo e imprevisível da personagem, que na época muitos assinalaram: António Cabral di-lo arrebatado, imperioso e dominador, absorvente e autoritário.[26] Mas também aqui há que pensar que os seus colegas de governo poderiam ter-se oposto a esse desvio temperamental.

D. Carlos quer evitar um novo discurso da Coroa – com as discussões a que dá lugar – obrigatoriamente. «Governe-se com o parlamento, é esse o meu maior desejo, mas para isso é necessário que ele também faça alguma cousa. É preciso obras e não palavras. De palavras, bem o sabemos, está o País farto. Não quer discussões políticas das quais pouco ou nenhum bem lhe virá, o que quer é que se discuta administração, que se discutam medidas que lhe sejam úteis. Assim poderá o País interessar-se pelo Parlamento; com discussões de mera política, interessará os amadores de escândalos vários, esses sim, mas fará com que a parte sensata e trabalhadora do País se desinteresse por completo d'aquilo que para nada lhe servirá.»[27] É provável que para o rei a questão dos adiantamentos fosse mera dificuldade administrativa: ainda por cima inconveniente em termos políticos... Ou a lei de imprensa que permitia evitar-lhe ser atacado e denegrido... Ou as duas conjuntamente, já que para alguns, como Alexandre Braga e os demais republicanos, a lei de imprensa se destinava a calar o ruído sobre os adiantamentos. *Crónica dos adiantamentos* foi o título que o republicano *O Mundo* deu a notícias de pequenos roubos que iam ocorrendo na cidade de Lisboa – gatunices e arrombamentos. E não era só *O Mundo*, sempre suspeito por republicanismo, que insistia na questão. Eram todos os jornais, que o assunto se revelava de bom aproveitamento. Fácil também, convir-se-á. Por então Brito Camacho, nas suas páginas de *A Lucta* inicia um conjunto de críticas bem humoradas a D. Carlos, a propósito de uma obra de um plumitivo francês: chamou-lhes *D. Carlos, íntimo* (mais tarde reunidas em volume).[28]

Uma nova questão vinha agora acrescentar-se: a dos vinhos. Demarcavam-se as regiões, conforme as qualidades dos vinhos, pretendia-se cuidar também da cultura da vinha. Agitavam-se os vinicultores do Sul, que se sentiam prejudicados relativamente aos cultivadores do Douro. Em volta de José Relvas, em Alpiarça, soavam notícias de indignação popular. Era uma questão grave, pois que dividia o País entre beneficiados e prejudicados. Ou que pelo menos assim se sentiam e julgavam. Uma proposta sobre os sanatórios na Madeira, apresentada por uma companhia alemã também levantava dificuldades. Porque implicava autorização para jogo que passaria a ser legal. Com humor, escreverá Ferreira do Amaral mais tarde, parece «que o Zarco já ali desembarcou com um baralho de cartas na mão, e a isso deveu a facilidade com que ali se estabeleceu.»[29] Acusações de ladroagem ferviam – *A Lucta* enche páginas e páginas com prosa sobre «tísicos e batoteiros», no princípio de 1907.[30]

Assim andavam as coisas pelas duas casas que compunham as cortes. Sessões agitadas, porque o governo não dispunha de uma maioria que conseguisse impor-se e fazer calar as minorias. Monárquicas e republicana. Porque o número não era salvaguarda para os que tinham mais representantes. Era preciso ser oportuno, ter dotes de eloquência, saber aproveitar os mínimos acidentes para provocar questões que pudessem ser transferidas com ruído para os jornais. E muito melhor, que não ficassem pelos periódicos conotados com os partidos, para ter maior eficácia. A oratória política para muito serviria. E muitos e muito dotados parlamentares havia neste período do constitucionalismo monárquico. Capazes de chamarem a atenção para as palavras que se proferiam nas câmaras. E assim catapultarem para o centro das atenções da opinião pública matérias politicamente envenenadas. Ao limitar a difusão das palavras dos deputados republicanos – pela lei de imprensa finalmente promulgada em 11 de Abril de 1907 – o governo mostrava o seu empenhamento determinado em defender a ordem monárquica. E a si próprio. Como seria de esperar.

Mais gravoso foi ainda o decreto ditatorial de 20 de Junho de 1907, que entregava a imprensa ao arbítrio dos governadores civis, e logo vários jornais foram suspensos. A suspensão aplicava-se aos periódicos que se revelassem «atentatórios da ordem ou segurança pública.»[31] Era um obstáculo bem concreto à propaganda contra o regime. E punha em causa o próprio exercício da liberdade de imprensa. Seria o ponto de chegada de uma evolução acicatada pela necessidade de defesa das institui-ções. Porque agora era a imprensa republicana que dava o tom ao que ia sendo transmitido. Os republicanos têm bem presente a necessidade de contar com esse instrumento para a formação da opinião pública. Que é dada como uma nova e indispensável força social.[32]

Três grandes diários da capital não tinham cor partidária – ou procuravam não a mostrar: o *Jornal do Commercio*, *O Seculo* e o *Diario de Noticias*. Em especial o *Diario de Noticias*, que conseguia manter uma serena neutralidade. Porém *O Seculo* vai reaproximar-se dos republicanos, embora não se transforme em porta-voz de algum grupo. Os republicanos já dispunham como jornais partidários d'*A Lucta*, d'*O Paiz* e d'*O Mundo*. Juntam-se-lhes depois, com tiragens mais pequenas, o vespertino *A Capital* e *A Vanguarda*.[33] No Porto havia jornais que conforme a sua orientação difundiam as informações locais ou as que lhes che-gavam de Lisboa. Eram então mais do que na capital os jornais não enfeudados a um partido ou a um político: *O Commercio do Porto*, *O Primeiro de Janeiro* e o *Jornal de Noticias*. E não eram poucos os periódicos por todo o país.[34] Grande variedade de títulos, que implicava uma atenção constante por parte das autoridades que tinham por missão defender as instituições. Por-que o elogio da subversão passava especialmente pela imprensa. Esta era considerada «o mais profícuo instrumento de propa-ganda de opiniões.»[35] Ou pelo menos assim se pensava e assim o governo temia. Porque as outras liberdades, nomeadamente a de reunião, também se encontravam condicionadas, fosse para espaços abertos, fosse em recintos fechados.[36] Não se pode pensar que a monarquia tinha descurado as defesas contra o que con-vinha que fosse tido como abuso das liberdades públicas. Pelo contrário, encontrava-se bem escudada, e melhor passaria a estar.

Em especial havia que contar com o juízo de instrução criminal, criado precisamente para a defesa das instituições. E em especial atento a anarquistas, bombistas e outros «intervencionistas» violentos. Contra os quais havia legislação repressora que não respeitava os princípios constitucionais. Para cuja investigação dispunha ainda da polícia judiciária. E de titulares escolhidos a dedo. Por isso se torna na odiada magistratura perseguidora de republicanos. Que efectivamente foi. Dando uma atenção muito especial às associações secretas e por aí à Carbonária – que uma vez mais renascia.[37] Numa luta que se vai tornar violenta. A repressão prepara-se. Repressão em vários campos em que a policial não fica esquecida.

O juiz de instrução criminal desempenha aqui um papel da maior importância. Ocupando um lugar estranhamente relevante, embora discreto.[38] Comunicando com o governo, com o qual devia trabalhar, mas também com o rei. Por quem era recebido, com quem o monarca por vezes falaria «demoradamente».[39] Com quem, como foi o caso do juiz Veiga, D. Carlos tinha relações muito próximas, servindo o soberano no desempenho de funções que não eram de modo algum as da sua estrita obrigação profissional. O juiz de instrução criminal poderá ser encarado como o principal – ou pelo menos o mais visível – dos perseguidores de quantos pretendiam derrubar a monarquia. E se alguma legislação especial foi aprovada para lhe permitir liberdade de investigação e possibilidade de atemorizar, as práticas vieram a mostrar que dessa magistratura de excepção se deveriam esperar atropelos aos princípios do direito que a legislação ordinária consignava. E com isso se entra na «desconfiança de querer cometer algum crime» como motivo de detenção.[40] «Atropelando a lei e o pacto fundamental em que se estabelecem garantias que na prática se não effectivam, o corregedor Veiga suprime jornais, fecha redacções, amordaça pela violência os órgãos da opinião pública, na servil ânsia de servir o dono que lhe deu [...] atribuições de régulo em pleno terreno africano.»[41] Doseado com uma actuação paternalista, chegando a afastar para as colónias alguns exaltados incómodos. Arranjando-lhes por lá colocações burocráticas para os retirar de Lisboa. Antes de serem condenados. Mesmo que se revelassem agressivos: Eduardo Metzner chega a escrever que D. Carlos era «o ponto final da Quarta Dinastia.»[42] A legislação que criara o juízo de instrução criminal tinha uma formulação que podia ser tida como contrária às normas do direito, o que permitia o avanço de comportamentos nada liberais. Com misto de paternalismo, quando convinha: convidando para emprego nas colónias algum desviado que assim como que agradecia ser deportado. Mas ao regime, já na defensiva, pouco se lhe dava alguma entorse aos princípios que deveriam ser os seus. Desde que a legislação devidamente aprovada o permitisse. Nem por isso perdiam o carácter de leis de excepção.

Apesar desses desvios, não se contava a sério com intervenções autoritárias. Ainda ninguém esperava dos militares que se rebelassem ou sequer defendessem decisivamente o regime. «Muitos oficiais são republicanos – toda a gente o sabe; muitos são monárquicos – não falta quem o diga; mas a grande maioria importa-se tanto com a política como nós nos importamos com a teologia, ou outra coisa assim inútil.» Assim escrevia Brito Camacho, confiante em que o partido republicano conseguiria aproveitar-se desse manifesto desinteresse dos militares pela continuidade das instituições.[43]

CAPÍTULO 4
NOTAS

1 *Apud* Lopes d'Oliveira, *História da República Portuguesa. A propaganda na monarquia constitucional*, p. 230.

2 *Obras de Afonso Costa, Discursos parlamentares, I. 1900-1910*, pp. 200-204 e 208.

3 António José de Almeida, *Quarenta anos de vida literária e política*, vol. I, p. 290.

4 Lopes d'Oliveira, *História da República Portuguesa. A propaganda na monarquia constitucional*, p. 228.

5 *Apud* Rocha Martins, *D. Manuel II*, vol. I, p. 92.

6 *Obras de Afonso Costa, Discursos parlamentares, I. 1900-1910,,* p. 116.

7 João Chagas, *Cartas políticas*, 1ª série, p. 7; pela propaganda anti-franquista foi usado o folheto de Arthur Leitão, *Um caso de loucura epiléptica*, Lisboa, ed. autor, 1907, demonstração de que se tratava de um «louco irresponsável e perigoso», p. 29.

8 Thomaz de Mello Breyner, *Diário de um monárquico. 1908-1910*, 2ª ed., Porto, Fundação António de Almeida, 2004, p. 20.

9 António Maria da Silva, *O meu depoimento*, vol. I, p. 75.

10 «Franco, João», *in Grande Enciclopédia Portuguesa e Brasileira*, Lisboa, Editorial Enciclopédia, s / d, vol. XI, da autoria de António Sérgio; Bourbon e Meneses, *Páginas de Combate. Critica & Doutrina*, Lisboa, Livraria Central Editora de Gomes de Carvalho, (1933), p. 59; Alfredo Gallis, *Um reinado tragico*, vol. II, p. 420.

11 *Obras de Afonso Costa, Discursos parlamentares, I. 1900-1910*, p. 72.

12 Brito Camacho, «A imprensa», *in A Lucta*, n° 339, 7 de Dezembro; Idem, «A imprensa», n° 343, 11 de Dezembro de 1906.

13 *Obras de Afonso Costa, Discursos parlamentares, I. 1900-1910*, p. 185.

14 Diário da câmara dos deputados, Sessão de 2 de Abril de 1907.

15 *Apud* António Cabral, *O agonizar da Monarquia*, p. 172.

16 Ibidem, p. 217.

17 *Obras de Afonso Costa, Discursos parlamentares, I. 1900-1910*, pp. 185-187.

18 António José de Almeida, *Quarenta anos de vida literária e política*, vol. II, pp. 2 e 6-7.

19 *O Mundo*, nº 2233, de 30 de Novembro de 1906; *A Lucta*, nº 552, 11 de Julho de 1907.

20 Antonio Cabral, *As minhas memorias politicas. O agonizar da Monarchia. Erros e crimes – Novas revelações*, Lisboa, Livraria Popular de Francisco Franco, 1931, p. 103.

21 *Obras de Afonso Costa, Discursos parlamentares, I. 1900-1910*, p. 193; Theophilo Braga, *Soluções positivas da politica portugueza*, vol. II, p. 227.

22 *História da República*, p. 242-245.

23 António Cabral, *As cartas d'el-rei D. Carlos ao Sr. João Franco*, p. 94.

24 *História da República*, p. 254.

25 António Cabral, *As cartas d'el-rei D. Carlos ao Sr. João Franco*, p. 94.

26 António Cabral, *O agonizar da Monarquia*, p. 131.

27 *Cartas d'el rei D. Carlos I a João Franco Castello-Branco seu ultimo Presidente do Conselho*, p. 73.

28 Brito Camacho, *D. Carlos, intimo*, Lisboa, Guimarães & Ca., s / d.

29 *Documentos políticos encontrados nos Palácios Riais depois da revolução republicana de 5 de Outubro de 1911*, Lisboa, Imprensa Nacional de Lisboa, 1915, p. 20.

30 *A Lucta*, de 4 de Fevereiro a 4 de Março de 1907.

31 Trindade Coelho, *Manual Político do Cidadão Portuguez*, p. 416.

32 Theophilo Braga, *História das Ideias Republicanas em Portugal*, p. 167.

33 Carlos Malheiro Dias, *O Estado actual da Causa Monarchica. 1912*, Lisboa, ed. do Autor, 1912, p. 119-122.

34 Luis Morote, *De la Dictadura á la República (La vida política en Portugal)*, pp. 200-210; Jacinto Baptista, *Um jornal na Revolução. «O Mundo» de 5 de Outubro de 1910*, pp. 54-60; A. H. de Oliveira Marques, *Guia de História da 1ª República Portuguesa*, Lisboa, Editorial Estampa, 1997, pp. 24-25; Raúl Rêgo, *História da República*, vol. I, p. 222.

35 Carlos Malheiro Dias, *O Estado actual da Causa Monarchica. 1912*, p. 119.

36 Trindade Coelho, *Manual politico do cidadão portuguez*, pp. 401- 408.

37 Luz de Almeida, «A obra revolucionária da propaganda. As sociedades secretas», *in* Luís de Montalvor, *História do Regímen Republicano em Portugal*, vol. II, pp. 214-215.

38 José de Castro, *O Maior Crime do Regimen. O juizo d'instrucção criminal*, Lisboa, Composto e impresso na Typ. La Bécarre, de F. Carneiro & C.a, 1910.

39 Antonio Cabral, *Cartas d'el-rei D. Manuel II*, p. 261.

40 José de Castro, *O Maior Crime do Regimen. O juizo d'instrucção criminal*, p. 15.

41 *Justiça*, n° 5, Coimbra, 27 de Janeiro de 1903.

42 *O Mundo*, n° 2240, de 7 de Dezembro de 1906; Thomaz d'Eça Leal, *A prisão de um anarchista*, Lisboa, ed. do Autor, 1907, p. 30; Edo Metzner, *Fragmento de uma satyra. No agonisar da Monarchia (ao ultimo dynasta de Bragança)*, p. 10.

43 *A Lucta*, n° 367, Lisboa, 5 de Janeiro de 1907.

CAPÍTULO 5
A QUESTÃO ACADÉMICA

Uma dificuldade inesperada talvez tenha vindo perturbar a actuação governamental. À partida era acontecimento que nada tinha de político, menos ainda de partidário. Porém o governo provocou a politização de um acontecimento académico, transformando-o num ataque ao governo. Em 27 e 28 de Fevereiro de 1907 o licenciado José Eugénio Dias Ferreira apresentou-se a acto de conclusões magnas para doutoramento na Faculdade de Direito da Universidade. Os membros do júri tinham decidido previamente reprovar o candidato – tido por republicano. As provas decorreram com visível hostilidade dos professores que assim procuravam justificar o resultado. E a reprovação surgiu, inexorável. Por unanimidade. Os protestos dos estudantes foram imediatos. Desde logo também mostraram a insatisfação existente perante o ensino ministrado, pelos quais os estudantes manifestavam a sua repulsa.[1] Pediu-se mesmo a criação de Faculdades de Direito em Lisboa e no Porto. O que chegou a assustar a cidade de Coimbra, que argumenta em contrário desse desejo. Marnoco e Sousa, lente de direito e presidente da Câmara Municipal de imediato replica contra essa proposta.[2] Entraram os estudantes a fazer greve às aulas no dia 1 de Março, com vaias aos professores. Em 2 de Março o governo suspendia as actividades na Universidade até conclusão dos processos académicos – que ainda nem sequer tinham sido instaurados. Acto irreflectido por parte do governo? Antecipação a maiores perturbações que se temiam? Manifestação de impulsividade do Presidente do Conselho, tudo aponta. Porque suspeitava que os estudantes provocadores eram republicanos, apoiados pelo seu partido, «adivinhando-se as molas ocultas que haviam desencadeado o motim.»[3] Desde o ano anterior que em Coimbra funcionava um Centro Republicano Académico.[4] Segue-se uma ida a Lisboa dos estudantes, a entregar representações ao governo e ao parlamento. Não sem antes terem passado pelo Ateneu Comercial a ouvir uma conferência de Theophilo Braga, doutor que a Universidade recusara como seu professor – e que assim aparecia como dotado de um saber alternativo. A Filosofia do Direito serviu de tema para a palestra.

Queria a academia profundas reformas no ensino ministrado. E assim o exprimiu, pela palavra de António Granjo, junto de um membro do governo e do presidente da câmara dos deputados.[5] Iniciam-se movimentos de solidariedade de estudantes do Porto – depois de Lisboa, e também dos alunos dos liceus. O Doutor Bernardino Machado, lente da Faculdade de Filosofia ameaça demitir-se se algum estudante fosse expulso, «as portas da Universidade, ao fecharem-se para ele, se fechariam também para mim.»[6] Instauraram-se os processos disciplinares, contra os imaginados cabecilhas dos movimentos de contestação. Bernardino Machado continua os seus protestos e a sua ameaça: «Processem mas é o regímen que na Universidade como cá fora, é o grande culpado.» Os nomes dos estudantes a acusar foram entregues por João Franco ao Reitor. Foram sete, republicanos ou tidos como tais.[7] Devidamente sujeitos a processos e assim alguns castigados pela Universidade com penas de expulsão por dois anos, três deles, por um ano, outros quatro. Por coincidência (ou não), bem escolhidos: seis republicanos e um anarquista.[8] A Universidade cumpria a vontade do governo, sem se manifestar oprimida pelas ordens recebidas.[9] Não foi a primeira vez. Nem haveria de ser a última.

O rei incomodou-se com a questão. E terá preconizado medidas de firmeza. Não podiam, rei e governo, «deixar decair o princípio da autoridade que cada vez mais devemos conservar bem alto. [...] Sou absolutamente contrário, como sabes [escreve o rei a João Franco], a violências e medidas de força, mas tão contrário sou d'esses processos como sou partidário do emprego da força quando for necessária para manter as ideias que advogamos, e tendo como temos a razão pelo nosso lado.»[10] O rei estava com o seu Presidente do Conselho. Decididamente. E não para defender a Coroa mas para sustentar «as ideias que advogamos.»

João Franco teve que dar explicações ao parlamento. E fê-lo, como seria de esperar, na câmara dos pares e na dos deputados. Porque a borrasca assumiu feição política, sem qualquer disfarce. O Presidente do Conselho pretendia reduzir toda a questão a uma medida do governo contra perturbações da ordem. «Parece que se trata de uma questão de ordem pública» comentava, em tom de quem não ficava mesmo nada convencido, o chefe regenerador Hintze Ribeiro.[11] Esse seria o argumento do governo, que o repisaria. João Franco, nas suas intervenções altaneiras não vai além disso. Mas é fácil deslindar, até pela sequência das medidas tomadas, a tramóia do governo: atirar para o partido republicano com a responsabilidade do que se passara na Universidade. «As provas? Venham as provas!», pedia António José de Almeida no parlamento. E no mesmo discurso aconselhava João Franco a retirar-se da vida política. «Compreendia-se que esse homem tivesse a triste ilusão de salvar o país e conjuntamente a casa de Bragança. Mas desde que percebeu que isso era impossível, só lhe restava uma coisa: dirigir-se à nação e dirigir-se ao rei.» Ao rei diria: «Senhor: procurei salvar a sua dinastia juntamente com a minha pátria; impossível, porque entre as duas a incompatibilidade é irredutível.»[12] Claro que isso era apenas retórica. Quem se retirou da Universidade, pedindo a exoneração do seu lugar de catedrático da Faculdade de Filosofia, foi o Doutor Bernardino Machado. Ficaria a atitude como paradigma de uma honradez que não seria seguida. Isso lhe valeu desde logo ser considerado «uma figura moral que enche o país.»[13]

Na argumentação de João Franco, a «causa remota destes acontecimentos, a verdadeira determinante deles, está na propaganda que nos últimos anos e intensamente se tem procurado fazer na Academia de Coimbra para se criar nela um espírito revolucionário e nos trabalhos e esforços persistentes com que se tem procurado organizar na Academia um partido republicano» [...] «Por isso não me surpreenderam os acontecimentos de agora; eles são a consequência lógica da sementeira de revoltas que de há certo tempo se vem espalhando largamente no meio académico coimbrão.»[14] Era também «a reacção espontânea a métodos de ensino anacrónicos.»[15] Mas João Franco reduzia aos conflitos político-partidários a ânsia de mudança sentida pelos estudantes. Não queria entender que a instabilidade resultava de uma generalizada insatisfação face ao ensino ministrado e ao antiquado modo de funcionamento da Universidade. A autoridade fora desacatada, havia que restaurá-la, o que parece que bastaria. A isso o levaria o seu «temperamento despótico» diria Bernardino Machado.[16] Talvez fosse assim. Porque há explicações temperamentais, que não podem ser ignoradas: nem sempre na actividade política a racionalidade explica tudo.

Sabidas as expulsões dos estudantes, e mandadas reabrir as aulas, foi geral a greve em Coimbra, alastrando a Lisboa e ao Porto. Com graves incidentes na Escola Politécnica de Lisboa, provocando a intervenção da polícia. Cargas de cavalaria caíram sobre os alunos do Liceu de Coimbra. Como sobre os do Liceu do Carmo em Lisboa baixaram os sabres policiais. Houve incidentes junto do Governo Civil da capital. Houve prisões. Na câmara dos deputados ouviu-se quem quisesse saber por que razão a polícia entrara na Escola Politécnica. Mas o ministério poucas ou nenhumas justificações apresentava. E a maioria da câmara, fiel ao governo, preferia tratar de outros assuntos.[17] Na câmara dos pares era o próprio chefe do partido regenerador, conselheiro Hintze Ribeiro que fazia perguntas incómodas ao governo. Mas o debate não se generalizava, porque a maioria e os ministros não estavam nele interessados.[18] A ordem tinha que prevalecer: o governo decretava o encerramento de todos os 11 estabelecimentos de ensino superior do País. D. Carlos temia o efeito que as intervenções republicanas no parlamento teriam. Soube – por informadores que não pelo governo – que os deputados tencionavam fazer-se outra vez expulsar do parlamento. Isso o preocupa porque «assim expulsos por causa dos rapazes, os terão logo todos do seu lado. Não creio que os tivessem todos mas teriam bastantes, e parece-me que se lhes deve evitar o gostinho.»[19] Escrevia isto a 9 de Abril. A 11 marcava o termo da sessão legislativa para o dia 12 de Abril.[20] O barulho ia acabar, fosse como fosse.

Mas terá o parlamento sido encerrado para responder às dificuldades levantadas pela questão académica? Não parece remédio proporcionado à gravidade política do que se estava a passar. Talvez receasse que o governo caísse. Para evitar o que se propõe actuar junto dos regeneradores. Porque D. Carlos não queria «deixar decair o princípio da autoridade que cada vez mais devemos conservar bem alto.» E apoiava a actuação do governo. Mas João Franco temia mesmo as oposições «cegas pelo único e dominante pensamento de derrubar o ministério.»[21] A questão académica tinha aproveitamento fácil. Tanto mais que o Presidente do Conselho é forçado a reconhecer que o partido republicano não tinha promovido nem organizado a greve. O que se presta a que António José de Almeida possa afirmar: «Eu supus sempre que o seu desastre governativo havia de ser grande; mas nunca imaginei que fosse, como é, enorme, cheio de incoerências, de maldades, de insídias, de ausência de

boa fé e largamente abundante em faltas de senso comum.»[22]
Senso comum que aqui não abundou, como se vê. «Ao fim se
verá que do castelo de cartas que o Sr. João Franco inabilmente
levantou, com as suas mãos desastradas, nada ficará, a não ser
o desconexo baralho com que a monarquia costuma fazer o seu
grosseiro jogo político.» Ganhou o governo alguma coisa com
este conflito? Não parece.

Pelo contrário, o partido republicano saía prestigiado da
questão académica. Esta fornecera-lhe novos trunfos contra o
franquismo.[23] E contra a monarquia que o franquismo pretendia
defender. «A greve universitária feita sem base nem pretexto em
interesse algum académico, obra claramente de indisciplina e
revolução, abrasara rapidamente todas as escolas superiores,
técnicas e especiais, os liceus, as escolas normais, começando a
estender-se até às primárias, pela cumplicidade, aberta em alguns,
disfarçada no maior número, dos Pais e dos Professores.»[24]
É rememoração de João Franco, sete anos passados. Em que
bate nas mesmas teclas que lhe justificaram a ditadura. Nem por
isso a questão académica parece ser mais do que uma forma de
mascarar outras e mais graves questões. Por muito barulho que
os estudantes fizessem não era por aí que se poderia pensar que
o governo ficava verdadeiramente abalado na sua autoridade.
Estava o governo assustado com a crise académica? Nada o
indica. E não eram os «rapazes» que poderiam fazê-lo cair.
Embora tenham contribuído para perturbar-lhe os trabalhos.
Porque era mais um foco de instabilidade e de revelação de fragilidade. Sobretudo. Tornava-se manifesto que não estavam com
o governo – quem saberia dizer se com a monarquia – os jovens
estudantes da sociedade portuguesa. Um esperado viveiro de
bacharéis, futuros servidores da monarquia e súbditos de Sua
Majestade, surpreendera ao mostrar-se rebelde a um governo
que se queria mostrar diferente. Rejubilava o partido republicano, que se sentia «cada vez mais intimamente identificado com

a alma livre da nação inteira.»[25] Razão tinham os que não pouco relevo político deram ao acontecimento em si. Porque o não merecia, como mostrou João Chagas, que atirou com a questão académica para onde ela devia ser posta – a demonstração do espírito retrógrado da Universidade neste acidente.[26] A que se poderia acrescentar a da subordinação política ao franquismo das autoridades coimbrãs.

CAPÍTULO 5
NOTAS

1 Alberto Xavier, *História da greve académica de 1907*, p. 68; Armando Marques Guedes, *Páginas do meu Diário*, Lisboa – Rio de Janeiro, Editorial Enciclopédia L.ᵈᵃ, 1957, p. 51.

2 *Resistencia*, n° 1191, de 21 de Março; *Anais do Município de Coimbra, 1904--1919*, Coimbra, Edição da Biblioteca Municipal, 1952, p. 63.

3 Alberto Xavier, *História da greve académica de 1907*, p. 84; *Cartas d'el rei D. Carlos I a João Franco Castello-Branco seu ultimo Presidente do Conselho*, p. 88.

4 *O Mundo*, n° 1960, de 1 de Março de 1906.

5 Alberto Xavier, *História da greve académica de 1907*, pp. 92-96.

6 Ibidem, p. 129; Bernardino Machado, *A Universidade de Coimbra*, 2ª ed., Lisboa, Editor-Proprietario, Bernardino Machado, 1908, p. 313.

7 Ibidem, p. 306; Alberto Xavier, *História da greve académica de 1907*, p. 159.

8 Natália Correia, *A questão académica de 1907*, Lisboa, Minotauro – Seara Nova, (1962), p. 180.

9 Ibidem, pp. 197-203.

10 *Cartas d'el rei D. Carlos I a João Franco Castello-Branco seu ultimo Presidente do Conselho*, p. 82.

11 Natália Correia, *A questão académica de 1907*, p. 177.

12 António José de Almeida, *Quarenta anos de vida literária e política*, vol. II, pp. 98 e 105.

13 Bernardino Machado, *A Universidade de Coimbra*, p. 322; A. H. de Oliveira Marques e Fernando Marques da Costa, *Bernardino Machado*, p. 34; *O Seculo*, n° 9102, de 27 de Abril de 1907.

14 *Apud* Natália Correia, *A questão académica de 1907*, pp. 182-183.

15 Carlos Olavo, *Homens, Fantasmas e Bonecos*, Lisboa, Portugália, (1950), p. 72.

16 Bernardino Machado, *A Universidade de Coimbra*, p. 325; A. H. de Oliveira Marques e Fernando Marques da Costa, *Bernardino Machado*, p. 35.

17 Natália Correia, *A questão académica de 1907*, pp. 159-169.

18 Ibidem, pp. 173-176.

19 *Cartas d'el rei D. Carlos I a João Franco Castello-Branco seu ultimo Presidente do Conselho*, p. 83.

20 Natália Correia, *A questão académica de 1907*, p. 199.

21 Ibidem, p. 91.

22 António José de Almeida, *Quarenta anos de vida literária e política*, vol. II, p. 112.

23 Natália Correia, *A questão académica de 1907*, p. 138; cfr. Rui Ramos, *D. Carlos, 1868-1908*, pp. 270-271.

24 *Apud* Visconde de Cortegaça, *João Franco – ultimo Presidente do Conselho d'el rei D. Carlos – Carta inédita*, Ponte de Lima, Tip. Guimarães, 1952, p. 42.

25 Bernardino Machado, *A Universidade de Coimbra*, p. 327.

26 João Chagas, *1908. Subsidios criticos para a historia da dictadura*, pp. 112-115.

CAPÍTULO 6
A DITADURA DE JOÃO FRANCO

Até que em 12 de Abril de 1907, na aparência por proposta de João Franco e anuência do rei, se decreta o encerramento das cortes. Parecia preparar-se a entrada em ditadura. D. Carlos escreve: «siga o governo firme na sua missão de bem governar, que me encontrará sempre firme e pronto a coadjuvá-lo e a dar-lhe força em tudo quanto seja necessário». E adiante: «Há muita coisa a fazer e creio que se pode e deve fazer e temos que seguir o nosso caminho doa a quem doer.» Consonância plena de vontades – e determinação de cortar a direito. Havia que serenar as cortes, onde a oposição regeneradora dava sinais de grande agitação. O encerramento da câmara dos deputados era «um meio que não um fim.» E tinha como fundamento «um incidente delicado de ordem pública.»[1] Ao que pode parecer, a questão académica – o que seria desproporcionado remédio para tão pouco grave maleita. A oposição republicana não aceita de boamente o destaque que o governo dava ao que se passava nas escolas. «[O governo] tem a confiança da Coroa, e está convencido de que pode manter a Academia dentro d'uma camisa de forças, com a mesma facilidade com que pôs no rei um açamo... de adiantamentos.»[2] Para José Relvas a ditadura explica-se por querer o governo resolver a questão vinícola. O governo renovara os privilégios para o Douro, depreciando as dificuldades existentes no Sul e no Centro do País. Preparava-se uma imensa manifestação de trabalhadores rurais em Lisboa.[3]

Já parece mais verosímil. Mas, talvez, a suprema razão fosse conseguir resolver a questão dos adiantamentos. A dificuldade da sua resolução com o parlamento a funcionar era grande: os chefes políticos regenerador (Hintze Ribeiro) e progressista (José Luciano), bem como o independente José Dias Ferreira já tinham solenemente declarado que não tinham feito adiantamentos... Ora João Franco sabia que isso era mentira. Mas como contornar os votos dos deputados desses partidos que obviamente teriam de ir no sentido pretendido pelos seus chefes? E de os absolver de culpas que efectivamente tinham...

Muitos se recordaram do que João Franco dissera da ditadura anterior a que tinha estado associado. E agora acabava por cair na mesma solução. O que não podia deixar de lhe ser lembrado, e até pelos monárquicos, como Hintze Ribeiro e José Luciano de Castro.[4] Pouco antes, discursando em sessão de propaganda do seu governo, João Franco afirmara: «O governo prometeu governar com a lei e com a constituição. Não pode fazer ditadura.»[5] Nas palavras de João Chagas, «atraiçoou um compromisso que garantiu com a sua palavra.»[6] Por isso, difícil é compreender as razões que o levam a essa medida de excepção.

Tentou o Presidente do Conselho reforçar o governo e substituir três dos ministros regeneradores-liberais por progressistas. A aliança de incidência parlamentar entre os dois partidos passaria a ser uma coligação governamental. Franco queria que entrassem no governo «elementos representativos do seu partido [progressista], homens de valor político e parlamentar reconhecido, com autoridade no país pelo seu carácter e pelo seu passado.»[7] José Luciano de Castro, que afirmava com veemência não querer «nem pastas nem postas» ainda terá diligenciado fazer entrar partidários seus no governo. Mas não o conseguiu, mesmo com João Franco a prometer que depois dessa administração liberal-regeneradora se seguiria uma outra progressista. Porque era o que estava assente pelo acordo que instituíra a concentração liberal. Porque o que Franco pretendia afinal não era acabar com o rotativismo, como ele afirmava. Tudo indica que simplesmente queria substituir a alternância entre progressistas e regeneradores pela dos progressistas e regeneradores-liberais.[8] Ou ainda, dito de outro modo, quereria absorver os progressistas? Não fica claro que houvesse uma táctica pensada nem um alvo previamente escolhido.[9] E isso é o mais estranho de uma ditadura que o ditador com tanto vigor antecipadamente condenara. José Luciano considerará a ruptura com os progressistas como uma «punhalada pelas costas.»[10] Desde logo o chefe progressista comunica que o seu partido declarará «ilegais para todos os efeitos as providências ditatoriais decretadas pelo Governo se for chamado ao poder.» E insta com João Franco para que «reflicta bem nas consequências de tudo o que se está passando.» E de tudo o que estava preparando.[11]

Segundo o Presidente do Conselho «tratava-se de uma reforma de costumes políticos e de práticas administrativas, mais ainda que da remodelação de leis, coisa inane e vã, se os actos não lhe vêm dar movimento e vida. Mas isso demandava persistência e tempo e, segundo toda a previsão, mais de um ministério teria de seguir-se n'essa mesma linha de proceder.» Franco propunha-se arregimentar os descontentes – era caçar no terreno dos republicanos – num «vago mas crescente anseio d'alguma coisa nova, não afastados ainda em número da Monarquia, mas, como todos os grandes descuidados, atribuindo a outrem, aos políticos, responsabilidades e culpas em grande parte suas.» Esse desencanto generalizado levava a que o partido republicano crescesse, em militantes e também em votos nas urnas. «Alardeavam, essas novas forças, grandes promessas de liberdades, de honesta e rigorosa aplicação dos dinheiros do Estado, de moralidade e respeito da lei na administração e nos costumes públicos, de melhoramento das condições de vida das classes trabalhadoras, e sobre essa plataforma iam levantando protestos, indignações contra o existente, e acalentando esperanças, fantasiando sonhos, acendendo também algumas cobiças.» Pior. Com isso os republicanos contaminavam os partidos da oposição. «A agitação substituíra a propaganda, tomando os republicanos a direcção e a dominação de todo o movimento oposicionista.»[12] E ainda agitava o espantalho do perigo republicano, a melhor maneira de atrair apoiantes. Porque os republicanos queriam o poder: João Franco tudo faria para os impedir de lá chegar. Mas afinal, rompe com os progressistas, que tinham acordado mais tarde constituir governo, com o apoio dos franquistas.[13]

O próprio rei diligencia para que José Luciano convença os seus partidários a aceitarem fazer parte da recomposição.[14] Em vão. Estava terminada a experiência da concentração liberal.[15] Agora ocorria a «desconcentração». A remodelação ministerial deu-se a 2 de Maio. Poucos dias depois João Franco comunicava a José Luciano que ia entrar em ditadura. Fazia-o na convicção de ser «o mais conveniente aos interesses e necessidades do País.»[16] «– Mas onde tem V. Ex.ª os ditadores?...», perguntava o velho político que já tinha visto muitas coisas.

Em 11 de Maio instala-se por fim a ditadura com a dissolução da câmara dos deputados – na véspera já os jornais a anunciavam. E no dia seguinte, a toda a largura da primeira página d'*A Lucta*, lê-se ser esta «A ditadura dos adiantamentos».[17] Não fora convocado o Conselho de Estado e não fora marcada data para futuras eleições. Ao arrepio da Carta Constitucional. Houve quem lhe chamasse um golpe de Estado.[18] Os progressistas protestam, pela voz de José Luciano. D. Carlos responde: «eu não tomaria as decisões que tomei, se as não julgasse, n'este momento, indispensáveis, para o bem do meu País, no qual é meu dever pensar sempre, e colocar acima de quaisquer outras considerações.» O rei recusa mesmo receber o Conselho de Estado – embora não se escuse a receber os conselheiros um a um. Estes é que não estão dispostos a isso.[19] Era pleno o apoio do rei à situação ditatorial. E convicto. Significava o avançar para uma tentativa musculada para salvar o regime? Ou simplesmente uma mudança de táctica no combate contra os republicanos?[20] E teriam estas medidas alguma coisa a ver com a questão académica?[21] Não é evidente.

João Franco afirma genericamente que vai resolver as dificuldades existentes. «Vamos realmente e firmemente fazer administração em ditadura já que de outra forma não nos deixaram fazê-la. D'esta forma, fazendo muita administração e pouca política, julgamos corresponder às aspirações do País, dando satisfação às suas mais instantes necessidades.»[22] Porque, ao que também será dito, era grande o incómodo do governo perante um parlamento em que dominavam as «discussões políticas inúteis, estéreis, acintosas, violentíssimas e mesquinhamente destinadas, pelo egoísmo estreito das facções, a deitarem abaixo o governo.»[23] Como o governo escreve, era quase absoluta a esterilidade do parlamento e impossível realizar com ele «a larga obra de governo que o país reclama, exige e precisa.»[24] Os republicanos e os dissidentes progressistas tinham realizado «uma campanha de obstrução, de inutilização das Cortes», queixou-se João Franco.[25] Que ao que se passava chamou «orgia política». Cansaço da luta, sensação de tempo perdido em combates sem que deles resultasse uma vitória profícua? É aceitável como explicação psicológica, insuficiente como motivo político. João Franco não era um fraco nem desistia de combater. Nem desconhecia as muitas manhas parlamentares. O que parece certo é que esta câmara dos deputados acabou por «decidir da sorte, não só de um político e do seu partido, mas talvez das instituições monárquicas em Portugal» – premonição de Luis da Câmara Reys.[26] Outros vaticinaram no mesmo sentido: «Pode o franquismo governar mais ou menos tempo, mas o que se pode afiançar é que quanto mais se demorar no poder, mais perigam as instituições. A queda será desastrosa. Ver-se-á.» No seu *Diario*

Ilustrado João Franco fazia constar que «vai administrar em ditadura, porque possui a competência intelectual e moral, o tacto governativo e as demais qualidades necessárias para bem se desempenhar de tão difícil encargo»! E o monárquico indefectível Hintze Ribeiro atrevia-se mesmo a escrever: «Mais um ano deste governo, e Portugal tornar-se-ia absolutamente republicano.» Era obra.[27]

D. Carlos parece esquecido do que escrevera a Hintze Ribeiro: entrando em ditadura «o governo depois só se poderia conservar pela violência e pelo terror, e mal está para aqueles que só d'esta maneira se podem sustentar.»[28] Por que então passar a governar sem o parlamento? Apetece parafrasear o próprio João Franco: «não se deve caminhar para o desconhecido sem vantagem ou necessidade.»[29] Pois que benefício quereria tirar ou que necessidade havia para entrar a governar em ditadura? Como João Franco escreve a José Luciano, «é meu dever seguir pelo caminho que as circunstâncias do momento me apresentam como o mais conveniente aos interesses e necessidades do país. Poderei errar, mas de boa fé e com a profunda convicção de que os factos me hão-de dar razão.»[30] Era bem uma traição ao que tinha afirmado. E por isso a oposição republicana vai insistir na quebra moral que representa. Moral. Porque a responsabilidade moral «não é menos grave do que a legal.»[31] Não política – que o ordenamento constitucional o permitia, desde que o rei anuísse. E não é apenas João Franco que afirma essa inviabilidade: é o próprio rei a afirmar: «não tomaria as decisões que tomei, se as não julgasse, n'este momento, indispensáveis, para o bem do meu País.»[32]

É por ser moralmente condenável, que não surgem defensores da medida tomada, afora o rei, o governo e os seus apoiantes. Decisão tanto mais fácil de atacar quanto a imoralidade da ditadura se conjugaria ou até se suspeitava que se destinaria a esconder a questão dos adiantamentos, «o mais grave problema moral da nossa história», no dizer de Afonso Costa e no pensar de muitos. Porque a questão central é a de saber qual o objectivo da ditadura. Que há que decidir perante provas. O que fez João Franco com a liberdade de actuação de que gozou durante nove meses? Foi a ditadura premeditada, pensada, programada para execução de uma política de reformas? Havia um bloqueio à acção do governo? Nada disso. «Enfim: – estava-se em ditadura. Porque esperava ainda essa ditadura? Decretasse já, sem perda de tempo, uma atrás das outras, as grandes medidas que pusessem em legislação do país as vastas ideias salvadoras! Já elas deviam estar decretadas. Um nº. do «Diário do Governo» as devia ter trazido já, todas. Por que se esperava? Que necessidade havia de esperar?» – clamava Sampaio Bruno.[33]

A justificação da ditadura há, pois, que buscá-la no *Diário do Governo*. Em que áreas se exerceu a ditadura franquista de 1907-1908? E o que continha essa legislação de tão dramaticamente inovador para necessitar ser promulgada em ditadura? João Franco tenta parecer constrangido com a solução da ditadura. Mas de caminho não esconde que alguma coisa de determinante tem para fazer: «Não só já agora é preciso aproveitar os meios extraordinários a que me forçaram, para fazer alguma coisa que os justifique aos olhos do país, mas importa reforçar mais a situação do governo, para que qualquer cousa que de novo se trate tenha a consistência e firmeza, e não se esboroe tão depressa e tão facilmente como da primeira vez.»[34] Da ditadura anterior nada ficara, pois. E tudo indica que agora se prepararia uma profunda remodelação institucional, que não se sabe qual fosse. Podendo mesmo ser julgada como não dispondo de um programa. Pelo menos, de um programa explícito. Mas mais que qualquer outro partido tinha um conjunto de ideias ordenadas com que se propunha restaurar o regime representativo, a fim de normalizar a vida financeira e resolver depois as questões económica e moral do país.[35] Incompleta, como ficou, a ditadura pôde ser vista «estéril como um areal.»[36] Para que não tinha um projecto ou objectivos bem definidos antecipadamente. Ninguém sabia qual fosse o conjunto de ideias a propor ao País que justificasse a suspensão das cortes. E, no entanto, o Presidente do Conselho reiteradamente refere a ditadura a que o forçaram... João Franco nenhuma culpa reconhecerá numa situação que se vê claramente ter sido determinada por si.

Uma ditadura com uma ideia central imperativa, traduzida rapidamente em textos legais importantes, percebe-se. Uma ditadura que se destinasse a modificar as estruturas de um país atrasado para o fazer andar depressa sem os empecilhos da discussão parlamentar, entende-se. E talvez se consiga defender. A «ditadura pode ser o meio único, ou, entretanto, o mais eficaz e rápido d'implantar reformas d'incontestável alcance colectivo; n'outros termos, pode ser o mais expedito e seguro modo de satisfazer, a tempo e com fidelidade, justamente as indicações da opinião.» Porém, seria este o caso da ditadura de João Franco? Como escrevia Bazilio Telles, «sou partidário irredutível das ditaduras. A questão é que o ditador esteja à altura do seu papel.»[37] Não parece que fosse esse o caso.

Aparentemente, a ditadura apenas surge porque os três progressistas convidados para ministros não aceitaram fazer parte do governo. É como que uma teimosia. Porém, será essa razão bastante para governar sem o parlamento? Certamente que não. E por que se recusaram os progressistas? Por não quererem ser absorvidos pelo franquismo e, quem sabe, por não quererem colaborar na resolução dos adiantamentos.[38] António Cabral, homem de confiança de José Luciano dirá, muitos anos depois, que esta ditadura foi «a mais estéril e mais nociva de que há memória», «mais estéril que o deserto do Saará.»[39] Nem a lei eleitoral – que José Luciano anunciara fazer parte do acordo de concentração liberal e João Franco prometera – foi apresentada à discussão.[40] Nem há sinais de que estivesse a ser preparada.

E não parece que isso acontecesse por falta de tempo, pois tempo não faltou para outras maravilhas como a lei de imprensa.

Entretanto, o governo vai querer mesmo pacificar a Universidade. É nomeado um novo reitor, D. João de Alarcão, político do partido progressista. Que tenta encontrar modo de esfacelar a solidariedade académica. Joga na pressão que os pais dos estudantes poderiam exercer.[41] Pais que foram recebidos pelo rei. E João Franco publica legislação especial e manda os estudantes ir a actos, sem mais aulas. Mesmo assim, houve 107 *intransigentes* entre os mais de 1000 estudantes de Coimbra – e intransigentes por nem sequer requererem exames.[42] Mas o reitor era político fino e encabeçou uma representação ao rei, pedindo indulto para os estudantes expulsos. Magnanimamente, as penas de expulsão foram comutadas em repreensão e censura. O magnífico D. João de Alarcão viu-se agraciado com a grã-cruz da Ordem de Cristo. E é bem provável que mais estudantes republicanos tivesse passado a haver na Universidade.[43]

Mas fora para resolver esta dificuldade que se suspendera a actuação do legislativo? Era caso para perguntar. E a resposta não pode ser afirmativa. Com um pouco de magnanimidade e sobretudo com bom-senso acabara a questão académica. Não seria mais difícil fazê-lo com o parlamento a funcionar. Outra seria a razão que lhe assistiria. Sem dúvida.

«Há três meses que está em ditadura, e, afora uma portaria dando aos governadores civis a categoria de bufos e o decreto de pequenas dívidas, que naufragou miserandamente, ainda não fez nada que se visse», constatava depois António José de Almeida.[44] Um progressista perguntava: «Que produziram de bom, de útil, de notável, de conveniente para o país? Foi para darem apenas à nação os decretos relativos aos juízes de paz e à cobrança das pequenas dívidas que assumiram a ditadura?»[45] E Júlio de Vilhena (que referira a «insanidade da obra ditatorial», com um programa que «ninguém sabe qual seja») por sua parte inquire: «Onde estão os seus decretos que reformaram a administração civil e militar, que desenvolveram o fomento continental e colonial, que tocaram, ainda mesmo de longe, no progresso financeiro e económico do País? Política e somente política é que preocupou a atenção do ditador.»[46] «Em oito meses de regimen ditatorial nada se fez ainda em favor da Nação, a despeito da insípida palinódia da honestidade administrativa, que os amigos do governo entoam por toda a parte, na monotonia d'uma lição decorada, com insípida regularidade das músicas de realejo.»[47]

Parece que as principais medidas tinham sido discutidas durante a sessão parlamentar – contabilidade pública, responsabilidade ministerial, descanso semanal, defesa militar. O que se vê da produção legislativa da ditadura é que há muitas coisas miúdas e muitas delas com finalidade de regulamentação económica – tratados comerciais, criação de aves, classificação de estradas, mesmo um notável enquadramento legal reformador das companhias de seguros, para dar alguns exemplos.[48] Que nenhuma dificuldade gerariam nas Cortes, ao que pode parecer. Tirando a reforma da câmara dos pares, que previsivelmente daria lugar a lutas acirradas, não se vê o que ganhou o ministério em promulgar em ditadura estas medidas legislativas. Porque é a ditadura que vai obrigar o governo à legislação repressiva que concita contra ele maior animosidade: a lei de imprensa e a lei de 31 de Janeiro. Não obstante, João Franco continua a afirmar o seu respeito pelo sistema constitucional vigente. O principal objectivo da ditadura «é fazer entrar o nosso país nas normas e práticas de um verdadeiro regimen representativo, e que tem de realizar-se.»[49] Mas o que é que isso significava, como se arquitectava a mudança? Em que consistiria o novo figurino constitucional? Nunca foi revelado.

João Franco conta que se viu levado a fechar a câmara dos deputados e a reforçar o governo com importantes membros dos progressistas, para fazer frente às dificuldades parlamentares causadas pela oposição. Mas esse reforço acabou por não ser possível, porque se escusaram as personalidades indicadas. Então apresentou a sua demissão. O rei disse-lhe: «O malogro da tentativa franquista pode acarretar a breve trecho um ensaio republicano, e este fará correr ao país sérios perigos para a sua integridade e, quem sabe, independência. Temos obrigação d'envidar o último dos últimos esforços.» Reunidos os seus partidários, o Presidente do Conselho encontrou todo o apoio para entrar em ditadura.[50] Que o rei, naturalmente, lhe concedeu.

Portanto, a principal responsabilidade por tudo isto foi do rei: «a ditadura foi o rei quem a impôs ao governo, segundo revelou o sr. Presidente do Conselho, e pois que é o rei que mantém o governo, por sua vontade livre e soberana, é ele também ipso facto, que mantém a ditadura. O sr. João Franco não é um ditador, é um instrumento ditatorial; é uma espécie de pau mandado, e não o mandante que muitos detestam a valer, e outros detestam a fingir.»[51] Claro que as responsabilidades políticas do rei não poderiam ser escamoteadas. Resta saber por que decidiu assumi-las.

Sentir-se-ia o pesadelo da ditadura por todo o País? Talvez não, ou pelo menos para além de Lisboa e do Porto não havia possibilidade de se manifestar um sentimento de recusa muito intenso. Porque Lisboa era o foco mesmo da resistência à ditadura – aí estavam os políticos influentes (rotativos e não-rotativos), aí se publicavam os jornais de maior circulação. Sobretudo aí estava a grande massa republicana, capaz de se insubordinar. Mas a ida de João Franco ao Porto, numa missão de propaganda do seu governo e da sua acção, mostrou também ali focos de oposição que com muito barulho se manifestaram. Houve mesmo um nauseabundo bombardeio – preparado por regeneradores e progressistas.[52] Concorrida foi a reunião franquista na Academia Politécnica do Porto. Em que João Franco tratou de se justificar. Não só na cidade rebentaram protestos e vaias, como também em Coimbra ou em Alfarelos, em Santarém ou em Espinho, ou por onde quer que o comboio com o Presidente do Conselho passasse. Apupos – *Abaixo! Fora! Morra!* se ouvem; e aplausos, decerto. Mas já não eram só os maiores aglomerados urbanos a sentir a ditadura.[53] Embora. «A não ser em Lisboa e no Porto, onde a acção dos políticos é mais directa, e por isso mesmo mais eficaz, a ditadura não acordou um só protesto violento, em parte nenhuma fez surgir uma resistência séria aos seus crimes, às suas tolices, aos seus desmandos.»[54] Alguns mesmo achariam que chegara o tempo de extremar o conflito, preferindo a tragédia de uma ditadura à farsa do parlamentarismo monárquico: «mil vezes um tirano, duro e frio, contando que inteligente e patriota, prendendo, deportando, perseguindo, mas impondo à estima do mundo um povo que apenas lhe vem servindo de joguete, do que um bando de politicantes histriões, atascados em torpeza e estupidez.»[55]

No regresso, em Lisboa, vai dar-se um choque sangrento. Foi a 18 de Junho de 1907. Republicanos e progressistas dissidentes decidem ir esperá-lo à estação do Rossio. Numa «manifestação de franca e insofismável hostilidade.»[56] A estação estava cheia de gente. A polícia e a Guarda Municipal não faltavam para reprimir os manifestantes. Seria a chacina se não tivesse havido bom-senso por parte do ministro da Guerra coronel Vasconcelos Porto de mandar proceder à evacuação da gare antes da chegada do comboio. João Franco sai depressa, fugindo às vaias que o esperavam e à violência que se preparava (fuga por vontade sua, ou por susto dos que o acompanhavam?).[57] Depois a Guarda Municipal actua nas ruas, procurando dispersar a multidão. Há 5 mortos, há 100 feridos. São feitos mais de 200 presos, depois levados para os fortes de Caxias e do Alto do Duque.

Com as mortes no Rossio começara «a fase trágica da ditadura.»[58] *O Mundo* – que titula *Portugal governado por assassinos!* – é suspenso. Os seus ataques pessoais ao ditador, tinham atingido uma extrema violência. Sai nova legislação para a imprensa, dando às autoridades administrativas e ao governo a possibilidade legal de suspenderem jornais. Com «poderes extremos e radicais.»[59] Claro que *O Mundo* era «a vítima predilecta das perseguições policiais.»[60] Mesmo do lado dos homens fiéis à monarquia houve quem soubesse ler os sinais de que as coisas estavam mal: o próprio comandante da Guarda Municipal coronel Malaquias de Lemos escreve que «isto já não acaba sem desastre.»[61]

João Franco, justificará posteriormente a ditadura, afirmando: «Não estavam esquecidos, nem podiam esquecer, os processos recentemente empregados por uma minoria facciosa e violenta, para se impor à vontade legítima da maioria, e, não o conseguindo, impedir e inutilizar de todo em todo a acção do Parlamento, como de facto haviam inutilizado». E acrescenta: «Aí se filiavam a origem e a causa de toda a perturbação constitucional ao tempo existente. Uma questão que dizia respeito, não ao governo, mas à mais alta magistratura da Nação; que importava ao seu viver, ao decoro e prestígio do próprio regime continuava pendente». Nem uma palavra sobre a questão académica – que terá iludido muita gente.[62] A insinuação do obstáculo representado pela minoria republicana aguerrida (dita minoria facciosa e violenta), tem que referir-se à questão dos adiantamentos: que importava ao viver do rei, «ao decoro e prestígio do próprio regime.» Porque foi sobre isso que os deputados republicanos se manifestaram mais agrestes. Assim, já que com o parlamento habituado ao rotativismo não podia resolver as dificuldades da governação e travar os ataques do partido republicano, João Franco instalava-se na repressão. Obstinado. Com raiva.[63] E com a instigação, o pleno assentimento e a cumplicidade do rei: «As dificuldades que encontrarmos no nosso caminho não devem ser para nos assustar ou fazer recuar, mas sim para as encarar com calma e firmeza. Com calma, firmeza e boa vontade, e essas qualidades creio que as temos, vencer-se-á esta campanha e se o fizermos, como confiadamente acredito, poderemos então descansar um pouco com a consciência de termos feito alguma cousa útil e de termos bem servido o nosso País.»[64] «A dissolução ainda poderia ser reclamada como uma necessidade de governo se o governo se encontrasse só, com uma pequena maioria unicamente constituída pelos seus amigos e tendo contra si todos os partidos coligados. Mas não! O governo tinha consigo um dos partidos da rotação em peso [os progressitas], dando-lhe uma solidariedade perfeita.»[65]

O rei e o Presidente do Conselho, sabem o que vai acontecer: «por certo [vamos] ter uma campanha sobretudo contra nós dois, mas para isso é que cá estamos.» D. Carlos sente necessidade de se explicar sobre ditaduras. «Mas a minha carta ao Hintze não condena em absoluto as ditaduras. Dizia que n'aquele momento as não achava convenientes, o que não queria dizer que n'outros, e este é um deles, eu não as aceite e, o que é mais, até as ache convenientes e necessárias. [...] Quanto às tuas afirmações... provaste à *saciedade*, que as quiseste seguir; deste uma sessão parlamentar, nunca vista, mas chegaste ao fim [...] convencido que não era d'ali que poderia vir o restabelecimento da disciplina social, nem o renascimento do nosso País. N'este sentimento acompanha-te, acompanha-nos, por certo grande parte do País; deixemos, pois, falar quem fala e continuemos serenamente, com calma, mas com firmeza a nossa obra. N'este caminho encontrarás tu e os teus colegas todo o meu apoio o mais rasgado e o mais franco, porque considero que só assim, dadas as circunstâncias em que nos encontramos, poderemos fazer alguma coisa boa e útil para o nosso País.»[66]

Assim, a parceria rei-ditador parecia instalada para durar. Quereriam ainda reformar o funcionamento das instituições? Não é convincente que assim pensassem, embora a situação em que se tinha vivido nos anos anteriores fosse complexa: «Onze vezes no espaço de 16 anos, têm sido dissolvidas as cortes, assim como tem havido nove adiamentos e quatro encerramentos ditatoriais», contava José d'Alpoim, progressista dissidente.[67] O constitucionalismo monárquico não funcionava sequer de modo aceitável. Exigia a constante intervenção do poder moderador. João Franco tem que fazer a propaganda do rei e da monarquia: o príncipe herdeiro D. Luís Filipe é enviado às colónias em visita oficial. Sem justificação, a não ser a necessidade de o mostrar. Numa entrevista, em Novembro de 1907, João Franco voltaria a insistir na ditadura para reformar os costumes parlamentares: «Quando tiver instalado no meu país o regímen parlamentar, o verdadeiro sistema representativo, deixarei o poder. Acabarei por onde devia ter começado.»[68] Porém, fica-se sem se saber em que consistia o verdadeiro sistema representativo que deveria ser proposto. E cuja aprendizagem teria de ser feita com o parlamento fechado – dificuldade não pequena.

Também a Igreja é atraída para o franquismo em ditadura. O cardeal-patriarca de Lisboa D. José Sebastião Neto, vítima de intrigas tecidas em seu redor, renuncia e é nomeado para o lugar D. António Mendes Belo, bispo do Algarve. Tido como um partidário do chefe do Governo, que a rainha já quisera bispo do Porto. Questão de convergência de interesses do Vaticano e do Estado ainda mal esclarecidos. O patriarca resignatário, que por fim nem parecia querer resignar, nem sequer mereceu as expressões de deferência protocolar quando deixou o lugar.[69] Porque João Franco se agora se afastava dos monárquicos liberais, ia-se acolhendo junto das correntes mais autoritárias – nomeadamente dos nacionalistas e católicos. Do tão proclamado governo à inglesa passava para o governo à turca... E dizer isto é ainda ofender a Turquia, acrescentava José d'Alpoim.[70]

O rei estava solidário com a ditadura – se é que não a promoveu, como João Franco faz crer, anos depois. E assim parece ter sido. «Convencido de que em Portugal alguma coisa de novo e de grave se ia passar, foi minha ambição salvar o meu país das incertezas, dos males e dos riscos de uma revolução que eu via iminente.» Para o que contou com o apoio «firme, eficaz e convicto do rei.»[71] O próprio monarca, na entrevista ao jornalista Galtier do *Le Temps*, de Paris, afirmava: «Precisava de uma vontade sem fraqueza para levar as minhas ideias a bom fim. João Franco foi o homem que eu desejava.» As ideias eram suas, sublinhe-se. E mais adiante: «Estamos de acordo, plenamente de acordo. Trabalhamos harmoniosamente. Ele tem toda a minha confiança.» E acrescentava ainda, sem prudência, que nas eleições Franco teria a maioria na câmara. Pudera! «O país aprovará a política de Franco» – que era a sua.[72] E, em carta mostra a esperada disponibilidade: «Devemos prosseguir no nosso caminho, doa a quem doer, e n'esse caminho sempre me encontrarás ao teu lado e ao dos teus colegas, por maiores que sejam os sacrifícios que eu tenha que fazer. Devo-os ao meu País, devo-os àqueles que com tanta dedicação o querem servir», escreve o monarca ao seu Presidente do Conselho.[73] Como pôde ser escrito mais tarde, «D. Carlos era rei e João Franco o seu profeta.»[74] Esta estreita solidariedade – ou mesmo cumplicidade – tinha como resultado que o rei deixava de ser visto como detendo o poder moderador da realeza para ser tomado como chefe de partido.[75] Houve quem visse na ditadura o regresso ao absolutismo – chamando-lhe «real pessoalismo»: Sampaio Bruno.[76] Mas esse era republicano. Porém, houve quem dissesse o rei em divórcio da Nação. Nada menos que o chefe regenerador Hintze Ribeiro: e esse não há dúvida que era monárquico. Teria sido mesmo o último da sua espécie.[77] Ou um dos últimos.

Foi em ditadura que Franco quis resolver algumas questões que envenenavam de há muito a vida política do regime monárquico. Porque ambos os partidos rotativos tinham culpas no cartório. A mais grave – no dizer dos seus adversários – continha-se na questão dos adiantamentos à Casa Real. Verbas da

Fazenda Pública que eram entregues à Família Real antecipando os pagamentos devidos pela lista civil que era votada pelo parlamento no começo de cada reinado. O governo tinha disposto da maioria nas câmaras, e poderia ter tentado solucionar a dificuldade com a colaboração das cortes. Mas não. Por pressa ou precipitação de João Franco, impulsionado por D. Carlos? Não se entende ter sido a questão dos adiantamentos, revelada ao parlamento de *motu proprio* por Franco e depois resolvida em ditadura: o próprio rei achara a iniciativa inoportuna. «Estamos diante de uma fogueira que desejamos apagar, e não se apaga fogo lançando-lhe lenha, e é o que agora sucederia». Houve repressão violenta, houve suspensão de jornais. «Se agora, logo a seguir, viéssemos lançar a público a questão dos adiantamentos, haveria por certo quem malsinasse este facto, e, com as facilidades de desvairamento da nossa opinião pública, seria este um campo bem fácil de explorar contra o governo.»[78]

A prudência do rei era justificada – não obstante, fosse como fosse, não se negou à assinatura dos decretos. E isso fez eriçar os adversários, que não entendiam por que o monarca além de ver a sua dotação anual aumentada – o que poderia mesmo ser aceite, pois estava muitíssimo desactualizada – ficava ainda credor da Fazenda Pública. O denunciar de um escândalo, que sempre aguça a curiosidade pública quando há dinheiros em jogo, atingia agora também o monarca. E em cheio. Que se tornava cúmplice em moscambilhas que lhe eram pessoalmente favoráveis por parte do seu Presidente do Conselho. Em ditadura, para que não se averiguasse nem discutisse no Parlamento. O que se queria era que a lista civil ficasse «como a carne para bifes – limpa e sem osso.»[79] Assim foi publicado o decreto de 30 de Agosto de 1907. O que terá sido ilegal.[80] Quando menos, uma «leviandade indesculpável».[81] Desde Maio, logo desde a entrada em ditadura que a imprensa republicana se referia ao decreto de liquidação dos adiantamentos, como justificando e explicando a ditadura.[82] E ninguém, no campo monárquico conseguiu demonstrar que o não fosse. Agravava agora que o decreto de liquidação não era nada hábil. Seguramente acrescentava ao desprestígio do monarca. «O acto da ditadura que definitivamente incompatibilizou o país com o rei, foi o aumento da lista civil e a liquidação dos adiantamentos», afirma João Chagas. Ao que os monárquicos progressistas chamaram roubo. «El-rei caça em Vila Viçosa, depois de ter feito da Carta Constitucional, bucha para o bacamarte com que atirou aos adiantamentos e ao aumento da lista civil. Atirou e acertou», escrevia o monárquico *Correio da Noite*.[83] Era a faúlha caída na pólvora.[84] Mas o rei via aprovada a liquidação das suas dívidas e aumentada a lista civil. Dava para mais uns automóveis, umas recepções, umas pândegas em Paris... que tanto regalavam o apreciador de Yvette Guilbert.

Pelo decreto de 30 de Agosto de 1907, julgaria o rei (e com ele o governo) que o assunto ficaria arrumado. Tendo naturalmente as Cortes, uma vez reunidas, o direito de sobre ele se debruçarem. «Tais são as medidas que o governo julga indispensáveis à administração do Estado, como ao prestígio das Instituições», pode ler-se no relatório do decreto com que se regularizavam os adiantamentos.[85] João Chagas avisa França Borges director d'*O Mundo*, jornal republicano: «O momento decisivo é este. Tudo isto – ditadura, golpe d'Estado, leis de imprensa, leis repressivas, chacinas, fuzilarias, prisões em massa prepararam a situação para que este momento se desse.»[...] «Para a monarquia soou hoje uma badalada trágica. Já ela tinha perdido o direito à solidariedade política dos cidadãos. Depois do decreto de hoje, perdeu o direito à sua solidariedade moral.»[86] Como escrevia Brito Camacho, tratava-se «de regular o pagamento de uma dívida, em termos tais, que o devedor pagasse sem despender um vintém, e o credor se considerasse pago sem receber um real.»[87] «Para se liquidarem os adiantamentos, se fechou o parlamento. Por eles terem de se liquidar, se fez a ditadura», lia-se n'*O Mundo*. Mas os jornais monárquicos também condenavam o que se passara. Alguns ferozmente. Sendo as *Novidades* logo suspensas. Porque a lei de imprensa foi especialmente importante para condicionar as opiniões escritas. Disse-se que tinha sido preparada em exclusivo por causa dos adiantamentos.[88] A situação piorava: «A opinião pública quer saber antes de julgar, e o sr. João Franco, fechando o parlamento e acabando com a liberdade de discussão na imprensa, tirou ao povo português a faculdade de se informar, e portanto a de julgar.»[89] E era essa desconfiança dos cidadãos no Estado que continuaria a envenenar as instituições monárquicas.

Com a liquidação das dívidas só o rei ficava a ganhar. Obviamente. No entanto, nada contribuiu tanto para conseguir o efeito contrário. Porque a maneira como ficavam saldadas as contas não era nada límpida. «Foi uma lembrança má que parece impossível ter acudido aos espíritos tão lúcidos de D. Carlos e do seu primeiro ministro. Mesmo as pessoas de imparcialidade e bom senso, que concordavam com a necessidade de liquidar os adiantamentos e de aumentar a lista civil reprovam a maneira porque se satisfez essa necessidade.»[90] O governo queria livrar-se de uma embrulhada. E fê-lo de qualquer maneira. Sempre satisfazendo a vontade do monarca. Assim, o iate real Amélia era dado como tendo sido comprado pelo Estado – embora tivesse ficado para uso exclusivo do rei. Dizia-se mesmo que fora o rei a comprá-lo... Pois sim, mas com verbas adiantadas, o que significa que foi comprado pelo Estado duas vezes.[91] Até Mafra figura com um bem da Casa de Bragança, alugado ao Estado... A liquidação dos adiantamentos não fora feita com o cuidado e a habilidade que as circunstâncias exigiam. E as contas davam que pensar. Os adiantamentos – pelos números do governo – somariam apenas 771 contos. Para serem compensados por dívidas que se descobria que o Estado tinha para com o soberano.

E a imprensa republicana continuará a escarafunchar no buraco que tanto se prestava a fazer descrer da realeza e dos que ela nomeava como governantes.

Um jornalista escreve: «Tivesse podido o sr. João Franco publicar em seguida à dissolução das Cortes algumas das medidas de largo alcance prometidas no seu programa, tivesse ele podido entrar decididamente por um largo caminho de reformas, sem que lhe tivesse sido necessário liquidar previamente a questão dos adiantamentos...» Prosa de Álvaro Pinheiro Chagas, pessoa de toda a confiança de João Franco, homem de mão que não hesitava em fazer-lhe favores políticos e pessoais. Ora é esse franquista dedicado que o afirma: a ditadura «falira pela sua esterilidade, e girara toda em luta política à volta d'essa questão única dos adiantamentos à Casa Real, e quando o respectivo decreto foi publicado, o sr. João Franco não tinha a protegê--lo, contra o mau efeito da medida tomada, alguns meses de proveitosa produtividade para o país.»[92] Se a ditadura estava a mostrar pouco empenho em mudar a governação, por quê, então, a ditadura?

«Aquilo era, além de impolítico, excessivamente imoral», conclui Júlio de Vilhena.[93] Um outro monárquico escreve: «Esse erro formidável, que tão cruelmente expiaram aqueles que nele caíram, representa um tal desvario que custa a crer que ele não fosse determinado por motivos secretos.»[94] E muita gente assim o supôs. Nada terá contribuído tanto como esta forma de pretender liquidar a questão dos adiantamentos para afectar o prestígio da monarquia. Se antes era politicamente atacável, agora ficava moralmente condenada. Porque habilidosamente o partido republicano deixou aos franquistas a questão do dinheiro. Ou mais, ou menos: não importava. Com isso lidariam os «adiantadores». Os republicanos fizeram e refizeram as contas mas sobretudo usaram o efeito de moralidade pública como argumento. Lama e mais lama atiram os jornais sobre o rei. Com destaque para *A Lucta* de Brito Camacho. Que no dia seguinte ao conhecimento da decreto de liquidação publicava documentação que provava o desrespeito do monarca pela coisa pública. Endividado ao Estado como estava, no entanto *A Lucta* revelava então que D. Carlos («a despeito da sua trágica pobreza») comprara dois prédios junto do palácio das Necessidades onde instalara uma dama das suas relações. Era a vida privada do chefe de Estado que vinha ao de cima, às primeiras páginas dos jornais. Devidamente documentada. Tornando fácil bater na tecla da infidelidade conjugal – que poderia afectar os bons católicos, ou talvez não. Porque a um homem, e sobretudo a um rei, esses pecadilhos se perdoavam – se é que não o prestigiavam. Mas contém um achincalhamento que poderia magoar, e seria irrespondível. Brito Camacho terminava um seu artigo escrevendo: «forçoso é crer que [o rei] os adquiriu [os prédios] por necessidade da sua dupla paixão de oceanógrafo e ornitologista. Num deles, ao que nos consta, instalará o seu museu oceanográfico [...], e no outro instalará um aviário onde cultivará principalmente pegas.»[95] E *O Seculo*, que sendo vagamente republicano era um periódico moderado e respeitador das instituições, insiste em que não se trata apenas de arrumar contas «mas de uma grande questão de moralidade, que pelo próprio chefe do governo assim fora chamada, a qual, apesar de tudo, não teve solução.» E fecha com a ameaça que a realeza sentiria: «Até agora o governo somente liquidou contas; falta liquidar responsabilidades, e essas hão-de ser discutidas, quer queira, quer não, no parlamento.»[96]

Era assim visada publicamente a augusta pessoa do Senhor D. Carlos... A que outras despesas com aquisições se assacam: as compras da quinta da Bacalhoa, de automóveis. No entanto, Sua Majestade habitava «Os Palácios da Pobreza.»[97] Cavalariças e estábulos, guarda-roupa, elevadores, ateliers, salas de armas, telhados, tudo foi escalpelizado n'*A Lucta*. Onde mesmo depois da República proclamada ainda continua a publicar-se material interessando ao assunto. Como por exemplo a oferta pela Coroa de um palacete à ama dos príncipes, em 1902. À custa do Estado, como não. Como à custa do Estado a munificência e caridade régias se exerciam.[98] Por todas as residências reais, ocupadas ou desocupadas – Sintra e a Pena, Cascais, Queluz, Ajuda, Necessidades, Belém, Bemposta, Mafra, Caxias, quintas do Alfeite, os Carrancas no Porto – se procurou saber o que e em quê se gastava. E os iates régios, quatro, que se foram sucedendo, todos designados *Amélia*. Numa longa campanha que foi alimentando o público curioso com peças quase diárias entre Maio e Novembro de 1907. Eram as maravilhas sumptuosas, dignos cenários das *Mil e uma noites*, fantásticas obras nos faraónicos palácios, a acreditar no que se gastara...[99] Suspeite-se que em boa parte os artigos terão sido da responsabilidade do deputado republicano João de Meneses. Já antes da revelação de João Franco requeria informações no parlamento que revelam suspeitar que estava já preparado para fazer rebentar o escândalo – como confessou a 21 de Novembro. Trabalhava n'*A Lucta* e era como que uma alma gémea de Brito Camacho.[100] E, ainda se ocupará dos adiantamentos até 1915, quando o assunto ficou efectivamente liquidado.

O rei sente que as coisas não correm de feição na sua ida às Pedras Salgadas. Houve recepções cordiais, mas não faltaram os gritos contra a ditadura. Há apoiantes do regime que exercendo cargos de confiança se tornam mais hesitantes e indecisos, quando se mostrava preciso avançar.[101] E os partidos monárquicos mexem-se, congeminam acções de impacto que não concretizam. Afastam-se do rei. Muitos dos antigos ministros (conselheiros honorários) nem sequer comparecendo nas recepções oficiais, numa como que greve de presença.[102]

Outras medidas foram tomadas pelo governo sem o parlamento, que tiveram repercussões na vida do País. Em 14 de

Outubro de 1907 foram suspensas algumas câmaras municipais, substituindo-se os eleitos por comissões administrativas nomeadas, entre as quais a de Lisboa. Preparava-se um novo ordenamento para o poder local, disse-se. E adiaram-se as eleições que deviam ter lugar a 3 de Novembro. O que causou logo perturbações.[103] Parte das vereações protestou junto do rei, instruída pelos partidos rotativistas. Em seguida virão as diligências para nomear as comissões das Juntas de Paróquia: João Franco não queria mesmo eleições. Isto apesar de ter afirmado há pouco o «compromisso solene de acabar com a absurda tutela que actualmente pesa sobre os municípios.»[104] Mas isso também esquecera. Entre o que disse antes e o que fez depois a distância resulta sempre sem medida... «O sistema representativo acabou, liquidou.»[105] Não convinha ao governo realizar eleições locais, em que a sua derrota seria clara. Os renovadores-liberais não dispunham de apoios que pudessem confrontar-se por todo o país com os partidos da rotação. E assim, mais valia servir-se de um expediente e dispensar a pugna eleitoral: em 12 de Dezembro substituem-se os eleitos municipais e os das juntas paroquiais por pessoas escolhidas pelos governadores civis.[106] O novo ordenamento, referido, afinal nem era revelado. Existiria mesmo, ou tratava-se apenas de calar algumas câmaras? Logo há protestos. Mas essas manifestações não obtinham quaisquer resultados. Contra João Franco nada tinha efeito junto de D. Carlos: «Rei e ditadura são uma e a mesma coisa.»[107] As comissões administrativas serviam para garantir serviços eleitorais que havia que prever, a bem do partido regenerador-liberal.[108] Sobretudo da sua continuidade no poder, com apoio parlamentar, já que não lhe faltava o apoio do poder moderador.

E o governo avança em medidas repressivas. Não consente reuniões públicas «sob qualquer pretexto ou disfarce a fim de evitar a agitação política»; não autoriza a publicação de notícias que prejudicassem o crédito do País ou animassem especulações financeiras.[109] Ainda seria a ditadura administrativa que fora anunciada em Maio de 1907?

Não estava o rei bem disposto com a situação. D. Carlos entendia que o governo liberal precisava de dois partidos sólidos que pudessem alternar no poder. Considerava José Luciano de Castro como estando a prejudicar a vida política. Quereria que se constituíssem dois agrupamentos: um conservador sob a direcção de João Franco, outro liberal-conservador sob a orientação de Júlio de Vilhena.[110] Terá feito alguma coisa para que isso acontecesse? Ou teria sido apenas um desabafo? Não ficou sinal de qualquer diligência nesse sentido, embora se possam congeminar explicações.[111] Porque o que verdadeiramente preocupava D. Carlos era a ameaçadora revitalização do partido republicano, que queria que fosse combatido, «em toda a parte, onde necessário for.»[112] Essa a preocupação principal da Coroa, que nele via o temível adversário que na verdade era. Por isso o ministro do Reino (João Franco), envia telegramas cifrados para as administrações dos concelhos a perguntar «quais eram os empregados públicos que pertenciam a associações secretas e que faziam propaganda contra a ditadura actual.» É informação que chega ao Grande Oriente Lusitano Unido a Lisboa, proveniente de Lamego, em Outubro de 1907. Nesse telegrama se indicava que as informações deveriam ser enviadas também directamente ao juiz Veiga.[113] Os crimes políticos também interessam ao governo. Que sobre eles vai legislar, em 21 de Novembro de 1907. Por esse decreto dá-se ao juízo de instrução criminal competência para instruir e julgar os acusados de crimes políticos. Três juízes, «sem recurso, podiam aplicar penas das mais elevadas da escala penal.»[114] Mas isto ainda vai ser considerado insuficiente.

Os partidos rotativos, fora do governo e mostrando-se opositores à ditadura, não querem ou não conseguem manifestar-se abertamente contra ela. Depois de uma espécie de acordo com

D. Carlos e com João Franco, amenizam os seus protestos, encolhem as suas razões de queixa. Restava-lhes, aos marechais do rotativismo, deixarem de comparecer às recepções oficiais. Poucos por lá se viam. Mas isso não fazia o rei deixar o apoio a João Franco, nem a este considerá-los como adversários à espera de voltarem ao poder. O que a ditadura estava a provocar era o desaparecimento dos partidos monárquicos.

A reforma da câmara dos pares é promulgada pelo Acto Adicional de 1907, decreto de 23 de Dezembro. Regressa-se à norma primitiva da Carta Constitucional, que não fixava o número de componentes dessa câmara. Pares que continuavam a ser escolhidos pelo monarca.[115] Era a manifesta vontade de proceder às fornadas de pares, como jocosamente se lhes chamava. Sem limite de número. Que se destinavam a garantir as maiorias aos governos na câmara alta, desde que Sua Majestade nisso conviesse. Porque em Janeiro de 1908 se começava a pensar em eleições para a câmara dos deputados e em recomeçar a governação com o parlamento? Talvez, se se entendesse que as eleições correriam totalmente de feição ao franquismo. A marcação é feita para 5 de Abril para Cortes que teriam poderes constituintes.[116] Por essa altura já no Ministério do Reino aparecia «muita gente da província para tratar d'eleições. Parecia o gentio que vinha do mato à vassalagem.»[117]

Enquanto isso, continuava o partido republicano a capitalizar a repulsa da opinião liberal pela ditadura. Não o podiam fazer os partidos rotativos, mais do que uma vez implicados em semelhantes entorses. Como sempre, comícios, propaganda, acção dos centros escolares, a política extra-parlamentar possível. Como disse Bernardino Machado a luta, naquelas horas, estava instalada entre o governo ditatorial, absolutista, e o país liberal e democrático. Estava entre «o partido do rei com o seu valido e o partido do povo com a República.»[118] A difusão de ideias não tinha repouso: eram inúmeras as edições de brochuras a preços muito baixos, de propaganda e de instrução. O que alimentava uma indisposição que se ia difundido nas classes populares. Mas não só: mal-estar se sentia também na magistratura, e alguns juízes recusam aplicar legislação que não tivesse passado pelo parlamento. Expeditamente a ditadura resolveu o assunto. O Supremo Tribunal de Justiça fez a vontade ao governo e tudo ficou como ele queria.

João Franco estava convencido que os republicanos não iriam ganhar as eleições, pelo menos no círculo ocidental de Lisboa. Porque se propunha fazer eleições ao abrigo da chamada «ignóbil porcaria». Mais uma vez – e mais um compromisso se desvanecia.[119] Era essa a lei que, entre outras coisas, afogava os votos dos agrupamentos minoritários dos centros urbanos de Lisboa e do Porto nas votações obtidas nos meios rurais – alguns bem distantes. Ora na contagem final, o que interessava eram os totais dos votos de cada candidatura dentro da mesmo circunscrição.[120] Essa a conta que levava deputados a São Bento. Assim, quase impossível resultava que algum partido, que não o do governo, conseguisse vencer com lisura. Na sua vigência, nas eleições de 1903, apenas um deputado «franquista» conseguira ser eleito – nem o próprio João Franco ultrapassara o obstáculo legal. Estava feita a prova da vantagem da lei para os governos posteriores. E da barragem quase absoluta que depois ficava a representar para os candidatos do partido republicano. Hintze Ribeiro chegará mesmo a dizer que a lei se destinava à defesa da monarquia – e assim tudo o que se fizesse se justificava.

No início do seu governo João Franco prometera alterar a lei eleitoral – era a sua actuação perversamente liberal, acatadora da legalidade, procurando uma lisura que bem sabia faltar ao regime monárquico. E isso mesmo reiterou no Discurso da Coroa, em 1906. Mas nunca a realizou – nem com parlamento, nem em ditadura. E cedo se percebeu que isso iria acontecer. Alexandre Braga previu o que seria essa prometida e nunca promulgada «lei eleitoral baseada em princípios liberais.»[121] Bem pregara frei Tomás... Preferiu usar a lei para fazer aumentar o seu grupo político do que arriscar-se a um desaire, por mais liberal que pudesse ser tido pelos adversários. Não compensava esse rasgo democratizante quando estava no governo em ditadura. João Chagas vê bem cedo o que se vai passar: «Tendo reconhecido que não é possível governar com a liberdade, o chefe do governo peremptoriamente, ameaçadoramente declarou que vai governar – sem ela.» Ficavam as coisas límpidas: «Pois bem! Visto que assim somos tratados, é necessário defendermo-nos. Um poder que não se defende não tem razão de ser.»[122] As manifestações repressivas tenderão a aumentar. Visando sobretudo o inimigo republicano, que esse era já e só o objectivo a atingir. Num jogo complexo.

O partido republicano e João Franco têm uma relação conflituosa que fortalece ambos. Para João Franco o inimigo passam a ser os republicanos, pela sua pretensão em desbancar a monarquia. Sendo agora o inimigo preferencial – e a luta inicial de João Franco era contra os rotativos – todos os males lhes podiam ser assacados. Para os republicanos a ditadura passa a ser o inimigo, juntando assim os métodos autoritários do chefe do governo e o rei que o protegia. Razão tinha António José de Almeida: «João Franco é utilíssimo à nossa causa. Se eu, velho ateu, acreditasse em Deus, iria todos os dias à igreja mais próxima pedir-lhe que o conservasse. Sim, João Franco é o melhor acto de propaganda que nós temos tido, depois que somos partido.» E acrescenta: «Mas João Franco é utilíssimo com uma condição: a de o guerrear a todo o transe, sem piedade e sem quartel. De maneira que nós deveríamos envidar todos os esforços para o conservar, empregando, ao mesmo tempo, todos os meios para o deitar abaixo.»[123] A parceria conflitual não poderia manter-se. Por isso vai romper-se. E, naturalmente, parte pelo lado donde não está a força armada: o partido republicano.

Mas o efeito será contraproducente. Porque o franquismo desaparecerá, e o partido republicano vai continuar a crescer fortalecido por esse combate.

O grande crescimento do partido democrático ocorre precisamente durante e por causa da ditadura. Velhos liberais, como Anselmo Braamcamp Freire ou Augusto José da Cunha, pares do Reino e personalidades de grande prestígio aderem ao partido republicano. Porque para os liberais de antigas e provadas convicções João Franco estava a percorrer um caminho contrário ao liberalismo. Que achavam defendido nas propostas republicanas. Não se deixavam iludir pelas reiteradas afirmações do chefe dos regeneradores-liberais. Tinham-no bem próximo, sofriam-no e nada queriam provar com as suas atitudes cívicas. A ditadura, sabiam o que era, sentiam-na e não estavam dispostos a avaliá-la. E aderir à República não era fácil para um par do Reino. Era fazer o corte numa história de vida. Chegou mesmo a dizer-se que José Dias Ferreira se dispunha a dar semelhante passo – o que teria sido um importante trunfo para os republicanos. Não aconteceu, embora fizesse uma conferência num centro. Demite-se o magistrado Francisco Maria da Veiga de juiz de instrução criminal e José Francisco Trindade Coelho abandona o lugar de delegado do ministério público em Lisboa. Este por se recusar a vexar influentes personalidades políticas.[124]

O juiz Veiga, juiz de instrução criminal, fora o terror de anarquistas, bombistas e republicanos cujas actividades investigava. Tinha espiões ao seu serviço. Mas também constava que dizia que era preciso João Franco ser Presidente do Conselho para se descobrirem bombas em Lisboa. Tinha sido bem visto pelo Paço, servindo o rei no negócio de compra de casas para instalar uma senhora da sua especial predilecção. Chegaram a chamar-lhe por isso alcoviteiro do rei. Mas o juiz Veiga sai do lugar de relações frias, senão cortadas com João Franco e sem a antiga confiança que D. Carlos nele depunha.[125] Trindade Coelho, que durante anos como procurador régio desencadeara processos contra republicanos, no cumprimento das leis, desistia dessa tarefa em que deixara de se sentir à vontade. São dois exemplos de defecções que mostram que não houve engano de muita gente ao considerar sem sentido a ditadura de João Franco. Ou pelo menos sem ter dado pelo sentido reformador das instituições que se dizia querer defender a todo o custo. E para isso tendo em pleno o apoio do rei. Tudo parece resultar de uma improvisação desajeitada, a que alguns querem encontrar um sentido bem definido. Mas a realidade documentada não parece ajustar-se bem a qualquer exercício de especulação política.

CAPÍTULO 6
NOTAS

1 *Cartas d'el rei D. Carlos I a João Franco Castello-Branco seu ultimo Presidente do Conselho*, pp. 84, 95 e 99.

2 *A Lucta*, nº 460, 10 de Abril de 1907.

3 José Relvas, *Memórias políticas*, vol. I, pp. 51-52; Antonio Cabral, *As minhas memorias politicas. O agonizar da Monarchia*, p. 111.

4 Luis Morote, *De la Dictadura á la República (La vida politica em Portugal)*, pp. 134-135.

5 *Apud* Annibal Passos, *A tragedia de Lisboa e a Politica Portuguesa*, p. 129.

6 João Chagas, *Cartas políticas*, 3ª série, p. 313.

7 *Cartas d'el rei D. Carlos I a João Franco Castello-Branco seu ultimo Presidente do Conselho*, p. 104.

8 Luis Morote, *De la Dictadura á la República (La vida politica em Portugal)*, p. 138; Antonio Cabral, *As minhas memorias politicas. O agonizar da Monarchia*, pp. 147-152; Rui Ramos, *João Franco e o fracasso do reformismo liberal (1884-1908)*, p. 165.

9 Amadeu de Carvalho Homem, *Da monarquia à república*, Viseu, Palimage, 2001, pp. 130-131.

10 José Lopes Dias, «Cartas políticas do Conselheiro João Franco a Tavares Proença», *in Estudos de Castelo Branco*, nos 7-11, 1963-1964, p. 29.

11 José Luciano de Castro, *Correspondência Política (1858-1911)*, nº 259, pp. 579.

12 *Cartas d'el rei D. Carlos I a João Franco Castello-Branco seu ultimo Presidente do Conselho*, pp. 106-107, 111-112 e 114-115.

13 António Cabral, *As cartas d'el-rei D. Carlos ao Sr. João Franco*, p. 94.

14 Ibidem, p. 107.

15 António Cabral, *Para a história Os culpados da queda da monarquia*, p. 60.

16 José Luciano de Castro, *Correspondência Política (1858-1911)*, nº 260, pp. 580.

17 *A Lucta*, nº 490, 10 de Maio e 491, 12 de Maio de 1907.

18 Trindade Coelho, *Manual Politico do Cidadão Portuguez*, p. 461, n. 1.

19 António Cabral, *As cartas d'el-rei D. Carlos ao Sr. João Franco*, pp. 157 e 159.

20 Vasco Pulido Valente, *As duas tácticas da monarquia perante a revolução*, Lisboa, Publicações Dom Quixote, 1974, pp. 11-12.

21 Alberto Xavier, *História da greve académica de 1907*, p. 173.

22 *História da República*, p. 395.

23 *Apud* José Miguel Sardica, *A dupla face do franquismo na crise da monarquia portuguesa*, Lisboa, Edições Cosmos, 1994, p. 60.

24 *O Seculo*, nº 9116, de 11 de Maio de 1907.

25 Luis Morote, *De la Dictadura á la República (La vida politica em Portugal)*, p. 121.

26 Luis da Camara Reys, *Cartas de Portugal (Para o Brazil)*, p. 96.

27 *Diario Popular*, *apud* Alfredo Gallis, *Um reinado tragico*, vol. II, p. 492 e pp. 494 e 499 .

28 *Cartas d'el rei D. Carlos I a João Franco Castello-Branco seu ultimo Presidente do Conselho*, p. 88.

29 *Documentos políticos encontrados nos Palácios Riais*, p. 4.

30 António Cabral, *Para a história. Os culpados da queda da monarquia*, p. 56.

31 Trindade Coelho, *Manual politico do cidadão portuguez*, p. 446.

32 António Cabral, *Cartas d'El-Rei D. Carlos a José Luciano*, Lisboa, Portugal-Brasil, 1927, p. 285.

33 Sampaio Bruno, *A Dictadura. Subsidios moraes para o seu juizo critico*, p. 128.

34 «Cartas políticas de João Franco a Tavares Proença», p. 111.

35 Discurso de João Franco em Beja, *in* Jeronymo Salgueiro, *O franquismo*, pp. 21-27.

36 Brito Camacho, «Sejamos justos», *in A Lucta*, nº 846, 3 de Maio de 1908; David Ferreira, «Franquismo», *in* Joel Serrão (direc.), *Dicionário de História de Portugal*.

37 Bazilio Telles, *I – As dictaduras. II – O regimen revolucionário*, Famalicão, Typographia Minerva – Editora, 1911, pp. 17 e 22.

38 Carlos Ferrão, *Em defesa da verdade. O regicídio, os adiantamentos, a diplomacia de D. Carlos*, pp. 218-219.

39 António Cabral, *Para a história. Os culpados da queda de monarquia*, pp. 45 e 59.

40 António Cabral, *O agonizar da Monarquia. Erros e crimes – novas revelações*, p. 21; Alfredo Gallis, *Um reinado tragico*, vol. II, p. 399.

41 Alberto Xavier, *História da greve académica de 1907*, pp. 257-266.

42 Segundo testemunho de Armando Marques Guedes, *apud* Natália Correia, *A questão académica de 1907*, p. 239.

43 Alberto Xavier, *História da greve académica de 1907*, pp. 311-316.

44 António José de Almeida, *Quarenta anos de vida literária e política*, vol. II, p. 188.

45 António Cabral, *Cartas d'El-Rei D. Carlos a José Luciano de Castro*, p. 184.

46 Júlio de Vilhena, *Antes da Republica (notas autobiográficas)*, vol. I, pp. 369 e 377.

47 Brito Camacho, «Governar em ditadura», *in A Lucta*, n° 738, 14 de Janeiro de 1908.

48 Rocha Martins, *João Franco e o seu tempo*, pp. 364-365; Alfredo Gallis, *Um reinado tragico*, vol. II, pp. 601-603.

49 Rocha Martins, *João Franco e o seu tempo*, p. 227.

50 Visconde de Cortegaça, *João Franco – ultimo Presidente do Conselho d'el rei D. Carlos – Carta inédita*, pp. 43-44.

51 Brito Camacho, «Ditadura e ditador», *in A Lucta*, n° 681, 17 de Novembro de 1907.

52 Ângelo Vaz, *Vida vivida. Homens da República*, Porto, Edição do Autor, 1954, p. 74.

53 Antonio Cabral, *As minhas memorias politicas. O agonizar da Monarchia*, p. 157; *Resistencia*, n° 1217 e 1218, de 20 e 23 de Junho de 1907.

54 Brito Camacho, «Anno novo, vida velha», *in A Lucta*, n° 1089, de 2 de Janeiro de 1909.

55 Bazilio Telles, *Do Ultimatum ao 31 de Janeiro. Esboço d'historia politica*, p. 276.

56 José Relvas, *Memórias políticas*, vol. I, p. 49.

57 Rocha Martins, *João Franco e o seu tempo*, p. 270.

58 José Relvas, *Memórias políticas*, vol. I, p. 50.

59 Sampaio Bruno, *A Ditadura. Subsidios moraes para o seu juizo critico*, p. 128.

60 Jacinto Baptista, *Um jornal da Revolução. «O Mundo» de 5 de Outubro de 1910*, Lisboa, Seara Nova, 1966, p. 27

61 José Lopes Dias, «O coronel Malaquias de Lemos e a revolução de 5 de Outubro (Novos documentos)», *in Estudos de Castelo Branco, Revista de História e Cultura*, Castelo Branco, nº 14 / 1 de Outubro de 1964, Doc. 12, p. 40.

62 *Cartas d'el rei D. Carlos I a João Franco Castello-Branco seu ultimo Presidente do Conselho*, pp. 152-153.

63 Ramalho Ortigão, *Rei D. Carlos. O martyrisado*, Lisboa, Typographia «A Editora», 1908, p. 10.

64 *Cartas d'el rei D. Carlos I a João Franco Castello-Branco seu ultimo Presidente do Conselho*, p. 84.

65 João Chagas, *João Franco, 1906-1907*, p. 187.

66 *Cartas d'el rei D. Carlos I a João Franco Castello-Branco seu ultimo Presidente do Conselho*, pp. 119-120.

67 Rocha Martins, *João Franco e o seu tempo*, p. 231.

68 Ibidem, p. 366.

69 *O Mundo*, nº 2545, de 9 de Novembro de 1907; *Cardeal Neto (Esboço biográfico)*, Braga, 1928, p. 64; *Cartas de Sua Majestade a Rainha Senhora Dona Amélia a D. Manuel de Bastos Pina*, Lisboa, Livraria Clássica Editora, 1948, CI, 205.

70 Luis Morote, *De la Dictadura á la República (La vida política en Portugal)*, p. 88.

71 *Cartas d'el rei D. Carlos I a João Franco Castello-Branco seu ultimo Presidente do Conselho*, pp. 123-130; Visconde de Cortegaça, *João Franco – ultimo Presidente do Conselho d'el rei D. Carlos – Carta inédita*, pp. 42-44; Rodrigues Cavalheiro, *Política e história*, Lisboa, Livraria Sam Carlos, 1960, p. 84; Rodrigues Cavalheiro, *D. Manuel II e João Franco*, 2ª ed., Lisboa, Biblioteca do Pensamento Político, 1970, p. 60.

72 António Cabral, *As cartas d'el-rei D. Carlos ao Sr. João Franco*, pp. 186-187.

73 *Cartas d'el rei D. Carlos I a João Franco Castello-Branco seu ultimo Presidente do Conselho*, p. 135.

74 *Como se implantou a Republica em Portugal (Notas de um revolucionario)*, Lisboa, Editores – Santos & Vieira Empreza Litteraria Fluminense, 1910, p. 15.

75 João Chagas, *João Franco. 1906-1907*, Lisboa, J. Chagas, 1907, p. 61.

76 Sampaio Bruno, *A Dictadura. Subsidios moraes para seu juizo critico*, pp. 118-119

77 Rocha Martins, *João Franco e o seu tempo*, pp. 241, 368-370; *O Mundo*, nº 2446, de 6 de Agosto de 1907.

78 *Cartas d'el rei D. Carlos I a João Franco Castello-Branco seu ultimo Presidente do Conselho*, p. 136.

79 *A Lucta*, nº 510, 30 de Maio de 1907.

80 Trindade Coelho, *Manual Politico do Cidadão Portuguez*, pp. 462-469.

81 Júlio de Vilhena, *Antes da Republica (notas autobiográficas)*, vol. II, p. 101.

82 *A Lucta*, nº 490, 12 de Maio de 1907 em diante.

83 *Apud* João Chagas, *Cartas políticas*, 1ª série, p. 137.

84 Teixeira de Sousa, *Para a história da Revolução*, vol. I, p. 54.

85 *Cartas d'el rei D. Carlos I a João Franco Castello-Branco seu ultimo Presidente do Conselho*, p. 155.

86 João Chagas, *João Franco, 1906-1907,* p. 204.

87 *Apud* Rocha Martins, *João Franco e o seu tempo*, p. 324, n.

88 *O Mundo*, nº 2480, de 5 de Setembro de 1907.

89 *Resistencia*, nº 1239, de 5 de Setembro de 1907.

90 Annibal Passos, *A tragedia de Lisboa e a Politica Portuguêsa*, p. 177.

91 João Chagas, *1908. Subsidios criticos para a historia da dictadura*, pp. 292-294.

92 Alvaro Pinheiro Chagas, *O Movimento Monarchico, I. O 28 de Janeiro e o 5 de Outubro*, Porto, Leitão & Cª., 1913, p. 62.

93 Júlio de Vilhena, *Antes da Republica (notas autobiográficas)*, vol. I, p. 366.

94 Annibal Passos, *A tragedia de Lisboa e a Politica Portuguêsa*, pp. 196-197.

95 Brito Camacho, «Os prédios», *in A Lucta*, nº 609, 6 de Setembro de 1907.

96 *O Seculo*, nº 9233, de 5 de Setembro de 1907.

97 *A Lucta*, nº 613, 12 de Setembro de 1907.

98 «Processos da monarchia», *Almanach de A Lucta, 2º anno, 1911*, Lisboa, 1910, p. 113; Ibidem, «Os donativos régios», p. 283.

99 João Chagas, *1908. Subsidios criticos para a historia da dictadura*, pp. 338 e 342.

100 Luis Morote, *De la Dictadura á la República (La vida política en Portugal)*, pp.190-191 e 202.

101 *História da República*, p. 331.

102 Teixeira de Sousa, *Para a história da Revolução*, vol. I, p. 18.

103 Trindade Coelho, *Manual Politico do Cidadão Portuguez*, pp. 582-587.

104 *O Seculo*, nº 8809, de 5 de Julho de 1906.

105 *O Mundo*, nº 2530, de 25 de Outubro de 1907.

106 Armando Ribeiro, *A Revolução Portugueza*, vol. I, p. 217.

107 João Chagas, *1908. Subsidios criticos para a historia da dictadura*, p. 340.

108 *Resistencia*, nº 1289, de 27 de Fevereiro de 1908.

109 *História da República*, p. 339.

110 Júlio de Vilhena, *Antes da Republica (notas autobiográficas)*, vol. I, p. 369.

111 Rui Ramos, *D. Carlos. 1868-1908*, pp. 280-281.

112 Júlio de Vilhena, *Antes da Republica (notas autobiográficas)*, vol. I, p. 405.

113 Arquivo da Universidade de Coimbra, Colecção Fausto de Quadros, VI-III-5-4.

114 Teixeira de Sousa, *Para a história da Revolução*, vol. I, p. 61.

115 Jorge Miranda, *Anteriores Constituições Portuguesas*, Lisboa, sep. *Boletim do Ministério da Justiça*, 1975, pp. 181- 186.

116 Jacinto Baptista, *O Cinco de Outubro*, Lisboa, Arcádia, 1964, p. 214; Dr. Joaquim Pinto Coelho, *Textos Políticos, 1905-1910*, p. 49.

117 Thomaz de Mello Breyner, *Diário de um monárquico. 1908-1910*, p. 24.

118 Luis Morote, *De la Dictadura á la República (La vida política en Portugal)*, p. 154.

119 *Documentos políticos encontrados nos Palácios Riais*, p. 5; José Manuel Tengarrinha, «Regimes eleitorais da Monarquia Parlamentar», *in Estudos de história contemporânea de Portugal*, Lisboa, Editorial Caminho, 1983, p. 120.

120 Hintze Ribeiro, *Dois discursos*, p. 44; João Chagas, *Cartas Politicas*, Quinta série, pp. 148-153.

121 Diário da câmara dos deputados, Sessão de 23 de Outubro de 1906; Brito Camacho, «Reforma eleitoral», *in A Lucta*, nº 238, 28 de Agosto de 1906; Idem, «Reforma eleitoral, *in A Lucta*, nº 285, 14 de Outubro de 1906.

122 João Chagas, *1908. Subsidios criticos para a historia da dictadura*, pp. 140-141.

123 António José de Almeida, *Quarenta anos de vida literária e política*, vol. II, p. 206.

124 Trindade Coelho, *Manual Politico do Cidadão Portuguez*, pp. 439-440, n. 1; Antonio Cabral, *As minhas memorias politicas. O agonizar da Monarchia*, pp. 199-200; Luz de Almeida, «A obra revolucionária da propaganda. As sociedades secretas», *in* Luís de Montalvor, *História do Regímen Republicano em Portugal*, vol. II, p. 233.

125 Carlos Malheiro Dias, *Do desafio à debandada*, vol. I, pp. 241-242.

CAPÍTULO 7
O 28 DE JANEIRO
E A LEI DE 31 DE JANEIRO DE 1908

O rei mostra uma ligação sempre firme a João Franco. Talvez na intimidade tivesse já algumas dúvidas no princípio de 1908. Escreve o conde de Mafra, em 5 de Janeiro: «Acho má a política. O João Franco parece doido. Quem paga as diferenças é El-Rei. Achei ontem este Senhor triste, perguntando-me pelo estado dos espíritos, o que ele d'antes nunca fazia.»[1] A oposição a João Franco crescia com o prolongar da ditadura. Ia-se preparando o ambiente psicológico para que ocorresse uma insurreição contra a monarquia. A repressão justificava a adopção da via revolucionária pelo partido republicano. O que não era ainda pacífico e consensual, porque a via eleitoral continuava a merecer a preferência de muitos republicanos.[2] O Partido Republicano Português não mostrava pressa. Antes de se lançar na aventura revolucionária, preferia alargar o número dos seus partidários e apoiantes. E organizar os seus militantes. Teria plena consciência do que a ruptura republicana ia significar. E como iria ser duro fazê-la vingar em todo o País. Mais: se não era presumivelmente fácil a mudança das instituições, menos estava garantido o êxito de um novo regime – que também não se sabia prever como seria. Por vezes, a direcção do partido parecia paralisada com receio de avançar. Mas nem todos os republicanos estavam dispostos a dar tempo ao tempo. E o próprio directório tem de publicar um manifesto ao País: «A ditadura, na sua luta com a vontade da Nação, não contente em suprimir todas as liberdades individuais, de reunião, d'imprensa e de manifestação de pensamento, tenta loucamente suprimir os próprios adversários. À liquidação dos adiantamentos à casa real e ao aumento da lista civil segue-se a violência das prisões arbitrárias.» Em que se assume como confiante na sua causa, «que é a causa sagrada da independência e da dignidade da pátria.»[3] A retórica ainda se elabora dominada por uma linguagem romântica, na procura de belos e convincentes efeitos. E impressivos. Porque havia que redimir Portugal que se diz «país a saque».[4]

João Franco avança mesmo contra a administração local que pretende submissa aos seus desejos e projectos políticos. Despeja as autoridades eleitas, faz entrar nomeadas da sua confiança para as juntas gerais de distrito, câmaras municipais e juntas de paróquia. De uma assentada. Era o maior atentado de que havia memória «contra a vida municipal, substituindo-se em todo o país, no mesmo dia e à mesma hora, as vereações eleitas por comissões administrativas, crime político tão grande, e de tal modo inverosímil, que certamente o não acreditaria algum homem bom...»[5] O presidente da Câmara de Coimbra, o prestigiado lente de direito Doutor José Ferreira Marnoco e Sousa, considera que aconteceu um ataque às liberdades locais, pela «mão férrea dum absolutismo louco e desorientado.» Dizia-o «o maior atentado contra as liberdades locais de que reza a nossa história constitucional.» Era ainda o feito «de uma ditadura que estrangulou todas as nossas liberdades públicas.»[6] Uma vez mais, os protestos de nada servem. Pelo que a resposta terá de ser encontrada de outro modo.

O partido republicano alia-se aos progressistas dissidentes, para avançar numa revolução. João Chagas e o visconde da Ribeira Brava acordam em que seja nomeado um comité civil e um comité militar. Para evitar dificuldades a rebelião aconteceria quando D. Carlos se encontrasse fora da capital. Planeava-se prendê-lo em Cascais e fazê-lo seguir para o estrangeiro. Mas isso não foi possível. Houve um traidor que denunciou o plano e foi preciso recomeçar tudo de novo.[7] Em simultâneo começava a organizar-se a Carbonária Portuguesa, em Janeiro de 1908. Era uma associação secreta, agora refundada por Luz de Almeida, discreto bibliotecário municipal. Os que a ela pertenciam dispunham-se a avançar com a revolução. E para isso começaram a preparar-se de imediato e a empurrar os mais pacientes. Sebastião de Magalhães Lima não esquece «que foi a Carbonária que determinou a Revolução.»[8]

Para o golpe que se planeava em princípios de 1908, António Maria da Silva, engenheiro, foi encarregado «do estudo das comunicações telegráficas e telefónicas militares, bem como da rede telefónica do Estado, com o objectivo de dificultar a acção e defesa do Governo e prejudicando-lhe o recurso da chamada a Lisboa de unidades aquarteladas na província.» Outro conspirador preparara a inutilização da Guarda Municipal, no quartel do Carmo. Para o que seria usada a chamada «artilharia civil» que os bombistas estavam fabricando. Mas ocorre um acidente. Bombas rebentam em Lisboa na rua de Santo António, à Estrela. Isso faz com que se levantem suspeitas de que alguma coisa se preparava. Quase de imediato vem a explosão que deflagra num quarto na Rua do Carrião. Aí foi preso um jovem aprendiz de jornalista, Aquilino Ribeiro, tido como intervencionista. Tinham morrido os outros fabricantes de bombas. Enchiam pinhas de ferro para enfeitar sacadas com pólvora e carda miúda de sapateiro...[9] Aquilino, preso e interrogado pelo juiz de instrução criminal, conseguiria depois fugir da esquadra do Caminho Novo, em audacioso golpe individual. Enraivecendo as autoridades que assim se mostravam impotentes. Porém, a polícia queria mais. E Luz de Almeida também foi preso, e guardado em local que os seus amigos ignoravam. Seguem-se-lhes o destemido jornalista João Chagas, o tribuno Dr. António José de Almeida, o director d'*O Mundo*, França Borges, o comerciante e homem de cultura Alfredo Leal... Prisões sem culpa formada e no caso António José de Almeida com desrespeito da imunidade parlamentar do deputado.[10] Com provas ou por palpite, a polícia conseguia apanhar alguns dos principais responsáveis pela preparação revolucionária. Era um golpe fundo no levantamento que se tramava. Ficava ainda solto Afonso Costa, que não tinha as qualidades de um conspirador. E que ignorava quase tudo o que tinha sido combinado. No entanto, foi posto à frente da organização meio desmantelada, conseguindo ainda deitar mão de alguns elementos e «cerzí-los à pressa e em dois dias, atirar com a revolução para a rua.»[11] Distribuíram-se armas, poucas. O segredo estava mal guardado numa conspiração sem grande coerência, pela mistura de republicanos e progressistas dissidentes. Para alguns dos participantes, talvez se tratasse apenas de forçar a substituição do governo.[12]

Havia no ar uma atmosfera de inquietação, «no delírio consciente d'uma febre alta, sem remissões, os nervos sacudidos como num banho eléctrico, os espíritos ansiosos como na expectativa de notícias, quando se sabe que dois exércitos inimigos vão ter o seu primeiro encontro. [...] Pressente-se o desabar de um grande edifício, erguido no alto d'uma colina de oito séculos[...].»[13] Exaltação e nervosismo que talvez fossem prejudiciais, e acrescentassem insegurança aos contratempos. Mesmo assim, os conspiradores decidem avançar com a revolução. A 26 fez-se a sua marcação para 28 de Janeiro de 1908. Talvez tivesse chegado uma contribuição da maçonaria brasileira de 10 contos de réis para a compra de armas.[14] Espingardas, revólveres e pistolas automáticas foram adquiridos. Com especial destaque para as aquisições dos dissidentes. Contava-se com uma «verdadeira rede de dinamitistas» para opor aos movimentos da cavalaria da Guarda Municipal. Rede que seria composta por civis. João Chagas organizara vários grupos de 20 a 60 homens, identificados por uma flor. Seriam 280 homens para assaltar os quartéis. O plano foi urdido por um oficial do estado-maior. Eram numerosos os conspiradores. Demasiados, mesmo, os implicados na revolta. O que a fragilizava, porque o segredo dificilmente se guardava.[15] Pior: a organização era muito deficiente. Mais. Afonso Costa aceitara dos militares implicados uma exigência de difícil cumprimento: só daria o sinal de levantamento depois de haver a certeza de que João Franco não poderia intervir. Decidira-se começar com a prisão do «feroz ditador».[16] O que falhou porque o Presidente do Conselho, por precaução, não se instalava sempre na mesma casa. E o sinal de que João Franco estava neutralizado nunca pôde ser dado. A reunião de alguns conspiradores com Afonso Costa no Largo do Município, no local do elevador chamado da Biblioteca Nacional – elevador desafectado – despertou a atenção da polícia. Aguardavam ali o momento de passarem à Câmara de Lisboa onde iriam proclamar um governo provisório e a República. Foram presos o Dr. Egas Moniz, o Dr. João Pinto dos Santos, o Visconde da Ribeira Brava, o tenente Álvaro Pope e outros implicados como o próprio Afonso Costa. José d'Alpoim, que não estava no grupo, fugiu para Espanha, depois de se ter refugiado em casa de um amigo. O golpe de 28 de Janeiro, que parecia organizado de molde a vencer as dificuldades, estava gorado. Falhara, apesar da determinação de não poucos revolucionários que se empenharam com denodo. A precipitação a que as detenções tinha conduzido bem explicam a desorientação e o fracasso.

Assim não se conseguiria proclamar a República. Os verdadeiros operacionais, como António Maria da Silva ou Machado Santos, aprenderam a lição: de «amadores ficáramos satisfeitos.» Manifestamente, a Afonso Costa faltavam as qualidades necessárias para orientar uma conspiração – como faltavam a muitos outros revolucionários, que também não serviam para conspiradores. Inclusive o sempre actuante João Chagas – João Chagas que com Cândido dos Reis era «a alma da revolução.»[17] Os desordeiros procederam, «felizmente, sem ordem nem direcção. Perfeitamente à doida», opina o comandante da Guarda Municipal.[18] A quem chegavam poucas e mal enjorcadas informações. E que tinha de cuidar dos presos que lhe eram entregues. Por muitas que fossem as prisões, já não afectava duradouramente a organização democrática: «Ilude-se grosseiramente o governo, imaginando que meteu na cadeia o partido republicano, fazendo prender alguns dos seus membros mais ilustres. O partido republicano não é um homem, não é mesmo um grupo, embora numeroso de homens, porque é todo o país.» Claro que a retórica de Brito Camacho procura aqui o efeito de pôr em guarda o adversário. Mas o crescimento do partido acontecia: neste mesmo dia há a notícia de adesão do sábio médico Dr. Henrique Jardim de Vilhena, filho do chefe regenerador Dr. Júlio de Vilhena...

Em contraponto, a monarquia procurava defender-se. Já se percebera que não se tratava apenas de um fogacho passageiro, mas de uma conjura em que até entravam monárquicos. O regime vivia sobre «a ameaça constante da fornalha republicana, para a qual a ditadura deitara o melhor do seu combustível.»[19] E o governo decide com rapidez como «tornar pronta a repressão dos autores e agentes dos atentados e de rapidamente afastar aqueles que, insistente e criminosamente, teimam em atacar a ordem, e comprometer, sem escrúpulos a fortuna pública e a dos particulares.»[20] João Franco decidira arredar de vez as veleidades dos republicanos. Para isso precisava de uma legislação que deixasse as mãos livres ao poder para se desembaraçar destes temíveis opositores. Sem formalidades que atrasassem a solução pretendida. A lei celerada de 13 de Fevereiro de 1895 continuava em vigor, apesar da promessa de revogação que João Franco tinha feito. Mas tinha por alvo os anarquistas que não republicanos ou monárquicos. E permitia deportações para África e Timor. A situação exigia agora que o governo tornasse a actuar, pois se chegara «a ponto de ser urgente e indispensável o rápido afastamento do nosso meio social dos principais dirigentes e instigadores desta pertinaz conspiração contra a paz pública e segurança do Estado, antes que perdas lamentáveis de vidas venham acrescentar-se às desgraças já ocasionadas e, porventura, originar prejuízos irremediáveis ao crédito público e à fortuna nacional.» Foi a lei de 31 de Janeiro de 1908. O governo ficará habilitado «com a faculdade de expulsar do Reino ou fazer transportar para uma província ultramarina aqueles que, uma vez reconhecidos culpados pela autoridade judicial competente, importe à segurança do Estado e tranquilidade pública e interesses gerais da Nação afastar, sem mais delongas do meio em que se mostrarem e tornarem perigosa e contumazmente incompatíveis.»[21] Ao governo cabia julgar se era vantajoso para o Estado proceder à deportação ou à expulsão. Invocava-se semelhante legislação, de pouco tempo ainda aprovada em Espanha. Espanha que já não tinha colónias para onde deportar, o que faz toda a diferença.

O ministro da Justiça era o Dr. António José Teixeira de Abreu, catedrático de Direito em Coimbra, e que também quando deputado preparara a repressiva lei de imprensa. Agora ia como autor do Decreto de 31 de Janeiro de 1908. Ele o leva à aprovação régia a Vila Viçosa, onde se encontrava o soberano. Terá D. Carlos hesitado em apor a sua assinatura no decreto?[22] Não parece. E se hesitou, nem por isso deixou de o aprovar e isso é o que importa. O rei teria até dispensado assiná-lo em Vila Viçosa.[23] Fosse como fosse com a sua assinatura se tornava concordante com o expedito dispositivo – e poderia não estar conforme, quando se tratava de provocar uma razia no partido republicano? Logo se soube que o governo passava a dispor de meios legais para expulsar do Reino e deportar para o Ultramar os seus opositores. Eram as «individualidades mais em vista dos partidos republicano e dissidente», como se lia na nota oficiosa.[24] Sem resultar de um julgamento pela justiça e apenas pela vontade do executivo – à justiça competia apenas considerar a culpa.

O castigo ficava nas mãos do governo: «os indivíduos pronunciados por alguns crimes [...] poderão, quando os interesses do Estado assim o aconselharem, e por virtude de deliberação do governo, tomada em conselho de ministros, ser expulsos do reino ou transportados para as possessões ultramarinas.»[25] Era a «morte civil». Temeu-se pelo destino dos republicanos presos. «Factos dos últimos dias vieram porém demonstrar que as tentativas e propósitos revolucionários e criminosos, longe de afrouxarem, se têm mantido obstinadamente e agravado a ponto de ser urgente e indispensável o rápido afastamento do nosso meio social dos principais dirigentes e instigadores desta pertinaz conspiração contra a paz pública e a segurança do Estado.»[26] Em Lisboa dizia-se que já estava no Tejo um vapor para transportar os presos para Timor – tinha entrado a barra um navio alemão da linha do Oriente, o *Hohenstaufen*.[27] Corriam boatos sobre essa intenção do governo de deportar os republicanos. Dizia-se que as listas dos deportados já estavam prontas. Verdade ou mentira, era o que corria. E alarmante o suficiente para que os opositores temessem a aplicação da lei a que chamaram o decreto assassino.[28] Bombas e armas desaparecem, no Tejo e pelos quintais. Foge quem pode.[29] Quem sabe se esse ambiente de excitação era desejado por João Franco precisamente para «tomar medidas de excepção.» «Há nervos na atmosfera.» Ainda e sempre, a questão dos adiantamentos que levantou todo o País contra o rei. «Este decreto, que é senão um pacto de criminosos depois da liquidação miserável dos adiantamentos? Desde esse dia, o rei é o capitão da quadrilha, que promoveu Franco a seu lugar-tenente», são palavras que Aquilino Ribeiro põe na boca de Alfredo Costa.[30] «Há muito que D. Carlos é visado, discutido, injuriado. Atribuem-lhe todos os males.» Estava tudo minado.[31] Era a repressão sobre os revolucionários falhados do 28 de Janeiro. E era uma «desatinada provocação.»[32] No dia 30 de Janeiro jornais de todas as cores políticas são suspensos por um mês.[33]

A deportação era castigo extremamente violento. Os condenados eram transportados para África ou para Timor, onde tinham de cumprir as suas penas. Os marinheiros sublevados de 1906 ainda lá estavam em fortalezas descritas como lugares de horror. Sujeitos às muitas inclemências do clima e às más condições de salubridade. Aguardando uma amnistia que podia vir ou não. Porque o governo não dava seguimento aos pedidos de clemência que lhe tinham sido apresentados.[34] Por mais que os movimentos humanitários procurassem resgatá-los das masmorras africanas onde os tinham encerrado.[35] Não se tratava de pôr na fronteira cidadãos considerados indesejáveis que, embora entristecidos, se metessem no comboio a caminho de Madrid ou de Paris... a esperar melhores dia. Alguém ia acreditar nessa cordura?[36] Talvez os leitores do *Matin* a quem uma exibida bonomia de João Franco possa ter conseguido impressionar.[37] A ameaça de que se falava era bem a de tremendos sofrimentos. E por isso o diz-se-que não ser despiciendo. Nem esquecia a chamada lei celerada de 13 de Fevereiro de 1895 com as deportações de anarquistas que se tinham estendido a outros opositores políticos. Propositadamente o texto do decreto é vago: tratava-se mesmo de atemorizar. Constava o pior sobre o destino dos detidos. Ninguém sabia como o executivo ia agir, e a lei aí estava, destinada a ser cumprida. Com o rigor que havia a esperar do governo ditatorial. A deportação dos marinheiros sublevados em 1906 – apesar das promessas de Ferreira do Amaral – estava bem na memória de todos. E sobre a deportação se escrevera com extrema violência: «Que ignomínia! Homens assassinados lentamente n'um porão infecto, chegando depauperados aos mortíferos climas, a que foram condenados... quero dizer, esses homens são condenados à morte n'um processo sumário feito secretamente, onde é juiz e carrasco, Carlos de Bragança, por alcunha – o Pança, – gatuno cínico, que tem alguns milhões a render nos Bancos de Londres para ter com que regalar o bandulho desde a Hora Solene em que for expulso a pontapé deste malfadado Portugal»... E por aí adiante, em exercício verbal sem contenção, publicado por um jovem anarquista em folheto, em Novembro de 1906.[38]

Preparava-se outra vaga repressiva, agora mandando para longe da Pátria alguns dos mais conhecidos políticos? Podia muito bem ser que assim quisesse o governo, e os acontecimentos e o modo de governar dos últimos meses não auguravam que daí viesse alguma coisa de bom. Talvez se pensasse que o partido republicano, desaparecidos os seus caudilhos, depressa se dissolveria. Ou em breve ficaria inoperante. Além do mais, a lei decretava a morte política e civil, por simples deliberação do governo, sem audiência nem julgamento do acusado.[39] Se o dispositivo legal fosse uma simples defesa do regime, sobretudo com intuitos dissuasórios, como explicar o susto e a indignação que provocou? Será de considerar que todos eram ingénuos, ou que todos estavam apostados na propaganda contra a monarquia? O decreto de 31 de Janeiro parecia consolidar a defesa das instituições, pondo ao seu alcance mecanismos legais que permitiriam uma decapitação do partido republicano, a contento do governo e sem proporcionar os correspondentes meios de resposta aos acusados. Era uma outra táctica do regime contra a propaganda e contra o crescimento do partido republicano. Agora era o medo que o governo desenvolvia como dissuasor da ameaça que crescia. Sem que o liberalismo oficial temperasse a repressão, nem que fosse para sustentar esse propagandeado reformismo de costumes e práticas políticas.

Do reformismo liberal inicialmente apregoado, de um liberalismo exercido embora com demonstrações de um governo assente numa prática autoritária, resvalara-se rapidamente para uma ditadura. E essa ditadura não era apenas o governo sem o parlamento. Tinha-se tornado mesmo um exercício despótico que feria e ameaçava ferir todos os adversários.

CAPÍTULO 7
NOTAS

1 Thomaz de Mello Breyner, *Diário de um monárquico. 1908-1910*, p. 20.

2 Fernando Catroga, *O republicanismo em Portugal da formação ao 5 de Outubro de 1910*, Coimbra, Faculdade de Letras, 1991, vol. I, p. 142.

3 Rocha Martins, *D. Carlos, História do seu um reinado*, p. 574.

4 Hermano Neves, *Como triumphou a Republica. Subsídios para a Historia da Revolução do 4 de Outubro de 1910*, p. 21.

5 *A Lucta*, nº 755, 28 de Janeiro de 1908.

6 *Anais do Município de Coimbra, 1904-1919*, p. 72.

7 Jorge d'Abreu, *A Revolução Portugueza. O 5 de Outubro (Lisboa, 1910)*, Lisboa, Edição da Casa Alfredo David, 1912, p. 23.

8 Magalhães Lima, *Episodios da minha vida*, vol. I, p. 265.

9 Narrativa do acontecimento por Aquilino Ribeiro *in* Jorge d'Abreu, *A Revolução Portugueza. O 5 de Outubro (Lisboa, 1910)*, pp. 14-19; Aquilino Ribeiro, *Um escritor confessa-se*, Lisboa, Bertrand, 1972, pp. 244-245; sobre bombas artesanais, vd. Hermano Neves, *Como triumphou a Republica. Subsídios para a Historia da Revolução do 4 de Outubro de 1910*, pp. 57-63.

10 Trindade Coelho, *Manual Politico do Cidadão Portuguez*, p. 687.

11 Machado Santos, *A revolução portugueza. Relatorio*, p. 19.

12 Jorge d'Abreu, *A Revolução Portugueza. O 5 de Outubro (Lisboa, 1910)*, p. 26.

13 Brito Camacho, «A situação», *in A Lucta*, nº 752, 28 de Janeiro de 1908.

14 Arquivo da Universidade de Coimbra, Colecção Fausto de Quadros, VI-III-5-4.

15 Jorge d'Abreu, *A Revolução Portugueza. O 5 de Outubro (Lisboa, 1910)*, pp. 22-25.

16 *Almanach de O Mundo para 1913*, Lisboa, Tipografia Casa Portuguesa, 1912, p. 192.

17 António Maria da Silva, *O meu depoimento*, vol. I, pp. 123-137; *O Seculo*, n° 10 372, de 27 de Outubro, testemunho do Dr. Eusébio Leão.

18 José Lopes Dias, «O coronel Malaquias de Lemos e a revolução de 5 de Outubro (Novos documentos)», Doc. 13, p. 42.

19 Jorge d'Abreu, *A Revolução Portugueza. O 5 de Outubro (Lisboa, 1910)*, pp. 34-35.

20 Brito Camacho, «Os factos» *in A Lucta*, n° 754, 30 de Janeiro de 1908.

21 Rocha Martins, *D. Manuel II*, pp. 72-73; *apud* Rocha Martins, *João Franco e o seu tempo*, pp. 451-452.

22 José Relvas, *Memórias políticas*, vol. I, p. 54.

23 Rodrigues Cavalheiro, *Política e História*, p. 109.

24 Jorge de Abreu, *A Revolução Portugueza*, Rio de Janeiro – Paris – Lisboa, Livraria Francisco Alves – Livrarias Aillaud e Bertrand, 1913, vol. I, p. 28.

25 João Paulo Freire (Mario), *O livro de João Franco sobre el-rei D. Carlos. Recortes e commentarios d'um jornalista*, Porto, Livraria e Imprensa Civilização, 1924, pp. 110-111.

26 Raul Brandão, *Memórias*, Lisboa, Perspectivas & Realidades, s/d, vol, I, pp. 119-120.

27 Aquilino Ribeiro, *Um escritor confessa-se*, p. 316.

28 Hermano Neves, *Como triumphou a Republica. Subsidios para a Historia da Revolução de 4 de Outubro de 1910*, p. 27.

29 Aquilino Ribeiro, «O regicídio e os regicidas», *in Seara Nova*, n° 6, de 14 de Janeiro de 1922, p. 164.

30 Hermano Neves, *Como triumphou a Republica. Subsidios para a Historia da Revolução de 4 de Outubro de 1910*, p. 341.

31 Raul Brandão, *Memórias*, vol. I, pp. 118-119.

32 José Relvas, *Memórias políticas*, vol. I, p. 57.

33 Trindade Coelho, *Manual Politico do Cidadão Portuguez*, p. 688.

34 *História da República*, p. 333.

35 *O Seculo*, n° 9096, de 21 de Abril de 1907.

36 Trindade Coelho, *Manual Politico do Cidadão Portuguez*, p. 689.

37 Annibal Passos, *A tragedia de Lisboa e a Politica Portuguêsa*, pp. 199-200.

38 Edo Metzner, – *Crimes de lesa-Humanidade – I Os deportados!...*, (Lisboa, s/ed., Novembro de 1906), n/n.

39 Trindade Coelho, *Manual Politico do Cidadão Portuguez*, p. 691, n. 1.

CAPÍTULO 8
O REGICÍDIO E A ACALMAÇÃO

Em 19 de Janeiro de 1908 no jornal regenerador o *Popular* lia-se: «A Casa Real poderá ter os seus adiantamentos e ver aumentada a sua lista civil; mas no país ficará um fermento de ódios que nem o profundo abastardamento dos caracteres podem evitar que surtam o natural efeito.»[1] Ódios, que os partidos monárquicos não se cansam de acirrar. O País estava calmo, somente na aparência. Em 15 de Janeiro de 1908 João Franco escrevera à rainha D. Amélia dizendo-lhe nada haver de novo. «Muitos boatos, e creio bem que diligências dos republicanos para verem se fazem alguma coisa *en désespoir de cause*. Mas temos redobrado as nossas sondagens e investigações [...] e todos uniformemente temos colhido favoráveis e tranquilizadores resultados.»[2] Ao infante D. Manuel também escreveu uma carta em que dizia «que tudo estava sossegado e que não havia nada a recear!»[3] Nem toda a gente assim pensava. O conde de Mafra, a 20 de Janeiro, escreve: «Dizem que se prepara qualquer zaragata política. Veremos. Não creio muito porque o povo não está disposto, não se sente mal. Só se for a tropa. O pior é que há-de pagar o justo pelo pecador.» São presos os conspiradores do 28 de Janeiro e o mesmo aristocrata acrescenta: «Continuam os boatos de terror por causa das prisões. Ora a verdade é que só foram presos malandros que estavam conspirando contra a ordem pública. Tenham paciência.»[4] Significativa cegueira áulica de um homem de bem.

Fiado nesta calma – ou procurando acabar com ela? – João Franco avançara na legislação repressiva dos actos e persecutória a actores revolucionários – reais ou imaginários. O decreto de 31 de Janeiro de 1908 permitia ao governo deportar à sua vontade. Havia republicanos presos, sobre os quais pesava essa ameaça. Um deles, o mais querido e popular dos homens da propaganda, António José de Almeida. Era aquele que fora já chamado o Nun'Álvares da República. Conhecido pela sua bondade, era também dado como «o mais terrível inimigo da monarquia.»[5] Que «despertava dedicações que iriam até ao sacrifício. Para o povo esse homem era intangível, era sagrado.» Os populares de Lisboa adoravam-no como um Messias, respeitavam-no como um deus. Constava ainda a morte de João Chagas. Isso teria levado um pequeno grupo de exaltados a preparar um atentado.[6] Mas atentado contra o rei ou contra João Franco? «Toda a gente [estava] aterrada com os rumores gravíssimos que corriam a respeito de atentados contra João Franco, contra todo o ministério; os mais timoratos receavam mesmo qualquer desacato à Família Real», recorda uma senhora da aristocracia.[7] Assim era: andava electricidade no ar. Tudo podia acontecer. O acolhimento dado à publicação do *Marquês da Bacalhôa* de António de Albuquerque faria pensar o pior. O autor denegria a figura do rei e da rainha e esse êxito editorial estrondoso revelava uma perda de popularidade que deveria ter alertado para a iminência de perigo.[8] A situação estava muito tensa e exigiria muito cuidado – o que não parece ter acontecido.

No dia 1 de Fevereiro de 1908 o rei, a rainha e o príncipe real regressaram de Vila Viçosa de comboio, tendo atravessado o Tejo num vapor (o *D. Luiz*) e desembarcado na estação do Terreiro de Paço. Esperavam-nos o infante D. Manuel, o infante D. Afonso, João Franco e os outros ministros. E não muita gente, que a popularidade real estava baixa.[9] Partiram os reis e os príncipes para o Paço em carruagem aberta – sem qualquer prudência, indo juntos na mesma viatura o rei, a rainha, o herdeiro do trono e o infante mais moço. Quando o landau real descreveu a curva da praça para entrar na rua do Arsenal, tiros foram disparados. O rei tombou morto, o príncipe real, que ainda se defendeu com uma pistola, ficou mortalmente ferido. Instalou-se a confusão. Os principais intervenientes – Alfredo Luís da Costa e Manuel dos Reis da Silva Buiça – foram abatidos, no meio da enorme desorientação que se seguiu.

O processo de inquérito ao regicídio desapareceu ainda nos tempos da monarquia – monárquicos lhe terão dado sumiço.[10] Sem nunca ter sido completado nem divulgado. Por mais que alguns, em especial o conde de Arnoso, fiel amigo de D. Carlos, procurassem o esclarecimento do acontecido: «o mesmo denso mistério» continuava «envolvendo tão cobarde e monstruoso atentado.» O íntimo do rei bem clamou por Justiça, não se cansando uma e outra vez de pedir que se esclarecesse «o criminoso atentado do dia 1 de Fevereiro.» Era a «monstruosa vergonha que para todo o sempre manchará as brilhantes páginas da nossa gloriosa História.» Em vão. Esse inquérito, «vagarosamente arrastado», nunca foi concluído.[11] Ora nos autos não faltariam as peças indispensáveis para se saber como tudo acontecera. Mas era bem conveniente para alguns políticos do regime manter a ameaça latente das revelações do que nele constaria. Processo complexo de interesses – mais do que o efectivo esclarecimento do atentado. Desde logo a grande dificuldade: não foram interrogados os dois regicidas. Abatido de imediato foi um, logo no local. O outro tê-lo-á sido pouco depois na esquadra da polícia – para onde o levaram já muito mal tratado. As opiniões das testemunhas de visu divergiram quanto ao possível número de implicados –talvez não mais que cinco.[12] E que se saiba não houve confissão alguma de cumplicidade. Assim, o que se dizia entra a contar.

Para Aquilino Ribeiro, então um jovem próximo dos anarquistas que lidou com os dois regicidas sobre cuja participação não há dúvidas, Alfredo Costa e Manuel Buiça, o alvo inicial era João Franco e não o rei. Vendo frustrada a possibilidade de o atingir porque Franco lhes teria trocado as voltas, num impulso de momento decidiram avançar sobre a carruagem real e liquidar o monarca e o príncipe herdeiro. «O segredo hermético de que se cercou o atentado só se explica pela improvisação...»[13] Afinal, nem sequer haveria segredo – fora simplesmente uma decisão daquele instante. A mesma versão dos regicidas por conta própria é ainda sustentada por José Relvas e por Jorge de Abreu – ambos em boas condições para saber o que se dizia em Lisboa. E ainda Machado Santos sublinha que os regicidas actuaram *sem o conhecimento de ninguém*, por um acto de abnegação espontânea.» Terá sido assim? É a melhor explicação, mas não há maneira de fazer prova, como não há qualquer outra.[14] João Chagas resume com justeza o seu efeito: «O regicídio foi uma surpresa e surpresa tão espantosa, que ainda hoje vivemos sob a sua acção. Na realidade, paralisou os movimentos de todos, até os nossos.»[15]

Fosse como fosse, o regicídio atrasou os planos de insurreição dos republicanos, que enquanto partido não estavam implicados nele. Isso é seguro. Sequer os dois regicidas eram membros do partido republicano, mas intervencionistas.[16] Bem tentaram os monárquicos atirar com as culpas para os republicanos, mas nunca obtiveram provas materiais e razões para o fazer. No inquérito policial, que há-de ter sido feito com o maior cuidado, talvez alguma coisa mais se tenha conseguido apurar. Como escreveu o almirante Ferreira do Amaral, Presidente do Conselho de Ministros, ao rei D. Manuel II, em 16 de Março de 1908: «Tem-se chamado a depor sobre o crime de 1 de Fevereiro toda a gente, que em jornais ou conversas diz saber muita coisa, mas que chega ao interrogatório e responde que repetiram boatos e nada de positivo se apura.»[17] Até o republicano António José de Almeida levanta na câmara dos deputados questões sobre o inquérito – a que ninguém responde: «No processo do regicídio tem-se querido envolver os partidos dissidente e republicano, dizendo-se que os dissidentes armaram o braço, do Buiça e do partido republicano saíram os revolucionários que no momento trágico, absolutamente doloroso para a nacionalidade portuguesa, mataram o Rei e o Príncipe Real. Ora a verdade é que nem os republicanos, nem os dissidentes têm a menor culpa no acto dos regicidas.»[18] Afirmação que ninguém desmentiu. Com provas.

Ao conde de Mafra, médico da corte, parece «que a versão verdadeira sobre a tragédia é a seguinte: o bandido Alfredo Costa assassinou El-Rei com um tiro na nuca e o Príncipe que ia em frente do Pai tirou um revólver da algibeira e matou imediatamente o regicida. Foi então que o bandido Manuel Buiça com uma carabina prostrou o Príncipe Real com uma bala na face esquerda que produziu a morte vinte minutos depois já no Arsenal. A morte d'El-Rei foi instantânea.»[19] Para Jorge d'Abreu as coisas foram diferentes: «O professor [Buiça] é que atirou primeiro, colocando-se no meio da rua e visando serenamente o pescoço do rei Carlos que emergia da capota do veículo. Depois, a polícia postada do lado das arcadas do ministério da fazenda disparou sobre ele vários tiros de revólver, enquanto mais adiante Alfredo Costa investia contra o lado direito da carruagem.» Buiça disparara uma carabina Winchester que levava disfarçada num varino que tinha sobre os ombros. O atirador dispunha de boa pontaria (fora sargento de cavalaria) e com grande serenidade fizera dois disparos: logo prostrara D. Carlos. A Alfredo Costa coube imediatamente a seguir dar dois tiros também, que atingiram o Príncipe Real, o que fez com uma pistola Browning. E logo o Terreiro do Paço se transforma num «verdadeiro campo de batalha, onde os defensores do regímen disparavam à toa e a maioria dos populares fugia em diversas direcções, confusos, medrosos.» Todos os testemunhos concordam em assinalar que houve «uma correria desordenada de polícias que descarregavam à toa as suas pistolas.»[20] Uma versão atribui a Buiça os tiros fatais: Costa apenas teria ferido o príncipe.[21] Mas falta informação sobre muitas coisas. Porque, muitas dessas incertezas resultam de não terem sido realizadas autópsias aos régios despojos – por estranha ordem do governo. Como não houve uma investigação cuidada sobre o acontecimento a partir dos vestígios materiais. Tampouco se procedeu à reconstituição do crime. Ignoraram-se as possibilidades de uma observação a partir da balística.[22]

Houve suspeitas de que Aquilino Ribeiro, que pouco depois fugira para Paris, sabia «tudo» sobre o que se passara. O juiz de instrução criminal chegou a propor-se para ir interrogá-lo e dar-lhe o perdão e uma mensalidade como prémio de denúncias ou de uma confissão. Com o que o conselheiro Veiga Beirão, então Presidente do Conselho, não concordou. Era uma tentativa mais. Mas não é crível que Aquilino soubesse mais do que aquilo que parcialmente contou anos depois e reutilizou nas suas memórias.[23] Arrastou-se o inquérito, envenenando a vida política com suspeições, e ficou-se pela culpa de que havia prova testemunhal: a de Costa e Buiça. Haveria outros? Suspeições muitas, porém, nunca esclarecidas. Conspiração que implicasse os progressistas dissidentes? Combinação em que entrasse o partido republicano? Não há qualquer sinal disso. Durante a noite de 1 de Fevereiro sentiram-se perturbações em algumas unidades militares, e houve quem quisesse desencadear a revolução. Seria aproveitar a desatenção do governo e das forças de segurança. Assim o pretendia e tentou Machado Santos. Mas Bernardino Machado, em nome do directório do partido republicano, recusa associar-se a esse golpe improvisado.[24]

Se não houve qualquer tentativa revolucionária de imediato é porque o regicídio não fora preparado como parte de um plano insurreccional mais vasto. Aliás o que tinha sido preparado era o gorado movimento do 28 de Janeiro. Para o que se contava com a ausência do rei em Vila Viçosa. Porque um regicídio não estava nos objectivos daqueles conspiradores. Falhado o golpe, nem tempo teria havido para organizar uma operação de revolta de tanta monta que incluísse o assassínio do rei. E planear apenas esse atentado, sem mais consequências, não faz qualquer sentido político. Não foi aproveitada a desorientação que se seguiu, que foi muita. A agitação que se desencadeou em algumas unidades militares não estava coordenada e sobretudo parece ter resultado de explosões espontâneas de medo difundido. Ou da vontade de uns poucos de visionários decididos a aproveitar o momento e a acabar com a monarquia de qualquer jeito.[25] Medo, muito medo: por isso poucos políticos e não mais palacianos compareceram de imediato ao Arsenal, junto dos cadáveres do rei e do príncipe. Esperar-se-ia o pior.[26] O ministro Martins de Carvalho «fugiu para as águas furtadas do Ministério da Fazenda e ali fechou a porta à chave!»[27]

Foi o regicídio preparado e executado por uma organização secreta? Não foi feita prova, e não é verosímil que a Maçonaria tivesse alguma coisa com isso. Até porque não poucos maçons eram monárquicos. E um atentado não entrava nos seus propósitos de solidariedade. Que fosse obra de um pequeno grupo de exaltados da carbonária, mas agindo por conta própria, pertencentes ou mesmo organizadores de uma qualquer loja irregular, isso parece verosímil. Mas decerto concebido fora e sem a conivência ou concordância do Grande Oriente Lusitano Unido. O certo é que não estava preparada uma revolução para se seguir à morte do rei: o regicídio não foi acompanhado por qualquer tentativa de derrube da monarquia.[28] Tampouco seria bem aproveitado. E isso explica por que, mortos os dois regicidas que se sabe responsáveis, precisamente os que atiraram, não foi possível chegar-se ao apuramento do que se mantivera um segredo bem guardado. Por mais que sobre isso se tenha escrito – e muito mais inventado.[29] Três dos implicados podem ter sobrevivido (a crer que seriam cinco os conjurados): mas não há vestígios de que tenham deixado testemunho claro da sua participação, da parte tomada na preparação e mesmo no acto sangrento. Quando muito, houve quem bazofiasse. Em situações tais não falta quem procure destacar-se, fazer confidências inventadas, ou impossíveis de verificar. Seja como for: não pode ter-se tratado de uma larga conspiração, cujo segredo pudesse ser tão bem guardado que nada transpirou. Juntar numa reunião 18 conspiradores sem nenhum se ter descuidado a revelar o que se passara, nem antes nem depois? Mais: se tivesse havido uma reunião decisória com umas dezenas de pessoas a discutir e deliberar não haveria mistério. E pergunta-se: por que não actuaram tantos implicados no acto fatal, quedando-se sem atirar? Embora possuíssem as armas... E por que foi escolhido aquele momento e aquele local, quando mais seguro seria apanhar o rei numa das suas frequentes saídas ou mesmo escapadas nocturnas? O rei era bravo e não admitia escolta. Em qualquer caso, resultava inevitável que alguém se encarregasse de dar com a língua nos dentes. Muito mais se ainda por cima houvesse estrangeiros implicados. Sobre o acto violento acumularam-se muitas fantasias, como as que implicavam conspirações realizadas em Paris.[30] De todo inverosímeis. Ora, tal como decorreu, não há que duvidar de que o segredo foi bem guardado. Muito bem guardado.

Não há, por parte dos republicanos, desgosto por ter desaparecido o rei: isso também é certo. Embora se não manifestem satisfeitos. O regicídio é um desvario com que nenhum responsável político lida bem. Bernardino Machado considera que os regicidas agiram como que em guerra. Porque a Nação estava em guerra com o rei – e Bernardino era um moderado! «O rei

Carlos não foi morto pelo impulso determinado de consciências pervertidas. Foi morto por uma descarga irreprimível e fatal do espírito público electrizado até à exaltação». António José de Almeida assim os desculpabilizará. E depois: «O Buiça e o Costa são quase nada. São os rótulos de um facto colectivo, símbolos de uma explosão sinergética que pertenceu a todos.»[31] Procuram os republicanos ligar o crime à situação política em que se vivia. «O regicídio foi logicamente a eflorescência vermelha de ódios e revoltas, semeados às cegas por republicanos e monárquicos na sazão ardente de 907-908», escreverá mais tarde Aquilino Ribeiro.[32] «O regicídio é, seguramente, um acto condenável, mas o despotismo não o é menos. O tiranicídio é, na verdade, um crime; mas a tirania também é um crime.»[33] Os que sofriam a ditadura estavam assim como que desculpados por dar cabo do ditador. E o ditador, em última instância, era o rei. As explicações sociológicas sempre se servem bem destas situações... Quando é evidente que não poucos monárquicos e os republicanos ansiavam pelo desaparecimento de um monarca que se instalara numa ditadura e que a ia tornando mais repressiva. «Todos nós, homens honestos de todos os partidos, sofríamos a humilhação d'uma ditadura que nos vexava e nos escarnecia, e andávamos por aí, indignados uns, desalentados outros, e entristecidos todos, consumindo a dor extrema, a mágoa íntima de quem sente a injúria que lhe fazem, e não toma a desafronta que se lhe impõe.» Assim interpreta Brito Camacho os sentimentos generalizados sobre o regicídio.[34] Foi um acto que correspondeu a um estado de alma colectivo, escreve João Chagas.[35] Sentido como «um aliviado desafogo», na expressão de Alexandre Braga.[36] Mas a abdicação do rei era o que se poderia pretender – e teria trazido a república mais cedo. Mas D. Carlos era homem valente e não pensava abandonar o lugar que dinasticamente recebera. E numa Europa monárquica, mal iria uma república assente sobre o assassínio de um soberano.

Contudo, os regicidas tiveram reconhecimento popular: ainda no necrotério multidões os iam ver e homenagear; depois funerais muito concorridos. Houve pancadaria às portas da morgue, entre os que queriam entrar para os ver. E depois uma «romaria» às sepulturas no Alto de São João, promovida pela Associação do Registo Civil: dizia-se que mais de 22 000 pessoas teriam comparecido.[37] Constava nos meios bem-pensantes que aquela agremiação dava 800 rs. por adulto e 200 rs. por cada criança que lá fosse...[38] Muitos pensariam que os regicidas executaram o que muitos outros também desejavam. Por isso se referirão «a pistola justiceira do Costa» e «a carabina vingadora do Buiça».[39] Sim. «Nem o Directório nem eu individualmente aprovamos a morte do Rei; mas, apreciando as cousas com fria reflexão, não vemos em Buiça e Costa dois matadores vulgares. Eles não mataram pelo prazer de matar, mas porque julgavam dar aos seus concidadãos uma liberdade que lhes tinha sido roubada. Isso desfará perante a história as suas responsabilidades.»[40] Sentimento de gratidão que muitos tiveram. Por aqueles que julgavam ter feito justiça. As romagens ao cemitério enraiveceram a corte, tanto mais que o Presidente do Conselho almirante Ferreira do Amaral as não proibiu. Houve exposição dos retratos dos regicidas em montras de lojas, venda de postais ilustrados, ventarolas e caixas de charutos com as suas fotografias.[41] Leu-se o testamento do Buiça nuns «Apontamentos indispensáveis se eu morrer.» Em que se referia aos filhos que ficavam pobríssimos e desprotegidos: «não tenho nada para lhes legar senão o meu nome e o respeito e compaixão pelos que sofrem. Peço que os eduquem nos princípios da liberdade, igualdade e fraternidade que eu comungo e por causa dos quais ficarão, porventura, em breve, órfãos.»[42] Assim escreveu três dias antes do 1 de Fevereiro. Abriu-se n'*O Mundo* uma subscrição a favor deles. A filha foi registada civilmente tendo como padrinho António França Borges, nada menos que o director desse diário republicano.[43] O filho foi afilhado de Aquilino Ribeiro. Escreveram-se homenagens, algumas em sentidos versos, exaltando o regicida:

«Ele era o mais audaz, o mais forte, o mais puro,
Ele era o lema, o gesto, o grito do futuro.»[44]

A liberdade sentida e a libertação de prisioneiros ajudou a alimentar a fama de executores de justiça dos regicidas. Assim o exprimiu António José de Almeida. «Ora a multidão que foi ao cemitério, respirando, a liberdade, viu em Buiça e Costa os autores d'essa liberdade. Tendo junto de si as pessoas queridas que lhe foram sequestradas, viu nos regicidas a causa dessa felicidade, e, notando que a tirania tinha, pelo menos de momento, acabado em Portugal, viu neles os fautores da libertação.»[45] Não esquecendo que também há alguma coisa de mórbido nessas visitas e acompanhamento: o sentimento popular assim se manifestava.

Por falta de esclarecimento continuavam as suspeitas, muito em especial sobre os dissidentes, ditos por vezes «buissidentes».[46] Sem nada se ter provado. Essa conivência seria absurda. Os dissidentes tinham pretendido precisamente a abdicação de D. Carlos no Príncipe Real – logo não haveria explicação para que o matassem também.[47] Tratava-se, nas palavras de Alexandre Braga, de «um grosseiro e saloio embuste, que, se a alguns sinceramente iludiu, pelo maior número foi aproveitado, ciente e conscientemente como traiçoeira arma política contra dois partidos odiados: – o partido republicano e o partido dissidente.» Acusação que era uma imbecilidade. «Não verá essa escória moral de todas as decadências que, se porventura esses partidos fossem os executores do regicídio, ele seria, não um facto isolado e sem consequente seguimento, mas o início de um movimento revolucionário, que, dado o pânico, o pavor, o desconcerto de todos os elementos monárquicos, n'aquela hora sumidos como por encanto, seria necessariamente e facilmente triunfante? Esqueceu, ela, a clericalha insultadora de agora, a sua incomensurável cobardia de então?»[48]

O regicídio era acto em que muitos tinham pensado para resolver a questão política. Porque não era nada de estranho, nem impensável na Europa do tempo: em 1901 o rei Humberto I de Itália e em 1903 o rei Alexandre e a rainha Draga da Sérvia tinham sido vítimas de atentados em que pereceram – e muitos mais assassínios de reis e presidentes houve. Júlio de Vilhena conta que no Arsenal, onde se tinham recolhido os cadáveres, «ninguém chorava. Discutia-se o caso, fazendo-se considerações de diversas ordens, mas nem uma lágrima vi correr pelo rosto dos amigos do defunto.»[49] No Porto um panfletário republicano conta que «ninguém se lamentava, ninguém se revestia de compunção.» No Governo Civil do distrito «não compareceu nenhum dos magnates da monarquia reaccionária, naquela noite para eles de luto e perigo.» Luto, isso, ninguém terá posto.[50] D. Carlos não seria especialmente estimado, nem os que o conheciam confiavam no seu carácter: chamavam-lhe Capirote, nome de um touro que comia na mão do tratador mas arremetia contra os toureiros.[51] Nem o tinham em grande conta: «Não se fiava nos amigos. Não se podia contar com ele. Tudo isto foi uma desgraça.» Palavras de Ferreira do Amaral.[52] Sabia do que falava. Os marinheiros sublevados de 1906 estavam em Angola a cumprir penas que o almirante prometera que não sofreriam... E isso por culpa do rei.

Do lado monárquico a desorientação também lavrou. Logo na noite do regicídio poucos políticos monárquicos foram ao Palácio das Necessidades. «Faltava ali a gente que, tempo antes, correra pressurosa às livrarias para comprar o *Marquês da Bacalhôa* e que só tomou luto alguns dias depois do regicídio, quando havia a certeza de que se não faria a república.»[53] De notar foi a indiferença geral. Conta Teixeira de Sousa: «Na noite de 1 de Fevereiro pude contar fácil e rapidamente, porque poucas eram, as pessoas que assistiram ao lúgubre e tristíssimo acto de receber no Paço das Necessidades os restos dos que tinham sido o Rei de Portugal e o Príncipe Real, seguramente porque o pavor que faziam os vivos vencia o sentimento de saudade pelos mortos.»[54] E não foram só os políticos a distanciar-se da monarquia. Pouca pena houve na população pela morte do rei. «Os jornais noticiavam o atentado da mesma forma por que noticiariam um crime no Bairro de Alfama ou na Mouraria. [...] Poucos jornais tarjavam de preto, e os chamados incolores jogavam com pau de dois bicos, não ousando atacar os assassinos, não se atrevendo a defender os assassinados.» *A Lucta* de 2 de Fevereiro de 1908 inseria a notícia sob o título de *Família Real*: «Ontem, na rua do Arsenal, foram assassinados a tiro o rei e o príncipe real, cujos cadáveres foram recolhidos no Arsenal. Não sabemos se foi verificada a identidade do autor, ou autores do atentado.» E pouco mais. *O Seculo*, mais prolixo, também se esqueceu da tarja negra e limitou-se a anunciar: *Últimos acontecimentos. Morte de el-rei D. Carlos e do príncipe real. O infante D. Manuel proclamado rei.* A duas colunas, *O Mundo*, também sem qualquer sinal de luto, anuncia: *Atentado contra a família real no Terreiro do Paço, por ocasião do regresso de Vila Viçosa. Morte de el-rei e do príncipe real.*[55] Pior: «Não foi só a Imprensa que mostrou covardia, foi também o povo da capital. Nas ruas, quase ninguém de preto, parecia que todos temiam o dia seguinte e todos receavam mostrar-se desgostosos com o crime.»[56] No tal dia seguinte muitos caixeiros andavam de gravatas encarnadas. Porque a «caixeirada» se regozijava com o caminho que as coisas estavam tomando. Aquando do funeral «na rua, a aglomeração era enorme; o respeito, porém, e os sintomas de saudades nenhuns.» É constatação de um áulico. Logo à porta do Paço «nem vivalma.»[57]

Chocado se sentiu João Franco: «Foi a relativa indiferença, quase inconsciente complacência com que o povo português, recebeu, aceitou e deixa seguir um tão abominável crime, sem precedentes em história alguma (...).»[58] No dia das exéquias nos Jerónimos, nas ruas do trajecto havia pouca gente, porque os republicanos tinham pedido ao povo para não comparecer e porque se espalharam boatos de ameaças terroristas. Pela primeira vez em Portugal se viu a carruagem real completamente cercada de tropas.»[59] «*O Mundo* deu ordem para ninguém aparecer nas ruas e ninguém apareceu», constata o comandante da Guarda Municipal.[60] Ainda em 1910 Alexandre Braga escarafunchava na ferida: «Mas não esqueci eu a sua face enfiada e lívida [da clericalha insultadora de agora], não esqueceu ninguém a nauseante poltronaria com que ela deixou de dar, sequer, ao seu Rei martirizado de agora, um sinal do seu pesar e da sua dor, trajando, ao menos, de inofensivos filetes negros as páginas dos seus jornais; não esqueceu, nem esquecerá ninguém jamais, o regozijado ar de assentimento e de aquiescência que ela dava ao acto do regicídio, n'aquelas primeiras horas em que um sentimento de egoísmo e de trémulo amor à pele a fez descer à rua, pulsando a febre popular, de preferência a ir exibir afirmações de lealdade ao paço em luto dos seus Reis.»[61]

Passava a ser rei o moço infante D. Manuel, nada preparado para a augusta função. João Franco aconselhou a reunião imediata do Conselho de Estado. Que teria de ser chamado a pronunciar-se, segundo as praxes constitucionais. O novo e inexperiente rei de 18 anos logo lhe aceitou a demissão e a do governo – se é que não a precipitou. Para dirigir a nova situação, que se queria de «acalmação» foi escolhido o almirante Joaquim Francisco Ferreira do Amaral, por sugestão de José Luciano de Castro. O chefe progressista, apesar da sua tristeza pela morte do rei, não conseguia esconder a sua satisfação por o partido progressista regressar aos conselhos da coroa.[62] Porque o novo rei não quis que João Franco continuasse no poder. E em geral nisso convieram os chefes políticos e os conselheiros de Estado. O que significava a exautoração da política seguida por D. Carlos – do que muitos depois se arrependeram.[63] Mas só bem depois. Não há sinais de que na hora alguém tenha lastimado o fim do governo de João Franco. «Eu sou inexperiente; quero seguir os conselhos dos políticos experientes, que Me hão-de ajudar», dizia D. Manuel II aos conselheiros de Estado.[64] Queria em torno de si todos os monárquicos unidos: «era a política do medo», concluía Júlio de Vilhena. Porque todos os políticos «deviam ter sentido, no íntimo das suas consciências, uma sombra do remorso pelo que haviam contribuído, mais ou menos, pouco ou muito, para esse estado de cousas, para essa horrenda tragédia que, em pleno barbarismo, se desenrolara no Terreiro do Paço, e que, então, ainda se julgasse em começo, ninguém sabia onde iria parar, todos julgavam o principio do fim!»[65] Mas o novo Presidente do Conselho era homem corajoso para enfrentar uma situação difícil, de incerta saída. Tinha ideias para a governação e pretendia realizar uma «política de tolerância e de liberdade.»[66] Como ministros figuraram dois regeneradores, dois progressistas e dois independentes, da confiança pessoal do presidente do ministério – era não mais o rotativismo mas o «hibridismo» – um «rotativismo híbrido», a concentração monárquica.[67] João Franco foi aconselhado a ir para o estrangeiro. Acabara a aventura. O franquismo foi como que uma «seita messiânica, sem horizontes largos [...], uma espécie de heresia na ortodoxia do constitucionalismo entronizado e que morreu afogada em sangue na rua do Arsenal.»[68] Tratou-se logo de proclamar o novo rei, D. Manuel II.

Na sombra, mas muito activo, estava José Luciano de Castro, o velho e manobrador chefe do partido progressista. Que se carteava abundantemente com o Paço, dava conselhos e sugestões.[69] *Velha raposa* lhe chamavam, por boas razões. Seria uma das figuras centrais da nova fase do regime e uma das mais presentes nestes seus anos terminais. Embora quase entrevado, tudo lhe era reportado à sua residência na rua dos Navegantes e a correspondência chegava-lhe abundante. «A sua casa é um centro político e sem sair dela, ele desenvolve essa prodigiosa actividade que faz andar n'uma dobadoira todo o sistema liberal», reconhecia João Chagas. A *velha raposa* – por vezes também dito *Senhor dos Navegantes* – figuraria mesmo para alguns como o «árbitro da situação».[70] O que muitas vezes acontecia. Todavia nem sempre era assim. José Luciano nunca conseguiu convencer o rei a aceitar as indicações dos equilíbrios partidários que se manifestavam no parlamento e a retomar as práticas rotativas. No mesmo sentido iam os avisos de Campos Henriques, regenerador a romper com o seu partido, que afirmava que não podia nem devia «estabelecer-se o uso de os governos caírem no Paço. Os governos têm de cair ou em face de uma indicação parlamentar, ou em face de uma indicação da opinião pública.»[71] Mas bem ao contrario continuou a acontecer durante todo o último reinado.

O rei foi acusado de causador da instabilidade governamental em que se viveu enquanto reinou. Por culpa dos palacianos? É o mais provável. O conde de Mafra indigna-se: «Querido Príncipe [D. Luís Filipe] que bem morreste! Antes te quero ver n'essa tranquilidade absoluta de São Vicente do que reinando n'esta estrumeira a braços com tua Mamã, com teu Mano, com a Figueiró e com toda essa cáfila de Buiças que foram cúmplices conscientes da tragédia e que agora põem luto.» Quem isto escreve era um respeitoso homem da corte, médico da casa real.[72] E o secretário particular do rei, o marquês de Lavradio, vaticina: «Decididamente, o Sr. D. Manuel II não pode contar com muitos anos de reinado e feliz será se contar com alguns de vida.»[73] Assim se sentia por dentro uma monarquia que se mostrava à deriva. Embora: as primeiras medidas tiveram a simpatia de muita gente, por revogarem as decisões da ditadura e afastarem o ditador.

A «bonomia irónica do Presidente do Conselho tenta apaziguar com o seu formulário anacrónico de sorrisos indulgentes, como sucedâneo das réplicas desafiadoras da ditadura.»[74] Porém, a acalmação não era apenas uma mudança de estilo: trazia também consigo insanáveis contradições. Até José Maria d'Alpoim, conivente com os republicanos no 28 de Janeiro, se fazia receber pelo rei e pela rainha, se carteava com o monarca. Com a aprovação de Ferreira do Amaral.[75] Julgava o almirante Presidente do Conselho que assim conseguiria trazer a uma boa convivência um político de grande instabilidade e não menor poder de pôr em causa as instituições. E com ele o grupo aguerrido dos progressistas dissidentes, que algum relevo tinha na vida política. E que querem da Coroa uma actuação democrática. Já não se contentam com o liberalismo oficial que inspirava e se inscrevia nas instituições – a começar pela Carta Constitucional.[76] Mas era o partido republicano que conseguia pôr a monarquia na defensiva, fazendo mesmo com que escoltas armadas escondessem o rei D. Manuel II quando circulava em público. Era um óbvio sinal de que alguma mudança de comportamento muito grave se tinha instalado. Havia quem sentisse a precariedade da situação em que se vivia: «Parecia que toda a gente tinha medo dos inimigos das instituições e que receava ver a cada esquina um Buissa de carabina engatilhada contra ela!»[77]

A acalmação presidida pelo almirante Ferreira do Amaral visa, antes de mais, fazer amainar o descontentamento causado pelo franquismo. Que degenerou em confusão com a morte do rei. Era preciso parar com isso. Promover uma como que «atracção» sobre os que se estavam a virar para a acção revolucionária.[78] Da repressão violenta tinha que se passar para a sua redução «pelo bom senso e exacto cumprimento da lei». Sensato, liberal, o Presidente do Conselho, procura que o seu governo tente «a restauração do sossego pela benevolência, nem outro pode ser o seu caminho, perante a falência da repressão exercida». Mas mantendo a ordem. Tem que governar, a contento de muita gente: «mudar a Nação de repente pelo terror, como quis o João Franco não pode ser, mas deixar a desordem na rua também não». Assim pensariam os que pareciam ajuizados. A quem não repugnava «uma boa sova acompanhada de sangria» para acabar com o reinado da canalha.[79] Porque os campos se extremavam. O regicídio traçou uma separação definitiva entre republicanos e monárquicos.

Amnistias, perdões, revogação de legislação imposta em ditadura por João Franco, era o que se esperava do ministério Ferreira do Amaral. E foi o que em parte aconteceu. Dividindo os monárquicos, já que isso aparecia como significando a condenação de D. Carlos. Logo a 6 de Fevereiro um decreto do governo revogava os mais repressivos dos decretos da ditadura e foram libertados os deputados presos e outros republicanos e dissidentes. Reapareceram os jornais suspensos. Foram indultados os marinheiros que estavam em África.[80] Passava a ser outra a táctica da monarquia. Da violência franquista para a acalmia amaralista.[81] Mas nem por isso o partido republicano era deixado em paz ou deixava de ser suspeito de querer avançar para uma revolução. Embora o partido republicano agora estivesse, sinceramente, com a acalmação. «Sendo-nos restituídas as nossas liberdades, a acalmação se produzirá. Reservando, prudentemente, as nossas forças de acção para qualquer vicissitude, forças que devemos ir aumentando sempre, voltaremos a desenvolver a nossa propaganda; e, ainda que nos leve mais algum tempo a implantar a república em Portugal, daremos por bem empregado esse tempo, para que a nossa vitória se alcance pacificamente.»[82] Era todo um programa, paciente, para uma república que não se queria instalada só pela força das armas e sem o apoio generalizado dos cidadãos. Espera que estava longe de merecer a concordância de todo o partido. O que não se ignorava. Por isso o governo procura desarticular as ligações entre os oficiais suspeitos de serem republicanos, transferindo-os para fora de Lisboa e vai proibindo aos soldados a leitura de jornais republicanos.[83] Enquanto isso, intenta governar de um modo liberal. Era todo um programa, em especial dos moderados. Que criava engulhos em muitos dos monárquicos, porque não sentiam Ferreira do Amaral suficientemente firme nesse combate mole aos republicanos. Era acusado de ser com eles tolerante e condescendente.[84] Mais: o Presidente do Conselho vai amnistiar os marinheiros revoltosos, aos quais em 1906 prometera impunidade. Que estavam deportados em Angola. Contudo, adiava-se a amnistia aos crimes de opinião na imprensa.

A acalmação não iria durar muito. Servira por uns meses, no abalo do regicídio. Desvanecer-se-ia pouco depois, escavacada nas mãos dos partidos monárquicos, ansiosos por voltarem ao poder, enquanto a carbonária intensificava o seu recrutamento e o partido republicano aumentava a sua propaganda. Mas o regicídio não foi aproveitado para uma mudança na actuação dos partidos políticos rotativos, nem para uma reordenação deles que significasse uma tentativa de sobrevivência. Mantiveram-se os usos do serviço à vez sem a alternativa no governo que o justificasse. Como se lia n'*O Mundo*, «a monarquia já não tem partidos que a sirvam com fé. Dos grandes grupos históricos não restam hoje mais que fragmentações descoordenadas, sem ideias, sem princípios, sem convicções.»[85] Sobretudo sem convicções. Por seu lado *O Seculo* opinava que não era possível voltar ao rotativismo, como não era possível voltar ao engrandecimento do poder real. Havia que iniciar o governo representativo, que nunca passara de uma ficção. «Novo rei, era nova.»[86] Em resumo de Bernardino Machado, prosseguia «a malfadada política da hipertrofia e engrandecimento do poder real e da atrofia e enfraquecimento do poder popular.»[87]

Permaneceram os chefes partidários, com os seus círculos de marechais e de amigos, com as suas práticas de arrebanhar clientelas e distribuir benesses para assim conseguir partidários e votos. As eleições continuaram a mesma confirmação das vontades dos governos – com excepção do crescimento do partido republicano, que lhes estava a causar engulhos. Quisessem ou não. Esse era o resultado da política de D. Carlos e de João Franco, de um reformismo proclamado que não chegou a ser planeado e ainda menos posto em execução. Desajeitada tentativa de caçar no mesmo terreno dos republicanos, acabou por deixar livre o terreno para os adversários do regime. Que vão empreender uma muito mais activa propaganda perante a desagregação e falta de orientação das forças monárquicas. Estas não parecem ter interiorizado que estavam a pôr em causa a sobrevivência da própria monarquia. Nada de grave parecia ter acontecido. Tudo ficava na mesma. Talvez os partidos do regime achassem que não tinham culpas de que se arrependerem. E por isso os comportamentos não se alteravam. Talvez mesmo não se apercebessem que viviam os anos agónicos da realeza. Embora os republicanos não descansassem na proclamação de que a monarquia já não existia.

«A revolução está em marcha, e, já agora, nenhuma força humana poderá desviá-la do seu caminho triunfante.» Era a palavra inspirada do propagandista Alexandre Braga. Porque, como foi dito de inúmeras maneiras, a monarquia era D. Carlos e com ele desaparecera. Mesmo que alguns tivessem a esperança de que D. Manuel II iniciasse uma nova dinastia.[88] Liberalismo e monarquia desentenderam-se, afinal. Porque a monarquia afastou-se do liberalismo, aproximando-se da reacção. Assim, julgando «fortalecer-se, enfraquecia-se; cuidando agregar a si elementos de salvação, não fazia senão agravar as causas da sua perda irremediável.»[89]

Numa posição incómoda encontrava-se Júlio de Vilhena. Substituto de Hintze Ribeiro à frente dos regeneradores, embora quatro vezes ministro, durante doze anos governador do Banco de Portugal, nunca tinha sido experimentado como Presidente do Conselho. Tinha o propósito de fazer largas reformas no Estado, devidamente pensadas.[90] E não foi ele o escolhido. Era demasiado. Se essa exclusão podia não diminuir o seu partido, seguramente diminuía o seu lúcido chefe: «Orgulhava-me de saber governar e nada mais. Considerava a política um meio imoral, onde as piores qualidades dos homens podem ser aproveitáveis.» Porque a política exercia-se pelas direcções partidárias, apenas e na medida em que podiam ser governo. Porque no governo residia sempre o verdadeiro poder: com o poder se sustinham os insofridos, que convinha contemplar com generosidade. Era preciso saber manejar a corrupção, escrevia com cinismo.[91] Sobretudo oferecendo lugares. O conselheiro Júlio de Vilhena, que bem sabia isso, vai tentar obter o ambicionado lugar, sem o conseguir: «dentro do partido regenerador somente eu posso presidir a uma situação, porque somente eu posso congregar os elementos que se combatem.»[92] Outros regeneradores, Artur Campos Henriques e Wenceslau de Lima, mesmo António Teixeira de Sousa serão presidentes do conselho. O Paço – e José Luciano, como não? – sempre conseguiram afastar Vilhena, assim como que destituído da chefia dos regeneradores pelas vicissitudes dos conflitos partidários que se reflectiam nas escolhas no soberano. Foi o sempre preterido.[93] E tido como um «gigante invisível».[94] Pelo que os regeneradores vão perdendo a sua disciplina interna, fragmentam-se em grupúsculos sem coesão. Só o exercício do poder os poderia juntar agora, e esse fugira ao chefe do partido.[95]

Mais do que um recomeço, o reinado de D. Manuel II vai ser sentido como o termo do regime político que representava. Pior: era mesmo uma excrescência, já que o fim do tempo monárquico fora o do reinado de D. Carlos. *D. Carlos 1º, o último*, segundo o alvitre de cognome para o rei proposto por Rafael Bordalo Pinheiro logo em fins de 1889 quando mal começara a reinar.

No que será acompanhado pelo moço académico de Coimbra António José de Almeida.[96] E o mesmo dirá Brito Camacho, referindo-se ao «último reinado da última dinastia, cumprindo--se os fados...»[97] Pouca ou nenhuma margem de manobra foi deixada ao novo dinasta D. Manuel II – que não conseguirá instalar uma monarquia nova. Porque para alguns ainda seria tempo. Mas não ocorria assim: «a Monarquia de hoje vai sendo a prolongação da velha Monarquia e que se comete o crime sem nome de não transformar uma realeza nova, que podia ser como uma nova dinastia, numa reconciliação sincera entre a nação, que é a democracia portuguesa, e o Rei, que deve ser o primeiro campeão da democracia e da liberdade. Tudo como outrora! Que fizeram os nossos homens públicos para erguer no amor, na paixão popular, um Rei que subia ao Trono, romanticamente aureolado de mocidade e de desgraça, sem responsabilidades no passado, após um período de lutas e trágicas desgraças?» Era per-gunta formulada por José Maria d'Alpoim na câmara dos pares.[98] Era o sentimento de um monárquico, embora em ruptura. Bem diferente seria o pensamento republicano. «Coisa bem simples deve ser o ofício de rei, visto como pode desempenhá-lo uma criança qualquer, indecisa ainda na formação do espírito, ainda hesitante no revelar d'uma tendência superior – um adolescente que se vai arrancar aos seus brinquedos, tirando-o de cima d'um cavalo de pau, e indo sentá-lo no trono, com muita majestade.» Assim deviam pensar muitos republicanos.[99] Tudo se prepara para a proclamação da república. Desta maneira o sentem, e o escrevem os próprios monárquicos, que já não esperam grande coisa do que poderá vir. Mas que ainda procuram aguentar, mais motivados por uma tradição a que se apegam do que por um projecto de futuro que já não tinham. E que menos ainda eram capazes de conceber e concretizar. Nem se sentia que existissem forças esperançosas capazes de construir e defender a proposta de uma sempre desejada vida nova. Que afinal parecia irrealizável.

Não há uma alternativa inovadora, uma ideia interessante, um empenhamento convicto para tentar mostrar que a monarquia poderia resolver os problemas do País. Ou que o funcionamento de uma organização liberal pudesse democratizar-se mantendo as instituições tradicionais. A vida política continua a enlear-se em torno de um parlamento arruaceiro e de chefes políticos desejosos de se assentarem nos conselhos da coroa. E ansiosos por distribuírem lugares pelos seus amigos e fiéis seguidores. Sem excepção. As redes clientelares continuam activas a funcionar para a partilha de lugares. O que é pouco, muito pouco para salvar um regime a que fugiam os apoios das populações mais decididas. Empenhadas em fazer vingar uma outra realidade. Que era de todos aqueles que se propunham mudar e apoiar a mudança que queriam radical. Os que sentiam não mais ter lugar numa sociedade organizada para satisfazer interesses obsoletos. Ou que já não eram os necessários e os desejados pelos sectores mais dinâmicos. Essa desejável monarquia não consegue encontrar formas de se afirmar exactamente como nova. Porque não basta apregoar. É preciso mostrar a mudança. E fazê-la aceitar.

CAPÍTULO 8
NOTAS

1   *Apud* João Chagas, *Cartas políticas*, 1ª série, p. 138.

2   *Documentos políticos encontrados nos Palácios Riais*, pp. 4-5.

3   Miguel Sanches de Baêna, *Diário de D. Manuel e estudo sobre o regicídio*, Lisboa, Publicações Alfa, 1990, p. 46.

4   Thomaz de Mello Breyner, *Diário de um monárquico. 1908-1910*, pp. 24 e 27.

5   Gomes Leal, *in* Francisco Valença, *Varões assinalados*, Lisboa, 1909-1911, Anno 1º nº 2, Setembro de 1909.

6   José Relvas, *Memórias políticas*, vol. I, p. 56-57; António Maria da Silva, *O meu depoimento*, vol. I, p. 140; José Agostinho, *Galeria Republicana. I Dr. Antonio José de Almeida*, Lisboa, Bibliotheca Democratica, 1906, p. 13; Luis da Camara Reys, *Cartas de Portugal (Para o Brazil)*, p. 95.

7   Branca de Gonta Colaço, *Memórias da Marquesa de Rio Maior*, 2ª ed., Lisboa, Parceria A. M. Pereira, 2005, p. 234.

8   António de Albuquerque, *Marquês da Bacalhoa*, Lisboa, Imprensa Nacional/ Casa da Moeda, 2002.

9   Rocha Martins, *D. Carlos, História do seu reinado*, p. 582.

10   Carlos Ferrão, *Em defesa da República*, Lisboa, Editorial Inquérito, (1963), pp. 6-7.

11   Diário da câmara dos pares, Sessão de 15 de Abril de 1909; Conde de Arnoso, *Justiça!*, Coimbra, França Amado – Editor, 1908, p. 11.

12   Jorge d'Abreu, *A Revolução Portugueza. O 5 de Outubro (Lisboa, 1910)*, pp. 50-51.

13   Aquilino Ribeiro, *Um escritor confessa-se*, p. 354.

14   José Relvas, *Memórias políticas*, vol. I, p. 57; Machado Santos, *A revolução portuguesa. Relatorio*, Lisboa, Papelaria e Typographia Liberty, 1911, p. 20;

Raul Brandão, *Memórias*, Lisboa, vol, II, pp. 147-154; Teixeira de Sousa, *Para a história da Revolução*, vol. II, pp. 144-146; Jorge d'Abreu, *A Revolução Portugueza. O 5 de Outubro (Lisboa, 1910)*, pp. 50-51 e 55; Augusto Ferreira do Amaral, *A acalmação e D. Manuel II*, Lisboa, Empresa Nacional de Publicidade, 1966, pp. 211-224; Fernando Piteira Santos, «O 5 de Outubro e a História: perspectiva sociopolítica da revolução», *in 5 de Outubro de 1976. Conferências no Palácio Foz*, Lisboa, Secretaria de Estado da Comunicação Social, 1976, p. 47; cfr. Rui Ramos, *D. Carlos, 1868-1908*, pp. 328-334; cfr. Félix Correia, *Quem matou o rei D. Carlos!*, 2ª ed., Lisboa, Portugália Editora, s / d., pp. 38 e 142-144.

15 João Chagas, *1908. Subsidios criticos para a historia da dictadura, in* Prefácio.

16 Armando Ribeiro, *A Revolução Portugueza*, vol. I, p. 288; Bernardino Machado, *A concentração monarchica*, p. 3.

17 *Documentos politicos encontrados nos Palácios Riais*, p. 6.

18 Diário da Câmara dos Deputados, Sessão de 8 de Março de 1910.

19 Thomaz de Mello Breyner, *Diário de um monárquico. 1908-1910*, p. 37. Asdrúbal de Aguiar, «Causas das mortes do Rei D. Carlos I e do Príncipe Real D. Luís Filipe», *in Memórias*, Lisboa, Academia das Ciências, 1960, tom. VIII, pp. 23-25.

20 Jorge d'Abreu, *A Revolução Portugueza. O 5 de Outubro (Lisboa, 1910)*, pp. 54 e 60.

21 Miguel Sanches de Baêna, *Diário de D. Manuel e estudo sobre o regicídio*, p. 222; Agostinho de Campos, *O homem, a ladeira e o calhau (Breviário de desencanto político)*, Paris-Lisboa, Aillaud e Bertrand, 1924, p. 22.

22 Asdrúbal de Aguiar, «Causas das mortes do Rei D. Carlos I e do Príncipe Real D. Luís Filipe», p. 6.

23 *Documentos politicos encontrados nos Palácios Riais*, pp. 134-135; Aquilino Ribeiro, «O regicídio e os regicidas», *in Seara Nova*, nº 4, de 5 de Dezembro de 1921, nº 6 de 14 de Janeiro de 1922 e nº 9 de 1 de Março de 1922; Aquilino Ribeiro, *Um escritor confessa-se*, pp. 349-379 e 379; cfr. António de Albuquerque, *A execução do rei Carlos. Monarchicos e Republicanos*, Bruxelas?, ed. do Autor, 1909, pp. 76-92.

24 Joaquim Madureira, «Caras Lavadas. I. Machado Santos», *in Machado Santos, A Carbonária e a Revolução de Outubro*, Lisboa, História Crítica, 1980, p. 33; Carlos Ferrão, *Desfazendo mentiras e calúnias*, Lisboa, Editorial Seculo, s./d., pp. 58-61.

25 *História da República*, p. 392; Annibal Passos, *A tragedia de Lisboa e a Politica Portuguêsa*, pp. 205-290.

26 Raul Brandão, *Memórias*, vol. I, p. 129.

27 Miguel Sanches de Baêna, *Diário de D. Manuel e estudo sobre o regicídio*, p. 52.

28 António Maria da Silva, *O meu depoimento*, vol. I, p. 139; Raúl Rêgo, *História da República*, vol. I, pp. 281-282.

29 Félix Correia, *Quem matou o rei D. Carlos!*, 134-148.

30 Miguel Sanches de Baêna, *Diário de D. Manuel e estudo sobre o regicídio*, pp. 167 e 223.

31 António José de Almeida, *Quarenta anos de vida literária e política*, vol. II, p. 249.

32 Aquilino Ribeiro, «O regicídio e os regicidas», *in Seara Nova*, nº 4, de 5 de Dezembro de 1921, p. 103.

33 Sampaio Bruno, *A Dictadura. Subsidios moraes para o seu juizo critico*, p. 259.

34 Brito Camacho, «Os acontecimentos», *in A Lucta*, nº 758, 3 de Fevereiro de 1908.

35 João Chagas, *Cartas políticas*, 1ª série, p. 21.

36 *A Patria*, nº 141, de 17 de Março de 1910.

37 *O Seculo*, nº 9386, de 6 de Fevereiro de 1908; Carlos Ferrão, *Em defesa da verdade*, p. 122; José Lopes Dias, «O coronel Malaquias de Lemos e a revolução de 5 de Outubro (Novos documentos)», Doc. 24, p. 53.

38 Branca de Gonta Colaço, *Memórias da Marquesa de Rio Maior*, p. 245.

39 Hermano Neves, *Como triumphou a Republica. Subsidios para a Historia da Revolução de 4 de Outubro de 1910*, p. 28.

40 António José de Almeida, Diário da câmara dos deputados, Sessão de 3 de Junho de 1908.

41 *O Seculo*, nº 10 274, de 21 de Julho de 1910.

42 *In* Rocha Martins, *D. Carlos, História do seu reinado*, p. 580.

43 Rocha Martins, *João Franco e o seu tempo*, pp. 519-524; *O Mundo*, nº 2897, de 27 de Novembro de 1908.

44 Campos Lima, *O Regicida*, Lisboa, Livraria Gomes de Carvalho, 1909, p. 6.

45 António José de Almeida, Diário da câmara dos deputados, Sessão de 3 de Junho de 1908.

46 António Cabral, *Agonia da Monarquia*, p. 241.

47 Annibal Passos, *A Tragedia de Lisboa e a Politica Portuguesa*, p. 24.

48 Diário da câmara dos deputados, Sessão de 14 de Março de 1910.

49 Júlio de Vilhena, *Antes da República (notas autobiográficas)*, vol. II, p. 35; Rocha Martins, *D. Carlos, História do seu reinado*, p. 442.

50 Pádua Correia, *Pão Nosso...*, Porto, n° 3, 4 de Maio de 1910, pp. 37-38.

51 Hermano Neves, *Como triumphou a Republica. Subsidios para a Historia da Revolução de 4 de Outubro de 1910*, p. 24.

52 Branca de Gonta Colaço, *Memórias da Marquesa de Rio Maior*, p. 246.

53 Teixeira de Sousa, *Para a história da Revolução*, vol. I, p. 66.

54 Diário da câmara dos pares, Sessão de 24 de Março de 1909.

55 *A Lucta*, n° 757, 2 de Fevereiro de 1908; *O Seculo*, n° 9382, de 2 de Fevereiro de 1908; *O Mundo*, n° 2600, de 2 de Fevereiro de 1908.

56 *Memórias do Sexto Marquês de Lavradio*, 2ª ed., Lisboa, Edições Ática, 1993, p. 102.

57 *Ibidem*, pp. 108; José Lopes Dias, «O coronel Malaquias de Lemos e a revolução de 5 de Outubro (Novos documentos)», Doc. 21, pp. 50-51; Branca de Gonta Colaço, *Memórias da Marquesa de Rio Maior*, pp. 242-248.

58 «Cartas políticas de João Franco a Tavares Proença», p. 115.

59 Branca de Gonta Colaço, *Memórias da Marquesa de Rio Maior*, p. 113.

60 José Lopes Dias, «O coronel Malaquias de Lemos e a revolução de 5 de Outubro (Novos documentos)», Doc. 22, p. 51.

61 Diário da câmara dos deputados, Sessão de 14 de Março de 1910.

62 Júlio de Vilhena, *Antes da Republica (notas autobiográficas)*, vol. II, p. 39.

63 Carlos Ferrão, *Em defesa da verdade*, p. 64; passados sessenta anos, Augusto de Castro declarou que o tio José Luciano fora contra a substituição de João Franco: *Diário de Notícias*, «O fim da monarquia», 24 e 25/1/1968 e 17 e 22/2/1968.

64 Branca de Gonta Colaço, *Memórias da Marquesa de Rio Maior*, p. 243.

65 Ascensão Guimarães, deputado amaralista, Diário da câmara dos deputados, Sessão de 21 de Julho de 1909.

66 Júlio de Vilhena, *Antes da Republica (notas autobiográficas)*, vol. II, pp. 38 e 47.

67 Carlos Malheiro Dias, *Em redor de um grande drama. Subsidios para uma Historia da Sociedade Portuguesa (1908-1911)*, Lisboa – Rio de Janeiro, Aillaud & Bertrand – Francisco Alves, s/d, p. XXXVI.

68 Brito Camacho, *Matéria vaga*, Lisboa, Guimarães & C.a, 1934, p. 145.

69 *Documentos, políticos encontrados nos Palácios Riais*, pp. 10-11; Rocha Martins, D. *Manuel II (Memorias para a Historia do seu reinado)*, Lisboa, Sociedade Editora «José Bastos», s /d, vol. I, pp. 9-11.

70 Francisco Valença, *Varões Assinalados*, Anno 1º, Nº 8, Dezembro de 1909; João Chagas, *Cartas políticas*, 2ª série, p. 104; António Maria da Silva, *O meu depoimento*, vol. I, pp. 146-147.

71 Joaquim Leitão, *A comedia política*, Lisboa, Antiga Casa Bertrand, José Bastos & C.ª Editores, 1910, pp. 35-36.

72 Thomaz de Mello Breyner, *Diário de um monárquico. 1908-1910*, p. 41.

73 *Memórias do Sexto Marquês de Lavradio*, p. 106.

74 Carlos Malheiro Dias, *Em redor de um grande drama*, p. 65.

75 *Documentos políticos encontrados nos Palácios Riais*, p. 5.

76 Lopes de Oliveira, «O têrmo da propaganda doutrinária republicana e o período revolucionário», *in* Luís de Montalvor, *História do Regímen Republicano em Portugal*, vol. II, pp. 278-279.

77 Júlio de Vilhena, *Antes da Republica (notas autobiográficas)*, vol. II, p. 83.

78 Conselheiro Jacinto Cândido, *Memórias íntimas para o meu filho (1898-1925)*, p. 154.

79 Thomaz de Mello Breyner, *Diário de um monárquico. 1908-1910*, pp. 47 e 53.

80 *O Seculo*, nº 9403, de 23 de Fevereiro de 1908; Trindade Coelho, *Manual Politico do Cidadão Portuguez*, p. 699.

81 Vasco Pulido Valente, *As duas tácticas da monarquia perante a revolução*, p. 25.

82 Bernardino Machado, *A concentração monarchica*, p. 5; *Apud* Lopes d'Oliveira, *História da República Portuguesa. A propaganda na monarquia constitucional*, p. 269.

83 Machado Santos, *A revolução portugueza. Relatorio*, p. 27.

84 *Documentos políticos encontrados nos Palácios Riais*, p. 22.

85 *O Mundo*, nº 3050, de 2 de Maio de 1909.

86 *O Seculo*, nº 9385, de 5 de Fevereiro de 1908.

87 Bernardino Machado, *A concentração monarchica*, pp. 6/7.

88 Lopes de Oliveira, «O têrmo da propaganda doutrinária republicana e o período revolucionário», *in* Luís de Montalvor, *História do Regímen Republicano em Portugal*, vol. II, pp. 271 e 278.

89 João Sereno, *Cartas a toda a gente. 1ª carta. A El-Rei. A propósito da sua segunda visita a esta cidade*, Porto, Editores Gonçalves & Castro, 1909, p. 13.

90 Ibidem, vol. I, pp. 351-353.

91 *Documentos políticos encontrados nos Palácios Riais*, p. 346.

92 Ibidem, pp. 20-21 e 24.

93 Teixeira de Sousa, *Responsabilidades Historicas (Politica contemporânea)*, Coimbra, França & Arménio, 1917, vol. 1º, p. 23; António Cabral, *O agonizar da Monarquia*, p. 257.

94 Pádua Correia, *Pão nosso...*, nº 12, 6 de Julho de 1910, p. 189.

95 Augusto Ferreira do Amaral, *A acalmação e D. Manuel II*, pp. 93-94.

96 José-Augusto França, *Rafael Bordalo Pinheiro. O Português tal e qual*, Lisboa, Livraria Bertrand, 1981, p. 308; António José de Almeida, *Quarenta anos de vida literária e política*, vol. I, pp. pp. 35-40.

97 Brito Camacho, *«D. Carlos, intimo»*, p. 24.

98 Diário da Câmara dos Pares, Sessão nº 15, 29 de Abril de 1910.

99 Brito Camacho, «Rei morto – rei posto», *in A Lucta*, nº 760, 5 de Fevereiro de 1908.

CAPÍTULO 9
VELHAS QUESTÕES

Ferreira do Amaral era um liberal convicto. Procura pacificar os ânimos mostrando-se o oposto da ditadura que o antecedera. E a acalmia foi uma realidade.[1] Para o que tem de revogar legislação ditatorial e de convocar eleições. Era este um ponto de honra para um liberal e a situação de ditadura já mostrara os perigos que fazia correr à monarquia. O novo rei, com a sua assinatura, ia anular muitos dos dispositivos legais que a ditadura franquista impusera. E que seu pai aprovara – se é que não suscitara. O partido republicano temeu a nova situação. «Porque se o sucessor do rei, em vez de ser uma criança fanatizada pela educação reaccionária duma rainha beata e estúpida [...] fosse uma natureza aberta a nobres ideais, o advento da República ter-se-ia retardado por largos anos.»[2] Outros, no lado oposto, temiam a cordura oficial e queriam fazer «rebentar uma contra-revolução, para impor ao Paço uma ditadura militar.»[3] E no próprio Paço haveria quem gostasse de ver uma solução de força. Na própria noite do regicídio a condessa de Figueiró exclamava colérica: «verão como tudo agora vai entrar na ordem.»[4] Mas não encontraram então quem se dispusesse a isso. A sério. Que sempre havia no meio militar quem preferisse essa solução – embora por palavras a que faltava o empenhamento da acção. A contra-revolução esteve marcada para 20 de Fevereiro. O receio de que os republicanos aproveitassem em contra--golpe para avançar proclamando a República acabou por evitar esse intento de «complot reaccionário» para a solução da crise.[5] Sobretudo, talvez não houvesse a convicção bastante e a capacidade de organização indispensável para avançar desse modo. Que no entanto se manteve latente como possibilidade, aguardando uma oportunidade favorável que não chegou. Mas muitos ficaram a sonhar com isso.[6] O católico *O Portugal* continuaria na sua propaganda: «Ninguém pode edificar a sociedade sobre bases diferentes daquelas que Deus lhe pôs e Jesus Cristo restaurou: a moralidade e a religião. Ora o liberalismo é a negação total ou parcial destes princípios.»[7] Assim se esperaria. Anti-liberalismo, governo de força. Por aí queriam navegar as correntes católicas e nacionalistas que mal se distinguiam.[8]

Eleições se realizaram em Abril, feitas pelo governo com o conluio dos rotativos. Por isso seria óbvio esperar uma maioria de regeneradores e de progressistas, com uma minoria das outras formações. «São os mesmos os progressistas, os mesmos os regeneradores, que durante muitos anos partilharam as cadeiras do poder, digladiando-se aparentemente, mas no fundo estimando-se e vivendo impudicamente nos braços uns dos outros.»[9] O almirante, que não era um homem de partido, no entanto também queria na câmara dos deputados homens da sua confiança – que ficaram a ser designados por amaralistas. O que se revelou difícil. Estava o Paço implicado nas eleições? Pelo menos Ferreira do Amaral, em 22 de Março de 1908 diz à rainha D. Amélia que está a mandar cartas «a ver se alcanço dos argentários algum dinheiro, para custear despesas eleitorais, que com a actual lei da contabilidade, não podem ser, como antigamente eram, custeadas pelo tesouro.»[10] Bonita confissão. A dificuldade estaria na eleição de Lisboa. E essa dificuldade constituía-a o partido republicano. Mas o Presidente do Conselho queria eleições limpas – ou tidas como tal.[11] «A minha opinião é que nas eleições [...] se mantenha a máxima liberdade, porque não deve ser preciso mais do que isso, para se ganharem sem custo. Se os republicanos tiverem votos, nem um só se lhes deve tirar, se os monárquicos tiverem a maioria, nem um só se deve perder.» Era bem essa a política de tolerância e de liberdade que o almirante era capaz de concretizar. Recomendando que fossem quais fossem os resultados «não queria nem violências nem desordens ou fraudes.» O que resultava difícil para os rotativos, que não estavam dispostos a acatar estes bons propósitos. Júlio de Vilhena fica com razões de queixa, pois também era atacado no interior do partido regenerador. E nem sequer «lhe consentiam que elegesse deputado o próprio filho!»[12] É dele a indignadíssima exclamação.

As eleições ocorrem a 5 de Abril de 1908. Não se evitaram contudo tumultos, intervenções policiais, mortos e feridos. A Polícia Civil e a Guarda Municipal mostraram uma «espantosa ferocidade».[13] Houve agitação com especial gravidade em Alcântara, o que «era de prever porque os díscolos tem ali o seu quartel general»: os díscolos eram os populares republicanos.[14] Os confrontos ocorreram sobretudo na igreja de São Domingos em Lisboa: aí o resultado foi de 14 mortos e mais de 80 feridos.[15] Nada de novo, que não fosse de prever. Mas mais uma data de violência monárquica ficou registada na memória republicana: e vai somando – 4 de Maio, 18 de Junho, 2 de Dezembro, 5 de Abril... Bernardino Machado chamou-lhe «a caçada ao povo.»[16] Estes acontecimentos iam impressionando consideravelmente a opinião, constatava o chefe do governo. Que reconhece os abusos por parte da polícia, fácil em disparar. Contudo, fora de Lisboa tudo se passou na maior calma. O almirante Ferreira do Amaral considerava estas eleições libérrimas.[17] A 29 de Abril entrava em funções a nova câmara electiva – em que tomam lugar 7 republicanos eleitos: voltavam Afonso Costa, António José de Almeida, Alexandre Braga e João de Meneses por Lisboa, estreavam-se Feio Terenas e Estêvão de Vasconcelos por Setúbal e Brito Camacho por Beja. Eram 62 os regeneradores, 58 os progressistas,

7 dissidentes, 3 franquistas, 1 nacionalista e os restantes 11 passavam a ser conhecidos como «amaralistas». «Era uma manta de retalhos, com que só ele podia agasalhar-se», escreve um opositor do almirante.[18] Os republicanos aumentavam a sua representação: «A canalha que não deixa as urnas há-de fazer tudo para afastar os monárquicos de se aproximarem delas», constata o comandante da Guarda Municipal.[19] O soberano abria solenemente as cortes e, entre muitas promessas de governo, fazia a de se reformar a Carta Constitucional. O que era uma necessidade para dinamizar o liberalismo, aí como que imobilizado.[20] A 6 de Maio D. Manuel II era aclamado e prestava o seu juramento constitucional perante as cortes: «a esperança última e frágil da monarquia.»[21] Com entusiasmo dos que assistiam – e na ausência dos deputados republicanos. Tratava-se de uma cerimónia mundana mais do que de um acontecimento político essencial. No entanto, pareceria que o regime monárquico recuperava algum do apoio perdido. «Enfim, não seria muito mas não foi mau», conclui o comandante da Guarda Municipal.[22] Enquanto isso, há quem formule votos para que a lei e a liberdade sejam as guias de orientação do novo soberano. Assim o expressa o Dr. Marnoco e Sousa, em nome da Câmara de Coimbra de cuja presidência fora afastado pelo franquismo e a que agora regressava.[23]

Mas velhas questões não-resolvidas voltam a agitar a opinião pública. A acalmação não produzia todo o efeito pretendido. Porque muitas das dificuldades políticas se mantinham. Uma delas, sempre candente, era a dos adiantamentos. A fixação da lista civil do monarca era urgente e a sua discussão recomeça a 15 de Junho de 1908. D. Manuel II espera que «tudo se passe bem e sem incidentes desagradáveis para nós.»[24] Mas tinha plena consciência de que se tratava de «uma questão bem desagradável por todos os motivos.» Constituía também um obstáculo no parlamento, não deixando «prosseguir o governo nos diferentes assuntos que tem a tratar em Cortes.» Mas tinha que ser. O rei está prevenido e sabe que os deputados «querem o escândalo, disso é que gostam.»[25] E os republicanos arranjavam bons companheiros nos dissidentes para agitar a escandaleira. Esta cristalizara como a questão central do regime, que não podia ser escamoteada: «Há-de ser liquidada nos devidos termos, conforme é de justiça.»[26]

Decidira o Governo nomear uma comissão que acertasse as contas da realeza com o tesouro público. Comissão formada por burocratas, que nada tinha de julgar sobre o passado, nem dispunha de competência política. A sua função era o simples arrumar da questão, sem provocar alaridos inconvenientes à realeza. Responde a câmara dos deputados instalando também uma comissão parlamentar de inquérito sobre o mesmo assunto, prejudicando a solução rápida e inócua que o governo pretendia. Foi uma proposta de Brito Camacho, novo deputado por Beja, além de prestigiado director d'*A Lucta*. Mal toma assento em São Bento começa a fazer destas propostas incómodas sobre uma questão que o seu jornal continuaria a explorar.[27] Assim, os republicanos não deixavam que o julgamento político dos adiantamentos fosse arredado, uma vez que os deputados, e os deputados republicanos e dissidentes em especial, não iriam manter-se afastados da questão. «O que republicanos e dissidentes querem é explorar o escândalo, à falta doutros meios de guerra, insinuando que os ministros do último reinado estão gravemente comprometidos nos adiantamentos feitos à família real. [...] Isto é uma luta entre políticos, que se querem inutilizar e desacreditar uns aos outros. O que admira é que entre eles haja alguns que se dizem monárquicos e que andam ao serviço dos republicanos, seus sócios na recente tentativa revolucionária contra o actual regime.»[28] Referia-se Ferreira do Amaral aos amigos de José Maria d'Alpoim, implicados no 28 de Janeiro. O chefe dos dissidentes fugira para Espanha. No entanto, a serenidade pretendida não iria ter lugar sobre a questão dos adiantamentos – «o mais grave problema moral da nossa história», no dizer contundente de Afonso Costa. E na imoralidade escarafunchavam os republicanos: «será imoralismo que o novo reinado comece com um negro ponto de interrogação, envolvendo desconfiança e ocultando a verdade.»[29]

Porque aquilo de que se tratava, como queria o partido republicano, não era uma realidade «jurídica, nem administrativa, nem política, nem mesmo financeira, mas uma questão de carácter essencialmente moral.» Por isso não podia ficar a cargo de uma comissão extraparlamentar, uma «comissão de caixeiros, exclusivamente destinada a fazer somas e diminuições e de apurar um saldo»... Volta a questão a ser reapreciada, em consonância com a proposta governamental de fixação da lista civil do novo rei D. Manuel II. Agravada nesta proposta de 1908 pela separação de verbas que eram retiradas da administração da casa real para reaparecerem com outras designações, como as reparações dos palácios residenciais da realeza – Ajuda, Necessidades e Sintra. E ainda com as viagens oficiais e as recepções a soberanos estrangeiros. O infante D. Afonso, que passara a príncipe herdeiro, também entrava como contemplado na lista civil. E a rainha D. Amélia. Nem sequer era discutível a quantia devida a D. Maria Pia, pois sobre o que devia ser-lhe pago havia uma convenção internacional. Isto porque a rainha-avó também tinha recebido adiantamentos – e não poucos. Os republicanos queriam uma família real parcimoniosa... Da parte dos ministros que consentiram e decidiram adiantamentos havia plena consciência do que tinham feito. Da necessidade de encobrimento. Porque houvera mesmo deliberações de adiantamentos em conselho de ministros, sem sustentação legal. É provável que nunca alguém tenha pensado em que se chegaria ao acerto de contas. Isso parecia suposto, pois que para o infante D. Afonso se escrevia «a descontar oportunamente». Noutro documento, relativo a um adiantamento à rainha D. Maria Pia se afirmava que mais tarde seria regularizado.[30] Ora nunca aconteceu essa oportunidade, nunca esse mais tarde se volveu presente.

Em 1908 o vigoroso opositor Afonso Costa voltará ao assunto, numa linguagem sempre ácida contra a monarquia. «Queremos impedir que a monarquia, na agitação da sua agonia, despedace, ou faça ainda sofrer, muitos seres úteis, cuja salvação definitiva temos a obrigação de promover e apressar com a mais dedicada lealdade.» Era uma «questão mortal» da «monarquia criminosa», que o desaparecimento de D. Carlos não iria afastar – embora lhe atenuasse a virulência. Isto porque a pessoa de D. Manuel II nenhuma culpa tinha nela. O tema dos adiantamentos continuava a ser um dos que mais ia corroendo a instituição real. Os deputados e os jornais republicanos não deixariam que acontecesse o seu esquecimento. E os deputados fazem duras interpelações na câmara baixa, como na imprensa partidária se verberam os ministros que aceitaram avançar com as verbas pedidas pela realeza. Realizam-se comícios republicanos em Lisboa, Porto e Évora para elucidar a opinião pública – mais valia dizer para continuar a exploração do escândalo. Imprensa e parlamento conjugavam-se. Os partidos tinham os seus jornais fiéis, os seus jornalistas, os seus homens de mão. Era normal que um discurso no parlamento fosse continuado nos seus órgãos de informação, pelo próprio, ou por intermédio de um seu amigo ou obrigado. Para se ser um político influente havia que ter ou controlar um jornal que fosse o seu instrumento de expressão pública.

O que estava em causa na câmara dos deputados, em proposta do governo, era um simples encontro de contas, que havia que ser feito. E tinha de ocorrer em total limpidez, sob pena de envenenar – ou continuar a envenenar – a vida pública. Os governos da monarquia, porque eram culpados das facilidades concedidas a D. Carlos e aos seus familiares, lidavam mal com a questão. E procuravam subterfúgios e formas menos claras de um «Dá cá! Toma lá» compensador, para usar uma expressão feliz de Afonso Costa. No ano seguinte, o deputado republicano pergunta na câmara dos deputados a razão pela qual se entrou em ditadura. E responde: «Não foi, não, por motivo da questão académica de Coimbra, que todo o homem de bom senso saberia resolver, com as câmaras abertas, e melhor com elas do que sem elas. Esse foi apenas um pretexto mal arranjado, um motivo de ocasião, mais uma mentira e uma hipocrisia. A verdadeira causa, a única, dessa ditadura infame e hedionda, que nos envergonhará perpetuamente perante as nações civilizadas, foi a questão dos adiantamentos – ela só.» Teria sido? Se não foi, resultou em motivo para perturbações parlamentares graves. Estas, por sua vez, teriam conduzido à ditadura. Directa ou indirectamente, os adiantamentos provocaram a decisão autoritária de João Franco e de D. Carlos, ou de D. Carlos e de João Franco.

Os deputados manter-se-ão atentos a esta grave questão, e desde logo Afonso Costa se propõe analisar letra a letra, número a número aquilo a que chama os «sete pecados mortais da realeza», consoante a arrumação que faz do tipo de bens e de adiantamentos concedidos. A soma total dos adiantamentos, segundo o mesmo deputado, atingiria os 2521 contos de réis![31] O rei D. Manuel procura o apoio de Júlio de Vilhena e de José Luciano para evitar discussões desagradáveis.[32] Que não o punham em causa pessoalmente, mas agravavam a memória de D. Carlos. E o almirante Presidente do Conselho era exemplar na sua lealdade. A comissão parlamentar apurou um total de 3232 contos de adiantamentos a toda a família real. A comissão «burocrática» reuniu documentos e apresentou um relatório, datado de 15 de Julho de 1909.[33] A lista civil do monarca era de um conto por dia. Mas D. Carlos, por acto voluntário, deduzia 20% dessa verba que não recebia, por sua livre disposição. Todavia, a qualquer momento podia recomeçar a receber esse desconto de boa vontade.[34] Era uma imprecisão de monta. Mas havia ainda que arranjar as coisas. Ressalta a valorização da dívida do Estado à Fazenda Real por rendas «arbitradas à Casa Real pela ocupação, pelo Estado, de edificações e propriedades rústicas e urbanas.»[35] As despesas consideradas de representação «pelo seu carácter especial, não podem, nem devem ser pagas pelo falecido Monarca, quer pelos rendimentos dos seus bens próprios, que a isso nunca podiam ser obrigados, quer pela sua dotação, que é computada e destinada unicamente para a sua sustentação, para o seu viver consoante as exigências das augustas funções em que era investido». Devem ser pagas pelo Estado, «por serem despesas relativas à representação nacional.»[36] Assim sendo, havia ainda que arranjar as coisas de modo a que aumentasse a dívida do Estado à Casa Real, para que o encontro de contas fosse favorável às majestades. O Palácio da Bemposta, parte do Palácio de Mafra, o campo das Salésias, as cavalariças do Palácio de Belém, entre outros bens de menor valia, seriam propriedades do rei que teriam sido cedidas ao Estado. Que assim ficava devedor dos respectivos alugueres à realeza. Engenharias financeiras criativas, dir-se-ia muito mais tarde. Mas que não apagavam aquilo que muitos consideravam muito chãmente como um calote sem justificação. E um abuso. Sobretudo.

Fazem-se mais uns arranjinhos. Os palácios de Belém, Caxias e Queluz passam também a pertencer à Fazenda Pública. As despesas com as residências reais, viagens oficiais e recepções a chefes de Estado estrangeiros recaem ainda sobre o Estado. D. Manuel II passa a receber 1 conto por dia, o príncipe D. Afonso 16 contos por ano. As dívidas da Casa Real seriam pagas em prestações anuais não inferiores a 5%.[37] O que não seria uma muito má solução. Porém as cortes não aprovaram e a questão ainda não ia morrer. O presidente do ministério informa o rei que a «questão dos adiantamentos, uma vez posta na câmara pelo João Franco, tinha fatalmente de vir à supuração. E só se vence o barranco, se nem um só pormenor, e nem uma só circunstância, se omitir. É um remédio amargo, que custa tomar, e quanto mais se pretender fugir-lhe, mais ressurgirá evidente e escandalosa a questão.»[38] *A Lucta* retorna aos artigos diários em que escarafuncha e torna a escarafunchar as dívidas da realeza. Compara o decreto franquista com a proposta agora avançada. Não tem descanso a reafirmação em grossos títulos do jornal: é o «Real sorvedouro», «O preço da monarquia», «A monarquia dos adiantamentos». Percebe-se que o partido republicano tenha tomado «a fraude dos adiantamentos ilegais como o processo do Regímen». Brito Camacho não deixa de explorar «este formidável escândalo, que tem de ser o de profundis do Regímen, já sem defesa possível.» E mais, ironizava: «Um rapaz de dezoito anos, sem família, tem despesas grandes, a que não pode esquivar-se, e um conto de réis por dia parece-nos quantia insuficiente para acudir às mais úrgicas.»[39] Porque a imprensa republicana não deixará que os adiantamentos esqueçam: «O país não esqueceu, nem pode esquecer a questão dos *adiantamentos*, que foi a questão moral mais típica, mais característica, e mais desastrosa, do reinado de D. Carlos. Por causa dos *adiantamentos* se mantiveram muitos governos que irritaram profundamente a opinião. Por causa dos *adiantamentos*, se fez a política de ódio que assinalou essa ditadura e que determinou o regicídio.» Prosa esta do jornal de França Borges.[40]

Nem assim ficavam os adiantamentos liquidados de vez nas Cortes. Nem sequer e apenas em termos contabilísticos.[41] Manter-se-ão como ameaça na retórica parlamentar e jornalística e como ameaça política a que se retorna de quando em vez. Ainda em 1911 se voltará a fazer as contas e então será finalmente apurado que a D. Carlos foram abonados (e não restituídos) 3246 contos, a D. Maria Pia 1507 contos, ao infante D. Afonso 110 contos e à rainha D. Amélia apenas 74 contos. Sem que lhes tenham sido calculados juros. Afinal era mesmo uma bela quantia. E nada disto figurava devidamente escriturado. Havia papéis soltos com ordens ministeriais. Algumas dessas verbas constavam como encargos gerais da Dívida Flutuante... E isso durou até ao Decreto de 30 de Agosto de 1907. Os presidentes do Conselho não se furtavam a escrever os pedidos: José Dias Ferreira, Hintze Ribeiro, José Luciano, todos lá figuram – mesmo que dissessem que não tinham feito nada disso... Entre os ministros cúmplices, quase todos os que passaram pela pasta da Fazenda – nada menos de dezasseis, entre os quais João Franco. Pagam também viagens, despesas de representação, direitos alfandegários e o mais que as majestades e altezas pediam. «Sendo urgente regularizar...» era boa fórmula.[42] A leitura do relatório de 1911 dá razão a Alexandre Braga: fora uma Falperra de manto e coroa. Que tinha, talvez mais do que nenhuma outra matéria política, enlameado a monarquia, deixando-a sem defesa moral. E essa terá sido a pior das faltas mortais que cometeu.

Tornara-se fácil atacar um regime que num país de muitas carências não lidava seriamente com o dinheiro dos contribuintes. E para benefício e gozo directo da família real. «Depois que essa questão foi conhecida, a monarquia em Portugal perdeu o direito a todo o crédito e prestígio, se alguma vez o tivesse tido. Desonrou-se e infamou-se. Os monárquicos, que são os seus cúmplices, querem iludir essas responsabilidades com sofismas.» E adiante: «A quem são imputados os adiantamentos? Aos Braganças. Quem está no trono? Um Bragança. Ele é responsável.» De novo a questão dos adiantamentos servia para pôr em cheque a monarquia. Para os republicanos o que menos convinha era que em tal assunto houvesse a desejada acalmação. A «água suja dos adiantamentos» dava boa propaganda e borrara definitivamente o prestígio da realeza. Todavia, deixam-se levar pela aparência de acalmia. Embora ainda a questão dos adiantamentos se vá arrastar no parlamento e ficar indelével nas memórias republicanas. «Querem extingui-la? Extingam a monarquia.»[43]

Boa conclusão. Mas os republicanos não deixam fugir um pecúlio que tanto lhes rende. E um enorme comício se realiza. Era bom ir alimentando a esperança de melhores dias. «Para que duvidar? A questão dos adiantamentos é uma questão dominante, absorvente. Mostrou-o ontem, em toda a evidência, o povo de Lisboa, acorrendo em tamanho número (60 a 70 mil pessoas) – como ainda não se vira – ao comício promovido pelo Partido Republicano.»[44] Assim se lia n'*O Seculo*. Porque o partido republicano não deixa arrefecer a questão e promove comícios para manter viva e mobilizadora a repulsa e a condenação dos adiantamentos – que o mesmo é dizer a exautoração moral dos dinastas – e com isso ir atemorizando a monarquia e pondo-a à defesa.

Os partidos rotativos, no governo mas contra o governo, continuam as suas manobras obstrucionistas. E os republicanos bem destacam que é inútil «já agora, esperar da Monarquia a redenção do país, divorciada como ela está da consciência nacional e já sem fortes dedicações ao seu serviço. [...] A evolução faz-se, de cada vez mais rápida, e não quer o orador dizer que assim nos avizinhamos da revolução, que é o seu termo culminante, e sob certo ponto de vista definitivo.»[45] Era um aviso a que poucos ligavam. A hostilidade entre eles era mais forte do que a necessidade de defesa do regime. Teixeira de Sousa, par do Reino regenerador, escreve ao chefe do partido Júlio de Vilhena: «Ficou ontem encerrada a câmara dos pares, onde cumpri as minhas obrigações, obstando à aprovação dos projectos das estradas, dos açúcares, do telégrafo sem fios, da inversão dos títulos internos e de bastantes de interesse particular. Anteontem penso ter feito a nítida demonstração de que, se o rei não muda de colaboradores, tudo irá para a perdição.» E adiante: «A conspiração continua. Agora todos trabalham para a conservação do Amaral, e a este respeito não tenho dúvidas.» Tratava-se, pois, de uma actuação de obstrucionismo. Bem chamada. Claro que Ferreira do Amaral não era ingénuo, e defendia-se junto de José Luciano e de Campos Henriques, este regenerador com esperanças e ambições a chefe do partido. «Não escrevo esta carta com o espírito de intriga, mas somente determinado pelo desejo de tirar o país das mãos destes ineptos, como nunca outros estiveram nos conselhos da coroa.» Tratava-se de uma nomeação de um juiz progressista para Chaves: o ministro da Justiça e regenerador Campos Henriques fizera-a sem atender aos pedidos do também regenerador Teixeira de Sousa. Que se queixa dessa forma de o tratarem. E para mais ocorria isso na sua terra de influência – onde tinha «as suas questões pessoais e políticas.» A sua importância regional era tanta que se dizia ser «capaz de fazer bispo um ferrador, se os interesses dos influentes políticos assim o exigirem!!»[46] Os que não o reconhecessem ficavam tomados como exemplos de deslealdade partidária. Dando um belo retrato da lisura da vida política, dos seus métodos e dos seus objectivos.

O ministério Ferreira do Amaral repusera as câmaras municipais que haviam sido destituídas por João Franco. Agora chegava a oportunidade de se proceder às eleições para que se reinstalasse uma situação normal nos municípios. Temiam-se as perturbações eleitorais. Sobretudo havia um grande receio do muito previsível e ameaçador ganho dos republicanos em Lisboa. Os chefes rotativos queriam uma outra legislação que desse aos monárquicos a vitória. E para isso não hesitariam mesmo em adiar as eleições e fazer uma nova lei para distorcer o resultado dos votos. Para eles, tudo se justificava desde que se impedisse a eleição de republicanos para a câmara da capital: entendiam que a eventual vitória destes não atendia «ao bem do trono nem das instituições.»[47] Mas não pensava assim o Presidente do Conselho. As eleições eram para se fazer: «eu não aceito qualquer adiamento da eleição municipal de Lisboa, que mostraria receio de perder, o que muito se prestaria à retórica, porque se diria que está a fugir ao voto popular por processos inconfessáveis.»[48] Ainda tenta um acordo com os republicanos, porque considerava Lisboa perdida. Mesmo.[49] Liberal de pensamento e de comportamento, o chefe do governo aceitaria o resultado, qualquer que ele fosse. No que teve inicialmente o apoio reticente de José Luciano, enquanto Júlio de Vilhena desde logo se batia pela aprovação de uma lei que impedisse a eleição de republicanos. Por ser quase certa a sua vitória. Era uma proposta que se destinava a viciar deliberadamente e a desvalorizar os resultados na capital, com a nomeação de vereadores pelo governo. Ferreira do Amaral teve que ameaçar com a sua demissão para conseguir a realização do sufrágio que os chefes rotativos queriam impedir. Vitória dos republicanos em Lisboa, era o que temiam. E que aconteceu: retumbante. Apesar de se interporem recursos administrativos, a eleição na capital manteve-se válida. Ficou presidente da vereação Anselmo Braamcamp Freire, aristocrata e historiador. E não foi só em Lisboa que essa vitória ocorreu: o partido republicano ganhou a maioria em 14 municípios e fez eleger vereadores em mais 20 – no Vale do Tejo e arredores da capital, na Estremadura e no Ribatejo, no Alentejo e no Algarve, sendo de notar a Régua, uma das excepções nortenhas – era a resposta da população à crise vinícola que se arrastava.[50] Embora não ganhassem por todo o País; porém o mapa político começava a mudar. Os monárquicos abstiveram-se em Lisboa, que os republicanos ganharam sozinhos. Em Dezembro serão as eleições para as juntas da paróquia: em Lisboa, mais um enorme triunfo republicano. Em 41 juntas, 32 ficaram republicanas, apenas 9 monárquicas.[51] Por isso, quer regeneradores quer progressistas sugerem a necessidade de se mudarem as leis. Havia que evitar a todo o custo a entrada dos republicanos nos governos locais.[52] Era mais uma viragem decisiva; mas mesmo assim – el-rei partiu para o Norte para um regalo de festas e apoteóticas recepções. Conseguiu aí reunir à sua volta multidões de populares que há muito a monarquia não concitava. «Onde havia uma instituição de caridade, um estabelecimento de estudo, um quartel ou uma fábrica, ali esteve El-Rei, e ali começou a pôr-se em contacto com toda a gente, [...] ligando o seu futuro aos destinos do povo de que é Rei, e do qual precisa sê-lo pelo coração, e pelo espírito, mais do que pela Guarda Municipal e polícia civil.» Assim expressava o seu entusiasmo o Presidente do Conselho Ferreira do Amaral.[53] Nem por isso podia considerar-se que o trono estivesse seguro. Mas era isso que a corte despreocupada queria pensar e se esforçava por que no País se pensasse.

Havia quem quisesse fazer cair o governo. Sempre. Desta vez, escrevia Brito Camacho n'*A Lucta*, o «bloco palaciano ou clerical, constituído pela camarilha, pelos nacionalistas e franquistas e por um grande número de rotativos, organizou-se no Porto, por ocasião da primeira viagem régia. Ali se resolveu a queda do ministério, não porque ela representasse uma garantia para a liberdade, mas porque não satisfazia completamente o ideal dos reaccionários.»[54] Constava isso. E tudo indica que assim foi. Um dos indigitados presidentes do Conselho escusa-se precisamente para não ser considerado um conspirador. Fruto de desorientação, a estabilidade governamental era um dado com que os políticos monárquicos não contavam, ou que lhes parecia um risco menor. Fazer e desfazer governos era um bom passatempo. Estava inaugurada a «anarquia representativa», conforme dizer de Júlio de Vilhena – que não pouco para ela contribuiu. Ele também alvo da hostilidade dos católicos, que o execravam. Muito em especial pelo Conde de Samodães, na brecha contra ele pelo seu jornal *A Palavra*.[55] Mas também de grande parte dos regeneradores que não o queriam por chefe – embora o tivessem eleito por unanimidade!

Não é fácil compreender o modo de funcionamento dos partidos políticos neste período crucial da vida constitucional. Como não se percebe a contradição em que se enleava D. Manuel:

relutância em dissolver a câmara baixa e facilidade em mudar de governo. Sem qualquer indício de respeito pelas possíveis maiorias de sustentação. Maiorias que deste modo não seriam fáceis de juntar e menos ainda de manter. Tudo era um jogo dos políticos e da realeza, sem contar com o prestígio do parlamento que se ia desvalorizando. Com destaque para José Luciano. Quem conheceu bem a sua actuação, esclareceu: «Exerce, é certo, S. Exa. uma larga influência na política portuguesa; mas exerce-a porque merece exercê-la pelo seu talento, pelos seus serviços e pela sua inexcedível sagacidade. Exerce-a, porque tem inteira e completa força sobre o seu partido, porque tem a confiança completa dos seus correligionários, que têm em S. Exa. não só um chefe político mas um mestre e um amigo, não sendo fácil encontrar hoje homem público em Portugal que não tenha ido á mesquita dos Navegantes em casos aflitivos receber a inspiração do profeta, cujo conselho é sempre o mais justo e o mais hábil.» Assim o avaliava, e não sem uma ponta de ironia, Ferreira do Amaral.[56]

A monarquia não achava maneira de governar o reino sem correr o risco de abrir o caminho à república. Aquilo que com serenidade o rotativismo tinha conseguido não se reencontraria: «A ditadura franquista perturbou de tal modo a sociedade portuguesa, que muito dificilmente ela recuperará o equilíbrio, em oscilações constantes, chocando uma radical transformação política, já agora inevitável. Tudo está demonstrando que na vigência do actual regímen, governe quem governar, já não pode haver sossego; entramos definitivamente n'um estado pré-revolucionário, caracterizado em toda a parte por desordens periódicas, a maior parte sem razão suficiente e sem intuito determinado, e todas elas integrando-se n'um estado d'alma colectiva, agitada por correntes várias. A monarquia faz-se liberal? N'esse caso suicida-se. Faz-se reaccionária? Matamo-la nós.» Nós eram os republicanos, em nome dos quais escrevia Brito Camacho, que acabava de ser eleito deputado às Cortes por Beja.[57] O dilema estava instalado: não se via que alguém, desacreditadas e repudiadas as intenções reformistas de João Franco, quisesse e pudesse avançar para reformas. Que teriam de ser democratizantes, e que teriam de contar com o apoio dos partidos rotativos. Ora, como conseguir restaurar o prestígio e o respeito que o regime havia perdido? Nem a figura inocente do jovem rei podia sem mais apagar o que os seus familiares tinham feito, em especial o rei D. Carlos. Este tornara-se o alvo de todas as culpas e de todos os erros do regime. Erros que de longe vinham, como confessara em momento de sincera lucidez. A que procurou reagir, sem que tivesse mais do que simples ideias de fazer diferente e procurado e encontrado os meios e os políticos capazes de recompor a situação. Mas era o rei, por força do regime, que estava no centro das decisões. E D. Manuel II ainda tinha que ser provado nessas funções.

CAPÍTULO 9
NOTAS

1 António Maria da Silva, *O meu depoimento*, vol. I, p. 145.

2 José Relvas, *Memórias políticas*, vol. I, p. 57.

3 Raul Brandão, *Memórias*, vol. I, p. 146.

4 Thomaz de Mello Breyner, *Diário de um monárquico. 1908-1910*, p. 304.

5 Brito Camacho, «A situação», *in A Lucta*, nº 777, de 22 de Fevereiro de 1908; Lopes de Oliveira, «O têrmo da propaganda doutrinária republicana e o período revolucionário», *in* Luís de Montalvor, *História do Regímen Republicano em Portugal*, vol. II, p. 276.

6 Álvaro Pinheiro Chagas, *O Movimento Monarchico*, I, p. 17.

7 *Apud* Lopes d'Oliveira, *História da República Portuguesa. A propaganda na monarquia constitucional*, p. 274.

8 Manuel Braga da Cruz, «Partidos políticos confessionais», *in Dicionário de história religiosa de Portugal*, Lisboa, Círculo de Leitores, 2001, pp. 380-385.

9 *Resistencia*, nº 1291, de 5 de Março de 1908.

10 *Documentos politicos encontrados nos Palácios Riais*, p. 7.

11 Augusto Ferreira do Amaral, *A acalmação e D. Manuel II*, pp. 149-152.

12 Júlio de Vilhena, *Antes da Republica (notas autobiográficas)*, vol. II, pp. 46-47, 60 e 68.

13 António Maria da Silva, *O meu depoimento*, vol. I, p. 149.

14 *Documentos politicos encontrados nos Palácios Riais*, p. 8.

15 João Chagas, *Cartas políticas*, 1ª série, p. 67.

16 *O Mundo*, nº 2947, 17 de Janeiro de 1909.

17 *Documentos politicos encontrados nos Palácios Riais*, pp. 9-10 e 13.

18 Joaquim Leitão, *Os cem dias funestos*, Porto, J. Leitão, 1912, p. 56.

19 José Lopes Dias, «O coronel Malaquias de Lemos e a revolução de 5 de Outubro (Novos documentos)», Doc. 23, p. 52.

20 Joaquim de Carvalho, «Formação da ideologia republicana (1820-1880), *in* Luís de Montalvor, *História do Regímen Republicano em Portugal*, vol. I, p. 205.

21 Carlos Malheiro Dias, *Em redor de um grande drama*, p. 62.

22 José Lopes Dias, «O coronel Malaquias de Lemos e a revolução de 5 de Outubro (Novos documentos)», Doc. 36, p. 63.

23 *Anais do Município de Coimbra, 1904-1919*, p. 75.

24 Augusto Ferreira do Amaral, *A acalmação e D. Manuel II*, carta nº 56, p. 303.

25 Ibidem, carta nº 65, p. 307.

26 Brito Camacho, «Novo rei – velho reinado», *in A Lucta*, nº 762, 7 de Fevereiro de 1908.

27 Diário da câmara dos deputados, Sessão de 11 de Maio de 1908.

28 *Documentos políticos encontrados nos Palácios Riais*, p. 14.

29 Dr. Joaquim Pinto Coelho, *Textos Políticos, 1905-1910*, p. 67.

30 *Obras de Afonso Costa, Discursos parlamentares, I. 1900-1910*, pp. 381-384, 387, 390-391 e 438; *Documentos políticos encontrados nos Palácios Riais*, p. 14.

31 *Obras de Afonso Costa, Discursos parlamentares, I. 1900-1910*, pp. 373, 380, 429 e 441.

32 Augusto Ferreira do Amaral, *A acalmação e D. Manuel II*, carta nº 65, p. 308.

33 *História da República*, p. 503; *Relatorio de 15 de Julho de 1909 e Documentos da Comissão criada pelo Artigo 5º da Lei de 3 de Setembro de 1908 para liquidar as contas entre o Estado e a Fazenda da Casa Real*, Lisboa, Imprensa Nacional, 1909.

34 Ibidem, p. 21.

35 Ibidem, p. 4.

36 Ibidem, pp. 5-6.

37 Augusto Ferreira do Amaral, *A acalmação e D. Manuel II*, p. 175.

38 *Documentos políticos encontrados nos Palácios Riais*, pp. 15-16.

39 Brito Camacho, «A opinião pública», *in A Lucta*, nº 905, de 1 de Julho de 1908; Idem, *Ferroadas*, Lisboa, Livraria Editora Guimarães & C.a, (1932), p. 150.

40 *O Mundo*, nº 3012, de 2 de Março de 1909.

41 Augusto Ferreira do Amaral, *A acalmação e D. Manuel II,*, carta nº 65, p. 309; Rocha Martins, *D. Manuel II*, vol. I, pp. 263-266.

42 *Adiantamentos à Família Rial Portuguesa deposta em 5 de outubro de 1910. Relatório elaborado pela comissão de sindicância à Direcção Geral da Tesouraria*, pp. 4, 28 e 41.

43 João Chagas, *Cartas políticas*, 2ª série, pp. 280-281; Ibidem, 1ª série, p. 8; Ibidem, 2ª série, p. 281.

44 *Apud* Lopes d'Oliveira, *História da República Portuguesa. A propaganda na monarquia constitucional*, p. 337.

45 Brito Camacho, *in* Diário da câmara dos deputados, Sessão de 25 de Maio de 1908.

46 Júlio de Vilhena, *Antes da Republica (notas autobiográficas)*, vol. II, pp. 123-125.

47 Ibidem, vol. II, p. 129; Idem, *Carta aberta. I Ao Sr. J. A. Moreira d'Almeida*, Coimbra, França & Arménio – Editores, 1916, pp. 11-12; Alfredo Gallis, *A burla do constitucionalismo. Autopsia á politica portugueza no actual momento historico*, p. 211.

48 Augusto Ferreira do Amaral, *A acalmação e D. Manuel II*, pp. 191-192.

49 *Documentos políticos encontrados nos Palácios Riais*, p. 25.

50 *A Lucta*, nº 1034 de 7 de Novembro de 1908; *O Mundo*, nº 2874 de 4 de Novembro.

51 *O Mundo*, nº 2901, de 1 de Dezembro de 1908.

52 *A Lucta*, nº 1032 de 5 de Novembro de 1908.

53 Diário da câmara dos pares, Sessão de 15 de Março de 1909.

54 Júlio de Vilhena, *Antes da Republica (notas autobiográficas)*, vol. II, p. 173.

55 Ibidem, vol. II, pp. 168 e 175.

56 Diário da câmara dos pares, Sessão de 15 de Março de 1909.

57 Brito Camacho, «A canalha», *in A Lucta*, nº 825, 11 de Abril de 1908.

CAPÍTULO 10
A DEFESA DA MONARQUIA
E A PROPAGANDA DO REI

Os monárquicos começam a tomar consciência de que têm de se bater pela monarquia; ou pelo menos de ainda fazer alguma coisa por ela. A sobrevivência do regime já não era um dado adquirido; o seu fim podia estar à vista. Logo em 1907 Júlio de Vilhena falara, em Conselho de Estado, da necessidade de se «operar uma união de todos os elementos monárquicos para, de comum acordo, se fazer uma política que contrarie a acção dos elementos anti-dinásticos e trate a sério dos interesses do país.»[1] Por então não parece que alguém o tenha acompanhado nessas preocupações. Logo após o regicídio propõe-se «a formação de um grupo monárquico independente, tendo como único programa a defesa da Monarquia.»[2] Claro que se torna difícil explicar por que um regime com quase oito séculos de existência precisaria de se defender de uma forma militante. Pois é. Mas «tão mal a Monarquia aproveitou o tempo para se tornar conhecida, que andam agora os seus corifeus azafamados, proclamando a necessidade de propaganda – como se fosse uma nova marca de bolachas, ou uma nova alfaia agrícola.»[3] Promovem-se manifestações de apoio ao rei, num «movimento colectivo de simpatia, inspirado na sua mocidade, na sua desgraça e n'esse desejo de acertar que se atribui sempre aos reis que começam a reinar.»[4] O único fim dessa atenção à realeza era «opor um dique à propaganda republicana, fazendo a propaganda monárquica, pela educação moral, cívica e física, por comícios e pela

Imprensa.»[5] Projecto grande que se gorou. Apesar disso, alguma coisa se ia intentando fazer: centro, liga ou associação de defesa da monarquia. E fez.

Organiza-se a Liga Monárquica que tem instalações próprias em Lisboa. Aí se reúnem figuras de prestígio e fazem discursos de doutrinação, para entusiasmar os filiados.[6] Também promove actividades de propaganda pelo País. Pretende transformar os monárquicos em verdadeiros e empenhados defensores do regime, sem cor partidária. Há sentida necessidade dessa doutrinação: a 100 réis por mês cada associado. A imprensa conservadora chega mesmo a discutir a supremacia do regime monárquico sobre o republicano.[7] Porque sentiam-se as muitas dúvidas que iam sendo lançadas. Pretendia concluir-se afoitamente que o regime monárquico representativo seria «compatível com as instituições mais democráticas.» A demonstração teria sempre de provar que «na instituição monárquico-parlamentar há lugar para todos, desde o mais conservador até o mais radical. Debaixo da sua bandeira podem todos trabalhar em prol dos seus princípios ao serviço da pátria.»[8] Em 1909 inaugura-se nova sede da Liga no Largo do Quintela, onde se juntam cerca de 2000 pessoas. Edita-se um boletim. Os jornais, todavia, nada diziam ou pouco relevo davam a essas actividades que escasso interesse despertavam no público.[9] Contudo, os republicanos não deixam de atacar a Liga, que João Chagas ridiculariza chamando-lhe uma associação de socorros mútuos; outros a dizem «concreção de reaccionarismo». Outros ainda Liga do Carapau, Filarmónica Monárquica, Chafarica da Rua do Alecrim, Chuchadeira.[10] Ironicamente n'*O Mundo* se lê que a Liga Monárquica é uma «instituição que está prestando à propaganda republicana muitos e assinalados serviços e que muitos mais prestará, se Deus lhe der vida e saúde.» Era «uma espécie de noviciado de plebeus com pretensões a fidalgos, embora com sinal de bastardia.»[11] Aí se fazem conferências por conhecidos políticos como Júlio de Vilhena, chefe regenerador, ou Pinheiro Torres, deputado nacionalista.[12] Aí se defende a Companhia de Jesus e se ataca o Marquês de Pombal... Por ali passa, dizendo-se «liberal conservador» o clerical e nacionalista Jacinto Cândido. Ainda tentou a Liga realizar um comício em Belém, mas virou um fiasco, de que os republicanos se aproveitaram, nele comparecendo Bernardino Machado.[13] Liga que por vezes actua no domínio político, procurando congraçar os partidários monárquicos, em momentos eleitorais. Nem assim todos os monárquicos se reviam nesta Liga. Um grupo fundou uma outra Liga de Defesa da Monarquia. Era essencialmente composta por conservadores a quem o liberalismo oficial não satisfazia.[14] Estaria ligada ao partido nacionalista, tendo sede conjunta em Lisboa, na Travessa das Mercês.[15] Para *O Mundo* «a liga monárquica n.º 2 ainda é mais imbecil e mais odienta que a liga do Alecrim.»[16] Em breve se constata que Liga Monárquica e Liga de Defesa da Monarquia se não entendem entre elas. Contudo, ambas denunciam os ataques ao regime e pretendem uma ofensiva policial contra quantos o desrespeitem. «Singulares monárquicos são esses homens da Liga, que não hesitam em ir perante o rei dizer-lhe como ele há-de exercer as mais altas prerrogativas que lhe confere a coroa!», logo se disse.

Também no parlamento, e na câmara dos pares, a Liga de Defesa não encontrava grande eco. Recebida pelo rei em Junho de 1910, «disseram-lhe que a liga tinha sido instituída com o fim de promover o bem da monarquia e da pátria. Sua Majestade respondeu-lhes que agradecia as suas homenagens, e louvava-os pelo intento de promoverem o bem da monarquia e da pátria. Um dos cavalheiros leu a Sua Majestade a representação que levava, e Sua Majestade respondeu que entregaria essa representação ao seu Governo.» Nada de entusiasmante – e nada que na câmara dos deputados Brito Camacho deixe passar sem os mimosear de «desvairados», «esses anónimos, sem grandeza nos seus ódios, sem inteligência e sem altivez nas suas dedicações.»[17] Em sessão realizada em Agosto de 1910 um sócio fala em «meter o rei na ordem». Segundo *O Seculo*, é retórica «que tresanda a incenso e a pólvora.»[18] Isso parece. Numa moção aprovada se lê que o governo deve apresentar no parlamento «um projecto de lei proibindo aos empregados públicos de promoverem ou tomarem parte em manifestações políticas contrárias às instituições, de lerem publicamente jornais adversos às mesmas instituições e de discutirem assuntos políticos nas repartições do Estado.» Pelos vistos, não era lá muito liberal.[19]

No Porto, indivíduos das mais abastadas famílias formam uma associação própria que toma a designação de Legião Azul, que festeja o monarca aquando das visitas oficiais. A que *O Mundo* chama «uma agremiação (!) de cretinos, com a monomania de fazer figura.» Ou, de «insignes patetas.»[20] Mas não deixam de experimentar o espancamento de adversários, para além de sopapos e pontapés das pancadarias em que se metiam nos encontros de manifestações e de contra-manifestações.[21] Para Brito Camacho «era uma espécie de gafanhotada monárquica.»[22] Significativo. Mas o associativismo começava a contaminar toda a sociedade.

Os miguelistas também terão apostado em aproximar-se de um rei sem sucessão assegurada, pelo que tentam o regresso a Portugal dos descendentes de D. Miguel. Com propostas mansas: não queriam lista civil nem lugares remunerados. Esqueciam que a família fora proscrita. Só se declaravam interessados na sucessão.[23] Proposta que estava longe de ser aceite por todos os monárquicos. Porque ainda em muitos havia o horror ao absolutismo com as perseguições dos caceteiros e com as forcas erguidas por ordem do filho amado de D. Carlota Joaquina.[24] A começar por D. Manuel II que nunca se entendeu com os primos miguelistas.

O conde de Mafra, médico ilustre mas dedicado palaciano, vai anotando no seu diário a sua participação na campanha de propaganda monárquica. Porque sentia a necessidade de fazer frente à aguerrida promoção republicana, que se expandia com êxito notável. Tinha companheiros. Do Porto vem logo em Maio de 1908 um comboio especial com muita gente, à frente da qual o Conde de Samodães. «Tudo gente limpa. Recepção imponente! No Rossio multidão compacta à espera! Vivório a El-Rei.» Teriam vindo 800 portuenses em comboio especial. Contagem que se revela difícil, cada um dando os números que lhe convém.[25] Depois, recepção nas Necessidades: «Nunca houve nada assim.» Entusiasmo que é bom, mas não basta: «É preciso juízo.»[26] Claro que as aclamações públicas muitas vezes serão pagas. «Imagina que se dão vivas de graça?» – escreve-se n'*A Lucta*.[27] Os garotos que serviam para gritar vivas na estação do Rossio iam de seguida gastar o que com isso ganhavam na cerveja do vizinho Café Gelo.

Na academia coimbrã também se manifestaram os apoiantes da monarquia: era tradicional que de entre eles saísse anualmente a chamada «remonta de bacharéis» – também chamados «bareonácios». Eram os que se iam acolhendo em volta dos barões dos partidos monárquicos, onde «governar é palavrear.»[28] Juventude estudantil que foi de passeata a Lisboa, em Maio de 1908, manifestação que muito consolou e esperançou D. Amélia. Vieram saudar o rei e as instituições, dando vivas à monarquia, aos jesuítas e à polícia! O que causou viva repulsa por parte de estudantes de Lisboa – e pedradas feriram alguns visitantes. Houve ainda contra-manifestações devidamente organizadas. E prisões. Uma boa agitação. A que respondeu em Coimbra um manifesto assinado pelos moços republicanos que preferiam a Redenção e a Justiça.[29] Vieram também às Necessidades lentes de Coimbra, solenemente paramentados com as suas borlas e capelos. Apresentaram ao rei «as suas afirmações de afeição e de respeito pela coroa e pelas instituições.» Sua Majestade declarou-se protector da Universidade.[30] Oportunistamente, estudantes tentam a concessão de um perdão de acto, que lhes foi negado. Esse pedido indigno logo foi denunciado pelos estudantes republicanos, como uma esmola que seria uma imoralidade. Alunos do Curso Superior de Letras de Lisboa também foram cumprimentar o rei. No Porto por igual se deram conflitos de estudantes republicanos com estudantes monárquicos, estes idos de Coimbra durante a estadia do rei. Porque agora também na rua se dirimiam as diferenças – respondiam-se apoiantes e contrários. Em Coimbra, e para fazer frente ao Centro Republicano Académico surge o Centro Monárquico Académico; embora surja também um novo Centro Democrático Académico.[31]

Havia que fazer a propaganda do rei, pois, e talvez mais fácil do que a da realeza. Exaltava-se o «simpático príncipe que os azares de uma malfadada sorte levaram ao ofício duro de reinar...»[32] Os governos insistiam na propaganda do rei: «Sua Majestade tem visitado vários estabelecimentos de ensino, institutos correccionais, quartéis, fábricas, ainda ultimamente visitou a fábrica de refinação de açúcar em Alcântara, um dos bairros em que mais predomina o elemento operário.»[33] Nem assim o entusiasmo lavrava no campo monárquico. Como escreve o áulico Wenceslau de Lima a D. Manuel II, «ao passo que os centros republicanos aí [em Lisboa] estão sempre em plena actividade, os centros monárquicos dormem a sono solto.» No Norte era diferente, «os políticos monárquicos trabalham.»[34] Mas não seria muito. Os de Braga fazem uma contra-manifestação como resposta a uma merenda de republicanos.[35] Ou os da Lousã, ou os da Fogueira (Oliveira do Bairro) que se juntam em propaganda monárquica.[36] Casos contados. Há alguns comícios de defesa do regime, ou pelo menos festas públicas concorridas de partidários das instituições reais, como em Gouveia em 1908, com a presença de notáveis para isso convidados.[37] E os meios conservadores põem a circular contra a temível república as piores das invenções. Destaque ficou para a promessa que teria sido feita – nunca disseram por quem – de que com o novo regime o preço do bacalhau baixaria para o pataco...[38] Valia tudo. Nem assim conseguiam contrariar a propaganda republicana que já era imparável: «O dilema é fatal – ou nos esmagam ou são esmagados. Se nos fazem as concessões que reclamamos, trabalham connosco para o advento da república, por via d'uma evolução consciente, mais ou menos rápida; se nos colocam fora da lei e do direito, como se fôssemos exilados na terra pátria, ainda trabalham connosco para o advento da república, mas por via revolucionária. Vai muito adiantada a obra republicana para que a inutilize um sabre de polícia ou um cavalo da municipal.»[39] Ora, «há republicanos porque a Monarquia, tal como está, não corresponde por completo às aspirações de todo o Povo português.» Assim se expressa um partidário das seculares instituições, que acrescenta: «Se há republicanos em Portugal, é porque o princípio monárquico não soube ou não quis adaptar-se às exigências do espírito público. Sem compreender que parar é morrer, parou quando devia caminhar, retrogradou quando devia avançar.»[40]

A monarquia precisava de mostrar o rei D. Manuel II, primeiro como vítima do crime que o deixara órfão e o fizera rei, depois como monarca. Era um aprendiz de marinheiro, um guarda-marinha que de repente tinha que substituir o irmão que fora preparado para o ofício de reinar. Fizeram-no aparecer onde era comum que o pai figurasse – teatros, récitas de ópera, touradas, competições hípicas – e visitar os regimentos da capital. Visitas a regimentos, muitas. Muitas missas campais. Sendo acolhido com manifestações de alegria e regozijo: «festivamente recebido». Assim se pensava afervorar os sentimentos dos oficiais para com a dinastia, em demonstrações de afecto ao rei. Que levaram muita gente a crer que D. Manuel estaria bem defendido pelos que lhe juravam lealdade.[41] O que também o fazia correr alguns perigos. «Amanhã vai El-Rei ao quartel de Artilharia e volta a cavalo pela cidade. Deus o proteja. Este povo já não é de confiança como era d'antes. Está escangalhado.» Fazem-no andar pelo Reino, mostrar-se em público, mas em Lisboa era raro verem-no. E o conde de Mafra vai anotando: «Às 6 1/2 chegou El-Reizinho cansado, mas muito contente com a ovação que lhe fizeram no Vimieiro, em Torres Vedras e pelo caminho. El-Rei que saia muito, que veja o seu povo e será sempre bem recebido.» No entanto era sempre exigida a montagem de uma vasta segurança. Confiavam os monárquicos, confiavam os políticos e os áulicos que o rei ia granjeando simpatias, conquistando todas as classes. E que com isso o trono ficaria mais seguro. Mas não fosse o diabo tecê-las.

Em fins de 1908 estará no Porto, de onde «há sempre boas notícias. El-Rei sempre vitoriado». Mas o cortesão lúcido acrescenta: «O pior é que os monárquicos que mandam agora dar vivas enquanto o Rei lhes faz a vontade são os mesmos que amanhã mandarão dar morras se Ele se opuser a qualquer pouca vergonha. Foram os mesmos também que mandaram matar o pobre Rei D. Carlos quando quis começar a governar bem, isto é a impedir o roubo. Canalha! Não há que fiar n'ela.» Mas mais adiante vibra: «Entusiasmo louco. Não se descreve. É um protesto contra a canalha e o instinto de defesa a manifestar-se.»[42] Isto no Porto. Como pelo Norte – distritos de Braga, Viana do Castelo, Aveiro e Coimbra. Sua Majestade a rainha D. Amélia comunica que é uma viagem «grande em consolações, em forças, em esperanças.»[43] Mas não se ignore que a recepção estava preparada: a Associação Industrial do Porto enviara uma circular aos seus sócios convidando-os a comparecer a uma homenagem ao chefe do Estado, acompanhados de três ou quatro operários, e com o respectivo estandarte. Teriam lugares reservados. O que irrita os membros da Associação dos Operários Tecelões Mecânicos e os da Federação Geral do Trabalho levando-os a fortes protestos. E depois outras e outras associações se manifestam contra este «espalhafato postiço e combinado.»[44] O operariado não alinhava nos louvores à monarquia. Pelo contrário, contava-se sempre com a presença dos militares; e ainda com os seminaristas, que não faltavam à passagem do comboio e dos cortejos reais. «O vivório, o foguetório, as luminárias, e as músicas, os discursos do chefe do governo, as frases do rei, as florinhas chovendo sobre o seu capacete de jovem generalíssimo, os lenços acenando, as velhas que aparecem a dizer lérias, e tudo o mais que a pirotecnia oficial engendra para deslumbrar as multidões, nada faltará durante a viagem.» Assim iria acontecer. Procuravam os monárquicos mostrar a diferença entre o Norte fiel e tradicionalista e a Lisboa «empestada de jacobinismo.» Mas também não faltaram os protestos, as vaias e os apupos – embora não directamente dirigidos ao monarca. Momentos de ostentação aproveitados para exibições mundanas em que a moda marca a imagem fixada: o Porto desportivo e elegante mostra-se em Santo Tirso onde faz o seu «brilhante ensaio de Corte.» Não deixou de se rezar um que outro Te Deum gratulatório, missas campais com mostras militares. Muitas fotografias com guarnições castrenses.[45] Luxuoso álbum ilustrado, de capa convenientemente azul e letras douradas foi publicado. *Livro d'Ouro* lhe chamaram os autores Carlos Pereira Cardoso e Joaquim Leitão. D. Manuel ia ao Porto «caçar popularidade, em vez de ir caçar veados à sua tapada de Vila Viçosa.» Tudo estava arranjado para que «o sr. D. Manuel tenha a ilusão de que o seu trono assenta em rocha firme, e tem a especá-lo a grande alma popular.»[46] Para que nem tudo fossem ganhos para os monárquicos o partido republicano marca um comício para o Porto, quando o rei por lá estancia, e no próprio dia do seu aniversário – foi dito o «mais imponente comício republicano que ali tem havido». Por essa altura a Real Companhia dos Caminhos de Ferro faz descontos para quantos queiram ir do Porto a Coimbra festejar o monarca.

No regresso há pancadaria entre republicanos e a Legião Azul.[47] Canecas, jarras, pratos, foram decorados com busto do reizinho, ostentando uma grã-cruz. A fotografia, que já fixara D. Carlos, foi abundantemente aproveitada para mostrar o filho. A publicação de uma revista bem feita, a *Illustração Portugueza*, ia dando a conhecer as figuras públicas. Porque a fotografia alastrava, com notáveis artistas, não enfeudados a regimes políticos: *Joshua Benoliel, fotógrafo beduíno, tanto tira a D. Manuel como tira a Bernardino*.[48] As caras das pessoas de quem se fala começam a fazer parte das propagandas.

Enquanto o Porto o recebia com entusiasmo, Lisboa era de fidelidade duvidosa para o soberano: «Vamos a ver a volta. Como se portará esta porca cidade de Lisboa.» Apareceu alguma gente a vitoriar o monarca. Não bastou. «Os republicanos puseram as suas forças na rua, silenciosos, mas com ar triunfante e provocante. Não vai sem muita porrada e algum sangue.»[49] «A população republicana de Lisboa não tem a mórbida curiosidade de ver passar esse reizinho, talvez feliz de não ter passado, feliz talvez por não ter futuro.»[50] E a capital, se não o hostilizava, também não o vitoriava. «O Bernardino Machado proibiu manifestações em Lisboa à chegada d'El-Rei porque diz que é uma provocação.»[51] Porque a rua já pertencia aos republicanos. Ao regressar da sua primeira e triunfal estadia no Porto o rei atravessa Lisboa em carruagem fechada, no meio de tropas – em galopada doida. Isto muito embora a Liga Monárquica tivesse convocado os seus para mostrarem «quanto a fé monárquica e o respeitoso afecto pelo Chefe de Estado se acham radicados no coração dos habitantes de Lisboa.» Também o patriarca enviara uma circular a todos os párocos da capital para que comparecessem na gare do Rossio.[52] Sem resultado: era pois a porca Lisboa que a corte e o governo mais temiam. Porque sempre havia medo de um outro regicídio que liquidasse o novo monarca. «Lisboa é assim. Em Lisboa, a monarquia está em derrota. Na realidade está perdida.»[53] Segunda e breve estadia no Porto, em Julho de 1909: já não foi tamanho o entusiasmo, mesmo se não foi frigidíssima a recepção, como disseram e convinha aos republicanos propalar.[54] Além do mais, tornava-se difícil esse mostrar do rei, porque ele não se prestava a exibições que entusiasmassem. «O rei é medroso. Os seus vinte anos não lhe aconselharam ainda um único acto imprudente. Não guia uma parelha, não se afoita ao volante de um automóvel, não sofreia um cavalo fogoso.»[55] Também o submetem a outras exibições, menos triunfais, mas aproveitando desgraças. Foi o caso do terramoto de Benavente, em 23 de Abril de 1909. «A monarquia precipitou-se sobre Benavente como o ano passado se tinha precipitado sobre o Porto, e se ali se serviu dos vivos, aqui serviu-se dos mortos.» D. Manuel propõe uma subscrição pública para auxiliar as vítimas do sismo: foram 50 mortos e 200 feridos.[56] Outras entidades, a começar pelos jornais republicanos, fizeram outro tanto. Em Dezembro o rei dá uma saltada ao Porto, por causa das tremendas cheias do rio Douro.[57] Era decerto uma política de presença junto dos infelizes em tempos de catástrofes. Mas não se percebe que lhe granjeasse grande acréscimo de popularidade.

Prepara-se outra viagem do jovem soberano, ao Alentejo e Algarve, que partiria de Vila Viçosa, talvez mesmo a seguir ao Porto, para evitar a capital que se presumia hostil. Passeio que não se realizou. Da propaganda também constam as viagens ao estrangeiro. Sobretudo com desejado entusiasmo público nos regressos. A chegada de D. Manuel II a Lisboa depois da ida a Inglaterra e a França queria-se devidamente festejada. O jornal monárquico e católico *O Portugal* formula o convite para a recepção: «Que ninguém falte com o seu brado patriótico, a essa ovação merecidíssima a quem tão brilhantemente representou lá fora o seu povo, a quem de tanta maneira, o honrou e serviu.»[58] Deu-se feriado nas repartições, para que houvesse mais gente à espera, concedeu-se meio dia de dispensa de trabalho nas oficinas. Veio gente do Porto, como o sempre militante e nunca esgotado Conde de Samodães, incansável director d'*A Palavra* – dito também em panfleto republicano «chefe das alfurjas clericais do norte» ou «bispo de chapéu alto.»[59] Compareceram os militares, não podiam faltar os padres. Deliraram estudantes, aos gritos. Mas houve ruas vazias, largos onde crianças organizadas por adultos esperaram e desesperaram pela passagem de Sua Majestade. O delírio não foi contagioso. Lisboa já não era o que fora para os soberanos. Em definitivo. Os republicanos tudo faziam para que não houvesse manifestações de bom acolhimento ao monarca: convinha-lhes que constasse que «os Reis não têm popularidade.»[60]

Teve outras vantagens a viagem do rei ao estrangeiro. Trataram os áulicos da sua iniciação viril, com a loira actriz francesa Gaby Deslys. «Princesa d'alcova», escreveu-se.[61] Temeriam os cortesãos a falta de iniciativa e a pouca energia de D. Manuel: «É brando de natureza.»[62] Corte beata e rei beato – é ver o quarto recheado de santinhos, mais de 25[63] – e corte também hipócrita. Os cortesãos alcovitavam os encontros com a dama, que depois veio a Portugal e passou noites com o reizinho nas Necessidades (aproveitando as férias da mãe em Biarritz) e no Buçaco. «Quasi rainha!» titulou *O Mundo*: faria «as delícias do soberano e a alegria dos seus íntimos.» O jornal di-la semi-actriz e semi-cocotte, «que toda a Lisboa viu na récita de gala em S. Carlos e na sessão das cortes de juramento do sr. D. Afonso.»[64] Corte antiquada, em que os áulicos ainda assistiam ao deitar do rei, embora já não tivessem de beijar-lhe a mão. Nem fossem tratados por tu. Que tinham escala de serviço, que o acompanhavam no seu gosto pela música – tocava piano e órgão, embora às vezes desafinasse – e com ele patinavam e jogavam às cartas ouvindo-lhe muitas grosserias, a que nem sequer poupava o tio e herdeiro.[65] Também conversariam pela noite dentro, que o rei era tido por inteligente e gostava de noitadas e de livros: no dia em que fugiu tinha à cabeceira uma obra de Anatole France, *L'étui de nacre* e, premonitório, *Le culte de l'incompétence* de Émile Faguet.[66] Começara a coleccionar louças antigas e preciosidades.[67] Sabia correctamente Francês, Inglês e Alemão. «Era mais instruído do que os rapazes da sua idade», louva o Marquês do Lavradio, seu secretário particular. Mas era também «muito mais infantil do que são geralmente os moços dessa idade.» Faltara-lhe convivência. Tinha uma educação moral perfeita, fisicamente cuidada, intelectualmente magnífica.[68] Dessa opinião discorda Júlio de Vilhena que diz de D. Manuel que «possuía uma cultura de espírito muito imperfeita por mal dirigida.» Ignorava os autores de toda a escola moderna. «Era a literatura de há cinquenta anos que lhe iluminava o espírito.» Citava Castilho: «não chegava a mais.»[69] O que é crível.

As preocupações dinásticas passavam por se conseguir casar o rei. Para o que havia também que buscar o apoio do monarca britânico Eduardo VII. O soberano inglês assumia-se como o chefe de família dos Saxe-Coburgo. E não deixaria desamparado o moço primo de Lisboa. Assim se esperava. Naturalmente que o mais desejado seria um matrimónio inglês, que comprometesse a Inglaterra na defesa do trono dos Braganças, no caso de alguma ameaça republicana ocorrer. Foi o principal objectivo da viagem oficial do rei a Inglaterra.[70] Aliança cujo único fim seria «amparar um trono que vacila», escrevia-se num jornal inglês.[71] O casamento desejado era com a princesa Victoria Patrícia filha do duque de Connaught. Mas o duque não esteve pelos ajustes. «Quem é que vai dar uma filha ao Rei d'um país insubordinado?» Boa pergunta. «Outra – que esta já está de parte», noticia *A Lucta*.[72] O duque de Fife, cunhado de Jorge V, opôs-se terminantemente também ao casamento da filha Alexandra com D. Manuel: «A verdade é que n'aquele tempo já não era tentadora a situação de Rainha de Portugal.»[73] Afonso XIII de Espanha ainda se terá metido a casamenteiro – também ele encontrara mulher na família real inglesa, o que de nada lhe valeu. Todavia D. Manuel era um péssimo partido. Um trono ao lado do seu não era lugar que se oferecesse a uma senhora. Porque se pretendia casar o rei numa casa poderosa, susceptível de «cobrir eficazmente com a sua protecção» o desequilibrado cadeirão.[74] Prepara-se depois uma aliança na Alemanha, devendo o rei ir a Berlim concertar as vontades.[75] Não chegou a acontecer. O reinado não durará o tempo suficiente para que se possam concretizar planos matrimoniais. Mais em conta ficou para o país, pois não se juntaram três rainhas na lista civil. Esse o principal receio dos republicanos.[76]

Mas a diligência de Afonso XIII não deixou de causar outras suspeições: «Corre aqui, em Londres, com insistência o boato de ter havido negociações secretas entre as cortes de Portugal e Espanha. Teriam estas por fim assegurar ao governo português o auxílio militar da Espanha no caso d'um levantamento dos republicanos. Um agente particular do rei D. Afonso XIII esteve há dias conferenciando com a Rainha D. Amélia.»[77] Mas não parece que tais negociações alguma vez tenham avançado para planos concretos, nem que um temido «pacto da intervenção armada espanhola» se tenha firmado.[78] Em consciência, alguém na monarquia pensava que a derrocada podia acontecer? Não é impossível que o católico Estado monárquico espanhol tenha querido obstar a que uma república brotasse e se lhe instalasse no flanco: era a Espanha reaccionária que executara Francisco Ferrer y Guardia. Sem que houvesse provas de que tivesse sido o organizador dos distúrbios que ensanguentaram Barcelona. Mas para eliminar o homem que era adverso à ordem estabelecida. Fora uma vítima expiatória. Provocando uma forte manifestação de espanto e de revolta. Porque o fuzilamento do educador catalão em 13 de Outubro de 1909 provocara uma onda de indignação também em Portugal. «Contra a Espanha bárbara.

A consciência universal condena o clericalismo e a monarquia espanhola.» E com isso fazendo crescer a má vontade contra a Igreja e contra a Monarquia portuguesa, como que aliadas nesse crime que se mostrava um grave atentado contra a liberdade de pensamento.[79]

Depois da morte de D. Carlos a corte passara a ser importante em termos políticos, com destaque para a rainha viúva. D. Amélia figura como acusada de controlar o filho. Seria? As más influências dos palacianos eram discutidas. «O estupor da Condessa de Figueiró foi o último Rei de Portugal e foi ela que deu cabo de tudo. Infelizmente o pobre Rei D. Manuel nunca teve força de correr com ela.» Isto escreve um palaciano também.[80] Em que interferiam os áulicos – como esta Pepita Sandoval (a quem chamavam a bruxa de Sevilha)[81], ou como Lavradio, Ficalho, Sabugosa, Faial, Asseca, Wenceslau de Lima e demais camarilha régia –, em que medida é que a política era influenciada pelo Paço? Não é fácil perceber e menos ainda avaliar. Pouco se confessaram os intervenientes. Mas o Marquês de Lavradio, secretário particular, deixa escapar: «Eu tinha lembrado a El-Rei que era necessário precaver-se contra o Teixeira de Sousa, porque este não cairia «sem fazer sangue», e que havia a conveniência de ter já um ministério para o substituir, quando ele fosse demitido.» Isto muito embora o secretário particular escreva, inúmeras vezes, que não fazia política...[82] Então o que seria isto?

Que o círculo de pessoas que rodeava o reizinho o quisesse influenciar, nada de estranho. O que começou mal subiu ao trono: «Muito cochichar, muitos segredos, já muitas intrigas.»[83] Despeitos, amores-próprios, rancores, tudo vinha ao de cima. «Fervilhavam observações malévolas; era observado quem mais chorava, quem parecia indiferente. [...] Parece que em pisando as alcatifas de um paço, até as melhores pessoas se deixam tornar azedas e invejosas.»[84] A rainha D. Amélia e as suas damas, condessa de Figueiró e D. Isabel Ponte (aia do príncipe D. Luís Filipe) foram acusadas de mandar no Paço. Mas mandariam no soberano? Que o fizessem e que a política sofresse com isso é que dá para duvidar. Porque os políticos monárquicos não se sujeitavam à corte. Embora pudessem usá-la em seu proveito. Em especial Wenceslau de Lima, que era a pessoa mais ouvida, o conselheiro preferido, nas boas graças de D. Amélia.[85] Talvez a ele se refira Teixeira de Sousa, em Agosto de 1910, nas vésperas de eleições. Escreve o Presidente do Conselho que sabe que há pessoas «ligadas à casa de Vossa Majestade» que procuram influenciar a coligação de progressistas, franquistas e nacionalistas.[86] Muito chegado ao Paço se considerava também o Marquês de Soveral, ministro em Londres. Diplomata, não vinha muito a Portugal. No entanto, instalava-se junto do rei e da rainha quando necessário. Mas a sua relevância seria assim tanta? Para Júlio de Vilhena essas influências eram centrais para explicar a instabilidade do soberano: «Ao voltar as costas, vinha a intriga tecer ou apertar as suas malhas. Agora era aquela dama beata que lhe ensinara a rezar o terço, e que me considerava um herege, porque acusara o bispo de Beja em cheiro de santidade no Paço; logo uma outra dama, não menos ilustre e temente a Deus, que lhe dizia: «há palavras que comprometem, e d'esta espécie são aquelas que ele escrevia: – *isto acaba por uma revolução ou por um crime.*»[87] Não menos presente estaria o pessoal clerical. Ouça-se Teixeira de Sousa: «O governo da minha presidência tinha contra si os reaccionários de todas as castas, tendo à frente os jesuítas, frades, freiras e protectores, constituindo a essência do nacionalismo. Combatiam-no, usando por vezes dos processos mais incorrectos, mais por política e levados pela ambição do mando do que por espírito religioso.»[88]

Em Setembro de 1909 está a preparar-se uma recomposição partidária? Pelo menos, o rei era dessa opinião, e intenta mesmo promovê-la. Progressistas, regeneradores de Campos Henriques, franquistas e nacionalistas formariam o partido conservador;

o outro partido, a ser chefiado por Wenceslau de Lima, juntaria dissidentes e os regeneradores de Teixeira de Sousa. Seria o *bloco*. Na verdade, o xadrez político, tal como se apresentava, apenas organizado em torno de personalidades e não de ideias, era insustentável. Tanto mais quanto entre essas personalidades nenhuma se distinguia por uma superioridade por todos reconhecida. O que conduzia à impossibilidade de qualquer governo durar. Para além de que os rotativos anseiam por regressar ao regime dos alcatruzes. Caem no reinado de D. Manuel II, entre Fevereiro de 1908 e Dezembro de 1909 quatro ministérios – e em seguida mais dois. Como os monárquicos bem sabiam, quem ia ganhando eram os republicanos. Por isso o rei insiste nessa sua ideia de rearrumar as forças partidárias. José Luciano opor-se-á: «Quanto à remodelação dos partidos, parece-me cedo para dar opinião segura. Convém dar tempo ao tempo. Na desordem em que tudo está na política interna, é indispensável simplificar e reduzir os grupos e grupelhos, quanto possa ser. Há partidos de mais, e faltam fortes e sérios partidos de governo. Infelizmente faltam igualmente homens à altura das dificuldades de momento.» Mas o rei insiste: quer «que os grupos que têm naturais afinidades se unam aos partidos, tanto de um lado como do outro.» José Luciano, sem abdicar da autoridade que exercia sobre os progressistas, cuida de um bloco de defesa monárquica, «em que entrem todos os elementos lealmente afectos à monarquia.» Dele ficariam excluídos os que não se desligassem dos republicanos.[89] Era a velha rixa com José Maria d'Alpoim e os seus amigos progressistas dissidentes. José Luciano «fez movimentar toda a política nacional ao redor d'Alpoim.»[90] Ódio velho que não cansava. Chegando a insinuar cumplicidades dos dissidentes com os republicanos na revolta de 28 de Janeiro (o que era verdade) e de «suspeitos de não serem estranhos ao regicídio» (o que nunca foi provado – e não por falta de acusações).[91]

Quem se cansava – ou parecia assim – eram os governos, que se demitem sem serem derrubados no parlamento. O que não dava ao rei «indicações constitucionais» que lhe permitissem resolver as crises que constantemente se abriam. Porque os governos «gastavam-se» depressa – a expressão é de José Luciano de Castro (e não do Conde de Gouvarinho). Ao contrário do rei os homens de partido pensavam sobretudo na arrumação eleitoral. Por isso José Luciano proporá uma fórmula em que «as eleições seriam feitas por acordo entre os partidos monárquicos, de modo a que todos tivessem a sua natural e legítima representação.» Oferecer-se-ia um «entendimento eleitoral». Era a manutenção do que estava – e sempre os rotativos quiseram e se esforçaram por que nada mudasse. «O que hoje fazem regeneradores, dissidentes e republicanos, farão amanhã progressistas, regeneradores, henriquistas (grupo de Campos Henriques), franquistas, nacionalistas e republicanos.»[92] Era o propósito de retornar ao rotativismo reforçado – com os republicanos sempre na oposição, claro. Que a alguns nunca esquecia: eleições feitas pelo governo que entrava a substituir o governo que saía por vontade do monarca.

Sem que a sociedade portuguesa disso tirasse qualquer benefício. O rei pretendeu dispor de um diagnóstico sobre a realidade portuguesa vista por um sociólogo. Para o que à sua custa fez vir o francês Léon Poinsard. De cujo trabalho, análise e sugestões afinal nada se seguiu.

Avança também noutra direcção o monarca: quer atrair o partido socialista à monarquia. O partido republicano fazia ao partido socialista «uma guerra de morte e arranjou sempre as cousas de maneira que o partido se encontrasse sempre em completo desacordo entre os diferentes grupos.» Mas em Junho de 1909 parecia que Alfredo Aquiles Monteverde tinha unido as várias facções. Preparava-se um congresso. E o rei manda que o Presidente do Conselho chame o engenheiro Monteverde, e que com ele converse longamente. Havia que desviar o operariado do partido republicano «e orientando-o o que virá a ser uma força útil e produtiva.»[93] Era tentativa difícil. Teoricamente, os socialistas não parecia que pusessem em causa o regime político, ao contrário dos republicanos: «em frente da questão social todos os sistemas políticos são iguais. Tantas vantagens pode conceder uma monarquia como uma república.» Os socialistas tinham-se instalado com intransigência nesta abstenção quanto ao regime político. Questão que não punham e menos ainda queriam resolver. Apesar de teoricamente reconhecerem que «os regimes monárquicos são incompatíveis com a soberania eleitoral.»[94] Monteverde escreve ao rei, relatando como se pusera em contacto com alguns operários do Arsenal da Marinha, «que não são tão ferozes e intratáveis como geralmente se supõe.» Acha que seria fácil conquistá-los «mediante simples actos de justiça e de humanidade.» O rei autorizara Monteverde a escrever-lhe quando entendesse. O que ele faz, a propósito das casas económicas, para operários cujo patrocínio do monarca seria bom. Se se soubesse que o apoio vinha do rei «se levantaria vibrante de entusiasmo, abençoando o nome de Vossa Majestade e votar-lhe-iam uma dessas devoções que raras vezes de um povo para o seu rei tem subsistido.»[95] O rei queria aproveitar-se dessa massa popular. Massa que se movia pelos seus próprios interesses, muitos apenas pela sua sobrevivência, sem cuidar de saber das instituições. Todavia os governos não acompanhavam os esforços do monarca. E uma parte dos operários viravam-se para a aliança preferida com os revolucionários republicanos. Por seu lado o engenheiro Monteverde tinha outras ambições, a ponto de haver quem o apontasse para um posto diplomático. Menor, embora.[96]

A ligação do monarca aos socialistas não deve ter passado deste esboço, destes primeiros contactos. Até porque o rei era profundamente conservador. Embora não deixasse de se preocupar com os necessitados – mas como um caridoso católico, não como um reformador social.[97] Porque não houve da parte dos governantes um empenhamento sério e continuado, e porque não seriam muitos os socialistas ainda não tocados pela propaganda republicana. Estariam mais ligados à facção dos «intervencionistas», pró-republicanos. Não poucos socialistas aproveitaram a propaganda republicana e nela estiveram integrados – embora de maneira reticente e transitória.[98] A aproximação de anarquistas e de socialistas ao partido republicano vem de uma opção meramente táctica e nada ideológica.[99] Logo em 1903 o sindicalista Emílio Costa se perguntava: «É precisa a República?» E a resposta era positiva.[100] Porque sindicalistas e anarquistas tinham menos repugnância em aproximar-se do partido republicano do que dos monárquicos. Pelo que teve melhor efeito do que uma imaginada aproximação dos socialistas à monarquia. A unidade dos socialistas não existia, ou pelo menos acontecia em 1910 que se procurasse criar um novo partido socialista-reformista. Seria liderado pelo Professor Agostinho Fortes. E esse era bem chegado ao partido republicano.[101] Certas inabilidades do rei não terão ajudado a que socialistas dele se aproximassem. Um dos seus ditos é que estaria «sempre com os que trabalham.»[102] Na estadia no Porto, perante operários, declarou: «eu mesmo trabalho.» Calcula-se o efeito alcançado...[103]

O rei tinha vontade própria. Não estando destinado a reinar, depressa D. Manuel II se habituou às suas obrigações dinásticas e percebeu que em muitas coisas podia impor a sua vontade. Influencia as soluções políticas, procura apoios e tenta desarmar oposições. O seu conselheiro principal foi Wenceslau de Lima, regenerador, professor de mineralogia na Academia Politécnica do Porto, homem rico, casado com uma neta da Ferreirinha da Régua. Minutava cartas do rei, era por ele ouvido nas situações melindrosas de ter de escolher governos. E talvez protelasse resoluções, pois era conhecido por «adiar todas as dificuldades, embora saiba que com isso só as agrava.»[104] Chegou mesmo a Presidente do Conselho, lugar em que não aturou muito tempo. Não se desenvencilhou da questão dos adiantamentos, que volta meia volta regressava ao parlamento, e que nenhum governo conseguia desembrulhar. Havia quem achasse que convinha arrastá-la, porque com o tempo perderia importância. Mas era sempre usada pelos partidos, conforme as suas conveniências. Caído o ministério Sebastião Teles é chamado Wenceslau de Lima: «Como está assente que o sr. José Luciano é a causa verdadeira de toda a nossa barafunda política, o sr. Lima irá aos Navegantes pedir amparo e protecção. Caso encontre favor no Árbitro Supremo dos nossos destinos, s. ex.ª organizará governo.»[105] Assim se pensava que fosse. Mas o «Senhor dos Navegantes» não estava muito satisfeito com esta escolha. E esperava a vez de virar a situação a seu favor e do seu partido progressista. Em contrapartida era grande o regozijo do Paço perante a ascensão do «valido».

José Luciano foi muito consultado pelo rei – e acusado de efectivamente mandar. Todavia, da análise da sua correspondência não se segue que o monarca atendesse pressuroso os seus alvitres. Consultá-lo era sondar os partidos rotativistas, e não só perscrutar a opinião dos progressistas. O entendimento-desentendimento de José Luciano com Júlio de Vilhena persistia. E, sobretudo, manter essa relação epistolar com José Luciano era tentar influenciar os progressistas. Mas não significava fazer-lhes a vontade. «Ele é inteligente e poderá fazer muitas cousas, se O deixarem», opina o conde de Mafra sobre D. Manuel.[106] Mas para um ministro do último governo, o rei era um pateta; inteligente e séria a rainha D. Amélia...[107]

Teixeira de Sousa dirá que «ao rei faltou gente capaz de compreender a gravidade da situação. O espírito reaccionário dominava muitas das pessoas que o cercavam, as quais mal o aconselharam ou o não desviaram da prática de actos que a opinião não aceitava.»[108] Não se sabe como as influências eram exercidas, como os palpites eram recebidos. Como a camarilha, que muitos acusam, actuava e que efeitos tinham essas manobras. O que se pode espreitar é que não houve por parte de D. Manuel II o traçar de uma linha de actuação que persistentemente seguisse. Nem que se tivesse empenhado na indispensável reorganização partidária. Aí se imporia o propósito de bom governo do país. Que prevalecesse sobre as questiúnculas pessoais dos chefes e candidatos a chefes e dos marechais rotativos. Porque a demonstração a fazer – e que faltou – seria a de que a monarquia era o regime adequado para se viver melhor em Portugal. Para todos os grupos e classes sociais e não apenas para uma nobreza hereditária ou de títulos comprados – para essa o que estava, estava bem, como não havia de estar? E essa prova não foi feita nem sequer tentada. Mas ainda era possível nas circunstâncias em que D. Manuel subiu ao trono e no tempo em que reinou? Talvez não. E para isso requer-se-ia um soberano de excepção que não era. Que se empenhasse e conseguisse que os políticos se comprometessem em soluções novas para resolver as dificuldades do País e não apenas interessados na formação dos governos. De que há ecos bem sonantes nas discussões da câmara dos dignos pares do Reino e na câmara dos deputados. E sobretudo, actuações que conseguissem afastar a constante ameaça que representava o partido republicano: «Em Portugal ainda se não proclamou a república, mas já se conseguiu uma coisa, que é um acto revolucionário de formidável alcance, – já se conseguiu que a monarquia não governe.» Assim era. O regime podia dar-se como em liquidação.[109]

A governação estava inquinada por erros que de longe vinham e a que ninguém queria pôr cobro – e não era o rei que podia estar interessado em mudar radicalmente as coisas. Poderia o monarca perder os apoios com que contava pelo simples facto de o ser? Porque qualquer modificação radical tinha de ocorrer dentro das instituições – para assim conseguir preservá-las. Porque por fora a alternativa republicana estava bem à vista. E talvez fosse mais fácil pensar na eficiência de um novo regime do que na renovação do velho. E muitos assentiam que Portugal estava um país a saque. Pelo contrário quem parecia ter um «programa novo, uma linha austera de conduta, uma vontade firme e inabalável de endireitar e corrigir a administração do Estado» era o partido republicano.[110] Daí também a forte atracção exercida por ele.

Desde que a questão passava a ser assim posta, propagandeada, discutida, acabava por se deslocar o centro das preocupações para o conflito entre as duas alternativas. E da parte dos monárquicos nada era seriamente empreendido para o impedir. Mantiveram-se as práticas e os vícios anteriores. A defesa possível passava por ser a proporcionada pelas forças armadas – que também não eram reformadas no sentido de tornarem prioritária a defesa das instituições. E, entretanto, a propaganda pessoal do monarca prosseguia. Nos quartéis, nas visitas fora de Lisboa. Em especial para o Norte, que se tinha por mais leal e conservador. As idas ao Porto tinham confirmado essa necessidade de mostrar o rei longe da capital. A propaganda não lhe dava descanso. A 4 de Outubro de 1910 D. Manuel II devia partir para uma outra estadia, desta feita em Trás-os-Montes, em Vidago, na zona de influência política do chefe do governo. Os automóveis de Estado já lá se encontravam. Tudo estava preparado. Esperava-se mais uma visita triunfal. Essa era a aposta do Presidente do Conselho Teixeira de Sousa – como fora a dos seus antecessores.[111] Que entendia dever bater-se pela continuidade do regime monárquico. Com as poucas armas que já lhe restavam.

CAPÍTULO 10
NOTAS

1 Júlio de Vilhena, *Antes da Republica (notas autobiográficas)*, vol. I, p. 366.

2 *Memórias do Sexto Marquês de Lavradio*, p. 109.

3 Brito Camacho, «Propaganda monárquica», *in A Lucta*, n° 849, de 6 de Maio de 1908.

4 João Chagas, *Cartas políticas*, 2ª série, p. 39.

5 *Memórias do Sexto Marquês de Lavradio*, p. 110.

6 Brito Camacho, «Propaganda monárquica», *in A Lucta*, n° 849, de 6 de Maio de 1908; Thomaz de Mello Breyner, *Diário de um monárquico. 1908-1910*, p. 145.

7 João Chagas, *Cartas políticas*, 1ª série, p. 42.

8 Henrique Baptista, *Monarchia e Republica. Carta ao Snr. Dr. Bernardino Machado*, Porto, Livraria Portuense de Lopes & C.ª – Successor, 1909, pp. 13 e 31.

9 Thomaz de Mello Breyner, *Diário de um monárquico. 1908-1910*, p. 157.

10 *Alma Nacional*, n° 8, de 31 de Março de 1910, p. 121.

11 *O Mundo*, n° 2996, de 8 de Março de 1909.

12 João Chagas, *Cartas políticas*, 1ª série, pp. 153, 161-176 e 233-238; Lopes d'Oliveira, *História da República Portuguesa. A propaganda na monarquia constitucional*, p. 360; Lopes de Oliveira, «O têrmo da propaganda doutrinária republicana e o período revolucionário», *in* Luís de Montalvor, *História do Regímen Republicano em Portugal*, vol. II, p. 311.

13 Lopes d'Oliveira, *História da República Portuguesa. A propaganda na monarquia constitucional*, pp. 346, 362 e 375; *O Mundo*, n° 3128, de 19 de Julho de 1909.

14 Rui Ramos, *A segunda fundação (1890-1926)*, vol. VI da *História de Portugal*, direcção de José Mattoso, Lisboa, Círculo de Leitores, 1994, p. 358.

15 *O Seculo*, n° 10 309, de 25 de Agosto de 1910.

16 *O Mundo*, n° 3437, de 27 de Maio de 1909.

17 Armando Ribeiro, *A Revolução Portugueza*, Lisboa, João Romano Torres & Ca., vol. II, pp. 94-102; Diário da câmara dos deputados, Sessões de 8 e 10 de Junho de 1910.

18 *O Seculo*, n° 10 309, de 25 de Agosto de 1910.

19 *A Patria*, n° 203, de 27 de Maio de 1910

20 *O Mundo*, n°s 2883 e 3111, de 13 de Novembro e 2 de Julho de 1909.

21 Lopes d'Oliveira, *História da República Portuguesa. A propaganda na monarquia constitucional*, p. 346; Rocha Martins, *D. Manuel II*, vol. I, p. 363; *A Lucta*, n° 1038, 11 de Novembro de 1908.

22 Brito Camacho, *Ferroadas*, p. 212.

23 Thomaz de Mello Breyner, *Diário de um monárquico. 1908-1910*, pp. 153 e 171; *Documentos políticos encontrados nos Palácios Riais*, pp. 126-131.

24 Rocha Martins, *D. Manuel II*, vol. I, p. 425.

25 *O Seculo*, n° 9486, de 18 de Maio de 1908; *O Mundo*, n° 2704, de 18 de Maio de 1908.

26 Thomaz de Mello Breyner, *Diário de um monárquico. 1908-1910*, pp. 41 e 169; Rocha Martins, *D. Manuel II*, vol. I, p. 319.

27 *A Lucta*, n° 75, 17 de Março de 1906.

28 Theophilo Braga, *Soluções positivas da Politica Portugueza*, vol. I, p. 80; Ibidem, vol. II, p. 177.

29 Lopes de Oliveira, «O têrmo da propaganda doutrinária republicana e o período revolucionário», *in* Luís de Montalvor, *História do Regímen Republicano em Portugal*, vol. II, p. 315; Antonio Cabral, *As minhas memorias politicas. O agonizar da Monarchia*, p. 271; In *A Lucta*, n° 871, de 28 de Maio de 1908; *Cartas de Sua Majestade a Rainha Senhora Dona Amélia a D. Manuel de Bastos Pina*, CIV, 211; Armando Marques Guedes, *Páginas do meu Diário*, pp. 63-73.

30 *Resistencia*, n° 1301, de 9 de Abril de 1908; Brito Camacho, *Ferroadas*, pp. 152 e 161; Antonio Cabral, *As minhas memorias politicas. O agonizar da Monarchia*, p. 271.

31 *Resistencia*, n° 1302, de 12 de Abril de 1908

32 Henrique Baptista, *Monarchia e Republica. Carta ao Snr. Bernardino Machado*, p. 32.

33 Diário da câmara dos pares, Sessão de 17 de Março de 1909.

34 Documentos políticos encontrados nos Palácios Riais, p. 37.

35 João Chagas, Cartas políticas, 2ª série, pp. 246-250.

36 Ibidem, p. 313.

37 Antonio Cabral, As minhas memorias politicas. O agonizar da Monarchia, pp. 279-280.

38 Lopes de Oliveira, «O têrmo da propaganda doutrinária republicana e o período revolucionário», in Luís de Montalvor, História do Regímen Republicano em Portugal, vol. II, pp. 286.

39 Brito Camacho, «Princípios e processos», in A Lucta, nº 768, 13 de Fevereiro de 1908.

40 João Sereno, Cartas a toda a gente. 1ª carta. A El-Rei. A propósito da sua segunda visita a esta cidade, p. 16.

41 Teixeira de Sousa, A força pública na Revolução (Réplica ao ex-coronel Albuquerque), Coimbra, Moura Marques, 1913, p. 253.

42 Thomaz de Mello Breyner, Diário de um monárquico. 1908-1910, pp. 84, 90, 114-116 e 140.

43 Apud Júlio de Vilhena, Antes da República (notas autobiográficas), vol II, p. 14.

44 In A Lucta, nº 1030, de 5 de Novembro, nº 1032 de 5 de Novembro, nº 1034 de 7 de Novembro e nº 1036 de 9 de Novembro de 1908; Dr. Joaquim Pinto Coelho, Textos Políticos (1905-1910), p. 95.

45 Ibidem, nº 1036, de 9 de Novembro de 1908; Illustração Portugueza, Lisboa, O Seculo, nº 146, 147 e 148, 7, 14 e 21 de Dezembro de 1908.

46 Brito Camacho, «Manifestações Políticas», in A Lucta, nº 1041, de 14 de Novembro de 1908.

47 A Lucta, nº 1042, de 15 de Novembro e nº 1048, de 21 de Novembro de 1908.

48 Apud Aquilino Ribeiro, Um escritor confessa-se, p. 249.

49 Thomaz de Mello Breyner, Diário de um monárquico. 1908-1910, p. 121.

50 Brito Camacho, «No regresso», in A Lucta, nº 1061, de 4 de Dezembro de 1908.

51 Memórias do Sexto Marquês de Lavradio, p. 120.

52 A Lucta, nº 1059, de 2 de Dezembro de 1908; O Mundo, nº 2904, de 4 de Dezembro de 1908.

53 O Mundo, nº 2905, de 5 de Dezembro de 1908.

54 O Mundo, nº 3113, de 4 de Julho de 1909.

55 João Chagas, *Cartas políticas*, 3ª série, p. 262.

56 Ibidem, 2ª série, p. 10; Raúl Rêgo, *História da República*, vol. II, p. 45.

57 *A Patria*, nº 75, de 28 de Dezembro de 1909.

58 *Apud* João Chagas, *Cartas políticas*, 3ª série, p. 196.

59 Pádua Correia, *Pão Nosso...*, Porto, nº 2, 27 de Abril e nº 4, 11 de Maio de 1910, pp. 25 e 52.

60 José Lopes Dias, «O coronel Malaquias de Lemos e a revolução de 5 de Outubro (Novos documentos)», Doc. 12, p. 40.

61 Pádua Correia, *Pão Nosso...*, Porto, nº 6, 25 de Maio de 1910, p. 90.

62 *Documentos políticos encontrados nos Palácios Riais*, p. 110.

63 Raul Brandão, *Memórias*, vol. II, p. 57.

64 *O Mundo*, nº 3416, de 6 de Maio de 1909.

65 Thomaz de Mello Breyner, *Diário de um monárquico. 1908-1910*, pp. 78, 110, 148, 233 e 271; *Memórias do Sexto Marquês de Lavradio*, pp. 221-222.

66 Raul Brandão, *Memórias*, vol. II, p. 54; noutra fonte referem-se os *Contos escolhidos* de Alphonse Daudet: Augusto Vivero e Antonio de La Villa, *Como cae un trono (La revolución en Portugal)*, p. 218.

67 Joaquim Leitão, *Diário dos vencidos Subsidios para a historia da Revolução de Cinco de Outubro*, Porto, J. Leitão, 1911, p. 312.

68 *Memórias do Sexto Marquês de Lavradio*, p. 121.

69 Júlio de Vilhena, *Antes da Republica (notas autobiográficas)*, vol. II, pp. 235 e 401.

70 Carlos Malheiro Dias, *Em redor de um grande drama*, p. 192.

71 *Apud* João Chagas, *Cartas políticas*, 3ª série, p. 147; Rocha Martins, *D. Manuel II*, vol. II, p. 155.

72 *A Lucta*, nº 1357, de 19 de Setembro de 1909.

73 Thomaz de Mello Breyner, *Diário de um monárquico. 1908-1910*, pp. 107, 221 e 230.

74 *A Patria*, nº 310, de 1 de Outubro de 1910; João Chagas, *Cartas políticas*, 3ª série, pp. 145.

75 Thomaz de Mello Breyner, *Diário de um monárquico. 1908-1910*, pp. 150 e 314; *Documentos políticos encontrados nos Palácios Riais*, p. 124; sobre o ex-rei exilado, Maria Cândida Proença, *D. Manuel II*, Lisboa, Círculo de Leitores, 2006.

76 *A Patria*, n° 97, de 22 de Janeiro de 1910.

77 Rocha Martins, *D. Manuel II*, vol. II, p. 11.

78 *Alma Nacional*, n° 2, Lisboa, 17 de Fevereiro de 1910, p. 19.

79 *A Patria*, n° 16, de 19 de Outubro de 1909; *O Mundo*, n° 3215, de 14 de Outubro de 1909; *A Lanterna*, 21 de Outubro de 1909, pp. 260-261.

80 Thomaz de Mello Breyner, *Diário de um monárquico. 1908-1910*, p. 334.

81 Teixeira de Sousa, *A força pública na Revolução (Réplica ao ex-coronel Albuquerque)*, p. 207.

82 *Memórias do Sexto Marquês de Lavradio*, p. 149.

83 Thomaz de Mello Breyner, *Diário de um monárquico. 1908-1910*, p. 32.

84 Branca de Gonta Colaço, *Memórias da Marquesa de Rio Maior*, p. 245.

85 Júlio de Vilhena, *Antes da Republica (notas autobiográficas)*, vol. II, pp. 394--395; *Cartas de Sua Majestade a Rainha Senhora Dona Amélia a D. Manuel de Bastos Pina*, CVI, p. 215.

86 *Documentos políticos encontrados nos Palácios Riais*, pp. 113-114.

87 Júlio de Vilhena, *Antes da Republica (notas autobiográficas)*, vol. II, p. 388.

88 Teixeira de Sousa, *Para a história da Revolução*, vol. I, pp. 75-76.

89 *Documentos políticos encontrados nos Palácios Riais*, pp. 95-96, 106 e 108.

90 Teixeira de Sousa, *Para a história da Revolução*, vol. I, p. 79.

91 *Documentos políticos encontrados nos Palácios Riais*, pp. 100-101.

92 Ibidem, p. 109.

93 Ibidem, p. 140.

94 César Nogueira, *Notas para a história do socialismo em Portugal*, 2° vol., *(1895-1925)*, Lisboa, Portugália Editora, 1966, p. 16; J. Fernandes d'Oliveira, *O Grande Problema na conferencia socialista de Coimbra. A attitude do partido socialista perante a acção e propaganda dos partidos monarchicos e republicanos. Concentrações Politicas*, Gaya, Typ. de Francisco Martins Barboza, 1901, p. 9; Raúl Rêgo, *História da República*, Lisboa, Círculo de Leitores, vol. II, 1986, p. 21.

95 *Documentos políticos encontrados nos Palácios Riais*, p. 143.

96 Ibidem, p. 148.

97 É o que revelam as cartas, quase todas escritas no exílio (António Cabral, *Cartas d'el-rei D. Manuel II, pp. 261-261*). Não seria assim quando era rei?

98 *História da República*, p. 259; Hermano Neves, *Como triumphou a Republica. Subsidios para a Historia da Revolução de 4 de Outubro de 1910*, p. 48.

99 Fernando Catroga, *O republicanismo em Portugal da formação ao 5 de Outubro de 1910*, vol. I, p. 157; Jacinto Baptista, *O Cinco de Outubro*, p. 238; António Ventura, *A Carbonária em Portugal, 1897-1910*, Lisboa, Livros Horizonte, 2004, pp. 29-30.

100 Emílio Costa, *É precisa a República?*; António Ventura, *Entre a República e a Acracia. O pensamento e a acção de Emílio Costa (1897-1914)*, Lisboa, Colibri, 1995, pp. 102-110.

101 *O Seculo*, nº 10 283, de 30 de Julho de 1910.

102 Ibidem, nº 9684, de 2 de Dezembro.

103 *A Lucta*, nº 1049, de 22 de Novembro de 1908.

104 Afonso Costa, *Discursos políticos, 1900-1910*, p. 526.

105 *A Lucta*, nº 1210, de 5 de Maio de 1909.

106 Thomaz de Mello Breyner, *Diário de um monárquico. 1908-1910*, p. 148.

107 Raul Brandão, *Memórias*, vol. II, p. 35.

108 *Apud História da República*, p. 426.

109 *Alma Nacional*, nº 20, de 23 de Junho de 1910, p. 328.

110 Hermano Neves, *Como triumphou a Republica. Subsídios para a Historia da Revolução do 4 de Outubro de 1910*, p. 23.

111 Rocha Martins, *D. Manuel II*, vol. II, p. 404.

CAPÍTULO 11
A MARCHA PARA O ABISMO

«Os partidos monárquicos entraram no novo reinado esfacela-
dos. Pulverizaram-se. Já não eram partidos mas esqueletos de
partidos que se desarticulavam.»[1] Apesar do regicídio e do crescimento do Partido Republicano, os partidos monárquicos
continuavam a digladiar-se, como se na vida política tudo permanecesse como dantes. Desacerto que estava bem à vista. «Estes
monárquicos fazem um governo, dizem eles, para salvar a monarquia. Feito o governo, qual é o seu pensamento? Derrubá-lo!
O pensamento da salvação das instituições monárquicas não faz
calar um instante as suas ambições. Uma semana depois do
almirante Ferreira do Amaral subir ao poder, tramava-se a sua
queda.»[2] Com efeito, o ministério da acalmação durou, aos
trancos e barrancos, só até 19 de Dezembro de 1908. Fora uma
tentativa de resolver problemas e dificuldades imediatas ao regicídio, não um esforço de reorganizar de modo diferente a vida
política. Que evitasse a queda do trono. Como disse João Chagas,
foi um «simulacro de continuidade histórica» da monarquia.[3]
Com a vida partidária pré-franquista, podia ter acrescentado.
Porque a base do governo Ferreira do Amaral voltava a estar
nos partidos rotativos, embora transitoriamente aliados como
se se tratasse de uma efectiva concentração monárquica. Com
bons efeitos na acalmia do País, o que não foi devidamente
apreciado pelos partidos tradicionais. O seu presidente constata
que «até os que a princípio duvidavam da eficácia dos meus

processos de tolerância, confessavam ao fim de algum tempo que se haviam enganado, e que realmente os meus processos liberais e tolerantes foram não só eficazes, mas os únicos que, num país essencialmente liberal, ainda mais nos costumes públicos talvez do que na própria legislação, podiam, em prazo tão relativamente curto, ter trazido a paz aos espíritos, permitindo estabelecer-se a ordem e fazer entrar o país na normalidade constitucional de que havia tanto tempo andava afastado.»[4]

Tinha razão. Mas era assim porque os chefes partidários temiam que o ministério da acalmação, a durar, lhes retirasse a vez de ascenderem aos conselhos da coroa como governos partidários. Aceitaram-no como uma solução de continuidade para um momento especialmente difícil. A aguardar melhores dias, em que voltassem à partilha plena e alternada do poder. Pelo que foi sempre reticente o apoio ao almirante Ferreira do Amaral da parte de ambos, regeneradores e progressistas. Júlio de Vilhena, regenerador, achava que era a vez do seu partido regressar ao poder – e a oportunidade de ele próprio se tornar Presidente do Conselho, sua ambição persistente. Por isso escreve ao rei, a 7 de Dezembro de 1908, retirando a confiança política ao ministério. O pretexto estava em o governo ter deixado a câmara de Lisboa cair nas mãos dos republicanos. Não era a mesma a opinião do chefe progressista: José Luciano continuava a sustentar o gabinete. Via com optimismo o seu desempenho: «não há razão constitucional que justifique a mudança de governo neste momento.»[5] Não estando em condições de governar – dado o seu estado de saúde – queria manter a sua influência no governo e, se possível, dividir os regeneradores. Porém, já não havia volta a dar. A chamada concentração monárquica estava acabada. Pelo menos por parte de Júlio de Vilhena. Mas ir-se-ia arrastar a prática de constituir governos com gente de ambos os partidos. Seriam «ministérios transitórios, sem força e sem corresponderem às necessidades do país.»[6] Continuaria a não haver condições de estabilidade à vista. Cada um puxava o governo para a sua cor. E D. Manuel, que não queria dissolver a câmara baixa, ir-se-ia esforçando por substituir o governo que se demitia por um semelhante – que ficava também a muito curto prazo.

Pelo contrário, o partido republicano, como que afectado pelo regicídio, manteve-se calmo. Era «aquela cada vez maior família» de que falava o Dr. Bernardino Machado. Que considerava que a república seria feita «pela nação inteira. Nós [o partido republicano] tratamos apenas de a habilitar a fazê-la com ordem, com êxito.»[7] Mas teria que propor-se uma maior agressividade, para conseguir o derrube da monarquia. Havia em muitos republicanos – maxime em Afonso Costa – a tentação de evitar o conflito decisivo, insistindo na actividade parlamentar e na legalidade da oposição. Procurando mesmo as coligações, os compromissos ou meros entendimentos com grupos monárquicos. Afonso Costa chegou a propor no parlamento uma plataforma liberal conciliatória. «À monarquia, ao novo reinado e ao Governo que o representa, nós só exigimos e reclamamos, como é nosso impreterível direito e dever, que governem patriótica, económica e liberalmente.» «Quer dizer: estará o Governo disposto a dar ao rei D. Manuel um verdadeiro reinado de acalmação e de liberdade, e não uma continuação do reinado de D. Carlos, com todos os encargos e horrores dessa herança? [...] Numa palavra: o novo rei deveria representar a nova ordem de coisas, deveria inspirar-se na mesma alma da Nação, que produziu, por culpa dos Governos, as tragédias passadas. Mas se o novo reinado não quiser representar, com toda aquela coragem que dão os momentos decisivos da história, exactamente a oposição do povo ao reinado anterior, perder-se-á com este. A sombra de destruição e de morte, que deste reinado ficou, envolverá o novo reinado, e – cumprir-se-ão os fados!»[8] A proposta implicava uma dúzia de medidas, todas compatíveis com uma monarquia que se quisesse liberal. Os progressistas dissidentes entenderam-na, aplaudiram-na e a ela anuíram de imediato. Registam «a oferta de tal colaboração para que, em bases de justiça e de moralidade, se erga sobre os destroços da antiga monarquia [...] uma nova monarquia que seja essencialmente democrática, e dentro da qual o povo português possa, honrada e livremente, realizar muitas das suas nobres aspirações e o progresso a que tem direito.»[9] Ferreira do Amaral «monárquico impenitente – mas que é um homem sério» – terá apreciado a conciliação proposta em que andou metido como intermediário um antigo professor do rei, o Dr. Manuel de Oliveira Ramos.[10] Todavia, os marechais dos partidos monárquicos ignoraram a oferta de tréguas pelo partido republicano. Viraram-lhe as costas. A recusa teria mesmo partido de D. Manuel e de D. Amélia. Tanto pior para eles... Porque, a ter ocorrido, poderia ter-se atrasado a proclamação da república. O partido republicano fará publicar o discurso de Afonso Costa, para que conste e se propague a recusa dos monárquicos.[11] Por isso se pode pensar que a partir desse dia 19 de Maio de 1908 se começa a preparar a instalação do novo estado de coisas. O que o partido republicano podia temer não aconteceu: ligações com os monárquicos (como as tréguas propostas) poderiam vir a mostrar que o regime alternativo com que se propunha derrubar a monarquia afinal era compatível com as instituições vigentes... Entretanto, a propaganda republicana vai abrindo o caminho contrário – assim teria que ser. No interior do grupo dos republicanos havia quem discordasse desta proposta afabilidade. Desta organização descansada à espera de uma república *em último caso*.

Paciência recomendada pelo Dr. Bernardino Machado, sempre moderado, sempre a tentar compromissos. E por isso acusado de sempre atrasar a eclosão de actos revolucionários desencadeados por aqueles a que chamava os impacientes.[12] Esses não queriam esperar até para lá do ano 3000, «em que uma oposição parlamentar que só tivesse vaselina no programa, expulsaria ao som do hino da carta, o último herdeiro da dinastia de Bragança, no preciso momento em que o último liberal fosse enforcado nas tripas do último republicano.» Mas o partido republicano estava a transformar-se num partido revolucionário, mesmo. Sob pena de se esgotar «na conquista pacífica de liberdades ilusórias.» Porque a República «não vem por seu pé. A República nunca vem, se nós republicanos, a não trouxermos. Isto é: para termos a República, é necessário que nós a façamos.» Assim afirma um panfletário.[13] E muitos assim pensariam. «A táctica republicana, (...) consistiu durante muito tempo, até outro dia em combater sistematicamente os governos, como se alguma coisa houvesse a esperar das oposições, uma vez encarrapitadas no Poder.» «Hoje a táctica republicana é outra e bem diversa.»[14] Aproximava-se a hora do confronto pelas armas.

A presidência do segundo governo do reinado de D. Manuel II foi entregue a Campos Henriques. Mais uma vez, passava o País a ter um regenerador como chefe do Governo, embora com participação de progressistas em algumas pastas. «Acabou a lua-de-mel e voltou-se à normalidade politiqueira do reinado anterior, com a agravante de um recrudescimento do espírito reaccionário e a entrada em cena de uma camarilha de sacristia que tomou conta do governo da nação.» Seria este tido como um ministério clerical, mesmo designado por *ministério das cónegas*. Governo de sacristia e regedoria, saído das intrigas da camarilha da corte – para alguns o seu presidente era o «mais destoutiçado medíocre que os acasos da política têm levado a alto lugar», lia-se no monárquico *Diario Popular*.[15] Campos Henriques seria tido por «perito em regedoria, conhecedor da arte de galopinar, emérito na confecção de recenseamentos e nas manobras eleiçoeiras.»[16] Assim regressavam os rotativos, ou pelo menos a esperança monárquica de que a fórmula rotativista poderia ter recuperação. Mas não só: entre «franquistas, nacionalistas e governo o acordo é completo;

o sr. Vasconcellos Porto garante o exército; o núncio garante o clero nacional e, principalmente, as congregações estrangeiras; em troca, o governo promete àquele e a este tudo quanto eles lhe pedem.»[17] José Luciano, cujo partido não abandonava o governo, mantinha, acrescida, a sua influência na Corte – junto do rei e junto da rainha. Escolhendo ministros, pondo e dispondo de pastas, sugerindo apoios. E por isso o ministério Campos Henriques iria durar só três meses – mesmo com esse apoio formal de José Luciano. Sem expectativa de sustentação na câmara baixa, a tal manta de retalhos resultante da eleição feita por Ferreira do Amaral.

Ao aceitar formar o governo o novo Presidente do Conselho provocara uma cisão no partido regenerador, pois que não era o chefe oficial – esse era Júlio de Vilhena, que o rei nunca quis como chefe do Governo. Ou que a Igreja, por velho ajuste de contas, nunca deixou que o fosse. Com boas razões: Vilhena, em tempos ministro da Justiça sustentou vários conflitos com os bispos e com o Núncio apostólico. Não era de confiança.[18] O chefe regenerador em cheque com esta nomeação e a cisão dos chamados henriquistas (seguidores de Campos Henriques), considera que então começou a agonia do regime.[19] Era aquilo a que chamou a «anarquia representativa». Porque o velho José Luciano, por muita influência que tivesse – e tinha – não conseguia manter travados os impulsos de substituição que todos os outros grupos monárquicos pretendiam – e mesmo os seus amigos. Estes juntavam-se agora contra o governo no chamado *bloco*: regeneradores de Júlio de Vilhena e de António Teixeira de Sousa, progressistas dissidentes de José Maria d'Alpoim. Sem programa que os unisse. Apenas se aliando nas arruaças que promoviam nas câmaras e nos ataques que desferiam nos seus jornais. De que a mais famosa, que vai provocar a queda do governo, é a que opõe o lente de Coimbra Caeiro da Matta, deputado regenerador, ao progressista ministro da Fazenda

Manuel Afonso Espregueira. Que começa como conflito parlamentar em redor de um empréstimo de quatro mil contos ao Estado e atinge foros de escândalo público. Porque, uma vez mais, estava bem pouco explicada a tomada desse empréstimo. Que beneficiava o banco a cuja administração pertencia o próprio titular da pasta. Conflito que acaba ainda com um duelo entre dois deputados a condimentar o conflito verbal nas cortes. Porque o deputado Caeiro da Matta acusara o ministro de criminoso. E um seu companheiro de partido, Moreira Júnior entendeu defendê-lo.[20] Rija foi então a polémica entre progressistas e franquistas em volta da chamada questão das «unhas aduncas». Com estes a defenderem-se das acusações provadas de autorizações ilegais de despesas, de adiantamentos, quando tinham estado no governo.[21] Os monárquicos não descansavam no lançar de acusações entre si. A indisciplina partidária favorecia a pulverização: «Actualmente, todos os partidários são mais ou menos chefes, cada um se julga com o direito ao supremo mando, e para o alcançar emprega as suas maiores habilidades e os seus máximos esforços.»[22]

Começavam a ouvir-se vozes clamando pela intervenção das forças armadas. Um jornal progressista dizia que «ao Exército cumpre entrar em cena, para meter na ordem os díscolos e os perturbadores da tranquilidade nacional.» Os oficiais tinham que dizer basta.[23] Sem que alguma coisa se organizasse: eram apenas desejos. Ou, se era mais do que isso, nunca houve uma concretização. O rei procurava afincadamente manter os governos chamados de concentração, em que os dois partidos rotativos se juntavam. Nessa solução se esforçava. Não desistindo perante as negativas que iam acolhendo os seus convites.[24] Era outra vez a «nora rotativa». Logo de seguida a Campos Henriques (presidente regenerador com ministros regeneradores e progressistas), que não se aguenta no governo, o rei nomeia Presidente do Conselho o general Sebastião Teles (agora um presidente progressista, com ministros progressistas e regeneradores). Executivo que iria estar em funções por 24 dias – e tinha levado 15 a formar: «triste comédia»...[25] Wenceslau de Lima (regenerador com regeneradores e progressistas) também não durará muito no poder, sete meses. Como a seguir Francisco Veiga Beirão (governo partidário progressista, dito ironicamente ministério de atracção, pois que se propunha fazer «uma política de atracção, sem perseguições ou intolerância»[26]), outros seis meses. Ou António Teixeira de Sousa (governo partidário regenerador), por cem dias. Era a crise perpétua. De cada um deles se poderia dizer: «não é um partido. É um político fortuito, um homem do acaso, agarrado pelos cabelos, n'um momento em que era preciso, e não se encontrava, um primeiro ministro.» Ou, nas palavras de um monárquico: «Pusilanimidades, dissolvências, apagamentos, é o que se vê.» Opiniões convergentes de dois parentes, separados pela política.[27] Wenceslau de Lima, o conselheiro preferido do rei, é chamado várias vezes a formar governo. Só o conseguirá em Maio de 1909, depois de uma «dolorosa peregrinação» em busca de quem aceitasse ser ministro. Era tido como reaccionário, em «extremo palaciano e beato»: «deveria formar um gabinete com três generais e três bispos, ficando s. ex.ª a presidir, nem militar nem padre uma espécie de mediador plástico entre a espada e a cruz.» – esperava-se a caserna e a sacristia, num ministério do paço...[28] *O Mundo* por-lhe-á a alcunha de Wenceslau Policarpo Banana...[29] Mas sempre o reconhecerá como o mais influente dos palacianos.

Para o chefe regenerador, Júlio de Vilhena, D. Manuel II pode ser tido como «uma criança sem vontade, agindo à mercê das últimas impressões.» Mais: «O rei não tinha, pois, qualidades para governar: faltava-lhe a coragem, faltava-lhe a grandeza de alma.» São afirmações de um dedicado monárquico, embora anos passados sobre o fim do reinado, e tendo-se sentido maltratado pelo rei.[30] Sobretudo, parece que o monarca não atendia aos mais sensatos dos conselhos. Procurava interferir na manutenção ou derrube dos governos. A permanente instabilidade dos ministérios no último reinado em grande parte a ele se pode assacar. D. Manuel resistiu quanto pôde a dissolver a câmara dos deputados e a convocar novas eleições. E como a câmara eleita no tempo de Ferreira do Amaral não permitia maiorias a dificuldade governativa arrastou-se. Gerando crises constantes, tanto mais graves quanto o desentendimento no campo monárquico era de impossível contenção. Razão tinha num ponto José Luciano – muitas vezes consultado, não tantas vezes ouvido – de o aconselhar a seguir as indicações parlamentares. O que não fazia. Por isso os ministérios caem uns atrás dos outros sem que fossem derrubados no Parlamento: ele foi Ferreira do Amaral, ele foi Campos Henriques, ele foi Sebastião Teles, ele foi Wenceslau de Lima, ele foi Veiga Beirão. «Já engoliu quatro ministérios a Câmara actual; e, se é certo nada se ter perdido com essa antropofagia, não é menos certo que não foi a produzir trabalho útil que ela aguçou o apetite para devorar tantos governos.»[31] Com essa constante mudança de governo contavam os políticos. Em Abril de 1910, José Maria d'Alpoim perguntava na câmara dos pares: «Mas, porque está ali esse Governo? Por quaisquer razões constitucionais? Não. Pela simples faculdade, aliás reconhecida na Coroa, de o Rei nomear e demitir livremente os seus Ministros. O Rei nomeou legalmente: mas o país ignora porquê. Mais nada. Caído o Governo do Sr. Wenceslau de Lima, substituiu-o um Ministério saído da oposição que o derribou? Não.»[32] Com esta instabilidade se faziam boas peças de humor parlamentar. Como a de um par do Reino, a um ministro de Francisco Veiga Beirão: «Apenas mostrarei a minha satisfação por ver o Sr. Ministro dos Negócios Estrangeiros restabelecido de um ataque de gripe, fazendo votos para que S. Exa. se retire do Governo antes que este caia em gripe da opinião pública.»[33] Dessa vez o vírus iria ter o nome de

Crédito Predial Português... É que, como se previa n'*A Lucta*, «singular coisa é uma Monarquia! Estabelece os seus alicerces no lodo, e quando se vê precisada de escoras, serve-se de barrotes apodrecidos.»[34] Era o que estava a acontecer.

Não se experimentou o que daria uma lei eleitoral que permitisse uma votação séria e que espelhasse a vontade dos cidadãos.[35] Isso é que nenhum governo quis. Mesmo. Bem discutiu o partido republicano a legislação possível, e fez contas a ver o que dava a aplicação de métodos proporcionais. E também o sufrágio universal. Em vão. Fosse qual fosse o partido no poder, nunca se quis outra lei: «A *ignóbil porcaria* é uma excelente máquina de fazer deputados; o ministério que está com muito prazer se servirá dela, e os que aspiram a ser governo, se a encontrassem ainda em uso ao ser-lhes dado o Poder, saltariam de contentes.»[36] Como o rei não quis experimentar um governo regenerador presidido por Júlio de Vilhena. Este «podia ser um salvador; não passará de náufrago», escrevia *O Mundo*.[37] Agónico, o regime, ia destruindo os que o podiam servir. D. Manuel sentia relutância em avançar para a dissolução parlamentar – era uma reacção ao exagero com que isso ocorrera em tempos anteriores. E por isso a ingovernabilidade se arrastava. E bem podia o rei queixar-se dos políticos, que lhe não facilitavam as soluções que ia propondo.[38] De que ele próprio também era culpado. Só Teixeira de Sousa escapou, porque a esse, feitas eleições, foi a República que o depôs. Seis governos em dois anos e oito meses de reinado de D. Manuel II. Prova isto que o rei não soube atalhar à degenerescência do regime, que se projectava nessa instabilidade ministerial. E que nela teve culpas pesadas. Os monárquicos da oposição ajudavam os inimigos do rei.[39] O qual se comprazia com alimentar intrigas, contando a uns o que ouvira a outros, revelando afirmações sabidas por conversas particulares. Júlio de Vilhena fez dele um retrato contundente. E os políticos exploravam essa pecha do monarca: «eram deslinguados, falavam demais, e na incontinência da palavra faltavam aos deveres da cortesia que se deve aos ausentes.» Na pena do chefe regenerador aparece como não devendo alguém fiar-se em D. Manuel: «A educação jesuítica, que o Rei recebera, deixara--lhe vestígios profundos. O fingimento e a dissimulação eram dois atributos predominantes no seu carácter.» Ora Júlio de Vilhena sempre se queixou com amargura por nunca ter sido escolhido para formar governo. Haverá nessas apreciações uma dose de vingança? E talvez não pequena...[40] «A Monarquia mostra-se impenitente; não sendo capaz de se adaptar às condições actuais da sociedade portuguesa, faz todo o possível por iludir essa incapacidade. Finge que é liberal, mascarando as suas tendências absolutistas; finge que é económica, mascarando as suas manias perdulárias; finge que deseja administrar honestamente, mascarando o seu instinto de rapinância.»[41] Não se podia dizer pior. Mas a situação a isso se prestava.

Porque os escândalos, e escândalos envolvendo dinheiro, continuavam a fazer trabalho de sapa para minar a autoridade dos governos. Assim estoirou no ministério da presidência de Francisco da Veiga Beirão, a chamada questão Hinton. Com grande estardalhaço: depois de aparecer de mansinho explode com violência no parlamento e na imprensa em meados de Abril de 1910: *Miserável condição – viver atascado em lodo e morrer em calda de açúcar*, é título a toda a largura n'*A Lucta*. Era o «Panamá sacarino», em que era acusada gente do Paço – lembrando outros escândalos financeiros famosos no estrangeiro. Aqui, mais modestamente, era apenas uma «Real Agência de Negócios» que se revelava.[42] Tratava-se de manter o monopólio do açúcar e do álcool na Madeira por quinze anos, monopólio que tinha sido criado para alegadamente «beneficiar o Sr. Hinton, amigo pessoal do rei Carlos, herói e chefe da quadrilha dos adiantamentos», no dizer provocatório de Afonso Costa no parlamento.

Os governos tinham protegido uma produção decadente, a do açúcar. A firma W. Hinton & Sons ameaçava os governos de deixar de comprar cana-de-açúcar da Madeira, arruinando assim os produtores. E os governos iam cedendo. Tanto mais que, por Hinton ter a nacionalidade inglesa, a diplomacia britânica se intrometia a lubrificar as dificuldades. Embora não oficial-mente.[43] Como o ordenamento jurídico foi alterado, ficou o Sr. Hinton na expectativa de perder os seus lucros, pelo que pediu uma choruda indemnização ao Estado português – da ordem dos 3300 contos de réis.[44] Com o parlamento encerrado, o governo repô-lo na posse do monopólio. Reabertas as cortes, o deputado republicano Afonso Costa anuncia que vai ler no dia seguinte cartas mostrando comprometimento de personali-dades do regime favorecendo Hinton. Houve grande enchente nas galerias do público da câmara dos deputados. Com medo, o governo faltou à sessão – e ficou sem defesa. Afonso Costa acusa ministros, acusa gente do Paço e faz alarde de documentos que lê.[45] Confunde o administrador da Casa Real com um outro oficial. Mas não há dúvida que D. Fernando de Serpa Pimentel, da casa militar do rei e comandante do iate *Amélia* se metia a favorecer negócios. Se bem que as acusações não tivessem a gravidade que se esperou para a questão Hinton em si mesma – e o parlamento encheu-se para ouvir ler cartas pessoais que punham à mostra os negócios – a verdade é que revelam uma corte corrupta e corruptível: era, uma vez mais, uma manifesta-ção d'*A Crise da Monarquia*. Para *O Mundo* somava-se *Um dia histórico. A monarquia em cheque. Ouça o país*. Limitava-se *A Patria* a declarar *O regímen no pelourinho*.[46] Um homem sério, mas cortesão, tende a desculpar o regime que o permite. «As cartas [...] nada provam contra o regímen. Apenas provam que o Fernando de Serpa se meteu em negócios fazendo valer a sua posição de Ajudante de Campo.»[47] Era pouco? Essa foi a posição dos jornais monárquicos. No entanto João Chagas não perdoa:

«a administração pública está à mercê de todas as influências corruptoras, e se ainda são objecto de comentários ressentidos, de restrições, de chicanas, é porque o nosso mundo político perdeu completamente o senso moral.[...] Querer tirar importância à revelação de factos que mostram o Estado cúmplice de agentes de corrupção, é uma coisa monstruosa.» É o «triunfo insolente da corrupção.»[48] *O Mundo* publica em fac-símile a correspondência que fora apresentada no parlamento, para aquecer ainda mais os ânimos a propósito dessa dita «montureira vergonhosa» que conduzia a monarquia ao pelourinho.[49] Ao partido republicano eram dados argumentos mais do que suficientes para pôr em causa o estado da administração pública e a falta de lisura dos seus agentes. Mais uma vez a insistência era feita na base da moralidade e não da política. Como há muito escrevera João Chagas, rei e moralidade eram incompatíveis.[50] E era esse agora mais um escândalo que os republicanos vão saber aproveitar com habilidade. Juntava-se à questão dos adiantamentos, tidos também como compras da benevolência do rei.[51] «Quem presenciou tal sucesso ficou convencido de que o regime estava inevitavelmente perdido, pois que a abdicação de todos os grupos e todos os homens que o serviam outro resultado não podia ter senão o de alentar os republicanos para o lance final.»[52] Que se preparava neste ano de 1910.

Ainda a questão Hinton não tinha arrefecido e já uma outra questão comprometedora se revelava. E bastante mais gravosa e politicamente inextrincável. Agora estala o escândalo na Companhia Geral de Crédito Predial. Era governador do prestigiado instituto de crédito imobiliário o conselheiro José Luciano de Castro, que no lugar se eternizava desde 1887. Vice-governador, nessa tranquibérnia rotativista que minava o Estado fora Hintze Ribeiro – como antes havia sido seu governador o próprio António Maria Fontes Pereira de Melo. Na administração figuravam «ministros, pares, deputados, representantes das casas do rei, procurador régio, procurador geral da coroa, etc.» Foi logo dita «questão de alta moralidade» – ou falta dela. Pois se tratava «de uma instituição cuja direcção suprema os chefes do rotativismo alternavam com a administração do Estado.» Sociedade «cujos corpos gerentes eram constituídos pela fina flor dos grupos partidários.» Assim se lançava, acusador, o par do Reino regenerador João Arroyo.[53] Era *O charco do regímen*, «a profunda lepra que até ao âmago invadiu o organismo monárquico.»[54] Em grande manchete *O Mundo* de 1 de Maio de 1910 anuncia o novo escândalo: «Podridão monárquica».[55] E *A Patria* cai em trocadilho fácil intitulando *O Descrédito Predial*. Começava a escorrer lama que ia salpicar muitos responsáveis.

Tinha sido descoberto que a administração do Crédito, para conseguir distribuir dividendos, apresentava as suas contas viciadas. Faltava escriturar operações realizadas, havia-as sobrevalorizadas, os balanços estavam mal elaborados. A falsificação da escrita tinha permitido apresentar lucros fictícios. Havia mesmo desfalques de caixa. E constatava-se ainda a emissão ilegal de obrigações e irregularidades na administração de propriedades. Claro que logo foi um contabilista culpado. Depois o tesoureiro. Com razão, porque aproveitando a escrituração irregular se tinham locupletado. Mas um novo vice-governador, João Albino de Sousa Rodrigues, quer acertar as contas, e quer apurar responsabilidades. O que põe logo em causa a velha raposa progressista. São nomeados peritos que de imediato concluem que «as falsificações e viciações da escrita datavam de muito longe, sendo diversíssimos os processos que, para isso, foram usados e empregados. [...] A série de roubos é infinita, e para serem levados a cabo, não há processo de que os falsários não se servissem.»[56] As primeiras falsificações na contabilidade destinaram-se a acudir à Companhia.[57] Havia que encobrir a verdade e distribuir dividendos – correspondendo a lucros fantasiosos. E isto arrastava-se havia muito.

Estala na praça pública mais este escândalo. Não era culpa directa da monarquia, nem a dinastia tinha alguma coisa a ver com isso. Mas estavam implicados numa administração ruinosa e fraudulenta os chefes dos partidos rotativos, e muito em especial o progressista José Luciano de Castro. Era o «Crédito Predial e o Descrédito Rotativo»: «Eles aí estão unidos e confundidos nas mesmas responsabilidades, os rotativos que arrasaram este País levando-o à bancarrota, os homens que fizeram ou aprovaram em conselho de ministros os adiantamentos à Casa Real. São os grandes políticos da monarquia, os representantes do regímen, os seus homens representativos»... O que foi aproveitado para os denegrir, e com eles as instituições.[58] Não muito diferente era a opinião de Paiva Couceiro: «Temos aí a supurar em aberto, perante o Povo, o tumor do Crédito Predial, onde sem possibilidade de subterfúgios, se revela a fotografia autêntica do que têm sido os métodos e a ausência de escrúpulos dos nossos dirigentes.» Os progressistas e os seus adeptos passam mesmo a ser ditos «os prediais».[59]

Embora se tivesse provado que não tinha tirado proveito pessoal do descalabro do Crédito Predial, a verdade é que José Luciano se revelava um governador sem domínio sobre a instituição. E que sob a sua responsabilidade se mascarava a situação real da companhia, havia roubos e gestão fraudulenta. Eram coisas destas que serviam os opositores ao regime: «Três potentíssimas máquinas de guerra assestou o Partido Republicano contra a Monarquia, nos três ou quatro últimos anos anteriores ao cinco de Outubro – a questão dos adiantamentos, a questão Hinton e a questão do Crédito Predial.»[60] «Uma burla completa!», afirmava Afonso Costa no Parlamento, e ninguém se atrevia a desmenti-lo.[61] Nos jornais republicanos o relevo dado ao escândalo é como que uma retomada do que fora feito com os adiantamentos. «O Crédito Predial a saque», pode ler-se em títulos d'*A Lucta*. Pelo seu lado, *O Mundo* pergunta: «Quando responde pelos crimes praticados o seu principal responsável?»[62] Sendo a ruína do banco hipotecário considerada a «obra dos políticos da monarquia.» Porque de todas as facções eles se encontravam nos corpos gerentes: «Pode dizer-se que o Crédito Predial é a verdadeira Liga Monárquica, tendo nos seus corpos gerentes conselheiros de Estado, ministros honorários, a alta magistratura, a aristocracia, pares do Reino, deputados.» Os créditos concedidos por vezes tinham a feição de corrupção política. Assim acontecia com certas câmaras municipais, que se dizia serem dos grandes caciques.[63]

«É uma vergonha para o regímen, que vê atascados na sua lama os seus mais antigos servidores; é quase uma vergonha para a sociedade, pois por ela se prova que a tem dirigido verdadeiros cavalheiros de indústria, e uma sociedade que se deixa governar por ladrões degrada-se.»[64] Os obrigacionistas pediram ao parlamento que interviesse.[65] O governo progressista de Veiga Beirão caía, que a proximidade de José Luciano lhe dificultava a vida. Aliás, o próprio ministro de Justiça fazia parte dos corpos gerentes do Crédito Predial.[66] O rei tinha pela frente recomeçar a formação de um novo ministério. Os jornais republicanos divertiam-se: «Talvez o sr. D. Manuel ainda conseguisse resolver a crise sem grandes dificuldades, organizando-se um ministério de *concentração predial*.»[67] Uma vez mais, o regime saía ferido, mostrando-se que as acusações republicanas tinham fundamento. Afonso Costa resumia a situação em 30 de Agosto: «Os adiantamentos foram uma vergonha, o caso Hinton é um símbolo e o Crédito Predial uma síntese.»[68] A monarquia não conseguia governar decentemente o País. Portugal era mesmo dito «um país a saque».[69] Tudo se esboroava. A organização do Estado e as suas formas de intervenção na sociedade revelavam-se inquinadas por continuados aproveitamentos do pessoal político em benefício próprio. As acusações de roubalheira acrescentavam à questão dos adiantamentos. Uma vez mais era fácil concluir:

a questão era mesmo de regime e dos seus servidores mais qualificados. E punham-no em causa não tanto nos seus aspectos políticos como nos morais. O que significava ser insustentável uma defesa doutrinária e ideológica consistente. Que não chegou a ser seriamente tentada – porque o apelo à tradição pouco ou nada significava já para grande parte da população civicamente empenhada. A monarquia parecia determinada em suicidar-se – e nenhum remédio intentava para se afastar desse fim à vista.[70]

A questão Hinton e o escândalo do Crédito Predial deitam abaixo o governo progressista de Francisco da Veiga Beirão. Não por participação directa, mas por hostilidade crescente da opinião pública a José Luciano.[71] Não havia como ampará-lo. As combinações e alianças partidárias fazem-se e desfazem-se com rapidez. A pulverização dos agrupamentos acentuava-se. Não havia repressão que ainda valesse à dinastia. Mesmo do Juízo de Instrução Criminal se diz que tem de ser extinto. Assim o determinam a civilização e o humanitarismo. E ao par do Reino, general Sebastião Baracho, de concluir: «É crível, pode sequer, admitir-se a conservação de uma instituição d'estas? gafada e deprimente? Que responda a consciência pública.»[72]

Em finais de 1909 já havia sete partidos monárquicos: regenerador, progressista, regenerador liberal (franquista), dissidente-progressista, dissidente-regenerador, nacionalista e dissidente-nacionalista. Além dos miguelistas, que pouco contavam. Todos eles se guerreavam e se aliavam em blocos de efémera duração. Não seria fácil para o rei lidar com todos esses interesses e conflitualidades, com pesos eleitorais e influências diversas: havia quem afirmasse que o partido nacionalista «nenhuma influência política tinha e de quasi nula acção eleitoral dispunha» – e no entanto também por vezes era tido como poderoso.[73] Sobretudo porque assente na influência do clero e nos devotos mais chegados à hierarquia eclesiástica – mas sempre de fracos resultados nas urnas. O que significa que a influência clerical era menor do que se supôria.

Bem referia o monarca que se devia preparar um reordenamento partidário. Mas os grandes chefes – em especial José Luciano e Júlio de Vilhena – nem queriam pensar em tal coisa. Ninguém queria perder o que julgava possuir. E não se dispunham a pensar o que lhes aconteceria se a república aí viesse. De fora, portanto, ficava o partido republicano, tentando aproveitar a confusão que crescia: «apreciando as manobras, metendo os chefes à bulha, intrigando, desconceituando, decretando primazias, atacando ora com violências ora com insídias, promovendo, enfim, por todos os modos a desordem nas fileiras contrárias, a ver se conseguem, no meio da indisciplina e da anarquia geral, entrarem eles na cidade sem dispêndio de forças, nem gasto de munições.»[74] Era isso mesmo. E apesar do lúcido diagnóstico de Júlio de Vilhena, não se lhe aplicava um antídoto. E o que ia sendo feito e dito dava como resultado a ruína maior dos apoios da monarquia. Por obrigação os mais empenhados na sua defesa e sustentação.

A situação parecia cada vez mais enredada da parte dos monárquicos – que iam constituindo blocos-alianças entre os partidos para em seguida os desfazerem. Se dentro dos partidos não havia coesão e estabilidade, como poderia havê-las no exterior? Os republicanos aproximavam-se do seu alvo. Porque a situação lhes facilitava a propaganda. E lhes dava elementos para o combate político. Assumiam-se como sendo os únicos moralmente capazes de satisfazer os anseios do País. E não era difícil alargar esse convencimento a massas crescentes dos que deixavam de ser monárquicos. Ou que da monarquia descriam. Ficavam assim perdidas as esperanças de uma monarquia consensual. Era possível acreditar nas virtudes da ideia dinástica com semelhantes práticas à vista? Mesmo que muitos dos descrentes de imediato se não passassem para a república, iam-se afastando, como que alheios ao conflito que ameaçava eclodir. E quem, perante uma realidade revolucionária, teria forças e argumentos para tirar os cidadãos dessa indiferença? Os monárquicos não queriam entender o que os republicanos diziam: «A monarquia não tem vigor para suportar no seu seio brigas de partidos. É um organismo que está a desfazer-se. Agitá-lo é matá-lo.»[75] Mas sabiam bem os monárquicos onde o inimigo estava: é «contra os republicanos que devem ser assestadas todas as baterias. Esse é o inimigo. Convém vigiá-lo sempre», escrevera em 1909 José Luciano ao rei.[76] E meses depois reforçava: «O partido republicano avança a passos rápidos, e prepara-se para uma aventura revolucionária. Já tomou posse da câmara municipal e da grande maioria das juntas de paróquia de Lisboa, fez eleger há poucos dias o presidente da Sociedade de Geografia, derrotando um dos ministros, e no dia 2 do corrente mês [de Agosto], sob pretexto de princípios liberais, promoveu uma imponentíssima e extraordinária manifestação republicana.»[77] Opinião convergente manifestava Teixeira de Sousa: «É preciso combater-se o partido republicano; é preciso fazerem-se centros eleitorais em Lisboa e nos seus arredores para desta forma se poder fazer face ao partido republicano!»[78] Mas Teixeira de Sousa, ao contrário de muitos, defendia uma concorrência leal. «Os republicanos, enquanto se limitassem à propaganda dos seus ideais, deviam ser vencidos por uma administração honesta, por uma política liberal, que desse ao País a impressão de que a Monarquia era compatível com a solução de todos os problemas sociais.»[79] Ainda haveria tempo para se fazer essa demonstração? Era a grande questão. Porque a monarquia já experimentara os «governos de cacete» e de vez em quando agitava o papão da ditadura militar. Agora ia-se ensaiar a brandura e a tolerância.[80] Ao mesmo tempo estava-se a ver que os republicanos sabiam também administrar a coisa pública: a maneira séria como geriam o município lisboeta «foi uma das mais profícuas formas de propaganda da causa republicana.»[81]

Esgotada a prova de os progressistas governarem com Francisco da Veiga Beirão – era a vez de o rei escolher um governo mais arrojado: foi nomeado a 27 de Junho de 1910 António Teixeira de Sousa – «chefe dos restos do partido regenerador.»[82] Bem ao contrário do que era costume, apresentava um programa cuidadosamente elaborado, e tido como bastante liberal.[83] O que poderia significar um ministério sem medo de tomar medidas que provocassem as iras dos católicos. E era isso que os governantes se preparavam para fazer. Não sem dificuldade. Segundo o próprio Teixeira de Sousa, «o governo conta com uma oposição numerosa, aguerrida e odienta como há muitos anos, há mais de cinquenta, se não fez em Portugal a qualquer ministério.»[84] Assim era. Porque o governo, ao pretender governar como liberal, suspeito de se aliar com dissidentes e com republicanos, assustava os conservadores. Que se defendiam com alguma unidade contra o que detectavam ser uma antecipação da temida República. Tido como responsável por isso, o rei. «Como se calculava os monárquicos declararam ódio ao Monarca por ele ter ido para a esquerda e portanto adeus monarquia. É a tal monarquia sem monárquicos de que falava o espertíssimo Rei D. Carlos.»[85] Do lado republicano sentia-se o novo ministério como perigoso. «O ministério Teixeira de Sousa vai tentar fazer uma obra de paralisação para as ideias republicanas. A presença do Anselmo de Andrade, Fratel e Marnoco, indicam essa orientação», escrevia José Relvas.[86] Afinal era perigo que não se concretizava. Foi sobretudo por dentro, pela monarquia, que o governo não encontrou sustentação. Em alternativa, Júlio de Vilhena propunha um outro governo de força que juntasse progressistas, henriquistas, franquistas, miguelistas, nacionalistas e bastantes regeneradores, pois já não era tempo para medidas liberais. Havia que vencer a revolução. Seria um governo de combate. Mas o rei não anui – temendo talvez uma repetição do franquismo. «Não era um Rei para a luta. Era um fraco.»[87]

Agora só pela força se conseguiria manter a monarquia, e não já pela boa e liberal governação.

Do governo Teixeira de Sousa, alcunhado de *Sete Satanazes*, outros esperavam «um golpe, senão audaz, ao menos firme e enérgico, sobre a reacção clerical.»[88] O Presidente do Conselho era o Anti-Cristo dos nacionalistas. Manuel Fratel um liberal disposto a defender as prerrogativas do Estado contra os avanços do clericalismo. Propunha-se mesmo instituir o registo civil obrigatório.[89] O operoso José Ferreira Marnoco e Sousa, lente de Coimbra, era conhecido por defender soluções constitucionais republicanas nos seus cursos. E figurava agora na pasta da Marinha. Não era este um governo de confiança... A quem não faltava ainda a benevolente atenção dos republicanos, dando-lhe relevo no seu jornal *O Mundo*.[90] Pelo que as forças reaccionárias tentam sem demora organizar-se contra Teixeira de Sousa. Isto, muito embora o chefe do Governo perguntasse: «Há lá questão religiosa? Tomara o país paz quanto mais agora guerras de crenças! Cada um no seu lugar, os religiosos cuidando dos negócios de Deus, como eles dizem, e nós, homens públicos cuidando da política.»[91] Era justamente esta separação de campos que o clericalismo não podia suportar. Esse prometido afastamento do clero e da igreja da decisão política. Como escreve um monárquico, «a todo o católico é proibido defender tal doutrina [da separação], porque ela briga contra os princípios fundamentais de religião. Não pode haver estado ateu como não pode haver indivíduo ateu.»[92] Mais: a corrente de pensamento dominante entre os padres e os que se lhes aliavam pretendia sobrepor-se ao ordenamento civil. Ganha destaque o partido nacionalista do conselheiro Jacinto Cândido, muito ligado à Igreja e às posições ultramontanas que queriam a Igreja a dominar o Estado: «A Igreja tem que contar com os católicos, que o forem, antes de serem liberais e monárquicos, e só com esses.»[93] Campanha em que parte do clero decididamente intervém. Em prol do partido nacionalista. Pior: havia no exército quem ameaçasse veladamente concorrer para isso e tomar conta do poder. Seria seu chefe o coronel Vasconcelos Porto, ministro que fora de João Franco. Mas por então o coronel não sentia que as coisas estivessem maduras para tanto e preferiu ir a águas.[94]

Por fins de Agosto ou em Setembro de 1910 houve oficiais do exército que procuraram organizar um golpe de Estado.[95] Diziam temer serem deslocados para fora de Lisboa, como retaliação pela sua fidelidade à monarquia. Foi em casa do coronel Albuquerque, comandante de Cavalaria 2, ajudante de campo do rei que teriam começado a organizar-se. O governo teve informação de que se tramava «chacina rija nos elementos suspeitos de liberais.» No ministério e fora dele. Contra o governo «que diziam aliado dos republicanos e delegado da Revolução!» Seria uma «feroz ditadura militar» tendo como figura primeira o coronel Vasconcelos Porto, sempre a esperança de comando dos aprendizes de golpistas. «Era uma intentona reaccionária.»[96] Mesmo na corte se preconizava um gesto de força. Só assim se «teria resolvido o problema político; mas o País ainda não havia sentido a necessidade de experimentar os grandes remédios destinados às grandes doenças, porque estava convencido de que o mal era a *Monarquia*.»[97] Mas estariam muitos oficiais do exército sintonizados com esta intenção de golpe militar? «Todos desejavam um governo sério, capaz de fazer entrar tudo e todos na ordem, e que, portanto, fosse honesto.» A isto se juntava a instabilidade dos oficiais, sujeitos a constantes prevenções e serviços nos quartéis, «do que resultava um serviço aturado e uma tensão constante nos espíritos, enervava toda a gente.» Era o «estado de incerteza e de sobressalto constante».[98]

Contudo, o mal-estar ou a instabilidade perante as ameaças às suas comodidades não significam uma determinação já perfeitamente definida de intervir na vida política. O exército tinha uma longa tradição de aceitar as «decisões políticas tomadas pelo Monarca como Chefe de Estado.»[99] Não seria um qualquer coronel Albuquerque que poderia dinamizar a força armada no seu conjunto e levá-la a um pronunciamento ou a um golpe de Estado. Ou que os oficiais insatisfeitos fossem suficientemente numerosos e estivessem dispostos a ganhar ou perder, juntando-se com coesão. As ditaduras militares ainda vinham longe, por mais que os franquistas as quisessem promover, servindo-se já do prestígio colonial de Paiva Couceiro. Conspiração que se estaria preparando em 3 de Outubro «para pôr cobro à anarquia latente que a todos era evidente, acabar com especulações políticas, viessem de onde viessem, proibir os escandalosos abusos da imprensa, liquidar a questão das associações secretas sobre as quais se sabia, por determinadas vias, o bastante para as dissolver rapidamente, apreender todos os explosivos que se fabricassem pela cidade e proceder severamente contra os que os fabricavam, etc., etc.»[100] Era um golpe reaccionário que se pretendia, uma acção ditatorial para meter nos eixos o que andava fora deles. Golpe que não teria apenas militares nele implicados. Nem é muito provável que fossem os militares a querer uma acção dessas. O exército português não experimentava tentações golpistas há muito. Tanto mais que sabia que os bombistas estavam atentos a quaisquer intenções de conspiratas que conduzissem a ditaduras militares monárquicas.[101] Dominava uma atitude prudente: a começar pelo coronel Vasconcelos Porto, sempre dado como metido nestes conluios – que nunca agiu nem mobilizou rebeliões armadas.

Nas eleições de 28 de Agosto de 1910, feitas pelo ministério Teixeira de Sousa, o partido republicano ganhou lugares em Lisboa, Setúbal e Beja, tendo passado de 7 para 14 deputados: uma mão cheia de cidadãos prestigiados e talentosos. Vinha isto a concluir uma muito activa e mobilizadora campanha eleitoral. E não só contava o aumento do número de eleitos: importava sobremaneira o crescimento do número dos votos. Estava-se

«Caminhando para a República», como titulava *A Lucta*. Exultava *O Seculo*: Viva o Povo!» «As eleições de ontem anunciam a vitória decisiva da democracia.»[102] «Viva a Republica! Por todo o país a ideia de república avança.»[103] Muito embora se soubesse que a República se não faria com eleições.[104] Os regeneradores ficaram com 57 deputados e a coligação opositora com 45. Havia ainda para decidir 40 lugares (19 do bloco e 21 do governo). No total, seriam 87 regeneradores, 23 progressistas, 14 republicanos, 8 regeneradores henriquistas, 5 franquistas, 3 nacionalistas e 3 partidários do governo.[105] Eleições que continuavam a fazer-se com a mesma lei. Sempre. Embora houvesse alguns serviços que declaravam não interferir com a liberdade de voto dos seus funcionários: assim na Carris, na Companhia do Gás ou mesmo na câmara municipal do Porto.[106] Boas notícias! Mas das eleições resultava, como seria de esperar, que «todo e qualquer governo, seja ele qual for, obtém sempre a maioria parlamentar.»[107] Muitas vezes prometida a substituição da lei, nunca nenhum governo da monarquia a empreendeu – embora prometessem fazê-lo. Com boas razões: porque ao abrigo do que nela se dispunha se lançavam em fúria os galopins dos partidos monárquicos. E por isso os republicanos não conseguiram eleger nenhum deputado pelo Porto, apesar de na cidade terem tido uma grande votação. Houve perturbações sérias nos actos eleitorais nos distritos da Guarda e de Castelo Branco.[108] Onde menor podia ser a influência republicana mais se assanhavam os conflitos entre monárquicos.

No entanto, esta maioria de governo regenerador era considerada escassa, podendo os oposicionistas impedir o regular funcionamento da câmara electiva. Foi um parlamento que abriu para logo se adiar, porque havia que inquirir primeiro sobre irregularidades nas eleições que tinham sido contestadas – em 51 lugares. Pelo que se deslocou para Dezembro o início da sessão legislativa. «Depois das eleições o bloco redobrou nos ataques ao rei, cobrindo-o de ameaças. O despejo foi até à publicação de falsas notícias que feriam caluniosamente a rainha. Os do bloco afastaram-se das suas relações com o rei.» Um estadista monárquico, o conselheiro António Cabral, criatura de José Luciano, teria escrito: «Pode asseverar-se que o sr. D. Manuel *não chegou a ser rei*. No momento em que se esqueceu do que devia à sua dignidade, à memória dos seus e à dignidade de nós todos, que lhe confiámos um cargo que é incapaz de conservar sem o deixar cair na lama, *o sr. D. Manuel deixou de ser rei de Portugal.*»[109] António Cabral negou a autoria destas afirmações anos andados. Mas sem dúvida que a publicação deste artigo significa que o bloco reaccionário não hesitava em depressa renegar a monarquia de D. Manuel II. E fazia-o em nome do caminho retrógrado que queria que se tomasse.[110] Porque, apesar de tudo, ainda era liberal o regime que estava a ser contestado por dentro. O Bloco passava por ser a coligação das direitas. Dito pelos republicanos o «bloco predial» ou «coligação predial»— fervia em aflições com o escândalo do Crédito Predial que enlameava regeneradores e progressistas. No entanto, os «predialistas» tinham as máquinas eleitorais bem afinadas. Como sempre. Progressistas, henriquistas, nacionalistas, católicos e miguelistas formaram o *bloco* que fez a vida negra aos candidatos do governo. «Foi o plano do *bloco*: enfraquecer o governo e o Rei.»[111] E assim, «por toda a parte, nos púlpitos, à missa, nos confessionários, os nacionalistas e jesuítas não se cansaram de fomentar a desordem e os ataques ao Rei e ao governo.[...] Por toda a parte, enfim, em nome de uma falsa defesa da religião os jesuítas e seus aliados moviam contra o governo uma luta acintosa e cruel, que mais parecia de canibais do que de agentes da Companhia de Jesus.»[112] Segundo Teixeira de Sousa, «com o regímen estavam, pois, e somente, a tradição e as forças políticas que apoiavam o governo, o que tornava a situação inteiramente periclitante.»[113] Exulta o partido republicano: «Enquanto os senhores monárquicos não acabam de fazer a República, vamos nós aproveitando a Monarquia para nos disciplinarmos, para nos instruirmos, preparando com segurança o futuro.»[114]

Teixeira de Sousa e o seu ministro de Justiça Manuel Fratel decidiram a expulsão de frades espanhóis, da Congregação dos Missionários Filhos do Imaculado Coração de Maria, ditos Marianos, ilegalmente instalados em Portugal, na Aldeia da Ponte. E depois pretenderam encerrar todos os estabelecimentos da Associação Fé e Pátria, que camuflava uma organização da Companhia de Jesus. O rei recusa a assinatura do decreto, argumentando que isso ia contra o *fidelíssimo* papal do seu título dinástico. O governo estava a perceber que ficava bloqueado na persecução da política liberal que se propusera. Porque o monarca não queria que fosse esse o caminho. Mas ao nomear Teixeira de Sousa sabia que isso ia acontecer. Porque não experimentar a solução liberal, com todos os seus perigos? Parece que faltava ao rei determinação para prosseguir nos caminhos iniciados. Ou acontecia que depois de avançar, era dissuadido de o fazer e recuava. «Não era um rei para a luta. Era um fraco. Também não tinha a consistência das opiniões.» Era comum dizer-se: «Pobre rei. É fraco e sem coragem.[...] Versátil e inconstante, boiava à mercê de todas as vontades, sem jamais ancorar num determinado desígnio.»[115] Davam cartas naquele fim de tempo a rainha, a condessa de Figueiró e Wenceslau de Lima. Era como que um conselho áulico.[116] «Parabéns aos republicanos. E o pior é que todos vamos pagar as favas», concluía um monárquico.[117]

Mas não era apenas nas relações com a Igreja que Teixeira de Sousa se mostrava um reformista capaz de atacar bloqueios sociais e políticos. Tinha o ministério um vasto programa que se destinava a reformar a Carta Constitucional, nomeadamente na questão da dissolução da câmara baixa que se dificultava. E prometia mexer, cheio de boas intenções, na lei eleitoral: propunha a representação proporcional para as cidades de Lisboa e do Porto.

Mas seria isso merecedor de crédito? A verdade é que também o ministério anterior, progressista da presidência de Francisco da Veiga Beirão fizera belas promessas e tivera adiantados trabalhos preparatórios para fazer aprovar uma nova lei.[118] Sem que nada se tivesse seguido. Teixeira de Sousa queria também avançar com medidas descentralizadoras para os municípios. Havia, de facto e como há muito não acontecia, um rumo traçado pelo governo.[119] Que se dispunha a pôr em causa muitas das más práticas anteriores. E por isso também a feroz oposição que lhe era feita. Teixeira de Sousa é sempre visto pelos reaccionários de todos os tempos como tendo sido burro pela política escolhida, que se mostrou incapaz de servir para defesa do regime.[120] Mas não parece que as alternativas trouxessem estabilidade e pudessem ter dado melhor resultado... E isso, afinal, que importava?

Restava a força das armas para dirimir o combate final com os republicanos. Nisso havia por parte dos monárquicos grande confiança. Porque as frequentes passagens de D. Manuel II pelos regimentos, a forma acolhedora e até entusiástica como era recebido, iludiam a realidade. Era firme a convicção de que em caso de revolta as forças armadas defenderiam o regime, sem qualquer hesitação. Era uma ilusão e era sobretudo o resultado de uma generalizada e grave incompetência. Não havia informações organizadas que dessem sinais seguros de como era o ambiente nos quartéis. Mesmo às vésperas da revolução os comandantes garantiram a fidelidade dos oficiais seus subordinados ao regime. «Não passava um dia sem eu receber informações acerca das garantias que oferecia a força pública da capital. Segundo instruções do governo, os comandantes das diversas unidades levavam diariamente ao quartel general informações verbais sobre a situação das unidades do seu comando; diariamente o comandante da Divisão me informava da *sua absoluta confiança na Divisão*», garantia o último Presidente do Conselho da monarquia.[121] Não se tinha por experiência que o senhor

D. Manuel II era entusiasticamente recebido nos quartéis que visitava? E muitos visitou, por força da propaganda monárquica da corte. Por isso os responsáveis militares estavam certos de que a revolução que se esperava não sairia das casernas. Iria ocorrer na rua, a partir de uma sublevação popular: mais ou menos bem equipada. Essa era uma convicção que se tinha materializado nos planos das forças de segurança para a defesa armada da monarquia.[122] Pelo que havia um relativo descanso. Tantas vezes tinha soado o alarme de revolução próxima que este se banalizara. Ninguém consegue viver sempre assustado. Podia lá ser de outro modo? Mas a monarquia não se preparou para o assalto a que a iam sujeitar. Supunha-se apenas que haveria um momento em que a luta seria violenta. Com os populares, com a cambada que ganhava eleições mas que não tinha recursos para se armar a sério. Mesmo a polícia, os espiões e os bufos de que se falava, afinal não estavam treinados para uma boa prevenção, para uma antecipação – se é que estavam sequer treinados. Que muitos espiavam tão só para terem que comer.[123]

Essa incompetência é tanto mais de estranhar quando o último nomeado, o juiz de instrução criminal Dr. António Emílio de Almeida Azevedo, fora maçon e adoptara o nome de Hoche – assim se lhe referiam os opositores para o ridicularizarem relembrando-lhe o passado.[124] Gozava de má-fama: «O juiz é um possesso furibundo que chega a perder a responsabilidade contorcido nas espirais da sua alucinação.»[125] Saberia como funcionavam as associações iniciáticas. E grave era a ameaça que sobre os republicanos pendia: «O partido republicano, que é o único que zela os interesses nacionais e combate pelas franquias populares, tem obrigação de iniciar, por todo o país, um movimento de protesto, ardente e vigoroso, contra o juízo de instrução criminal e contra o juiz Almeida Azevedo.» Porque muitas das dificuldades decorriam da repressão que o juiz orientava.[126] Para o diminuir lhe recordam o que teria dito aquando do regicídio. Palavras pouco de acordo com a sua posterior posição: «Parabéns! Já está morto o bandido.» Afirmação que o próprio nega. Mas lá tem que confessar: sempre afirmara que «a morte de D. Carlos traria uma era de renascença para Portugal.» A que antepunha um prudentíssimo talvez. E permaneceu no lugar...[127] Quem sabe se assim aconteceu porque de um trânsfuga se esperasse maior lealdade. Porque o juízo de instrução criminal ia dispondo de mais meios financeiros para actuar: em 1900-1901 foram 25 contos de réis anuais; de 1901- -1902 a 1907-1908 foi de 36 contos de réis; em 1908-1909 e 1909-1910 a dotação subira a 50 contos de réis.[128] Mesmo assim a defesa da monarquia não parecia assegurada.

João Chagas tinha razão: podia-se conspirar em voz alta. Sim, porque muito em segredo a Carbonária ia fazendo o essencial. E se havia muitos presos, a verdade é que as perseguições ordenadas pelo juiz de instrução criminal continuavam sem conseguir abalar as organizações secretas. Mesmo que se apreendesse pistolas e bombas, não se feria a vontade de mudar as coisas que as conspirações e a preparação de acções revolucionárias indiciavam. As instituições continuavam intocáveis enquanto a lealdade dos seus defensores se mantivesse. Porque os monárquicos talvez não sentissem que o regime estivesse em causa. Pelo que nem nos momentos mais graves apareceu quem o defendesse e quem lhe acudisse.[129] Porque confiavam na tradição, que teria muita força: a monarquia sobrevivera a mais de sete séculos em que tinha arrostado com não poucos momentos de perigo. Sem que por isso soçobrasse. Do lado monárquico não se sentiria o ambiente insurreccional prestes a estoirar? Ou não se queria interpretar com lucidez o que estava a ocorrer, pensando sempre que ainda não seria o momento final? Ainda não... Mas quase. Acelerava-se a aproximação a um desfecho decisivo. Que muitos supunham que fosse o fim da monarquia e a proclamação da república. A dissolução do regime era imparável.

CAPÍTULO 11
NOTAS

1 *Apud História da República*, p. 422.

2 João Chagas, *Cartas políticas*, 1ª série, p. 34.

3 Ibidem, 1ª série, pp. 38-39.

4 Diário da câmara dos pares, Sessão de 15 de Março de 1909.

5 *Documentos politicos encontrados nos Palácios Riais*, pp. 43-45.

6 Júlio de Vilhena, *Antes da Republica (notas autobiográficas)*, p. 208.

7 João Chagas, *Cartas políticas*, 1ª série, p. 245; Bernardino Machado, «Balanço político», *in A Lucta*, nº 369, 7 de Janeiro de 1907.

8 Afonso Costa, *Discursos parlamentares. 1900/1910*, pp. 310, 329 e 341-342.

9 Teixeira de Sousa, *A força pública na Revolução (Réplica ao ex-coronel Albuquerque)*, p. 156.

10 *O Mundo*, nº 3004, de 16 de Março de 1909; Angelo Vaz, *Bernardino Machado. Sentimentos, ideias e factos do seu tempo*, pp. 127-128.

11 Affonso Costa, *Discursos*, Lisboa, Livraria Classica Editora, 1908; José Relvas, *Memórias políticas*, vol. I, pp. 60-61; Lopes de Oliveira, «O têrmo da propaganda doutrinária republicana e o período revolucionário», *in* Luís de Montalvor, *História do Regímen Republicano em Portugal*, vol. II, p. 314.

12 João Chagas, *Cartas políticas*, 1ª série, pp. 55-59 e 209.

13 Pádua Correia, *Pão Nosso...*, Porto, nº 1, 19 de Abril, pp. 9-10 e nº 2, 27 de Abril de 1910, p. 31.

14 Brito Camacho, «Os governos e o parlamento», *in A Lucta*, nº 1142, de 25 de Fevereiro de 1909.

15 *A Lucta*, nº 1082, de 25 de Dezembro, nº 1086, de 10 de Dezembro e nº 1087, de 31 de Dezembro de 1908.

16 Ibidem, nº 1101, de 14 de Janeiro de 1909.

17 *O Mundo*, nº 2950, 20 de Janeiro de 1909.

18 João Chagas, *Cartas políticas*, 1ª série, p. 181; Teixeira de Sousa, *Responsabi-lidades Históricas (Politica contemporânea)*, vol. 1º, pp. 297-309; Raúl Rêgo, *História da República*, vol. I, p. 203.

19 Júlio de Vilhena, *Antes da Republica (notas autobiográficas)*, vol. II, p. 175.

20 Rocha Martins, *D. Manuel II*, vol. I, 463-468; *História da República*, p. 495.

21 António Cabral, *As minhas memorias politicas. O agonizar da Monarquia*, pp. 317-319.

22 Brito Camacho, «Os princípios e os homens», *in A Lucta*, nº 1080, de 4 de Abril de 1909.

23 Lopes d'Oliveira, *História da República Portuguesa. A propaganda na monarquia constitucional*, p. 364.

24 António Cabral, *Cartas d'el-rei D. Manuel II. O Homem, o Rei, o Portuguez – Notícias e revelações. – Memorias políticas*, Lisboa, Livraria Popular de Francisco Franco, 1933, pp. 134-136.

25 Júlio de Vilhena, *Antes da Republica (notas autobiográficas)*, vol. II, p. 237.

26 Armando Ribeiro, *A Revolução Portugueza*, I vol., p. 15; *A Lucta*, nº 1453, de 4 de Janeiro de 1910.

27 João Chagas, *Cartas políticas*, 2ª série, p. 196; Alvaro Pinheiro Chagas, *O Movimento Monarchico*, I, p. 33.

28 Brito Camacho, «Caserna e sacristia», *in A Lucta*, nº 1217, de 12 de Maio de 1909.

29 *O Mundo*, nº 3228, de 27 de Outubro de 1909.

30 Júlio de Vilhena, *Antes da Republica (notas autobiográficas)*, vol. II, pp. 245 e 390; Teixeira de Sousa, *Responsabilidades Historicas (Politica contemporâ-nea)*, vol. 2º, pp. 348-386.

31 Brito Camacho, «O que nós queremos», *in A Lucta* nº 1546, de 9 de Abril de 1910.

32 Diário das Sessões da Câmara dos Pares, 18 de Abril de 1910.

33 Diário das Sessões da Câmara dos Pares, 7 de Março de 1910.

34 *A Lucta*, nº 119, 1 de Maio de 1906.

35 Trindade Coelho, *Manual Politico do Cidadão Portuguez*, pp. 483-496; *Alma Nacional*, nº 5, de 10 de Março de 1910, p. 65.

36 Brito Camacho, «Reforma eleitoral», *in A Lucta*, nº 1497, de 18 de Fevereiro de 1910.

37 *Apud* Jesus Pabón, *A Revolução Portuguesa*, trad., Lisboa, Aster, 1961, p. 104.

38 Antonio Cabral, *Cartas d'el-rei D. Manuel*, pp. 145-148.

39 Thomaz de Mello Breyner, *Diário de um monárquico. 1908-1910*, p. 308.

40 Júlio de Vilhena, *Antes da Republica (notas autobiográficas)*, vol. II, pp. 22 e 385-410.

41 *A Lucta*, nº 1558, de 21 de Abril de 1910.

42 *A Patria*, nº 173, de 23 de Abril de 1910.

43 *O Mundo*, nº 3407, de 27 de Abril de 1910.

44 João Chagas, *Cartas políticas*, 4ª série, p. 108.

45 Afonso Costa, *Discursos políticos, 1900-1910*, pp. 563-574.

46 *O Mundo*, nº 3402, de 22 de Abril de 1910; *A Patria*, nº 161, de 9 de Abril de 1910; síntese de João Cabral do Nascimento, «Hinton. A questão», *in* Joel Serrão (coord.), *Dicionário de História de Portugal*.

47 Thomaz de Mello Breyner, *Diário de um monárquico. 1908-1910*, p. 383; Antonio Cabral, *Cartas d'el-rei D. Manuel II*, pp. 184-185.

48 João Chagas, *Cartas políticas*, 4ª série, pp. 184-185 e 190.

49 *O Mundo*, nº 3388 a nº 3404, de 8 a 24 de Abril de 1910.

50 João Chagas, *Na brecha (Pamphletos) 1893-1894*, p. 97.

51 Pádua Correia, *Pão Nosso...*, Porto, nº 2, 27 de Abril de 1910, p. 30.

52 Brito Camacho, *Questões nacionais*, Lisboa, Guimarães & Cª., (1937), p. 87.

53 Diário da câmara dos pares, Sessão de 7 de Junho de 1910.

54 *A Patria*, nº 183, de 5 de Maio de 1910.

55 *O Mundo*, nº 3411, de 1 de Maio de 1910.

56 João Chagas, *Cartas políticas*, 5ª série, pp. 4-16.

57 A. H. de Oliveira Marques, colaboração de Jorge Ramos do Ó e Sérgio Bustorff Fortunato, *Companhia Geral de Crédito Predial Português. 125 anos de História*, Lisboa, 1989, p. 58.

58 *A Lucta*, nº 1574, de 7 de Maio de 1910; António Cabral, *Cartas de El-Rei D. Carlos a José Luciano de Castro*, p. 212; Achille Pellizzari, *Storia d'una Rivoluzione*, Napoli, Societá Editrice F. Perrella, 1915, pp. 29-31.

59 *Apud* Álvaro Pinheiro Chagas, *O Movimento Monarchico, I*, p. 18; Hermano Neves, *Como triumphou a Republica. Subsidios para a Historia da Revolução de 4 de Outubro de 1910*, p. 36.

60 Brito Camacho, *Questões nacionais*, p. 81.

61 Diário da Câmara dos Deputados, Sessão de 11 de Junho de 1910.

62 *O Mundo*, nº 3449, de 8 de Junho de 1910.

63 *A Lucta*, nºs 1583 e 1624, de 8 e 26 de Junho de 1910.

64 João Chagas, *Cartas políticas*, 4ª série, p. 307.

65 A. H. de Oliveira Marques, *Companhia Geral de Crédito Predial Português. 125 anos de História*, p. 71.

66 António Cabral, *As minhas memorias politicas. O agonizar da monarquia*, p. 381.

67 *A Lucta*, nº 1617, de 19 de Junho de 1910.

68 *O Seculo*, nº 10 314, de 30 de Agosto de 1910.

69 Hermano Neves, *Como triumphou a Republica. Subsidios para a Historia da Revolução de 4 de Outubro de 1910*, p. 21.

70 Conselheiro Jacinto Cândido, *Memórias íntimas para o meu filho (1898-1925)*, p. 54.

71 Teixeira de Sousa, *Responsabilidades históricas (política contemporânea)*, vol. II, p. 279.

72 Diário das Sessões da Câmara dos Pares, 11 de Março de 1910.

73 Alvaro Pinheiro Chagas, *O Movimento Monarchico*, vol. I, p. 11.

74 Júlio de Vilhena, *Antes da República (notas autobiográficas)*, vol. II, p. 307.

75 João Chagas, *Cartas políticas*, 2ª série, p. 46.

76 *Documentos politicos encontrados nos Palácios Riais*, p. 53.

77 Ibidem, pp. 84-85.

78 Ibidem, p. 89.

79 Teixeira de Sousa, *A força pública na Revolução (Réplica ao ex-coronel Albuquerque)*, p. 134.

80 Pádua Correia, *Pão nosso...*, nº 13, 13 de Julho de 1910, p. 202.

81 Hermano Neves, *Como triumphou a Republica. Subsidios para a Historia da Revolução de 4 de Outubro de 1910*, p. 35.

82 Júlio de Vilhena, *Antes da Republica (notas autobiográficas)*, vol. II, p. 378.

83 Teixeira de Sousa, *Para a história da Revolução*, vol. I, pp. 117-145.

84 *Apud* Rui Ramos, *A segunda fundação (1890-1926)*, p. 355.

85 Thomaz de Mello Breyner, *Diário de um monárquico. 1908-1910*, p. 306.

86 *Correspondência literária e política com João Chagas*, Lisboa, Empresa Nacional de Publicidade, 1957, vol. I, p. 158.

87 Júlio de Vilhena, *Antes da Republica (notas autobiográficas)*, vol. II, pp. 386 e 407.

88 António José de Almeida, *Quarenta anos de vida literária e politica*, vol. II, p. 325.

89 *O Seculo*, nº 10 283 e nº 10 284, de 30 e 31 de Julho de 1910.

90 João Chagas, *Cartas políticas*, 5ª série, pp. 33-48.

91 Joaquim Leitão, *A comedia politica*, p. 187.

92 Annibal Passos, *A tragedia de Lisboa e a Politica Portuguêsa*, p. 284.

93 *História da República*, pp. 552-553; Conselheiro Jacinto Cândido, *Memorias íntimas para o meu filho (1898-1925)*, prefácio do Dr. José Lopes Dias, Edição dos *Estudos de Castelo Branco*, 1963, p. 283.

94 Rui Ramos, *A segunda fundação (1890-1926)*, pp. 359-360.

95 Alvaro Pinheiro Chagas, *O Movimento Monarchico*, vol. I, p. 17.

96 Teixeira de Sousa, *A força pública na Revolução (Réplica ao ex-coronel Albuquerque)*, p. 480.

97 *Memórias do Sexto Marquês de Lavradio*, p. 125.

98 Entrevista com o capitão Martins de Lima, *apud Da Monarchia á Republica. Relato do movimento que originou a implantação da Republica em Portugal*, com prefácio de Magalhães Lima, Lisboa, Empreza de Publicações Populares, s/d, p. 134.

99 José Medeiros Ferreira. *O comportamento político dos militares. Forças armadas e regimes políticos em Portugal no século XX*, Lisboa, Editorial Estampa, 1992, p. 35.

100 Alvaro Pinheiro Chagas, *O Movimento Monarchico*, vol. I, pp. 17-20 e 39-40.

101 Teixeira de Sousa, *Para a história da Revolução*, vol. I, p. 227.

102 *O Seculo*, nº 10 313, de 29 de Agosto de 1910.

103 *A Patria*, suplemento ao nº 281, de 29 de Agosto de 1910.

104 *A Lucta*, nº 1690, de 31 de Agosto e nº 1704 de 14 de Setembro de 1910.

105 *Documentos políticos encontrados nos Palácios Riais*, pp. 118-119; Antonio Cabral, *As minhas memorias politicas. Em plena República. A Catastrophe – valeu a pena?...*, Lisboa, Livraria Popular de Francisco Franco, 1932, p. 29; Alfredo Caldeira e António Reis, *5 de Outubro de 1910, Implantação da República*, CD, Lisboa, Creatrix – Publicidade, Grafismo e Marketing, Lda., 2005.

106 *A Patria*, nºs 277 a 279, de 24 a 26 de Agosto de 1910

107 Sampaio Bruno, *A Dictadura. Subsidios moraes para seu juizo critico*, p. 50.

108 Álvaro Pinheiro Chagas, *O Movimento Monarchico*, vol. I, pp. 30-31.

109 Teixeira de Sousa, *Para a história da Revolução*, vol. I, p. 395.

110 Antonio Cabral, *As minhas memorias politicas. Em plena república*, p. 39.

111 *O Seculo*, nº 10 268, de 15 de Julho de 1910; Teixeira de Sousa, *Para a história da Revolução*, vol. I, p. 391.

112 Ibidem, vol. I, pp. 404-405.

113 Freitas Saraiva, *Como se implantou a Republica em Portugal, (Notas de um revolucionario)*, 2ª ed., Lisboa, Editores Santos & Vieira – Empreza Litteraria Fluminense, 1910, p. 123.

114 Brito Camacho, «Vamos às eleições», *in A Lucta*, n 1710, de 20 de Setembro de 1910.

115 Júlio de Vilhena, *Antes da Republica (notas autobiográficas)*, vol. II, pp. 386-387.

116 Raul Brandão, *Memórias*, vol. II, p. 44.

117 Thomaz de Mello Breyner, *Diário de um monárquico. 1908-1910*, p. 306.

118 *A Lucta*, nº 1462, de 13 de Janeiro de 1910.

119 Teixeira de Sousa, *Responsabilidades Históricas (Politica contemporânea)*, vol. 1º, pp. 349-351.

120 Jesus Pabón, *A Revolução Portuguesa*, pp. 105-107.

121 Teixeira de Sousa, *Responsabilidades Históricas (Politica contemporânea)*, vol. 2º, p. 408.

122 Teixeira de Sousa, *Para a história da Revolução*, vol. II, p. 311.

123 Jorge d'Abreu, *A Revolução Portugueza. O 5 de Outubro (Lisboa, 1910)*, pp. 10-12.

124 Rocha Martins, *D. Manuel II*, vol. II, p. 189.

125 *Alma Nacional*, nº 1, Lisboa, 10 de Fevereiro de 1910, p. 14.

126 *Alma Nacional*, nº 6, de 17 de Março de 1910, pp. 92-93.

127 Pádua Correia, *Pão nosso...*, nº 3, 4 de Maio, p. 38; nº 4, 11 de Maio, pp. 49-53; nº 8, 8 de Junho de 1910, p. 121.

128 Diário da Câmara dos Pares, sessão de 15 de Março de 1910.

129 Brito Camacho, *Questões Nacionais*, p. 87.

CAPÍTULO 12
A QUESTÃO RELIGIOSA

A religião católica romana era a religião oficial do Estado: assim constava na Carta Constitucional. O que era «uma contradição viva com os princípios liberais.»[1] Com todas as dificuldades que isso acarretava aos cidadãos que a não seguissem, na medida em que a liberdade religiosa assim ficava posta em causa. E o Estado nem sequer mantinha a sua neutralidade mas em tudo mostrava a sua preferência. D. Carlos não fora um carola – era mesmo apaixonadamente anti-clerical, no testemunho de José Maria d'Alpoim. Limitava-se a cumprir as suas obrigações de chefe de um Estado oficialmente católico, sem ter nem querer mostrar devoção ou especial apego à Igreja. Sem gostar mesmo de manifestações exteriores que procurava evitar, e mesmo abreviar quando lhes não escapava.[2] Nem consentir que a Igreja quisesse dominar o Estado: estava atento às prerrogativas do poder civil. Nisso era bem o neto de Vittorio Emmanuelle II, o unificador da Itália que confinara o Papa ao Vaticano. Em contraste, profundamente devota era a rainha D. Amélia, e desconfiava-se que também o fosse D. Manuel II. E era. No seu quarto das Necessidades tinha mais de 25 santinhos, os bentinhos de pôr ao pescoço pesavam 125 gramas.[3] O que não ia a favor do rei – mas isso só se soube depois, embora o que constava ficasse confirmado. Essa invocada beatice vai provocar algumas questões que envenenam os seus anos de reinado. Confundindo monarquia com religião, escreverá: «Deus estou certo protegerá aqueles que tanto têm pelejado pela Sua Religião e pela Monarquia!» Por isso há quem refira «as forças monárquico-clericais.»[4]

A Igreja de princípio do século XX era ainda sobretudo a Igreja da Encíclica *Quanta Cura* e do *Syllabus* de 1864 e do Concílio do Vaticano I de 1870 (com Pio IX): recusava e atacava o racionalismo, o liberalismo, a democracia, o socialismo, a ciência e, em geral, a modernidade. Isto apesar das crescentes preocupações sociais e do «ralliement» à República Francesa defendido por Leão XIII (1878-1903).[5] Porque logo em seguida Pio X (1903-1914) vem outra vez condenar o modernismo pela encíclica *Pascendi Dominici Gregis*, de 8 de Setembro de 1907, «repudiando as profanas novidades de palavras e as oposições de uma ciência enganadora.» Porque o cientismo e a ciência figuravam com inimigos e adversários da revelação e da teologia. E isto sobretudo quando a ciência se apresenta como «despreo-cupada de crenças metafísicas.»[6] Para além das condenações espirituais, no documento pontifício se dispõe uma muito cerrada censura à imprensa: «não basta impedir a leitura ou a venda de livros maus; cumpre, outrossim, impedir-lhes a impressão.» Será, seria sempre, a questão da *boa imprensa*. Todavia, isso não foi conseguido em Portugal. Porque o Estado não acompanhou os propósitos de Roma.

São anos estes, de princípio do século, de grande dificuldade na relação da Igreja com os Estados – e não só com o português. Tempos de uma resposta católica reactiva ao modernismo, empenhada a todo o custo em obstar à difusão do laicismo. E porque, por reacção, havia quem visse a «supremacia da Igreja» como estando «no horizonte dos esforços do papado.»[7] Levando a conflitos que por vezes assumem aspectos dramáticos. Que em Portugal mais se exacerbam, por força da estreita ligação da Igreja com a monarquia.

Assim, escorada em posições do Vaticano, a Igreja militante-mente conservadora, mesmo antiliberal e reaccionária, procurava garantir um exclusivo que considerava muito seu sobre o Estado e a sociedade.[8] Esperava dos governos o acatamento da «religião de forma a haver sempre harmonia entre a Igreja e o Estado.» Acatamento tido como «muito necessário e importantíssimo para a paz e boa governação de um país para os verdadeiros progressos da civilização.»[9] Boas palavras. Todavia, a Igreja não se contentava com o respeito, a existência e consideração oficiais; procurava aumentar a sua presença e a sua influência no País. Porque o clero estava a ser dominado «pela facção ultramontana, que prefere a autoridade à liberdade, a prevenção à repressão, a dominação à direcção.» Mais: «até modernamente se tem apresentado franca e categoricamente contra os direitos indiviatuais contra o regime constitucional, contra as Cartas e contra as constituições.»[10] E o clero ia avisando os que poderiam ser tentados a avançar na separação da Igreja e do Estado. Porque «seriam tremendos os conflitos e enormíssima a perturbação religiosa e política, se os bispos, acompanhados dos seus párocos, sem faltarem ao cumprimento das leis civis, mas desprendidos já de todas as peias e considerações para com o Estado, fossem para o meio dos povos com a sua cruz e o seu báculo, com a sua mitra e a sua autoridade, pregar a fé e a igreja católica, e combater no campo legal, e sem ofensa de ninguém e para ninguém, a guerra que se levantasse contra uma e outra.» Assim falava um bispo que não era nem nunca fora «de ameaças nem de rompantes quixotescos.»[11] A hierarquia eclesiástica certamente que se ia preparando para um embate que temia. Hierarquia que alguns sentiam sobretudo e cada vez mais ligada à Santa Sé. A ponto de padres diplomados em Roma serem preferidos para bispos, contrariando o que era tradicional: saírem eles da Faculdade de Teologia de Coimbra. Faculdade que estava a atravessar uma prolongada crise, no confronto de jurisdições entre as autoridades eclesiásticas e civis, que conduziram à sua extinção em 1911. Quando já pouquíssimos alunos a frequentavam.[12]

D. Amélia, educada no Sacré-Cœur em Paris, era tida como representando na família real o apoio ao clericalismo em ascensão nestes anos de transição entre os dois séculos. «Os frades são hoje a guarda avançada da reacção; e foi este o presente de núpcias que a D. Amélia nos trouxe no seu guarda-roupa de virgem.» Assim se lê em folheto de propaganda da Associação do Livre Pensamento.[13] Protegeu as ordens religiosas, é evidente. Mas também havia nela uma dedicada actividade pelo que toca ao chamado catolicismo social que poderiam tê-la tornado popular. Basta recordar a notabilíssima acção da Assistência Nacional aos Tuberculosos. Ou a fundação de lactários e cozinhas económicas ou o Sanatório do Outão e o Dispensário de Alcântara. Ou o apoio à construção de bairros operários, como aconteceu em Coimbra: há que recordar a sua relação com o bispo conde D. Manuel Correia de Bastos Pina. Da correspondência com o antístite ressalta um firme propósito de equilíbrio, sempre evitando a exacerbação do conflito em marcha – como escreve, a «culpa não vem só d'um lado, e as imprudências, os exageros fazem tanto mal como o excesso contrário.» Nada disso porém a fizera querida pela população. O que D. Amélia bem sabia, negando mesmo ser reaccionária: «Não ignoro a especulação que, mais d'uma vez, se tem feito à roda do meu nome». Afirmará repetidamente que não suporta intolerantes nem intransigentes, seja de que lado for.[14] No entanto, dela se dirá que era uma «beata, hipócrita, untuosa, enchendo a vida de padres, de rezas, de rosários e de orações. Foi o que perdeu tudo.»[15] Ao contrário da sogra, D. Maria Pia de Sabóia, uma perdulária com graves culpas nos adiantamentos, que soube fazer-se estimar pelo povo. Sempre os seus desperdícios foram vistos como perdoáveis. Porque, como chega a escrever-se n'*O Mundo,* «tem como rainha, duas qualidades que não caracterizam todas as suas colegas. É inteligente e não é beata.» A sua feminilidade levou a que para com ela o povo tivesse uma indulgência especial.[16]

Ainda com D. Carlos, e ao que se disse por pressão de D. Amélia, Hintze Ribeiro acaba por restituir algum poder às ordens religiosas – extintas pela legislação sempre em vigor de Joaquim António de Aguiar. Que pacientemente tinham vindo a instalar-se: com prudência, e «com muito trabalho e energia», escrevera a rainha. A lei de 18 de Abril de 1901 abria caminho às congregações, «quando exclusivamente se dedicassem à instrução, ou beneficência, ou à propaganda da fé e civilização no ultramar.»[17] Propiciava-se assim o ensino congreganista que o liberalismo tinha proibido. E ainda, naturalmente, a possibilidade de estabelecer conventos, se bem que lhes não dessem oficialmente esse nome. A nova lei mantinha, no entanto, a supremacia do poder civil, do Estado, sobre a Igreja e as suas organizações. Muitos foram os institutos religiosos que aproveitaram para então se organizarem ou para legalizarem um regresso clandestino anterior. Mesmo os jesuítas, expulsos por Pombal, se reinstalavam. Com colégios de numerosa frequência, em especial os de Campolide e de S. Fiel. Seriam frequentados pelos «filhos das principais famílias». Dito de outro modo: «a nobreza e a burguesia que se queria afidalgar honravam-se em mandar seus filhos para os Colégios religiosos.»[18] Com destaque vem ainda o Apostolado da Oração, imensa rede de fiéis e de colecta de esmolas para expandir o culto do Sagrado Coração de Jesus, organização da Companhia de Jesus – com mais de um milhão de associados distribuídos em 831 centros locais com mais de 19 000 zeladores.[19] Pelo menos assim se estimava. Para o que dispunham ainda do seu órgão impresso, o *Novo Mensageiro do Coração de Jesus* (1881-1910). Eram 386 os jesuítas em Portugal, em 1910.[20] Desde 1901 disfarçavam-se sob a denominação de Associação Fé e Pátria. E formavam uma falange aguerrida e sabedora no seu combate contra o liberalismo, o laicismo, a república e o livre-pensamento. Por vezes atrevendo-se mesmo a polemizar em matérias de ciência, e logo com um alienista livre-pensador e anti-clerical militante como Miguel Bombarda.[21] Pugna ideológica do catolicismo que de certo modo lideravam. Porque do lado oposto se sentia que o «país estava ameaçado por uma crise de intolerância religiosa e não garantia aos cidadãos a liberdade assegurada em todos os estados civilizados.» Para a Maçonaria «padre intolerante, frade e jesuíta» eram sinónimos – e esses eram os perigos.[22] Larga influência tinham ainda os franciscanos, sobretudo através do seu periódico *A Voz de Santo António* e pelas ordens terceiras. Servia-lhes de capa a Associação Missionária Portuguesa. No total, as congregações religiosas seriam em Outubro de 1910 em todo o Portugal 31, com 164 casas com centenas de membros. De difícil contagem, pois que algumas tinham sucursais e desdobramentos.[23]

Aumenta em simultâneo a propaganda do partido nacionalista, estreitamente ligado com o catolicismo. «De todos os lados se levantam os partidos avançados, lançando o grito contra a moral cristã, a monarquia e a religião. É necessário que os conservadores, os católicos, enquanto é tempo, se unam ao partido nacionalista. [...] Unidos com ardor para a realização de tão nobre ideal, esperemos, confiados em Deus, que havemos de vencer.» Há ainda que contar com outros órgãos da imprensa, como *O Portugal* do Padre Matos sempre atento. Pois não lembrara aos pares do reino católicos que deviam votar contra as Escolas Móveis pelo Método João de Deus, por estarem inquinadas de liberalismo? Como estarão vigilantes contra uma estátua do Marquês de Pombal que se prepara em Lisboa. Foi «um grande português, um grande estadista, mas expulsou os jesuítas; por isso os verdadeiros católicos não devem contribuir para o monumento»: D. António Mendes Belo, patriarca de Lisboa *dixit*. Defendem-se as ordens religiosas a propósito de outro monumento, este em homenagem a Joaquim António de Aguiar destinado a Coimbra. Que se ergue como um marco bem visível para assinalar as medidas anticlericais. Abrindo-se subscrição pública. Pombal e o Mata-frades, políticos que exterminaram congregações religiosas tidas como perniciosas. Pelos mesmos anos se erige em Viseu a estátua de D. José Alves Martins, o prelado liberal que se opôs ao *Syllabus*, que recusou apoiar a transformação em dogma da infalibilidade papal e que queria na sua diocese padres que amassem o próximo em nome de Deus e não jesuítas que explorassem o próximo em nome de Deus.[24] Em contrapartida, distribuem-se bentinhos aos expedicionários que vão para a Guiné. Os governos passam a ir beijar o anel ao núncio apostólico, desde a presidência de Campos Henriques. Em 1893 inaugurara-se na Penha, em Guimarães, uma estátua de Pio IX. No ano seguinte a rainha regozija-se com a «manifestação religiosa» «imponentíssima» ocorrida no Sameiro.[25] Por pressão de D. Amélia o ministro da Guerra manda que os cadetes da Escola do Exército cumpram o preceito da desobriga. Apesar dessa forma de pressão, só se confessaram 68 alunos; 265 recusaram-se, em 1910. Exemplos de muitos pequenos avanços da religião em domínios que já lhe tinham escapado.[26] As acusações de clericalismo no Paço crescem com a queda de Ferreira do Amaral: «a nova monarquia liberal francamente aceitou e solicitou a solidariedade do clero reaccionário e dos reaccionários.[...] Com a nova monarquia passaram a instalar-se ali, senão em corpo, em alma, a gravitar em volta do trono e a seguir o rei como uma sombra. Foi então que vimos esse espectáculo novo para nós, de uma monarquia liberal aclamada por padres.» E Ferreira do Amaral na câmara dos pares confirma: «Em torno do Sr. D. Manuel exercem-se influências reaccionárias, que pretendem fazer dele um rei místico, um rei devoto, um rei de clericais.»[27] Desabafo que *O Mundo* aproveitará: «O sr. Ferreira do Amaral, supondo ir encontrar diante de si a cera virgem de uma cerebração juvenil, na realidade encontrou um *convento*.»[28]

Verdades ou interpretações tendenciosas, foram estas avançadas do clero sobre o rei tidas por autênticas. Porque sobretudo a chamada «boa imprensa» (expressão cunhada em França – *la bonne presse*), parecia apostada em dar razão a essas acusações. Referia-se mesmo uma *Liga de Propaganda da Boa Imprensa*. Como disse Pio IX, «o povo é hoje enganado, envenenado, perdido, desgraçado pela imprensa ímpia. O que será dele sem a boa imprensa?»[29] Má imprensa era a socialista, inimiga da ordem social, moral e religiosa; também a imprensa republicana era má porque anti-religiosa, anti-católica e imoral; má ainda a imprensa dos partidos monárquicos tradicionais, também de recusar, porque obedecia em parte ao espírito maçónico e estava impregnada de liberalismo religioso, «que é o primeiro passo para o ateísmo social.»[30] Ora a Igreja intervinha necessariamente «como autoridade *divina, única* e *universal* em questões de fé e de moral.» E explicava bem que «nestas matérias não é a Igreja que deve ceder ao Estado, é o Estado que deve submeter-se à Igreja.» Por isso proibia aos fiéis a leitura de jornais socialistas e republicanos, «sob pena de *pecado mortal* contra a lei natural e eclesiástica.» Pelo contrário era preciso ler a imprensa boa, obviamente católica. Cujo primeiro carácter distintivo «é o respeito profundo e sincero pela religião e pelo Papa, e a adesão absoluta e incondicional aos ensinamentos dogmáticos, morais e sociais do Sumo Pontífice.»[31]

Assim sendo, a secularizada sociedade de princípios do século XX naturalmente que se sentia afastada da obediência que a Igreja pretendia. Quando o reaccionário jornal *O Portugal* defendia o rei, ou quando *A Palavra* exaltava a pessoa do soberano, estavam simultaneamente a provocar as iras do anticlericalismo e do republicanismo. Sua Majestade El-Rei D. Manuel II não se poupava a esforços para se mostrar junto das populações carecidas, como as que sem nada ficaram aquando do terramoto de Benavente, Samora Correia, Salvaterra de Magos e Coruche. Não por acaso, com isso coincidiu o aproveitamento religioso por alguns eclesiásticos a darem a cólera do Todo-poderoso como causa do desastre natural. O abalo de terra era «Deus a ralhar». Porque todos sabiam «quão grandes haviam sido entre nós as provocações à justiça divina.»[32] *O Portugal* convida as associações de fiéis a celebrarem actos de desagravo pelas blasfémias causadoras do terramoto. Tanto mais convenientes quanto a câmara municipal da vila de Benavente era republicana. Logo a real pessoa foi envolvida nos protestos contra esses padres que pareciam ignorar o que já Gil Vicente sabia.[33] E o rei surge confirmado como clerical – se é que ainda se precisava dessa confirmação...

O clericalismo e a sua ligação a formações políticas conservadoras e reaccionárias estreita-se neste período, ao mesmo tempo que a propaganda republicana também consegue mais adeptos. Há um extremar de posições. «Nós republicanos, não somos contra o catolicismo, mas pela liberdade de todas as confissões, laicas ou confessionais. A nossa divisa é esta – tolerância. [...] Pretendemos encontrar um terreno legal onde as lutas religiosas se travem e dirimam pacificamente. Não admitimos a opressão da Igreja Católica sobre o livre-pensamento, nem reciprocamente. A todos deve ser livre a crítica da doutrina católica. A Carta Constitucional estatui que ninguém pode ser perseguido por motivos religiosos.»[34] Bernardino Machado adoçava a poção, como sempre fazia. Porque bem sabia, porque comprovadamente se sabia, que a Igreja oficial do Estado tudo faria para que não fosse possível a expressão do livre-pensamento ou qualquer crítica à doutrina católica. Não podia aceitá-los, como combateria as manifestações de dessacralização e de secularização, mais ainda de laicismo, que conseguisse detectar na sociedade portuguesa. E em especial nas propostas republicanas em que essas ameaças não faltavam. Nem surgiam escondidas. Pareceria um retorno ao conflito que em 1828 opôs os defensores e os inimigos do trono e do altar.

O rei procura uma estrita neutralidade ou inclina-se para o conservadorismo? As acusações são muitas. Em especial visavam a rainha «apostólica, padroeira das congregações, protectora da Igreja e do clero.» «O rei é um carola – coisa horrenda n'uma sociedade de racionalistas e de católicos sem convicção! O rei confessa-se a cada passo; o rei comunga a cada passo; o rei não perde missa!» O que não faz a sua popularidade. Pior: «o rei não é só um clerical militante, mas um reaccionário que promete reagir contra todas as formas de liberdade. Já tem partido. É o chefe – do *partido monárquico*.» Monarquia e clericalismo achavam-se agora amalgamadas, coisa que não acontecera no reinado de D. Carlos. Pelo menos parecia. Ou assim queriam os republicanos que parecesse. Porque em qualquer manifestação, por mínima que fosse, se queria ver a reacção e a influência da Igreja. O parlamento discute em 1909 um projecto de casas baratas. Era a forma de ajudar gente pobre. Mas logo se viu que isso iria facilitar às congregações religiosas dilatar a sua esfera de acção permitindo-lhes construírem bairros operários.[35] E, do mesmo passo, disporem de património em bens imóveis. Era uma afirmação do catolicismo social, mas também uma arma de propaganda. Desencadeando a simétrica contra-propaganda. Porém, se não teve seguimento, isso se deve a que foi mal defendida pelos seus proponentes.[36]

A relação entre o Estado e a Igreja era íntima. O catolicismo era a religião oficial do Estado: bispos tinham assento na câmara dos pares. A presença de eclesiásticos por todo o Reino constituía uma enorme rede de controlo social. A liberdade de actuação do clero começa a ser vivamente sentida. Não pela simples administração da religião, mas pela forte actuação social. «A religião sem fé dos católicos portugueses habituou-se ao espectáculo d'este clero sem moral.»[37] Clero de funcionários, uns bons, outros maus, nomeados pelo governo. Com dificuldades para viver, muitos dos curas. Mesmo os párocos se tinham organizado em 1907, formando uma Liga do Clero Paroquial Português, com intuitos de defesa sindical: queriam os párocos melhorar a sua situação económica. Não parece que esta organização tivesse tido alguma intervenção política: embora monárquica, foi hostilizada pelo partido nacionalista.[38] Mas muitos padres agora, fiéis aos ensinamentos de Roma, deixam de querer ser esses funcionários mal pagos para passarem a ser agentes da nova forma de actuação militante. Ainda tidos por portugueses, mas crescentemente acusados de sem pátria.[39] É «necessário que os cristãos considerem como um dever o deixarem reger-se, governar-se e guiar-se pela autoridade dos Bispos e sobretudo pela Sé Apostólica... É ao Papa que, em suprema instância, pertence decidir o que é bom e o que é mau, o que deve fazer-se e o que deve evitar-se...»[40] A incompatibilidade da subordinação, como Roma e o episcopado pretendiam – com o apoio do Estado –, era incompatível com o racionalismo e com o livre-pensamento militante. Atitudes e sentimentos que se tinham instalado em não poucos meios da sociedade portuguesa. E mostrando a Igreja posições essencialmente contrárias ao pensamento democrático que se expandia. As propagandas chocam-se. Inevitável.

A imprensa católica progredia no país, a partir de um semanário que publicava a empresa de jornais *Veritas* na Guarda, que se multiplicava por outros periódicos idênticos. No grande público formava-se uma «atmosfera propícia à expansão da lenda de que o novo reinado representava o início de uma monarquia acentuadamente clerical e reaccionária, influenciada pelo jesuitismo: segundo a frase consagrada no jornalismo jacobino, sobre o país o jesuitismo estendia a sua asa negra.»[41] *A Palavra*, *O Portugal* e *A Liberdade* eram as mais importantes publicações periódicas consideradas de «boa imprensa», periódicos controlados ou produzidos pelos meios católicos que eram indicados pelos seus próceres como «o melhor dos remédios contra a peçonha maçónica e contra a sanha dos governos liberais.»[42] *A Palavra*, do Porto, tinha como director o Conde de Samodães, que os republicanos dão como exemplo de beato tacanho.

O Portugal, de Lisboa, era dirigido pelo padre José Lourenço de Mattos, ao que parece mau pároco e dito «pai do órfão Albino que abandonou em Ervidel.» Não obstante, capelão e professor de moral na Casa Pia...[43] O seu jornal que não hesitava em pôr em causa a própria rainha, e as pessoas que lhe eram próximas: aí se falava de «uma bruxa de Sevilha [*a Condessa de Figueiró*], muito celebrada por ter dado mau olhado com um olho de vidro a uma senhora muito alta [*a rainha*].» Surgia escrita em «prosa de ponta e mola». A *O Portugal* se referiu o monárquico Carlos Malheiro Dias como uma «batina impressa com que se abanou o fogo da reacção anti-religiosa.» «A denúncia, a calúnia, o doesto, são a divisa do órgão da reacção n'este jardim Patriarcal à beira mar plantada», dizia-se do lado republicano.[44] Outras publicações, muitas delas nas terras de província, serviam os mesmos ideais, como a *União Nacional* de Braga, a *Propaganda Catholica* de Fafe, a *Associação Operária*, de Lisboa, a *Restauração* de Guimarães ou a *Revista Catholica* de Viseu... Muitas destas publicações controladas pelos jesuítas.[45] Sem esquecer a importância de outras para o grande público dos fiéis como o *Almanach da Immaculada Conceição dedicado ás familias christãs*, editado pela Propaganda Catholica, desde os anos 70 (1879--1921)... Destaca-se pela linguagem desbragada *O Petardo* do Pᵉ. Benevenuto de Sousa, de Torres Novas (também conhecido por Benebruto). Depois publicará *Folhas Soltas*. Era um militante da boa imprensa católica, interessando-se desde 1904 por essa agressiva propaganda.[46] Apesar de indecoroso na sua escrita valia-se da protecção do patriarca de Lisboa. Porque a imprensa, quer a monárquica, quer a republicana, usa expressões muito violentas: *rei-tumba* chama França Borges n'*O Mundo* a D. Manuel; a rainha D. Amélia era *a viúva do rei dos adiantamentos*. Assim se lia na verrinosa secção *Diz-se*. Que tinha muitos leitores e inumeráveis «colaboradores», muitos deles anónimos, e alguns cortesãos procurando saborear vinganças.[47]

A subordinação legal do clero ao Estado não era frequentemente exercida pelos governos. Caso que levantou as iras de quantos defendiam o poder estatal foi o do bispo de Beja D. Sebastião Leite de Vasconcelos. Este demitira de vice-reitor e de prefeito do seminário diocesano dois irmãos, os padres Ança, José Maria e Manuel. E nomeara substitutos, sem dar parte ao ministro da Justiça. Os despedidos não se ficaram, e recorreram para o ministro, conforme a lei lhes permitia. Afonso Costa aproveita para levar a questão à câmara: mais uma vez «é a Igreja de um lado e o Estado do outro.» Os «bispos desprezam, cinicamente, com um aviltante descaro, todas as leis, calcando-as aos pés ou sofismando-as possessivamente.»[48] O antístite não queria dar satisfações do que fazia na sua diocese (como também o não queriam os outros bispos, ostensivamente os da Guarda e de Bragança). Tratava-se de um protegido da Companhia de Jesus de que fora aluno, no Colégio de Campolide. Jesuítas que procuraram valer-lhe, apelando para os antigos alunos desse estabelecimento. Era mesmo acusado de proteger jesuítas instalando-os no seminário. Também beneficiava da admiração da rainha D. Amélia, que terá intervindo na sua nomeação.[49] «A única atitude a tomar, por parte do ministro, era mandar ao bispo de Beja que cumprisse a sua ordem de reintegrar os funcionários ilegalmente demitidos e despedir os que tinham sido nomeados ilegalmente.»[50] As acusações ao bispo ferveram, indecorosas – chamaram-lhe a Papisa Joana de Beja[51] –, e o ministério da Justiça teve que actuar. Fazendo cumprir a lei, mandou reintegrar os professores. Era o uso da prerrogativa do poder civil, segundo a legislação em vigor (lei de 28 de Abril de 1845). Mas o ministro não teve por ele a força para obrigar o bispo a cumprir o decidido pelo governo. A reacção campeou. Francisco José de Medeiros demitiu-se depois de ter sido «hostilizado rude e crua e odientamente, [...] por tudo e a propósito de tudo, no parlamento e na imprensa reaccionária de todos os matizes.» Fora acusado de «republicano, mação e inimigo encarniçado de Jesus Cristo.»[52] A portaria para obrigar o prelado ao desempenho das suas obrigações legais ficou por publicar. Ao que se dizia, com culpas para a rainha D. Amélia, há muito sua defensora. O bispo de Beja D. Sebastião de Vasconcelos teve a seu favor importantes apoios, sobretudo piedosas e beatas damas do paço real que o tinham como o «bom padre Sebastiãozinho».[53] Coisa pouca, que deu muito que escrever nos jornais?

O certo é que «o Reverendo Bispo de Beja, D. Sebastião de Vasconcelos, o perseguidor dos seus padres, que fez da lei uma rodilha, das prerrogativas do poder civil um joguete dos seus caprichos, e das legais indicações conciliadoras do Ministro da Justiça, seu superior legítimo, um objecto de zombaria, foi absolvido.» Os padres castigados teriam ficado na miséria – padres que em alguma imprensa republicana eram dados como liberais...[54] Não se segue que fossem, mas era o que convinha para acicatar o conflito. Francisco José de Medeiros continua a sua intervenção na câmara dos pares: «É um contraste que escandaliza. Mas..., meus senhores, é a reacção que passa ovante! A religião diminui, mas o clericalismo avança. Nos últimos tempos do reinado anterior dizia-se que o nosso direito público não estava na constituição, mas no paço. E assim era. Agora, por este e outros signos do tempo, parece que ele vai ser instalado nas sacristias. E será assim? Pois bem era que o nosso direito público voltasse integralmente à Constituição.» Como remate, não se esquecerá de uma declaração de bom liberal: «Tudo estará bem assim. Que, porém, todos os liberais convictos, monárquicos ou republicanos, católicos sinceros ou livres pensadores, e sobretudo que a mocidade das escolas, que é o futuro e a esperança da pátria, defendam a Liberdade em todos os pontos onde ela for atacada. Consta-me que em alguns círculos clericais passo por ser homem sem religião, dada a minha atitude nesta questão clerical de Beja. Como se o reverendo bispo de Beja fora o Evangelho! Mal cuida, porém, quem assim cuida.»[55] O Dr. Francisco José de Medeiros tido como um notável jurista, era autor de propostas «inspiradas em princípios sobremodo liberais.» E por isso «considerado como um estorvo à acção que os reaccionários de todos os matizes pretendem exercer contra os elementos liberais.»[56] Os ministros avançados destes ministérios terminais da monarquia eram bem caldeados e contrapesados por elementos de provados serviços à reacção; muito em especial ao clero ultramontano. Porque a igreja mais interveniente não aceitava ainda o liberalismo oficial. Leia-se um jesuíta: «Percorra-se a Carta Constitucional, o código Civil, o Código Penal, o Código do Processo e a colecção de todos os documentos publicados no Diário do Governo de 1833 para cá, e em todos esses arquivos da nossa legislação se encontrarão numerosas disposições lesivas da doutrina e dos direitos da Igreja.»[57]

Bastante mais grave para o catolicismo do que a questão do conflito de autoridades – Igreja e Estado (a que a Igreja foi obrigando a seu jeito) –, foi o conflito entre franciscanos e jesuítas. Os primeiros tinham como inspirador o cardeal D. José Sebastião Neto, patriarca de Lisboa, na sua ordem Frei José dos Corações. Os jesuítas eram liderados pelo padre Luís Gonzaga Cabral, seu provincial (1908-1912). Conflito que em especial era dirimido na imprensa. Mas isso ia acabar: *A Voz de Santo António*, dos franciscanos, foi censurada por Roma, por alegadas questões doutrinais.[58] Andava acesa a polémica dessa publicação com o *Novo Mensageiro do Coração de Jesus*, jesuíta. Era a guerra contra Montariol – convento dos franciscanos. Entre muitas acusações notava-se que o periódico revelara «espírito modernista». Porque para os franciscanos, chegados a posições democratas-cristãs, ficavam indiferentes à posição política dos crentes, não defendendo a pertença ao partido nacionalista. Um defensor dos franciscanos bem explica que «ninguém é obrigado em consciência a seguir o partido que não seja das suas convicções.»[59]

Não importava a boa doutrina: por indicação de Roma, através do cardeal Merry del Val, secretário de Estado, o arcebispo de Braga mandou efectuar a suspensão da revista. Tratava-se de «evitar *as perturbações e discórdias que tais doutrinas têm suscitado entre os fiéis portugueses.*» Embora se não indicassem os erros expendidos. Mas o conflito interno já era anterior.[60] Nem o arcebispo de Braga esperou autorização do governo para pôr em prática a suspensão – assim não cumprindo o beneplácito régio. Afirmava-se sobre a publicação que «muitas das suas doutrinas estão em oposição com espírito da Igreja e com as instruções da Santa Sé.»[61] O ministro da Justiça, o liberal Manuel Fratel, publicou uma portaria condenando a irregularidade cometida pelo arcebispo, mas desculpando-o... O que mesmo assim levantou furores e manifestações reaccionárias.[62] Logo a opinião anti-clerical acusou os jesuítas de culpas neste desfecho (com razão ou sem ela – provavelmente com razão).[63] Mas iam-se tornando ácidas as relações entre as ordens. E também o conflito foi aproveitado pelos anti-clericais, que não deixaram de noticiar que a suspensão tinha sido provocada pelos «jesuítas, nacionalistas e ultramontanos de denominação vária.»[64]

Através dos «'exercícios espirituais', das associações devotas, do confessionário, da escola e da imprensa, os padres da Companhia exerciam uma influência considerável sobre uma boa parte da sociedade.»[65] Não era esta acção e esta propaganda exclusivamente religiosa. Embora sempre se destacasse a impossibilidade de apoio dos católicos à República. Defendendo o franquismo e logo se posicionando contra a acalmação.[66] Também destinada a combater o liberalismo, o republicanismo e o socialismo e todas as formas de livre-pensamento, no colégio de Maria Santíssima Imaculada de Campolide se organizou um Centro de Propaganda Monárquica e de Acção Social. Aos seus membros se imprimia um cariz contra-revolucionário muito nítido: Deus, Pátria, Rei a divisa proposta. Porque de luta política se tratava, embora temperada com ingredientes religiosos. Era «a grande obra de propaganda católica e monárquica.» Não havia por parte das forças da igreja uma atitude prudente, precavendo-se contra desaires futuros. Não queriam ver a tormenta que se anunciava.[67] Pelo contrário, instalavam-se na agressividade. Figuras de republicanos e monárquicos não-gratos recebem especial tratamento: «perversos, sicários, feras, vampiros, tartufos, antropófagos, buiças, matulagem, repelentes bandalhos, canalhas vis e hipócritas.» Em especial sobre Afonso Costa chovem assanhados doestos: de pássaro bisnau a «exímio lente da faculdade do erro e da mentira [...].»[68] Assim mais se acendiam os propósitos de conflito por parte dos que em crescendo também rejeitavam a influência clerical. A intolerância da igreja torna-se visível – provocando outras intolerâncias de sinal contrário. São levados a tribunal em Viseu os responsáveis por uma publicação em que se afirmava que a confissão auricular não fora instituída por Cristo. Por denúncia de dois padres. O que provoca indignação em quantos não se revêem na doutrinação e sobretudo nos métodos repressivos da igreja e dos católicos em íntima aliança com o Estado. Pois não foi esse escritor sentenciado a um ano de prisão e três meses de multa?[69] Estes avanços da reacção vão preparando o ambiente para medidas secularizadoras que serão duramente sentidas.

A oposição republicana age, através de organizações autónomas que não apenas do partido republicano. Os Congressos Pedagógicos, realizados pela Liga Nacional de Instrução (fundada em 1907)[70], deram sinais em 1908 e em 1909. Era uma organização laica, progressista e liberal que não tinha apenas objectivos relacionados com o ensino, mas que exprimia a oposição à educação escolar confessional. Em especial propunha que a matéria religiosa fosse abolida da escola primária.[71] Porque para a república – que o mesmo era dizer à democracia – se tornava condição essencial uma instrução laica e obrigatória.[72]

Aí surgem o pedagogo republicano João de Barros, Manuel Laranjeira e Miguel Bombarda, este com o seu esperado ataque às trevas religiosas. Aí figura João de Deus Ramos, a lançar a sua ideia de jardins-escolas que tomarão o nome do poeta seu pai.[73] Os professores queriam ser a força cívica educadora. Era esse um meio especialmente propício, já que os mestres régios sentiam a concorrência das organizações religiosas. Porque os republicanos tinham assinalado há muito a vergonha do analfabetismo. De que culpavam, naturalmente, a monarquia. Era essa a «mais grave e a mais justificada acusação que nós, os republicanos, fazíamos à monarquia.» Mais: «É pavorosa a nossa percentagem de analfabetos, e isso constitui precisamente o grande crime, o maior crime da monarquia», atira Brito Camacho no parlamento.[74]

Em resumo: «Instruir e educar o povo é o que importa.»[75] E esse empenho era consequentemente assumido. Os centros republicanos organizavam colónias de férias para as crianças necessitadas, montavam escolas, preocupavam-se com a instrução não só das crianças como dos adultos. A obra de alfabetização desses centros é considerada uma actividade política indispensável. Porque a democracia pretendida necessitava de gente educada.[76] As Escolas Móveis pelo Método João de Deus lançadas por Casimiro Freire expandiam-se para essa tarefa de alfabetizar. A Liga Nacional de Instrução, embora sem vínculo ao partido republicano estava na retaguarda deste movimento. Ligada à Maçonaria criara-se uma Liga dos Direitos do Homem que ia bem com o republicanismo e com as suas preocupações com a educação.[77] Republicanismo que soube também utilizar o associativismo que se expandia. Até porque o valor da solidariedade lhe era doutrinariamente central. Cuja pujança mostra a vitalidade social destes anos iniciais do século. Em que os cidadãos procuram defender-se em conjunto. Ou, simplesmente, pugnar pelos seus interesses, de grupo ou ideológicos.[78]

Havia que divulgar em publicações baratas assuntos que se pensava ajudariam a formar uma mentalidade própria de cidadãos republicanos: bom exemplo estava nos folhetos da *Propaganda Democratica* publicados a 60 réis, em 4 séries de 12 números, e redigidos por um professor do Curso Superior de Letras, Zófimo Consiglieri Pedroso, em 1886-1888.[79] Eram brochuras de 32 páginas onde se ensinava o que parecia essencial para a formação da cidadania: publicação quinzenal para o povo. Logo o nº I tem com título *O que o povo deve saber*; e o II expõe *O que é a república*. A República Francesa, tida decerto como paradigma, merece nada menos que três números, um preliminar sobre *A queda do Segundo Império em França*, e um outro de bom aviso, *Boulanger e o Cesarismo*. Claro que outros esclarecem os cidadãos servindo-lhes de *Guia do eleitor*, contendo *Palavras aos eleitores* em vésperas de sufrágio, explicando *O que deve ser uma eleição* e outros assuntos que se tinham por importantes. Mais tarde, já no século XX e também em Lisboa, sairá a *Pequena Bibliotheca Democratica*, em 1906-1907, com o mesmo propósito. A formação do cidadão estava bem no centro das preocupações da propaganda republicana. Também se prestava uma atenção especial à administração municipal e à sua descentralização que as leituras de Alexandre Herculano e de José Henriques Félix Nogueira impunham. Daí a organização e realização em Abril de 1909 do Congresso Municipalista de Lisboa. Soube a vereação republicana da capital exprimir as aspirações e as possibilidades de outras formas diferentes das monárquicas de conduzir as políticas municipais. Procurava-se mostrar como era possível uma administração «exemplarmente escrupulosa e honesta.» Defendia-se a descentralização e faziam-se propostas ao governo.[80] Em 1910 será a vez de se reunir um outro Congresso Municipalista, desta vez no Porto. Congressos que não eram ditos republicanos, onde se afirmava que a política ficaria «absolutamente posta de parte.» Porém aí os republicanos marcavam uma notada presença – o que servia a sua propaganda invasora. A que o governo dava boas razões ao proibir algumas manifestações públicas. [81]

Associação de massas, com penetração social muito activa era a Junta Liberal. Estava atenta para impedir o crescimento do clericalismo e contra ele actua publicamente. Fundada em 1901, a associação tinha objectivos claros: «Não queremos associações religiosas. Queremos a liberdade de imprensa e de reunião. Empenharemos os nossos esforços para ser respeitada a liberdade dos cidadãos. Desejamos que o ensino seja reorganizado em linhas liberais.» [82] A Junta como que adormecera até que em 1909 Miguel Bombarba a revitaliza e envia ao parlamento uma mensagem, pedindo que fossem observadas as leis de Pombal e de Joaquim António de Aguiar contra as ordens religiosas. Miguel Bombarda militante contra a reacção clerical que fora a Coimbra fazer uma festejada conferência sobre o «Mata-frades». E também no parlamento homenageia o político que acabou com a «aliança do frade e do cacete.» Considerava que as ordens religiosas estavam sendo «o perigo nacional.» Propunha-se uma «guerra tenaz e acesa que em nome da pátria devemos fazer ao clericalismo.» Miguel Bombarda que não dava tréguas ao que dizia ser o anti-cientismo dos eclesiásticos, com especial acinte contra os Jesuítas. [83] No dia 1 de Agosto de 1909 realizou-se em Lisboa um comício republicano contra a reacção clerical em que falou o Dr. Miguel Bombarda – a quem *O Seculo* chamava «o terror dos padres». [84] E em seguida, a 2, organiza-se uma enorme manifestação também em Lisboa contra o avanço do clericalismo e da intolerância religiosa. Dirige-se ao parlamento para aí entregar uma representação aos deputados contra o estabelecimento de congregações religiosas. Foi, no dizer de André Brun, a «mais importante manifestação cívica dos últimos anos.» [85] «O clericalismo assentou pé na sociedade portuguesa e já é força em que se apoiam os governos. Nas mais altas regiões do poder penetrou o espírito reaccionário e a sua influência transparece em múltiplos actos da vida política dos governos que só o temor impede de acção mais vigorosa.»[86] O Dr. Miguel Bombarda, médico e deputado (amaralista e depois republicano) e «alma do combate contra os jesuítas», que presidia à associação, requereu no parlamento a generalização do debate. O que não foi concedido pelos partidos monárquicos. A manifestação na rua – que se avaliava em 100 000 pessoas desfilando – assustou os políticos rotativos. Nunca Lisboa tinha assistido a que tanta gente fosse capaz de se juntar publicamente na defesa de ideias: mesmo que não tivesse atingido aquele número que a propaganda terá empolado. Fora um espectáculo nunca visto; concluía-se que Lisboa era uma cidade anti-clerical.[87] Manifestação de ideias que contrariava sinais recentes de subordinação da corte ao clericalismo – e pela corte se sentia que ameaçava o País. Que a Junta Liberal tivesse capacidade para mobilizar tamanha multidão era um aviso sério. Não apenas em Lisboa mas no Porto, em Beja, um pouco por toda a parte ganhava adeptos e continuava realizando comícios anti-jesuíticos. O que já vinha de muitos anos antes. Temiam os conservadores essa «agremiação de propaganda revolucionária.»[88] Que parecia mesmo de temer.

Articulada com a Junta Liberal encontrava-se a Associação de Promoção do Registo Civil e do Livre-Pensamento, que pugnava pela institucionalização do registo civil obrigatório. Para a «boa imprensa» reaccionária era o «covil das asneiras».[89] Porque se mostrara indispensável que o Estado se responsabilizasse pelo cumprimento de uma obrigação estritamente civil e de cidadania – mas com uma tremenda força simbólica. «Não se compreende uma verdadeira democracia sem o predomínio do poder civil.»[90] Não obstante, a Igreja sentia que isso lhe retirava um «predomínio efectivo» sobre a sociedade. Aos párocos tinha competido o assentamento de baptismos, casamentos e óbitos. Com a devida remuneração. Que agora se queria transferir em exclusivo para o Estado, através de funcionários seus.[91] A Associação do Registo Civil era mais uma organização de larga participação popular contra um exclusivo da Igreja. Não uma associação que se apresentasse como republicana, mas onde muitos eram os republicanos. E em que todos se batiam na causa comum contra o clericalismo em expansão. O associativismo, a vários níveis e com objectivos diferenciados, era uma expressão dessa necessidade de afirmação cívica de que o partido republicano também era uma expressão. E resultado dessa secularização da sociedade em que a Igreja deixava de conseguir dominar. E contra a qual reagia – procurando por todos os meios a protecção especial do Estado. Do qual esperaria uma acção enérgica a seu favor.

Por detrás de muitas destas associações encontra-se a Associação do Livre Pensamento em articulação com a Maçonaria. Iniciando a sua actividade em 1904, logo em 1908 realiza um congresso em Lisboa. Presidiu Theophilo Braga e dele saiu a Junta Federal do Livre Pensamento, presidida por Magalhães Lima.[92] Em 1906 o Conselho da Ordem apelara ao Povo Maçónico: «O registo civil obrigatório e a igualdade religiosa perante a lei como primeiros trabalhos para a separação da igreja e do estado terão a nossa mais entusiástica propaganda como seus mais estrénuos defensores.»[93] Foi seu grande impulsionador Heliodoro Salgado, sendo figuras de destaque Sebastião Magalhães Lima e Fernão Botto Machado.[94] Em vésperas do 5 de Outubro já se preparava um segundo congresso nacional, que por certo se esperava que avançasse no sentido de incitar à proclamação da República.[95]

A propaganda contra o avanço do poder da Igreja e do predomínio dos padres estendia-se ao Porto e a outras cidades. Havia em todo o território quem nisso se empenhasse. O chefe regenerador Júlio de Vilhena apercebe-se bem da questão. E avisa o rei, em 1909, de que «a questão religiosa e liberal, que se tem levantado, é uma questão grave, pois é a que mais movimenta o país.»[96] Vilhena, homem culto, jurista e historiador que não apenas político, percebia o que se estava a passar, e como o problema era deveras melindroso para a realeza. Porque a reacção estava mesmo instalada. O simples anúncio do registo civil obrigatório pelo ministro da Justiça bastou para condenar um ministério: aconteceu a Francisco José de Medeiros com Wenceslau de Lima chefe do Governo; tornaria a acontecer com Manuel Fratel no ministério da presidência de Teixeira de Sousa.[97] A Igreja mostrava a sua intolerância, o Estado monárquico quase sempre respondia com a sua subserviência e mesmo impotência perante essas exigências.[98]

Desde estudante que Francisco José de Medeiros defendia que era puramente civil a natureza dos actos que ao registo civil competia lavrar. Afastando-se assim da classe clerical e do ultramontanismo.[99] Manuel Fratel também comungando das mesmas opiniões vai ainda procurar concretizá-las. Em vão. Ficava feita a prova provada da impossibilidade de avanço por uma via reformadora: abria-se o caminho para a actuação dos radicais. Porque só com medidas corajosas se conseguiria afastar o Estado das tentativas de subordinação à Igreja.

José d'Alpoim procura incutir no rei a ideia de ser necessário «um largo programa liberal e que traduza as aspirações da opinião pública, administrando com a mais escrupulosa moralidade, não transigindo um ápice com o clericalismo.» E, inevitavelmente, recorda ao monarca o seu ascendente D. Pedro IV, «satisfazendo as correntes democráticas.»[100] O que deve supor a posição anticongreganista. Mas era isso possível? «Uma monarquia liberal, fiel ao seu passado e à sua tradição, seria a reforma da Carta e das leis constitucionais, a aplicação das leis de Pombal e de Aguiar, o encerramento dos colégios jesuíticos, a proibição do ensino congreganista, o registo civil obrigatório, a laicização do ensino, porventura a separação da Igreja e do Estado – e a semelhante obra evidentemente Vossa Majestade não se associa.»[101] Era pedir de mais. O rei não poderia aceitar esse caminho liberal e dessacralizador. Por razões religiosas, por certo, mas também por motivos políticos. Mais de 230 casas religiosas dedicadas ao ensino e à assistência em todo o país[102], era um apoio que o regime monárquico não poderia perder. Muito menos quando se sentia em perigo de dissolução. Mais valia contar com o apoio dos meios religiosos e ir ignorando os reparos dos liberais e dos republicanos. Mesmo que isso se traduzisse num acirrar dos conflitos. E que implicasse algumas cedências.

Não terá sido por acaso que Teixeira de Sousa foi nomeado em 1910 chefe do Governo. Era «enérgico, inteligente e trabalhador.»[103] Mas sobretudo tratava-se de dar um tom liberal à governação que já estava sem rumo definido. Porque Teixeira de Sousa – que será acusado de liberalão – procura refrear o caminho do clericalismo, recuperando a legislação anticongreganista de Pombal e de Joaquim António de Aguiar. Passava a concretizar o que não deveria passar de uma ameaça. Todavia, isso já acontece tarde, e não será remédio bastante contra uma muito activa e incessante propaganda clerical. Para a qual todos os argumentos podiam ser inventados e usados: *O Portugal* viu mesmo o chefe do governo passar numa carruagem com Afonso Costa...[104] Não se podia imaginar pior relação, nem que mais pudesse irritar os seus eleitores. Que importava se era uma mentira adrede fantasiada?

Atento, o rei logo adverte o Presidente do Conselho que «está tomando por um mau caminho liberal demais, direi mesmo radical.» O rei achava «que sobretudo com respeito à questão religiosa ele está avançando de mais: já eu consegui, depois de uma luta tremenda em que ele punha a questão de confiança que ele não me trouxesse um decreto para eu assinar, fechando todos os colégios jesuítas.» Mas Sua Majestade logo dá uma nota de que não percebe o que se passa: «Ficou furioso com os padres por causa das eleições. [...] Já esta amnistia aos delitos de imprensa me custa imenso conceder-lha; mas diz-me que não pode prescindir d'ela. [...] É necessário que o Teixeira de Sousa não irrite mais os conservadores porque senão nada se pode fazer. Modere ele um pouco o seu liberalismo e entenda-se com a oposição.»[105] Bem moderada era a amnistia, que deixava de fora os acusados de pertencerem a associações secretas.[106] O governo ainda conseguiu à última hora dissolver a comunidade jesuítica da rua do Quelhas, que não tinha estatutos aprovados: a portaria, datada de 3, foi publicada a 4 de Outubro de 1910! Teixeira de Sousa estava a ir longe de mais para o gosto do rei. «Mas, aos príncipes, custa-lhes muito o vencer o preconceito que os prende à tradição conservadora. São raros os reis cujo coração é muito alto e o cérebro muito forte para compreender as revindicações políticas e sociais da democracia. Há-os: mas é preciso erguer muito o espírito acima da educação e da atmosfera dos Paços.» Bela síntese de José Maria d'Alpoim.[107] Tanto mais que assim era porquanto o rei se sentia afectado na sua fé. Fé simples, sem complicações teológicas nem emaranhados filosóficos. Constou que o irreverente príncipe D. Afonso dizia que o sobrinho fazia «tirocínio para sacristão». Era juiz da fábrica da Irmandade dos Mártires, em Lisboa. Em 11 de Setembro de 1910 foi feito juiz perpétuo da Irmandade do Santíssimo da basílica de Mafra e «acompanhou a Procissão até à porta com a vara de prata na mão.» Assistindo a um Te Deum a fechar a festa.[108] El-rei deve ter-se sentido consolado. Um panfletário republicano não hesita: «É justo que a dinastia de Bragança finde por um juiz de confraria. É uma raça que acaba em pavio de cera benzida.»[109]

Contudo, o rei não podia de imediato dispensar o liberal Presidente do Conselho depois de lhe ter concedido a dissolução do parlamento – e era a sua primeira dissolução – e de lhe ter permitido que fizesse eleições. E de ainda lhe ter proporcionado uma substancial fornada de pares. No quadro constitucional nada mais poderia ser tentado nesta exangue monarquia. Ao tomar posse, Teixeira de Sousa sabia ao que ia. «A onda republicana tinha atingido um grande volume e ameaçava subverter a monarquia. Na cidade de Lisboa já eram republicanas a Câmara Municipal, as juntas de paróquia, a maioria dos professores do ensino primário, secundário e superior e nas associações secretas estavam inscritos milhares de cidadãos.»[110] Desde logo os partidos e grupos monárquicos que não entravam no governo, o bloco (henriquistas, progressistas, nacionalistas, franquistas e miguelistas), se insurgiram contra o rei. «Foi uma enorme trapalhada que el-rei, pela mão dos seus mestres e conselheiros, levou a política portuguesa. El-rei afrontou, sem motivo nem necessidade, os partidos monárquicos que, leal e devotadamente têm servido a coroa sem o auxílio dos quais escusa el-rei de pensar em manter-se no trono, descuidado e tranquilo.» E ameaçava: «El-rei tem agora a defendê-lo o governo do sr. Teixeira de Sousa e o auxílio dos dissidentes. Pois chegou o momento de apurar-se tudo isso. Não sabemos o que poderá vir desse apuramento. A coligação tem um dever a cumprir. Há-de cumpri-lo, esteja o governo certo disso, e não tenha a coroa ilusões.»[111] Estava tudo dito. Em ameaça clara.

Propostas reformadoras de monta tinha o governo preparadas: a da câmara alta – deixando de existir pares hereditários e a reforma da lei eleitoral, revogando a ignóbil porcaria. Também se propunha avançar na descentralização administrativa com o restabelecimento das Juntas Gerais de Distrito. Mas as duas primeiras medidas certamente iriam ter grande oposição. Punham em cheque a aristocracia e os marechais dos partidos políticos. Eram efectivamente modernizadoras, e isso deve ter logo doído. Muitas outras medidas aguardavam oportunidade de serem apresentadas, em coerência com as que primeiro se anunciaram. Todavia, era uma política que já não funcionava como prevenção do levantamento que se aproximava. Já não reunia condições para causar o adiamento da revolta que se preparava.

O proselitismo jesuítico fazia caminho, diziam os republicanos e mesmo os liberais. Para o contrariar, o ministro da Justiça Manuel Fratel anunciou o registo civil obrigatório – o que era um golpe tremendo no clericalismo: retirava aos padres a exclusividade do controlo da população e do seu estado civil. Indispensável, como via de secularização. Porque a dessacralização da sociedade ia ocorrendo, embora faltasse o seu reconhecimento pelo Estado. Que poderia acontecer com o novo governo. Para o ministro Fratel, não se tratava de perseguir a Igreja: «O que o governo toma a peito é repor as coisas no seu lugar.» E negava que o registo civil tivesse que ver com as crenças religiosas.[112] Era um programa de «emancipação das consciências da tutela do altar», que o clericalismo não podia aceitar. E mais, afirmava o ministro: «O que eu, como Ministro da Justiça, e membro do Governo, não posso permitir é que haja uma inversão de poderes.» E concluía: «acima de tudo as prerrogativas da Coroa.» Ou, dito de outra maneira: «a obra do governo não é de perseguição à Igreja, mas sim, antes, uma obra de reivindicação de autonomia do Poder Civil, por vezes postergado. O registo civil não é mais do que a matrícula obrigatória dos cidadãos.»[113] Era. E mais ainda: não temer arriscar perante os conservadores. Retirar à Igreja o registo civil valia o desencadear de todas as fúrias reaccionárias e clericais sobre o governo. Porque essa medida aparentemente simples significava que muitos poderiam deixar de se sentir sujeitos à autoridade do clero. Por isso a chamada de Teixeira de Sousa à presidência do governo era por alguns considerada como «o suicídio da monarquia.»[114] Para outros não passava de «a última tentativa a fazer para a conservação da Monarquia.»[115] Poucos políticos terão sido atacados com tanta violência como Teixeira de Sousa. Acusado até de conivente com Afonso Costa para fazer a república![116]

A oposição monárquica organiza-se num bloco dito conservador e reaccionário e preparava-se para uma luta sem quartel nem tréguas contra o rei. Porque este se atrevera a nomear um governo de tal modo liberal. Por convicção de que era preciso essa táctica dura para salvar a monarquia? Mas estaria essa convicção bem sustentada? Porque o que tinha sido normal nas relações entre os chefes monárquicos era que as coisas só corressem bem quando eram os amigos da respectiva facção a entrar para o governo. Os outros, os que ficavam de fora, de imediato diziam o pior possível da monarquia. Mas o que mais se destacava pelo desbragado da linguagem contra o rei e a rainha era o partido nacionalista e os seus jornais, em especial o católico *O Portugal*. Que pôs o clero reaccionário a fazer propaganda contra o governo: «No actual momento o dever de todo o católico, mais, de todo o patriota, é lutar no campo eleitoral para que a este governo seja impossível prosseguir na sua obra de ruína e desmoralização social.» Isto escrevia *O Portugal*, que considerava este governo o «ministério flagelo».[117] Parecia não se suspeitar que essas campanhas muito afectavam as possibilidades de sobrevivência do regime. Provocando a ruptura nítida entre clericais e anticlericais no interior dos monárquicos, pensaria a Igreja ganhar? Sobretudo não parecia receosa de perder. E por isso atacava mais do que uma política de prudência e de cautela aconselharia. «Não nos deve restar a menor dúvida de que hoje as questões de repúblicas, monarquias absolutas ou representativas, tudo são ninharias, em presença do aspecto que a sociedade nos apresenta. Hoje há apenas duas falanges: a dos católicos crentes e a dos jacobinos. Tudo o mais é poeira impertinente com que se obscura a verdade.»[118] Os campos ideológicos estavam extremados. Ambos se mostravam aguerridos e sem qualquer componente de moderação ou tolerância. Por isso a igreja vai sentir que pode vir a ser atacada, com a derrocada da monarquia. Religião e ordem andavam de par. O partido nacionalista faz propaganda através do seu Centro Nacionalista. Trabalho de propaganda concretizada através de conferências de doutrinação pelo Conselheiro Jacinto Cândido. Nacionalistas--clericais que têm preparado um programa político para o partido e uma proposta para o País desde 1903.[119]

Ordem tradicional, respeitosa do que está, que a igreja também defendia para Portugal em nome da doutrina papal e sobretudo das suas práticas políticas. Arrimando-se ao Estado e nunca esquecendo nem deixando esquecer que era a religião oficial. Pretendendo ainda mostrar a sua supremacia na relação com o poder civil. Essa era a interpretação do ordenamento jurídico que lhe convinha. Mas se a Carta, datada de 1826, continuava vigente, não se mostrava a mesma a sociedade que por ela se devia reger. Quase um século tinha passado sobre a promulgação e as coisas deviam ser vistas com lucidez e discutidas com inteligência. A actuação da Igreja, qualquer que fosse, tinha de ser hábil para não provocar rupturas fundas numa sociedade em mudança. A longa vigência da Carta constitucional decorria de uma certa flexibilidade que lhe fora sendo introduzida na sua interpretação e na sua prática. Mas era certo que já não servia para os tempos que se viviam. E que a religião oficial estava a ser posta em causa. E, em paralelo, muito mal defendida pelos que a professavam. Em tempo de reacção assumida pelo pontificado de Pio X: os candidatos ao sacerdócio passaram a prestar um juramento anti-modernista.[120] Intrometendo-se os clericais na vida política: julgando salvaguardar a sua influência junto da realeza e das classes dominantes. E o seu poder sobre o conjunto da sociedade. Mas desencadeando assim também reacções negativas muito violentas.

CAPÍTULO 12
NOTAS

1 Joaquim de Carvalho, «Formação da ideologia republicana (1820-1880), *in* Luís de Montalvor, *História do Regímen Republicano em Portugal*, vol. I, p. 205.

2 Diário da Câmara dos Pares, Sessão n° 14, de 15 de Abril de 1910; Trindade Coelho, *Manual politico do cidadão portuguez*, pp. 261-268; Rocha Martins, *D. Carlos, História do seu reinado*, pp. 390-391; António Cabral, *As cartas d'el-rei D. Carlos ao Sr. João Franco*, p. 63; Aquilino Ribeiro, *Um escritor confessa-se*, p. 388.

3 Raul Brandão, *Memórias*, vol. II, p. 57.

4 *Cartas de Sua Majestade a Rainha Senhora Dona Amélia a D. Manuel de Bastos Pina*, VI, p. 259; Vítor Neto, *in A Igreja e o Estado em Portugal. Da 1ª República ao limiar do Século XXI*, Vila Nova de Famalicão, Câmara Municipal de Famalicão – Museu Bernardino Machado, 2004, p. 18.

5 José Carvalho, *Católicos nas vésperas da I República. Os Jesuítas e a Sociedade Portuguesa: o Novo Mensageiro do Coração de Jesus (1881-1910)*, Porto, Editora Civilização, 2008, pp. 33-39.

6 Ibidem, pp. 44-46; Miguel Bombarda, *A sciencia e o jesuitismo. Replica a um padre sabio*, Lisboa, Parceria António Maria Pereira, 1900, p. 48.

7 Ibidem, p. 160.

8 Eurico de Seabra, *A Egreja, as Congregações e a Republica. A separação e as suas causas*, Lisboa, Typographia Editora José Bastos, (1911?), vol. I, p. 244--245; Fernando Catroga, *O republicanismo em Portugal da formação ao 5 de Outubro de 1910*, vol. II, p. 324; Idem, *Entre Deuses e Césares. Secularização, Laicidade e Religião Civil. Uma perspectiva histórica*, Coimbra, Almedina, 2006, pp. 360-364.

9 Bispo Conde de Coimbra, Diário da Câmara dos Pares, Sessão de 21 de Outubro de 1904.

10 Lopes Praça, *apud* Joaquim de Carvalho, «Formação da ideologia republicana (1820-1880), *in* Luís de Montalvor, *História do Regímen Republicano em Portugal*, vol. I, p. 207.

11 Bispo Conde de Coimbra, D. Manuel Correia de Bastos Pina, *in* Diário da Câmara dos Pares, Sessão de 12 de Abril de 1905, também citado por Trindade Coelho, *Manual Politico do Cidadão Portuguez*, p. 263, n. 1.

12 Júlio de Vilhena, *Antes da Republica (notas autobiográficas)*, vol. II, p. 280; Vítor Neto, *O Estado, a Igreja e a Sociedade em Portugal (1832-1911)*, Lisboa, Imprensa Nacional / Casa da Moeda, 1998, pp. 203-218.

13 Manuel d'Oliveira, *O perigo negro*, Porto, Typographia Gutenberg, 1901, p. 13.

14 Rocha Martins, *D. Carlos, História do seu reinado*, pp. 393-398; XX e XXI, pp. 41-45. *Cartas de Sua Majestade a Rainha Senhora Dona Amélia a D. Manuel de Bastos Pina*, XX, XXI, LXVII, LXXIX e LXXXVIII, pp. 41-45, 137-138, 161 e 180.

15 Freitas Saraiva, *Como se implantou a Republica em Portugal (Notas de um revolucionario)*, p. 19.

16 *O Mundo*, n° 2690 e n° 3411, de 4 de Maio de 1908 e 1 de Maio de 1910; Carlos Malheiro Dias, *Do desafio à debandada*, vol. II, pp. 101-106; João Chagas, *Cartas políticas*, 5ª série, pp. 107-109; Aquilino Ribeiro, *Um escritor confessa-se*, p. 389.

17 *Cartas de Sua Majestade a Rainha Senhora Dona Amélia a D. Manuel de Bastos Pina*, XII, 26; João Chagas, *Cartas políticas*, 2ª série, p. 20; Vitorino Magalhães Godinho, *Vitorino Henriques Godinho. Pátria e República*, Lisboa, Assembleia da República – Dom Quixote, 2005, p. 33.

18 *História do Colégio de Campolide da Companhia de Jesus*, trad. M. Borges Grainha, Coimbra, Imprensa da Universidade, 1913, p. XLI.

19 José Carvalho, *Católicos nas vésperas da I República. Os Jesuítas e a Sociedade Portuguesa. O Novo Mensageiro do Coração de Jesus (1881-1910)*, p. 82.

20 Manuel Clemente, «A vitalidade religiosa do catolicismo português: do Liberalismo à República», *in História religiosa de Portugal*, Lisboa, Círculo de Leitores, 2002, vol. 3, p. 113; outra fonte indica 359 membros: Vítor Neto, *O Estado, a Igreja e a Sociedade em Portugal (1832-1911)*, pp. 314 e 351.

21 Ibidem, p. 318; Miguel Bombarda, *A sciencia e o jesuitismo. Replica a um padre sabio*.

22 Luis da Camara Reys, *Vida Politica*, 1911, p 99; Arquivo da Universidade de Coimbra, Colecção Fausto de Quadros, VI-III-5-4.

23 Manuel Clemente, «A vitalidade religiosa do catolicismo português: do Liberalismo à República», *in História religiosa de Portugal*, vol. 3, pp. 113-114; Trindade Coelho, *Manual politico do cidadão portuguez*, pp. 278-326; Paulo Emílio, *A Lanterna*, 15 de Julho e 19 de Agosto de 1909, pp. 36-40 e 127.

24 *Apud* Lopes d'Oliveira, *História da República Portuguesa. A propaganda na monarquia constitucional*, pp. 329, 335 e 341; *Resistencia*, nº 1222, de 7 de Fevereiro de 1907; Raúl Rêgo, *História da República*, vol. I, p. 294.

25 *Cartas de Sua Majestade a Rainha Senhora Dona Amélia a D. Manuel de Bastos Pina*, XIII, p. 27.

26 In *A Lucta*, nº 832, de 19 de Abril de 1908; *Idem*, nº 1083, de 27 de Dezembro de 1908; Lopes d'Oliveira, *História da República Portuguesa. A propaganda na monarquia constitucional*, p. 353; João Sarmento Pimentel, *Memórias do capitão*, 2ª ed., Porto, Editorial Inova, 1974, p. 123; *A Patria*, nº 97, de 22 de Janeiro de 1910; Paulo Emílio, *A Lanterna*, 20 de Março de 1910, pp. 285-286.

27 Lopes d'Oliveira, *História da República Portuguesa. A propaganda na monarquia constitucional*, p. 358.

28 *O Mundo*, nº 3006, de 18 de Março de 1909.

29 *Apud* Eurico de Seabra, *A Egreja, as Congregações e a Republica. A separação e as suas causas*, vol. II, p. 804.

30 Paulo Emílio, *A Lanterna*, 1 de Julho de 1909, pp. 1-16; *Cruzada a favor da Boa Imprensa*, 2ª ed., Lisboa, Typographia da Casa Catholica, 1902, p. 9.

31 *Ibidem*, pp. 12, 17 e 22.

32 Eurico de Seabra, *A Egreja, as Congregações e a Republica. A separação e as suas causas*, vol. II, p. 761.

33 João Chagas, *Cartas políticas*, 3ª série, pp. 104-105; Lopes d'Oliveira, *História da República Portuguesa. A propaganda na monarquia constitucional*, p. 369.

34 *Apud História da República*, p. 525.

35 João Chagas, *Cartas políticas*, 2ª série, p. 221; Ibidem, 3ª série, pp. 109 e 261-262.

36 Brito Camacho, *Questões Nacionais*, pp. 44-47.

37 João Chagas, *Cartas políticas*, 4ª série, p. 101.

38 Paulo Emílio, *A Lanterna*, 29 de Julho de 1909, p. 68; Vítor Neto, *O Estado, a Igreja e a Sociedade em Portugal (1832-1911)*, pp. 130-135.

39 Trindade Coelho, *Manual politico do cidadão portuguez*, pp. 269-278

40 Eurico de Seabra, *A Egreja, as Congregações e a Republica. A separação e as suas causas*, vol. I, p. 99.

41 Alvaro Pinheiro Chagas, *O Movimento Monarchico*, vol. I, p. 11.

42 Eurico de Seabra, *A Egreja, as Congregações e a Republica. A separação e as suas causas*, vol. II, p. 724.

43 *O Mundo*, n° 3125, de 16 de Julho de 1909.

44 Paulo Emílio, *A Lanterna*, 9 de Dezembro de 1909, p. 60; Carlos Malheiro Dias, *Em redor de um grande drama*, p. VII; Francisco Valença, *Varões Assinalados*, Anno 1°, N° 3, Outubro de 1909.

45 José Carvalho, *Católicos nas vésperas da I República. Os Jesuítas e a Sociedade Portuguesa. O Novo Mensageiro do Coração de Jesus (1881-1910)*, p. 78.

46 *O Apostolado da Imprensa: o seu futuro em Portugal*, Porto, Typographia Catholica de J.F. Fonseca, 1904; *O Seculo*, n° 10 306, de 22 de Agosto de 1910.

47 Armando Ribeiro, *A Revolução Portugueza*, vol. II, pp. 213-214 e 219-220.

48 António Cabral, *O agonizar da Monarquia*, pp. 360-361; opinião de Afonso Costa, *Discursos parlamentares, 1900/1910*, pp. 507 e 512.

49 In *A Lucta*, n° 1375, de 17 de Outubro de 1909; *História do Colégio de Campolide da Companhia de Jesus*, p. LIX; *Cartas de Sua Majestade a Rainha Senhora Dona Amélia a D. Manuel de Bastos Pina*, XCII, p. 187.

50 Afonso Costa, *Discursos parlamentares, 1900/1910*, p. 508.

51 Pádua Correia, *Pão nosso...*, n° 11, 29 de Junho de 1910, p. 161.

52 Diário das Sessões da Câmara dos Pares, 1910-04-06; Paulo Emílio, *A Lanterna*, 30 de Setembro de 1909, pp. 210-217; Ibidem, 14 de Outubro de 1909, p. 245: transcrição da portaria não publicada em *A Lanterna*, 28 de Outubro de 1909, pp. 285-288.

53 *A Lucta*, n° 1384, de 26 de Outubro de 1909; *O Mundo*, n° 3212, de 11 de Outubro de 1909. Eurico de Seabra, *A Egreja, as Congregações e a Republica. A separação e as suas causas*, vol. II, pp. 596-601; resumo muito parcial em Amaro Carvalho da Silva, *O Partido Nacionalista no contexto do nacionalismo católico. Subsídios para a História Contemporânea Portuguesa*, Lisboa, Edições Colibri, 1996, pp. 214-219.

54 *O Mundo*, n° 3207, de 6 de Outubro de 1909.

55 Diário da câmara dos pares, Sessão de 8 de Abril de 1910; na câmara dos deputados a discussão com o ministro da Justiça Artur Montenegro fora em 11, 12 e 15 de Março de 1910.

56 *O Mundo*, n° 3152, de 12 de Agosto e n° 3197 de 26 de Setembro de 1909; bom resumo de toda a questão em Paulo Emílio, *A Lanterna*, 4 de Novembro de 1909 e 19 de Fevereiro de 1910, pp. 291-304 (1ª série) e 219-224 (2ª série).

57 *Apud* Paulo Emílio, *A Lanterna*, 15 de Julho de 1909, p. 45.

58 Joaquim Leitão, *A comedia politica*, pp. 231-232; Manuel Braga da Cruz, *As origens da democracia cristã e o salazarismo*, Lisboa, Editorial Presença – Gabinete de Investigações Sociais, 1980, pp. 219-232; Armando Ribeiro, *A Revolução Portugueza*, vol. I, pp. 922-928 e vol. II, pp. 164-169.

59 Manuel I. Abúndio da Silva, *Questões actuaes. Carta-dedicatoria ao Rev⁰. Geral dos Franciscanos*, Porto, Magalhães & Moniz, 1910, p. 41.

60 Paulo Emílio, *A Lanterna*, 22 de Julho e 29 de Maio de 1910, pp. 61-63 (1ª série) e 306 (2ª série).

61 Teixeira de Sousa, *Para a história da Revolução*, vol. II, p. 17.

62 *O Seculo*, n⁰ 10 265, de 12 de Julho de 1910; Paulo Emílio, *A Lanterna*, 29 de Maio de 1910, pp. 305-320.

63 *História do Colégio de Campolide da Companhia de Jesus*, pp. LXVII-LXXI; J. Pinharanda Gomes, «Laicado» e Manuel Braga da Cruz, «Partidos políticos confessionais» *in Dicionário de história religiosa de Portugal*, pp. 51-58 e 380-385; Manuel Braga da Cruz, *As origens da democracia cristã e o salazarismo*, pp. 232-237; José Carvalho, *Católicos nas vésperas da I República. Os Jesuítas e a Sociedade Portuguesa. O Novo Mensageiro do Coração de Jesus (1881-1910)*, p. 103.

64 *A Patria*, n⁰ 188, de 11 de Maio de 1910

65 Vítor Neto, *O Estado, a Igreja e a Sociedade em Portugal (1832-1911)*, pp. 314-315.

66 José Carvalho, *Católicos nas vésperas da I República. Os Jesuítas e a Sociedade Portuguesa. O Novo Mensageiro do Coração de Jesus (1881-1910)*, pp. 197-199.

67 Vítor Neto, *O Estado, a Igreja e a Sociedade em Portugal (1832-1911)*, p. 319; Eurico de Seabra, *A Egreja, as Congregações e a Republica. A separação e as suas causas*, vol. II, p. 831; Paulo Emílio, *A Lanterna*, 29 de Julho e 5 de Março de 1910, pp. 66 (1ª série) e 250-251 (2ª série).

68 Paulo Emílio, *A Lanterna*, 1 de Julho de 1909, pp. 9-10.

69 Brito Camacho, «A reacção ultramontana», *in* A Lucta, n⁰ 1258, de 22 de Junho de 1909.

70 Trindade Coelho, *Manual Politico do Cidadão Portuguez*, pp. 154-161.

71 Ibidem, p. 153; *O Mundo*, n⁰ 3033, de 15 de Abril de 1909.

72 Alves da Veiga, *Politica nova. Ideias para a reorganização da nacionalidade portugueza*, Lisboa, Livraria Classica Editora, 1911, p. 21.

73 *História da República*, p. 493; Lopes d'Oliveira, *História da República Portuguesa. A propaganda na monarquia constitucional*, p. 366.

74 Brito Camacho, *Questões Nacionais*, p. 59; Diário da câmara dos deputados, Sessão de 25 de Maio de 1908.

75 Luis Morote, *De la Dictadura á la República (La vida política en Portugal)*, p. 197.

76 Magalhães Lima, *Episodios da minha vida*, vol. II, pp. 194-196.

77 *História da República*, p. 533; Fernão Botto-Machado, *Crenças e revoltas*, Lisboa, Typographia Bayard, 1908, pp. 163-169 e 427.

78 Fernando Catroga, *O republicanismo em Portugal da formação ao 5 de Outubro de 1910*, p. 239; Raúl Rêgo, *História da República*, vol. I, p. 209-211.

79 *Propaganda democrática*, Publicação Quinzenal para o Povo, fundada e dirigida por Z. Consiglieri Pedroso, Lisboa, Typographia Nacional, 1886-1888.

80 *O Seculo*, nº 10 273, de 14 de Julho de 1910.

81 Armando Ribeiro, *A Revolução Portugueza*, vol. II, pp. 54-55; Lopes de Oliveira, «O têrmo da propaganda doutrinária republicana e o período revolucionário», *in* Luís de Montalvor, *História do Regímen Republicano em Portugal*, vol. II, p. 340; Ernesto de Castro Leal, «A ideia federal no republicanismo português (1910-1926)», *in Revista de História das Ideias*, Coimbra, Faculdade de Letras, vol. 27, 2006, pp. 266-268; José Miranda do Vale, *Anselmo Braamcamp Freire (1849-1921) Sua actividade política*, Lisboa, Seara Nova, 1953, pp. 192 e 201.

82 *História da República*, p. 481.

83 Miguel Bombarda, *A sciencia e o jesuitismo. Replica a um padre sabio; O Mundo*, nº 2806, de 28 de Agosto de 1908; Miguel Bombarda, *A reacção em Portugal. Discurso pronunciado no Parlamento em homenagem a Joaquim Antonio de Aguiar*, Lisboa, Editora Biblioteca de Estudos Sociais, (s / d), pp. 6 e 15; Sérgio Campos Matos e Joana Gaspar de Freitas [organizadores], *Correspondência política de Manuel de Arriaga*, Lisboa, Livros Horizonte, 2004, nº 212, p. 349.

84 *O Seculo*, nº 10 257, de 4 de Julho de 1910.

85 Francisco Valença, *Varões Assinalados*, Anno 1º, Nº 1, Setembro de 1909.

86 *Apud* Vítor Neto, *O Estado, a Igreja e a Sociedade em Portugal (1832-1911)*, p. 355, n. 245.

87 Teixeira de Sousa, *Para a história da revolução*, vol. II, p. 237; Machado Santos, *A revolução portugueza. Relatorio*, p. 37; *A Lucta*, nº 1300, de 3 de Agosto de 1909.

88 Alexandre Braga, *Discurso pronunciado no comicio anti-jesuitico*, Porto, Typographia Occidental, 1885; Rocha Martins, *D. Manuel II*, vol. II, p. 132; *A Lucta*, nº 1320, de 23 de Agosto de 1909; Alvaro Pinheiro Chagas, *O Movimento Monarchico*, vol. I, p. 11.

89 Eurico de Seabra, *A Egreja, as Congregações e a Republica. A separação e as suas causas*, vol. II, p. 614.

90 Magalhães Lima, *Episodios da minha vida*, vol. I, p. 248.

91 Mário Soares, «Registo Civil», *in* Joel Serrão (dir.), *Dicionário de História de Portugal;* Fernando Catroga, «O Livre-Pensamento contra a Igreja. A evolução do anticlericalismo em Portugal. (séculos XIX-XX)», *in Revista de História das Ideias*, Coimbra, Faculdade de Letras, vol. 22, 2001, pp. 324 ss.

92 *Almanach de O Mundo para 1912*, Lisboa, Tipografia Casa Portuguesa, 1911, p. 128; «O Livre-Pensamento contra a Igreja. A evolução do anticlericalismo em Portugal. (séculos XIX-XX)», *in Revista de História das Ideias*, p. 338; Lopes d'Oliveira, *História da República Portuguesa. A propaganda na monarquia constitucional*, p. 311.

93 Arquivo da Universidade de Coimbra, Colecção Fausto de Quadros, VI-III-5-4.

94 Trindade Coelho, *Manual Politico do Cidadão Portuguez*, pp. 342-346.

95 Jacinto Baptista, *Um jornal na Revolução. «O Mundo» de 5 de Outubro de 1910*, pp. 177-178.

96 *Documentos politicos encontrados nos Palácios Riais*, p. 88.

97 João Chagas, *Cartas políticas*, 2ª série, p. 236.

98 Trindade Coelho, *Manual Politico do Cidadão Portuguez*, pp. 351-362.

99 *Duas palavras sobre o Registo Civil. Parecer apresentado no dia 14 de Maio de 1866 na aula de Direito Administrativo da Universidade de Coimbra*, Coimbra, Imprensa da Universidade, 1866, pp. 11-12.

100 *Documentos politicos encontrados nos Palácios Riais*, p. 103.

101 João Chagas, *Cartas políticas*, 3ª série, p. 185.

102 Vítor Neto, *O Estado, a Igreja e a Sociedade em Portugal (1832-1911)*, pp. 351-352.

103 Thomaz de Mello Breyner, *Diário de um monárquico. 1908-1910*, p. 302.

104 Teixeira de Sousa, *Para a história da revolução*, vol. II, p. 107.

105 *Documentos politicos encontrados nos Palácios Riais*, pp. 122-123.

106 Luís Reis Torgal, *António José de Almeida e a República. Discurso de uma vida ou vida de um discurso*, Lisboa, Temas e Debates, 2005, p. 107.

107 Diário das Sessões da Câmara dos Pares, 3 de Março de 1910.

108 Jean Pallier, *D. Carlos I. Rei de Portugal. Destino maldito de um rei sacrificado*, trad., 5ª ed., Lisboa, Bertrand, 2005, p. 157; Brito Camacho, *Ferroadas*, p. 151; Thomaz de Mello Breyner, *Diário de um monárquico. 1908-1910*, p. 314.

109 Pádua Correia, *Pão nosso...*, n° 22, 21 de Setembro de 1910, p. 351.

110 *Apud História da República*, p. 549.

111 Ibidem, p. 552.

112 Joaquim Leitão, *A comedia politica*, p. 251.

113 Ibidem, p. 256 e 265; Sérgio Campos Matos e Joana Gaspar de Freitas [organizadores], *Correspondência política de Manuel de Arriaga*, n° 213, p. 350.

114 *Memórias do Sexto Marquês de Lavradio*, p. 109.

115 Teixeira de Sousa, *Para a história da revolução*, vol. II, p. 13.

116 Antonio Cabral, *As minhas memorias politicas. Em plena República*, p. 23.

117 Joaquim Leitão, *A comedia politica*, pp. 554-555; *apud* Eurico de Seabra, *A Egreja, as Congregações e a Republica. A separação e as suas causas*, vol. II, pp. 611 e 615.

118 *Apud* Jacinto Baptista, *Um jornal na Revolução. «O Mundo» em 5 de Outubro de 1910*, p. 132.

119 *Memorias íntimas do Conselheiro Jacinto Cândido*, pp. 369-382: *Programma nacionalista. Conclusões votadas na sessão de encerramento do Congresso Nacionalista do Porto, em 3 de Junho de 1903*.

120 Vítor Neto, *O Estado, a Igreja e a Sociedade em Portugal (1832-1911)*, pp. 519-520.

CAPÍTULO 13
A CARBONÁRIA, CONSPIRADORES
E REVOLUCIONÁRIOS

Enquanto o partido republicano se mostrava na propaganda e no parlamento, a revolução estava a ser preparada. Pretendia-se derrubar as velhas instituições por um golpe efectuado em Lisboa (como se tentou no 28 de Janeiro de 1908). Ao contrário do que sucedera em 31 de Janeiro de 1891, que ocorrera no Porto. Cujo fracasso teria sido rigorosamente analisado. Havia mesmo quem defendesse a impossibilidade da revolução ocorrer na capital, cidade tida por «desmoralizada e fraca» e, sobretudo, densamente ocupada por unidades militares: «é indubitavelmente uma cidade democrática, melhor talvez antimonárquica, e ainda melhor oposicionista, boa para eleições, comícios, manifestações, etc.»[1] Não para golpes. Mas havia quem defendesse o contrário.

A Carbonária, associação secreta, foi sem dúvida a entidade que montou a teia subversiva que havia de destruir a monarquia. Carbonária que para isso foi recriada, com inspiração na Jovem Itália do Mazzini dos patrióticos tempos da luta pela unificação. Jovem Portugal se traduziu em português.[2] Com um rito iniciático próprio, necessário ao guardar de segredo. Esse segredo que era ainda «um mistério prestigioso e impenetrável.»[3] Porque o segredo era medular para uma boa organização revolucionária e para minar as instituições; para recrutar e exigir fidelidade nos oficiais, sargentos e praças das forças armadas; para ligar civis e militares; para garantir o segredo das acções preparadas e executadas. Para pôr à prova os elementos capazes. Porque nem todos os revolucionários serviam como conspiradores. António Maria da Silva chega a dizer que João Chagas, o revolucionário sempre presente desde a tentativa do 31 de Janeiro de 1891, o panfletário de talento, o impulsionador da revolta, não era um conspirador. Propagandista da República, esforçado e sofredor, talvez fosse incapaz de manter segredos bem guardados. Acharia que se devia conspirar falando alto, e à vista de toda a gente. Defendia que «só é crime, hoje em dia, conspirar secretamente. Publicamente não.»[4] Mas o «conspirador é a antítese do revolucionário. Este mostra-se, aquele oculta-se; deseja ser um ignorado. Prefere ser visto como «um sem importância, do que como um poderoso.»[5] E se havia (como em algum momento o mesmo João Chagas) quem esperasse uma sublevação de massas populares que levasse de vencida a monarquia, muitos outros estavam convencidos de que era preciso um golpe militar com apoio civil bem preparado. A monarquia só cairia pela força. No partido, João Chagas ficara encarregado de aliciar oficiais superiores, trabalho que não progredia. Não muitos se arriscavam. O almirante Cândido dos Reis bem dizia a Machado Santos: «homem! republicanos há muitos, revolucionários há poucos; não tenha ilusões. Pode-se ser bom republicano e mau revolucionário; com poucos ou com muitos devemos ir para a frente, para tentarmos salvar este desgraçado País.» E Machado Santos comenta: «Para se tomar parte n'uma revolução é preciso ter fé, e essa fé estava de todo extinta nas chamadas classes dirigentes do País.»[6]

Pelo contrário, a Carbonária expandia-se com facilidade pelos humildes, sobretudo a partir da ditadura de João Franco, alargando o número de conspiradores dispostos a actuar. Era o proletariado urbano, eram os caixeiros – os «rapazes do comércio» – que se mostravam empenhados na mudança de regime político. Eram os «operários, marujos, sargentos, empregados do comércio e negociantes modestos» que formavam o suporte popular do partido republicano.[7]

A Carbonária primitiva tinha sido organizada de uma forma democrática, com eleições dos organismos dirigentes, o que significava ficar exposta à repressão. Organizam-se agora os seus partidários de uma forma aristocrática, de cima para baixo.[8] Sem que os membros da organização se conheçam nem se reunam. «Não havia actas nem eram permitidas as discussões.» Ficaram reduzidos a 5 o número dos que se conheciam e encontravam. Em simultâneo, Luz de Almeida era venerável da loja maçónica Montanha e ia-a infiltrando de carbonários. Esta loja era tida como uma «sentinela vigilante» e procurava «republicanizar» os maçons.[9] Os carbonários que não serviam para o combate eram encarregados de outras funções e serviços. Iniciam-se treinos com armas de fogo na carreira de tiro de Pedrouços, com tal frequência que o governo se viu obrigado a encerrá-la.[10] A ligação ao directório do partido republicano passou a ser assegurada por António José de Almeida, «a quem o Povo parecia dispensar maiores provas de carinho.»[11] E por ele com os revolucionários civis. Intensifica-se o recrutamento de sargentos, cabos e soldados procurando arregimentar forças para a revolução. A Carbonária era uma associação popular, deliberadamente interclassista, nela dominando a «plebe civil e militar», do dizer de um general monárquico.[12] Só à sua conta Machado Santos recrutou mais de 800 marinheiros. Trabalho tão bem feito que nunca levantou suspeitas.[13]

Tudo no maior segredo, que era alimentado por um ritual macabro: os «primos» (os carbonários, correspondente aos «irmãos» da maçonaria) apareciam «revestidos de balandrau, com orifícios no capuz, para facilitar a respiração e a vista.» No final ameaçava-se o neófito com os punhais que o atacariam em caso de traição. A Carbonária Portuguesa aligeirou o tétrico cenário das iniciações, que metia caveiras e tíbias. Mas tudo isto tinha como objectivo precisamente fazer guardar os segredos e empenhar os membros na luta sem quartel que se queria dar à monarquia. Era essencial uma ligação rigorosa e secreta entre os carbonários. «Compreende-se que o disfarce era preciso para estabelecer coesão e disciplina, e também por causa do receio que todos tinham de sofrer qualquer denúncia.»[14] «Na Carbonária Portuguesa continuou o trabalho de sapa. O recrutamento era feito com todo o cuidado e sigilo nos meios populares.» «Ia-se infiltrando sem que ninguém desse pela sua presença, em muitas colectividades onde se encontravam elementos de luta que era preciso atrair, ia deslizando brandamente até às sociedades de recreio e às repartições públicas. Os republicanos que não serviam para o combate eram aproveitados para os serviços de propaganda e informação, recomendação e solidariedade moral ou material.»[15] Sigilo e obediência absoluta aos chefes. Não terá havido mortes como castigo por traição – excepto o chamado crime de Cascais, que implica carbonários mas não resulta directamente de uma traição aos segredos da organização.[16] Mas terá havido algumas boas sovas «de pau a tempo e horas.» Por convicção ou por temor, as bocas fechavam-se.[17] Por força das convicções ou em virtude das pancadas e das ameaças que não devem ter faltado: o segredo manteve-se praticamente inviolável até à revolução. A polícia teve poucas informações do que se passava, a ponto de nem sequer a designação de Carbonária se ter generalizado. Ficava-se pela de «associações secretas» (eufemisticamente designadas «associações hostis à ordem social»[18]) que a polícia pretendia descobrir e infiltrar. «A polícia tinha a informação de que havia numerosos grupos de revolucionários e depósitos de armas, mas ignorava onde existiam e as suas informações eram silenciosas quanto aos indivíduos.»[19]

Sobretudo lisboeta de início, a partir de 1907, a Carbonária Portuguesa vai estender-se por todo o País. «A carbonária tinha já lançado os seus tentáculos por fora de Lisboa e, como um polvo gigantesco, ia abraçando o País inteiro: carbonários e não carbonários mas em estreita ligação e n'uma cega obediência às ordens da Alta Venda, à sua custa iam não em comícios mas em palestras convincentes, atraindo à causa da República, muitos elementos de valor, ignorados pelo partido Republicano.»[20] Por muitas terras do País se inicia a organização revolucionária, com destaque para a Junta Carbonária da Região Centro.[21] E era carbonária a gente disposta à acção revoltosa, que se multiplicava em paralelo com os burgueses do partido republicano, que afinal fornecia os militantes capazes de se armarem e de cumprirem missões de risco. Em especial pelo uso da «artilharia civil», as bombas de fabrico rudimentar, que eram bem precisas para espantar as tropas de cavalaria. Cujo efeito psicológico de intimidação era considerável.[22] Aumenta a adesão de anarquistas (a que se chamava intervencionistas), a partir de 1908. Antes afastados do partido republicano, era agora ele que lhes parecia mais virado para a acção imediata que defendiam. Havia uma proposta concreta de actuação. E eventualmente próxima.[23] Embora mantivessem a autonomia organizativa.

Agora, Artur Augusto Duarte da Luz de Almeida, como Grão-Mestre, tendo como adjuntos António Maria da Silva e Machado Santos, constituem a Alta Venda do Jovem Portugal como órgão de cúpula. E deles vai partir a orientação para o empenhamento revolucionário da organização. Sempre na estreita dependência da Alta Venda. Porque era perigoso dispersar a organização. Pouco sabiam os «primos» do que estava preparando ou fazendo a organização a que pertenciam. Apenas tinham que executar as tarefas de que eram encarregados. E assim, numa estrita clandestinidade, se conseguiu manter o segredo sobre os planos da organização. A polícia não teve êxito ao tentar penetrar na Carbonária, que bem sabia inimiga mortal das instituições. «Todos os perseguidos se portaram à altura dos compromissos tomados. É necessário fazer justiça a esses homens que, possuindo segredos de alto valor, nem um só deixaram perceber à Polícia apesar da incomunicabilidade rigorosa a que estiveram sujeitos, alguns durante meses.»[24]

A Carbonária revelou-se essencial no domínio da informação. O que estava previsto. «A todos os carbonários, no acto de iniciação, era significada a conveniência, a absoluta necessidade de fazer chegar ao conhecimento dos chefes todas as informações de carácter político, social e militar de que houvessem conhecimento ou que pudessem colher, por insignificantes que lhes parecessem, porque a coordenação de todas elas nos poderia pôr de sobreaviso em relação ao que se projectasse contra a Nação ou contra nós.»[25] O patrono e embaixador da Carbonária junto do Directório do Partido Republicano foi o Dr. António José de Almeida. «Desde então, a Carbonária desenvolveu-se mais ainda, aproveitara do dinamismo do extraordinário condutor de multidões, e não só em Lisboa e arredores, como em todo o País.»[26]

Fazendo-se passar por caixeiro-viajante, Luz de Almeida visitou o Norte reforçando a organização. Visitou igualmente outras regiões do País. Com a polícia no encalço. O Sul ficou a cargo de António Maria da Silva. Mas em 1909 Luz de Almeida, que tinha estado preso incomunicável no 28 de Janeiro, tem de fugir para Paris. É que o juiz de instrução criminal andava na sua peugada. O seu lugar não foi preenchido. Provisoriamente ficou António Maria da Silva à frente da organização, acelerando a preparação da revolta.[27] A essa data já a organização contaria com uns 34 000 membros, tendo chegado aos 40 000 aquando da implantação da República – espalhados por todo o País: Aveiro, Coimbra e Viseu, Viana do Castelo, Braga e Vila Real, Chaves, Évora, Beja e Faro, Entroncamento, Santarém e Extremoz, eram os principais centros da organização, além de Lisboa e Porto.[28] E continuou a propaganda, aparecendo panfletos e outras publicações nos quartéis. As autoridades passavam revistas aos armários e malas dos soldados, mas não tão numerosas nem tão constantes que a difusão de notícias não prosseguisse.[29]

A literatura subversiva difunde-se com facilidade desde que o meio esteja interessado na sua leitura: o que era o caso.

Duas missões estavam destinadas à Carbonária durante a revolução. Usar da chamada «artilharia civil» contra a Guarda Municipal a cavalo, impedindo-a assim de patrulhar as ruas e atacar os sublevados; penetrar nos aquartelamentos juntando-se às tropas revolucionárias das diversas unidades. O seu armamento não ia além de pistolas, quando as havia. Embora fosse relativamente fácil fazer «rolar na calçada o cavaleiro e o cavalo.»[30] Para o partido republicano a Carbonária foi ao mesmo tempo um apoio essencial para a revolução e uma contrariedade constante durante a sua preparação. Porque muitos dos revolucionários impacientes, desejosos de entrar em acção e de proclamar a República encontravam-se entre os seus membros. E os seus planos e desejos não se conformavam muitas vezes com a serenidade que o partido pretendia impor. Algumas revoltas foram bloqueadas à última hora pelos políticos que prudentemente esperavam a melhor ocasião. No entanto, sofrear os carbonários nem sempre foi fácil. Estes pretendiam libertar-se de jarrões e de oportunistas que enredassem a acção. Embora se contasse com os revolucionários civis para assaltar os quartéis, a verdade é que se impunha dispor de gente dentro das unidades militares. A partir de 1909 a Carbonária vai dedicar-se a aliciar o elemento militar, sobretudo oficiais. E a propor a compra de armas, que viriam da Suíça facilmente. Embora faltasse dinheiro, que o partido não tinha.[31] E que os partidários, mesmo os ricos ou muito ricos – como Francisco Grandela – nem sempre se dispunham a dar. Mas algum armamento se adquiriu, com vista à sublevação que se preparava.

O recrutamento carbonário trouxe ao partido republicano uma massa fiel e capaz de se dedicar à causa revolucionária que de outro modo não conseguiria. Com especial relevo para sargentos e praças da armada e do exército que assim se disciplinavam e passavam a contar nas expectativas da rebelião. Apesar de por vezes ter sido difícil conseguir evitar actos revolucionários foi este o modo de controlar impulsos que não estando devidamente enquadrados podiam ser prejudiciais. Eram assim «inofensivos grémios, que mais não são do que maçonarias irregulares», dizia António José de Almeida.[32] E poucos políticos saberiam melhor do que ele a realidade com que lidavam. Mas o partido republicano não se sentia confortado apenas com o apoio popular carbonário. Estava também a ser empurrado por ele para a acção – no que não se podia descuidar, sob pena de perder um apoio inestimável.[33] Mas a intenção revolucionária passava ainda por aliciar oficiais das forças armadas. E pelo que toca a esses oficiais as coisas estavam mal paradas. Poucos vinham, e esses de baixas patentes. Em Outubro de 1909 o grão-mestre da Maçonaria e figura grada do partido republicano, o Dr. Sebastião Magalhães Lima, tenta moderar os impulsos de Machado Santos e da carbonária convidando o capitão de fragata João Augusto Fontes Pereira de Mello a organizar a revolução nos seus aspectos militares. Havia que fazê-lo «com brevidade, mas segurança.»[34] Para isso contava-se com o comando do almirante Cândido dos Reis. Fontes oferece-se para participar numa comissão exclusivamente militar, só de três membros. O almirante aceita-o logo como seu chefe de Estado-maior. O directório do partido – informado mas não implicado – aprova a organização. Tomam-se todos os cuidados de secretismo que uma conspiração exige.[35]

Ao comandante Fontes junta-se o coronel Ramos da Costa e o capitão Palla, ambos de artilharia. Palla já trazia ideias estratégicas para a acção revolucionária. Tratava-se de fazer «uma revolução popular apoiada na força armada, e não propriamente um pronunciamento militar. Era n'um golpe de mão que devíamos pensar e não d'uma campanha.»[36] Mas Palla estava consciente da dificuldade de aliciar oficiais para a revolução. Com os camaradas «jamais a República se implantaria em Portugal».

Não era lícito contar-se «com outra coisa que não fossem os sargentos, os cabos e soldados.»[37] A Comissão Militar Revolucionária trabalha de Outubro de 1909 a Junho de 1910, tendo que fazer frente a inúmeros obstáculos. Um dos quais, e de monta, é o secretismo que os seus responsáveis acham indispensável, e que João Chagas e outros políticos contrariam. Havia-os que defendiam que o plano «devia ser conhecido, se não por todos os oficiais, pelo menos por grande parte d'eles e por eles discutido.»[38] Fontes defendia-se na posição contrária, porque «não se tratava de uma campanha, [...] mas apenas de um golpe de mão, que necessariamente devia ter por base a surpresa, e para isso era indispensável absoluto sigilo.» O resultado da divulgação do que se preparava a todos os conspiradores seria que «dentro em pouco todos fazem planos e o resultado será por fim não haver plano nenhum.»[39] Estava dentro da razão. Havia diferenças de estratégia política de vulto: Fontes Pereira de Mello queria uma revolução popular com chefias militares, João Chagas uma revolução predominantemente militar.[40] E Palla diz que «os militares não queriam entregar as armas aos civis, receando vinganças pessoais e desmandos.»[41] Talvez ainda a Comissão Militar Revolucionária não merecesse a confiança do directório. Menor ainda era a colaboração de Machado Santos, como que autónomo em relação aos planos que se iam gizando. Em contrapartida a Comissão tinha o apoio do almirante Reis, o que não significava pouco. Embora. Depois e durante a acção as coisas mudaram e o plano não foi o seguido. Mas ao que parece o que dele constava foi em geral acatado – mesmo que com a ausência operacional de todos os membros da Comissão, excepto, parcialmente e por algumas horas, o capitão Palla.

A rede conspirativa aumenta. Com o perigo que o alargamento do número de conspiradores sempre traz. Porque mais difícil se torna conservar o sigilo indispensável ao êxito das operações. Que deve permanecer bem fechado em poucos, como convém. Esse ambiente conspirativo alastrava. Os governantes não têm ilusões sobre o que se passava. Apesar de manterem a atitude optimista de que perante a revolta as tropas fiéis se aguentariam. Pelo menos era com isso que contavam. Mais difícil lhes era pensar no efeito que poderiam conseguir as actividades das associações secretas. Com as suas bombas improvisadas, que assustavam. «Se principiarmos a prender gente, teremos de aprisionar grande parte do povo de Lisboa» – dizia em conselho um dos ministros. «E de licenciar todas as praças da Armada» concluía um dos seus colegas. «E quantas do exército?» – interrogava, meditativo, outro ministro.» Talvez a conversa pudesse ter ocorrido, embora pareça apenas uma historieta para animar alegres tertúlias em farmácias.[42] Ou soturnas, depende. Contudo, a realidade assim caricaturada não andaria longe da realidade. Porque tudo se encaminhava já para os momentos decisivos da mudança. Com a confiança da Carbonária, «formidável associação de patriotas.»[43] Porque poucos queriam acreditar que houvesse salvação pela monarquia. Embora alguns ainda fizessem a pergunta. Mas era do próprio rei que queriam ouvir a resposta. Porque se o «espírito do rei não se consubstanciar com o espírito da nação, se entre o Povo e a Monarquia não se apertarem os laços, ultimamente tão frouxos» seria inevitável a perda do trono. O pior é que a arrastar-se a situação, à perda do trono seguir-se-ia a perda da Pátria. Assim raciocinava gente que não poupava críticas ao egoísmo dos partidos e «à famélica ambição dos corrilhos.»[44] Pátria e República era a esperançosa conjugação que os republicanos pretendiam difundir. É esse o tema de um grande comício em Lisboa, no dia 23 de Maio de 1909.[45]

CAPÍTULO 13
NOTAS

1 Basílio Teles, *Memórias Políticas*, ed. Augusto da Costa Dias, Lisboa, Portugália Editora, 1969, pp. 4 e 6.

2 António Maria da Silva, *O meu depoimento*, p. 177; António Ventura, *A Carbonária em Portugal, 1897-1910*, p. 14.

3 Carlos Malheiro Dias, *Do desafio á debandada*, p. 266.

4 Luz de Almeida, «A obra revolucionária da propaganda. As sociedades secretas», *in* Luís de Montalvor, *História do Regímen Republicano em Portugal*, vol. II, p. 212; João Chagas, *Cartas políticas*, 4ª série, p. 290.

5 António Maria da Silva, *O meu depoimento*, p. 178.

6 Machado Santos, *A revolução portugueza. Relatorio*, p. 17.

7 Carlos Malheiro Dias, *Do desafio á debandada*, vol. I, p. 25; síntese em Raúl Rêgo, *História da República*, vol. I, pp. 275-284.

8 Machado Santos, *A revolução portugueza. Relatorio*, p. 30.

9 Manuel Borges Grainha, *História da Franco-Maçonaria em Portugal (1733--1812)*, ed. António Carlos de Carvalho, Lisboa, Editorial Vega, 1976, p. 141.

10 *Apud História da República*, p. 562; Luz de Almeida, «A obra revolucionária da propaganda. As sociedades secretas», *in* Luís de Montalvor, *História do Regímen Republicano em Portugal*, vol. II, p. 220 e 222.

11 Machado Santos, *A revolução portugueza. Relatorio*, p. 31.

12 António Maria da Silva, *O meu depoimento*, vol. I, p. 23; Vasco Pulido Valente, *O Poder e o Povo: a revolução de 1910*, pp. 88-89.

13 Machado Santos, *A revolução portugueza. Relatorio*, p. 13.

14 Magalhães Lima, *Episodios da minha vida*, vol. I, p. 298.

15 *História da República*, p. 562.

16 Jorge d'Abreu, *A Revolução Portugueza. O 5 de Outubro (Lisboa, 1910)*, pp. 78-83; Jorge Morais, *Com permissão de Sua Majestade. Família real inglesa e maçonaria na instauração da República em Portugal*, Lisboa, Occidentalis, 2005, pp. 68-69.

17 Machado Santos, *A revolução portugueza. Relatorio*, p. 32.

18 Armando Ribeiro, *A Revolução Portugueza*, vol. I, p. 41.

19 António Maria da Silva, *O meu depoimento*, vol. I, pp. 181-182.

20 Ibidem, p. 34.

21 *Da Monarchia á Republica. Relato do movimento que originou a implantação da Republica em Portugal*, com prefácio de Magalhães Lima, p. 127.

22 Jacinto Baptista, *O cinco de Outubro*, p. 73.

23 Vasco Pulido Valente, *O Poder e o Povo: a revolução de 1910*, Lisboa, Dom Quixote, 1974, p. 93; Joel Serrão, *Da «Regeneração» à República*, pp. 201-205.

24 *História da República*, p. 569. Relatório.

25 Ibidem, p. 197.

26 Ibidem, p. 199.

27 Ibidem, pp. 194-195.

28 *Da Monarchia á Republica. Relato do movimento que originou a implantação da Republica em Portugal*, com prefácio de Magalhães Lima, p. 127; Luz de Almeida, «A obra revolucionária da propaganda. As sociedades secretas», *in* Luís de Montalvor, *História do Regímen Republicano em Portugal*, vol. II, p. 242.

29 *A Patria*, n° 115, de 13 de Fevereiro de 1910; Joaquim Leitão, *Os cem dias funestos*, p. 400.

30 Basílio Teles, *Memórias Políticas*, p. 10.

31 António Maria da Silva, *O meu depoimento*, vol. I, pp. 209-211.

32 *Apud* Jacinto Baptista, *O cinco de Outubro*, p. 71.

33 Pádua Correia, *Pão Nosso…*, Porto, n° 1, 19 de Abril de 1910, p. 12

34 José Augusto de Fontes Pereira de Mello, *A revolução de 4 de Outubro (Subsidios para a sua historia). A Comissão Militar Revolucionária*, Lisboa, Guimarães & C.ª – Editores, 1912, p. 21.

35 Ibidem, pp. 26-28.

36 José Augusto de Fontes Pereira de Mello, *A revolução de 4 de Outubro (Subsidios para a sua historia)*, p. 32.

37 «Os que se bateram. Fala o capitão Palla», *in O Seculo*, n° 10 263, de 18 de Outubro de 1910.

38 José Augusto de Fontes Pereira de Mello, *A revolução de 4 de Outubro (Subsidios para a sua historia)*,, p. 44.

39 Ibidem, p. 46.

40 Ibidem, p. 44.

41 «Os que se bateram. Fala o capitão Palla», *in O Seculo*, n° 10 263, de 18 de Outubro de 1910.

42 Carlos Malheiro Dias, *Do desafia à debandada*, vol. I, p. 285.

43 Hermano Neves, *Como triumphou a Republica. Subsídios para a Historia da Revolução do 4 de Outubro de 1910*, p. 38; um das primeiras exposições sobre a Carbonária foi escrita logo em 1910 e consta do livro de Augusto Vivero e António de La Villa, *Como cae un trono (La revolución en Portugal)*, pp. 71-83.

44 João Sereno, *Cartas a toda a gente. 1ª carta. A El-Rei. A propósito da sua segunda visita a esta cidade*, pp. 4 e 9.

45 *O Mundo*, n° 3072, de 24 de Maio de 1909.

CAPÍTULO 14
OS PROPÓSITOS REPUBLICANOS

«A monarquia é uma forma de governo indefensável perante a razão, mas que tem uma força de tradição que a suplanta, sempre que não se torna inconciliável com os progressos da liberdade e sempre, principalmente, que não se torna inconciliável com o interesse público. [...] Em Portugal a monarquia tornou-se por tal forma incompatível com o interesse público que este condena-a a desaparecer. Aqui a questão de forma de governo não vem num segundo, mas num primeiro plano.» Assim punha a questão João Chagas, em 1910.[1] Para Theophilo Braga, que muito escreveu sobre o regime que haveria de vir, as reformas políticas resumiam-se a «acabar com o poder pessoal do rei, restituir a soberania à nação portuguesa.»[2] Para isso, havia que convencer a nação a destituir a monarquia. Tida por irracional – a começar pelo princípio da hereditariedade – e por cara – pelas despesas com o monarca e com a família real.[3] No mesmo sentido ia a demonstração de Alfredo Pimenta, então ainda aguerrido republicano e compadre de Theophilo. «Não há escolha do mais capaz; não há selecção social; não se cura de capacidades e merecimentos: é a sorte o arbítrio dos monarcas. Aquele que primeiro saiu do ventre, esse é rei.»[4]

A crise de confronto com parte da Nação também não ajudava ao prestígio da instituição monárquica. Pelo que alguns concluíam pelo conflito terminal: dentro de um prazo muito curto ou não haveria Braganças, ou não haveria pátria, não haveria nação.[5]

Partindo deste modo tão simples – e tão simplista – se fazia a propaganda pelo regime alternativo que se propunha para substituir a monarquia. Muitos acreditavam (ou queriam acreditar) que «bastava a sua proclamação para libertar o País de toda a injustiça e de todos os males.»[6] A gente ia sendo «convencida de que a República traria todos os benefícios a Portugal, todas as regalias ao povo, acabando de uma vez para sempre com os desmandos, injustiças, privilégios, roubalheiras, abusos cometidos pelos partidos políticos da monarquia e que o rei sancionava, como afirmavam os grandes jornais, e como acusavam os oradores dos comícios republicanos da oposição e as tertúlias académicas avançadas», assim escreveu depois o capitão João Sarmento Pimentel, aguerrido combatente.[7] Como que por milagre, a República resolveria todos os males da Pátria.[8] Um monárquico lúcido antecipa que o programa republicano é a adopção «de todas as grandes reivindicações de um povo que não queria morrer às mãos egoístas dos caciques eleitorais, debaixo do joelho dos grandes regedores políticos.»[9] A *Cartilha do Povo*, de José Falcão, prima por uma simplicidade chã e pela facilidade de argumentação. Em resumo: aos ricos a opressão pela monarquia, aos pobres a salvação pela República.[10]

A propaganda republicana usava promessas aliciantes para um regime que nunca seria, abrindo perigosas expectativas para um regime que se quisesse concretizar. Caía-se na desmesura do que se imaginava possível. Abrindo para imensas dificuldades. Tudo se podia e devia esperar do regime republicano: «Como vai ser a República? Não se sabe. O que é preciso é fazê-la.» Esperança que seria assim formulada por Teixeira de Pascoaes: «Criar um novo Portugal, ou melhor ressuscitar a Pátria Portuguesa, arrancá-la do túmulo onde a sepultaram alguns séculos de escuridade física e moral, em que os corpos definharam e as almas amorteceram.»[11] «A república, quase só por si, escorraçando os Braganças, redimiria a Pátria.»[12] Fácil e abrindo para futuras desinteligências entre os que propunham chegar à proclamação. Mas sem outra possibilidade imediata. Ao partido do rei – formado em «amálgama asqueroso» por quantos apoiam a monarquia – opõem-se os republicanos como partido da Nação. Assim o disse e escreveu repetidas vezes Theophilo Braga.[13] A «ideia de república confundiu-se e integrou-se na própria ideia da Pátria.»[14]

Porque nem sequer eram muito ousadas as propostas do partido republicano português, tal como as procuravam difundir os seus caudilhos – assim chamavam aos republicanos mais em vista. Ficavam na penumbra os ideários mais complexos dos programas doutrinários de 1873 e de 1891 – este redigido por Theophilo Braga, e que continuava em vigor. Faltava, porque não se encontrava «formulado, nem sequer sob a forma d'um esboço provisório, claro e sintético, o plano de reformas que devemos pôr em imediata execução.» Era verdade. Não estava dito como «transformar vagas aspirações em conquistas sociais positivas.»[15] Duarte Leite vai mais longe: «A tarefa do ressurgimento nacional depende necessariamente de um esforço revolucionário, por maiores que se afigurem os seus perigos e incertezas; e a única força política capaz de a iniciar e levar a termo reside no partido republicano.» Todavia, o «programa do partido republicano tem um carácter utópico; queremos dizer que a sua realização integral se pode considerar como muito remota. É manifesta a conveniência de lhe substituir um programa mínimo, onde se esbocem soluções praticáveis.»[16] Segundo Sampaio Bruno, peremptório: «o programa republicano é a implantação da república.» As reformas de que Portugal carecia não eram possíveis sem a prévia instalação do novo regime.[17] Era pouco para alcançar a pretendida «regeneração», embora a indefinição de objectivos talvez fosse vantajosa para a propaganda. O pior ficaria para depois. Como um monárquico certeiramente aponta, tem «o partido republicano um programa, mas a prova de que pouco ou nada se preocupa com ele, é que só vagamente se lhe refere.» Simples apresentação de ideias que serviam transitoriamente, pois era visível que no partido se viam «católicos e anti-clericais, individualistas e socialistas, comerciantes livre-cambistas e industriais proteccionistas.»[18] Acusação monárquica de incoerência: mas era essa mesma mistura que os dirigentes pretendiam. «Politicamente, economicamente, religiosamente, tem dentro dele lugar para todos os liberais, desde os mais conservadores até aos mais radicais, desde o capitalista até ao proletário, e desde o livre-pensador até ao crente católico. Somos a liberdade, a tolerância para todos.» Esta a posição de Bernardino Machado, com a qual muitos estariam de acordo. Primeiro derrubava-se o regime: as divergências resolver-se-iam depois...[19]

Porque é verdade que não havia coesão ideológica no partido republicano – só estavam todos de acordo num ponto fundamental: «fazer a república.»[20] E depressa. Talvez houvesse concordância em três pontos: descentralização, separação da Igreja e do Estado, educação primária generalizada. Daqui se poderia partir para solucionar a questão social.[21] Mas de entre estes propósitos republicanos um elemento era considerado essencial: o elemento secularizador, a determinação de libertar o Estado da subordinação ao clero – separação das Igrejas e do Estado; introdução do registo civil obrigatório; ensino primário obrigatório, gratuito e laico; secularização dos cemitérios e abolição do juramento religioso nos actos civis e políticos.[22] Grande parte destes propósitos de afirmação de cidadania escorregavam para o laicismo e para o domínio ideológico anticlerical. Estavam inspirados no que ocorrera na República Francesa que não há muito decretara a separação da Igreja e do Estado, pela lei de 9 de Dezembro de 1905.[23] Influência próxima de acontecimentos recentes e sobremaneira marcantes.

A cidadania plena proclamada pela Revolução e as concretizações jacobinas da III República Francesa seriam as metas que sempre se desejariam atingir. «Para sabermos o que é a República, não precisa o povo de definições abstractas, basta olhar para França e ver que essa é a forma política com que um povo se rejuvenesce.»[24] Assim escrevia Theophilo Braga, e não seriam muitos os republicanos discordantes. O paradigma francês seria o mais perseguido, embora os casos dos Estados Unidos e da Suíça surgissem também invocados. A republicana Suíça era mesmo tida como o melhor exemplo, o «país modelo, onde, como em nenhum outro, a liberdade amplíssima, o trabalho e um entranhado sentimento de patriotismo, são a mais segura base da felicidade popular.»[25] Dispunha de instituições «mais perfeitas, às quais deve o grande desenvolvimento que ali têm tido todos os ramos do trabalho, demonstrando assim pratica- mente o erro daqueles que julgam o regímen republicano incompatível com a ordem e o progresso pacífico das nações.»[26] Referências à liberal Inglaterra também bordam o discurso de Bernardino Machado.[27] Mas para além da inspiração do regime, o que importa sempre sublinhar é a proposta de responsabilizar os cidadãos e de moralizar a política. «Votar nos candidatos Republicanos é votar pela fiscalização honesta, é votar pela moralidade.»[28] Assim se propunha o partido republicano defen- der as liberdades públicas em propaganda eleitoral. Em 1910. Era esse aspecto moral decerto o mais importante para caracteri- zar a democratização que se pretendia indispensável. A República havia de distinguir-se pela «inviolável integridade dos seus prin- cípios de moralidade e de patriotismo.»[29]

Segundo José Relvas, «a desordem na administração, o atraso económico do País e a assustadora percentagem de analfabe- tismo» parecem ser as questões concretas que se pretende resolver de imediato.[30] 78,6% de analfabetos no País é o legado da monarquia – o que para alguns seria um bem: «A grande maioria do país rural, porém, mercê de Deus, conserva-se ainda boa, crente e piedosa.»[31] Tarefa tremenda a que se confrontavam as vontades políticas! A República propagandeava-se com razões de «interesse público, de progresso e de civilização.»[32] Queria-se uma modernização do País que tardava, em boa parte enredada nas dificuldades de um regime político que já não conseguia corresponder a essa ânsia de mudança. Com ideias aparentemente simples: cidadania, liberdade, democracia, nação, igualdade, anticlericalismo.[33] Anticlericalismo que responde e ataca a «coligação dos elementos clericais» presentes por toda a parte mas visíveis em especial no partido nacionalista. Porque os partidos liberais não souberam contrariá-los e deixaram essa tarefa para os republicanos.[34] Tarefa que estes procuraram cumprir exaltando as imaginações.[35] Mas os republicanos, dos mais moderados aos mais exaltados, não tinham conseguido erguer uma organização de molde a concretizar com justeza essa transformação que propagandeavam. Por detrás desta simpleza estava um «ideário global de matriz essencialmente cultural.»[36] Em cuja retórica se começa a usar com grande frequência democracia e democrático. Que tendem a substituir, ou a ampliar, o liberalismo e o liberal que ainda dominam na linguagem política e jornalística. Embora a liberdade se mantenha como referência constante. De uma forma difusa e mais ampliada. A transição do liberalismo para a democracia correspondia a uma sociedade que já não admitia os privilégios que a Carta Constitucional ainda mantinha. Nem as diferenças de estratos sociais que ainda persistiam na monarquia. Daí a sinonímia de república com democracia. A que deveria já corresponder uma moral sem Deus.

Mesmo se para muitos Deus estava presente, cada vez menos se aceitava que delegasse o seu poder nos padres. A religião era do foro íntimo de cada um e não um princípio de acatamento e menos ainda a aceitação de uma rede de agentes de controlo da sociedade. De par com a crítica à «exploração social, à opressão política e ao obscurantismo intelectual» do clero. Assim o exigia a modernidade que se pretendia atingir. Passando, obviamente, pela negação – e se preciso pelo combate ao estatuto privilegiado que o catolicismo tinha em Portugal. O republicanismo teve como componente medular um laicismo militante.[37] Mas poderá falar-se de messianismo a propósito da mensagem de boa nova dos propagandistas da República? Messianismo no sentido que têm os movimentos religiosos populares, reduzidos a esperar e a ter esperança na solução de todas as dificuldades pela vinda daquilo ou daquele por que se aguarda a vinda? Messianismo que também despontara com João Franco, que se quisera como «Messias redentor da nacionalidade»[38]? Não parece. Mas que seja uma crença que pode por vezes confundir-se com um fervoroso sentimento religioso, decerto que sim.

No congresso do partido republicano em Coimbra, em 1908, a divergência entre os partidários da acção imediata e a dos que preferiam a actividade legal, nomeadamente no parlamento, já se fez sentir com acuidade. Porém, ainda não era tempo de os mais ardidos ganharem. No entanto, a ideia de sublevação vai fazendo caminho.[39] A influência do partido alargava-se – diariamente se anunciavam adesões –, juntavam-se-lhe defensores de ideias novas. Criara-se em Agosto de 1908 uma Liga Republicana das Mulheres Portuguesas, em que se destacava D. Ana de Castro Osório. Organização que se estende em núcleos por todo o País. Que entre outros temas propunha o divórcio com reconhecimento de direitos às mulheres – o que na sociedade machista do tempo não deixaria de ser escandaloso para muitos.[40] Sem contar com as fúrias religiosas que tal posição desencadeava.

Tinha o partido republicano conseguido pôr o problema do regime político na ordem das necessidades morais do País. A imoralidade, a corrupção, a desonestidade que a cada momento se denunciavam nos governos monárquicos permitiam aos republicanos alardear essa superioridade moral de um regime que ainda não fora experimentado. E esse apelo à moral parecia simples de entender pelas massas populares e pelas burguesias que os privilégios e as malversações da monarquia não podiam mais satisfazer – monarquia que já não se acreditava que pudesse arrepiar caminho. A violência revolucionária para impor a República tornava-se uma necessidade: e uma urgência. Ganhando ímpeto para concretizar os seus propósitos. «Partidos como o republicano, que atingiram a sua maioridade política, precisam de violência para perante o país e os seus próprios correligionários justificarem o esforço decisivo, o arranque final. Só a perseguição acintosa e clamorosa cria o ambiente revolucionário indispensável à conquista do poder, gera esse nervosismo especial que atira as massas desesperadamente para o último reduto.»[41] Porque moralmente a Nação estava a ser destruída pela imoralidade monárquica. Imoralidade pública e ineficácia da acção administrativa geravam um efeito paralisante da actividade política.[42] Porque será a nação (e a nacionalidade) a ser posta no centro da necessidade dessa regeneração a dever ser patrioticamente empreendida. *Alma Nacional* se chama a revista de António José de Almeida fundada em Fevereiro e sustentada até fins de Setembro de 1910.[43] Mesmo da parte de moderados se revela que o ataque à monarquia estava a atingir extremos: o académico Júlio Dantas, médico, republicano anticlerical mas conservador anuncia a publicação de um livro que se intitularia *Hereditariedade e degenerescência nas Raças Reais Portuguesas*! Alguns exemplos publicou desses inquéritos clínicos às genealogias reais...[44]

A situação insurreccional amadurecia. Vai o caminho revolucionário ser decidido por cerca de 400 participantes no congresso do partido republicano em Setúbal, em 24 e 25 de Abril de 1909. «O partido republicano tem de cumprir a missão patriótica de apressar a dissolução do Regímen, fazendo-o por maneira que n'esse trabalho negativo consuma o menos possível de energias úteis.» Declarava-se que o directório a eleger seria o último e teria como «mandato imperativo» fazer a revolução.[45]

João Chagas fez aprovar uma moção que implicava a nomeação de comités civis e militares para prepararem a revolução em todo o País. Saem eleitos para o directório pessoas menos visíveis, numa aparência de contenção, de acalmação – afastam-se os tribunos que toda a gente conhece. Começava a perceber-se que era preciso ser discreto – para não atrasar a revolução. Bernardino Machado perde por um voto a moção que visava permitir a reeleição do directório – e a sua própria reeleição. Saem derrotados os tidos como acomodatícios que toda a gente conhece e identifica, e que eram as vozes públicas mais destacadas da propaganda. Ganham os discretos revolucionários dispostos à acção. Saem do directório os nomes grandes de Afonso Costa, António José de Almeida e João Chagas. São eleitos dois intelectuais prestigiados mas de que não se esperava empenhamento prático – Bazilio Telles e Theophilo Braga; acompanham-nos Eusébio Leão, Cupertino Ribeiro e José Relvas. Substitutos serão Inocêncio Camacho, Malva do Vale, Pires de Carvalho, Leão Azedo e José Barbosa.

Esta nova direcção de homens de acção estava encarregada de fazer a República – fora essa a escolha da Carbonária que soubera manobrar os votos. Para Luz de Almeida e António Maria da Silva havia que eleger republicanos «que não opusessem impedimentos à marcha da revolução.» Porque o directório cessante «não andava nem desandava.»[46] O partido republicano «não pede n'este momento aos seus homens outra coisa que não seja isto: acção útil, acção eficaz, acção corajosa, acção sem perplexidade e sem sofismas.» Fazer a República tinha que estar não apenas no programa político mas no programa moral dos dirigentes. Unidade de pensamento, unidade de acção, era o que se pedia. «Partido de revolução, o partido republicano reconhece-a finalmente necessária, sem debate e sem contradição, e, ou se lança nela como um só homem e n'um mesmo arranco, ou condena-a a ser, na sociedade portuguesa, não um elemento de progresso, mas um fautor mais de desordem.»[47] O novo directório escolherá para o seu comité militar João Chagas, Afonso Costa e Cândido dos Reis – comité que nunca se reunia.[48] Enquanto isso a Comissão Militar Revolucionária avançava nos seus trabalhos. António José de Almeida ficava com a parte civil – passava por ele a decisiva ligação à Carbonária.

Em 30 de Janeiro de 1910 a revolução estava a ser activamente preparada. O partido chamara a Lisboa os seus mais importantes membros para uma reunião considerada importante. Graves as decisões a tomar. «Na reunião [...] definido pelo Directório o irremediável conflito entre a Nação e o Regímen, haverá que assentar no plano da acção republicana, que deve obedecer ao pensamento superior de proclamar a República.»[49] Far-se-ia em breve o levantamento contra a monarquia? Com a presidência de Theophilo Braga, aí terá ficado definitivamente decidida a acção revolucionária. Esteve presente a «aristocracia» (ou a «oligarquia») do partido, o que não deixa de provocar remoques por parte dos que se tinham como «democratas» radicais.[50] Mas pouco terá transparecido das decisões tomadas, apesar de nela participarem mais de 200 pessoas. «D'essa reunião resultou, no final, o estabelecimento claro e firme de uma norma de conduta, que há-de, em breve, dar os seus frutos, ampliando o prestígio do partido republicano e assinalando-lhe um vigoroso destaque no conflito entre a Nação e o regímen.»[51] Decidira-se que não se pactuaria com os monárquicos, segundo proposta de João Chagas. Entrava-se numa decisiva fase de combate, para o qual se aprestava o partido republicano: a agitação revolucionária. O congresso do Porto, em Abril de 1910, reiterou as posições tomadas e confirmou o avanço revolucionário que se decidira. Aí se resolveu enviar uma missão ao estrangeiro para propiciar um bom acolhimento às futuras instituições – e para depois facilitar o reconhecimento oficial do novo regime. Aí também foi triunfalmente aplaudido Afonso Costa – sinal que merecia ser interpretado.[52]

Partido com representação parlamentar, partido de comícios e de excursões de propaganda e partido de acções de rua. Reuniões de militantes e simpatizantes em banquetes e em merendas democráticas, manifestações dos círios civis. E também partido de organizações secretas e partido com representação externa. Embora oficialmente pacífico: «o emprego de meios violentos de transformação, por mais legítimo que se torne moral e socialmente, não pode jamais reputar-se um acto oficial, normal, público e anunciado do Partido Republicano.»[53] Aproveitando as liberdades públicas a propaganda aumenta – apesar de inúmeros entraves que não eram despiciendos. Com comícios em que as grandes figuras se apresentam, falam e gesticulam, criando famas, fazendo seguidores e admiradores. De que o mais querido foi o Dr. António José de Almeida, com os seus arroubos românticos e o seu apelo ao Povo indomável para que fizesse a República.

Aproveitavam os republicanos as situações para mostrar o apoio das massas de que dispunham. Claro que para a aristocracia era a canalha, os malandros, a malandragem, a matulagem ignóbil, os maltrapilhos e os bêbados, a malta, que se manifestava. *A Palavra*, jornal católico do Porto estende ainda a nomenclatura: «rufiões, cínicos, rafeiros, criminosos, vilões, farsantes, lacaios, imbecis, ébrios, doidos, espiões, miseráveis, insolentes, canalhas.» Não esquecer ainda que sempre de temer era a «matulagem das ruas».[54] Dessa maneira era vista a parte do apoio das classes trabalhadoras e dos pobres que a república tinha granjeado. Porque assustavam a aristocracia e os bem instalados do regime monárquico. Sabiam os republicanos mobilizar as massas populares e jogar com as oportunidades que a realeza lhes ia dando. A apoteótica recepção a Émile Loubet, presidente da República Francesa, em visita oficial de 1904, permitira manifestações entusiásticas dos republicanos – desmandos, tinha afirmado o rei.[55] Mesmo o marechal Hermes da Fonseca, presidente eleito da República do Brasil, como que chegado a Lisboa em 1 de Outubro de 1910 para assistir à revolução, teve uma grande recepção, apesar do governo ter trocado as voltas aos manifestantes: «Em Lisboa estava uma grande malta à espera do Hermes da Fonseca», comenta um aristocrata. E acrescenta: «Temos chinfrim qualquer dia não muito distante.»[56] Já não custava muito ser profeta.

A rua lisboeta era republicana. E qualquer manifestação servia para demonstrações de força – o que muito irritava os monárquicos. O enterro de uma varina assassinada em 1908 deu para «uma parada das forças republicanas com uma varina morta no meio.»[57] O centenário do nascimento de Alexandre Herculano foi motivo de festas cívicas. Não sendo uma organização republicana – a sua coordenação pertenceu à Sociedade de Geografia –, todavia os republicanos deram-lhe uma contribuição fundamental para o relevo que alcançou.[58] Claro que para um monárquico foi celebrado pela malandragem. «Parecia que se tinham aberto um cento de prisões.»[59] A imprensa católica reaccionária, *A Palavra* e *O Portugal*, recusaram associar-se a tal evento. E com toda a razão, porque Herculano não foi «católico de boa lei. Não podemos entoar hinos de louvor a quem negou dogmas, ridicularizou concílios e chegou a negar a divindade de Nosso Senhor Jesus Cristo, passando-o, incorrectamente, à categoria de simples filósofo.» O escritor «foi um herege consciente e voluntário.» Que ao dogma da Imaculada Conceição chamou mistificação jesuítica. Era tido como «um adversário irredutível da mariolatria». Insurgira-se contra a definição da infalibilidade pontifícia.[60] Tinham os reaccionários com que atacar. E não diziam tudo – ou não queriam dizê-lo. A Herculano nunca seria perdoável a *História da origem e do estabelecimento da Inquisição*, nem – e talvez pior – a negação da monarquia portuguesa como directamente ligada ao Cristo a partir de Ourique. Menos ainda de ter tido uma posição combatente contra os ultramontanos: a polémica de *Eu e o clero* bastava para o arredar de merecer sempre prestigiantes comemorações.[61] Também no Porto, e por iniciativa académica, se realizou um cortejo cívico homenageando Herculano: pela liberdade, contra a reacção e em «protesto contra o clericalismo.»[62]

Do centenário de José Estevão procurou o partido tirar proveito. Ou do funeral de Heliodoro Salgado, em Outubro de 1906, ou do de Zófimo Consiglieri Pedroso, em Setembro de 1910. Vindo para a rua. Porque as pessoas acorriam, mostravam-se e participavam. Era o chamamento pelo «prestígio d'uma ideia.»[63] O partido republicano estava transformado num partido de massas e era mesmo considerado por monárquicos como uma «organização admirável».[64] Mostrava-se como o contrário dos partidos de influentes da monarquia, destinados a fazer eleições; mesmo distinto do partido de boas-vontades reformistas que os franquistas tinham conseguido instalar. Para os nacionalistas «os republicanos levam os monárquicos de vencida em bom senso e são critério.[...] A triste verdade é que são os monárquicos que desacreditam a monarquia.»[65]

Grandes comícios vão realizando os republicanos, forma de propaganda junto dos que assistem, maneira de pôr os monárquicos em guarda, não vá acontecer alguma coisa... Eram protestos ditos populares, como o do comício de 20 de Março de 1910, em Lisboa, «contra o clericalismo da monarquia nova e contra o juízo de instrução criminal, que continua os processos políticos da monarquia velha.»[66] O partido republicano constituía-se como um partido diferente dos das clientelas monárquicas: estas, com os republicanos na rua, remetem-se à sua Liga, onde fazem sessões, como a de homenagem a Eduardo VII no seu passamento. Não figura aí a malandragem: concorre gente grave, devidamente composta, de casaca. Abundam as grã-cruzes. Na sessão solene do Porto tomará a palavra Luiz de Magalhães, indefectível defensor da realeza.[67] Nessas sessões, dão palmas e vivas... pouco mais fazem. Embora quando for tempo disso, mas só então, se lancem na galopinagem dos votos e nas chapeladas para garantir os resultados eleitorais previamente ajustados – para o que dispunham das autoridades. Claro que se fiavam nos jornais partidários, que apareciam em todos os lados. E era tudo, como actividade dos grupos politicamente organizados.

Ainda, e para colaborar na propaganda de uma fictícia unidade nacional em torno dos grandes problemas, se reúne em 1910 um chamado Congresso Nacional. Nele comparecem «homens de todas as cores» (dos monárquicos de vários matizes a alguns republicanos e socialistas), mas já com a clara oposição de uma boa parte dos republicanos. Porque entendem estes não mais ser possível a regeneração dentro do existente. Nem merecer ser tentada: o que se ia fazer era falar dos efeitos e não das causas. Tampouco os mais determinados se sentem representados por Zófimo Consiglieri Pedroso e por outros que podem ser tidos como republicanos «de Sua Majestade Fidelíssima». Que figuram a apresentar teses nessa reunião. Ou a discuti-las. Entre eles o deputado João de Meneses. Reunião onde todos dizem afastar os sectarismos. Dos debates se excluíam as questões políticas e o único fim era «o ressurgimento da Pátria.» Debatiam-se temas importantes como a demografia, a economia, as colónias, a defesa e as relações internacionais, as finanças, a educação. Bem se propunha o rei chamar a si os «bons cidadãos e homens honrados para quem quer trabalhar para o bem da Pátria.»[68] Porém, o Congresso vinha já fora do tempo e não daria qualquer sinal de eficácia política. Porque nada se interporia doravante àquilo de que só tratava o partido republicano: preparar a sublevação, o mais breve que pudesse ser.

João Chagas, Afonso Costa e António José de Almeida formaram o comité civil. O comité militar ficava a cargo do vice-almirante reformado Cândido dos Reis. A António José de Almeida cabia a organização das sociedades secretas. Melhor será dizer a ligação do partido à Carbonária que tinha como grão-mestre Luz de Almeida – substituído interinamente por António Maria da Silva. Ligações fortes havia com a Maçonaria, em que Magalhães Lima era o grão-mestre (ausente) e José de Castro o grão-mestre em funções e com a Junta Liberal, presidida pelo Dr. Miguel Bombarda. Que ficava também encarregado da ligação do Partido com a Maçonaria.

O novo directório do partido republicano teve que se haver com a hostilidade de Bernardino Machado, sempre acusado de intriguista. E sem escrúpulos. Que depois de um afastamento de Afonso Costa se tornou a aliar com ele no congresso do Porto, de 1910. Afonso Costa que era acusado de se aproximar do governo de Teixeira de Sousa, talvez mesmo de se preparar para entrar nesse governo. Acusações sem fundamento, discrepância de tácticas políticas, inimizades pessoais?[69] Tudo isso pode ter sido.

Sempre empenhado, João Chagas apostava em recrutar para a revolução oficiais superiores, não se esquecendo das lições do 31 de Janeiro.[70] Muitos temiam uma sargentada. Mas desanimava porque esses oficiais não apareciam ou não se davam a conhecer. Entretanto, a Comissão Militar Revolucionária (Fontes – Ramos da Costa – Palla) ia tentando planear as operações do movimento revolucionário.[71] Com dificuldade, que não era fácil disciplinar Machado Santos – ou a Carbonária que por detrás dele se mostrava. Organização com a qual a Comissão Militar Revolucionária contava desde o início dos seus trabalhos. Mas a Comissão Militar sentia pesar sobre ela a influência do directório. Com diferenças grandes quanto ao que se projectava fazer.

No congresso do Porto se decidiu enviar a França e a Inglaterra uma missão encarregada de sossegar essas potências quanto à posição internacional dos republicanos no caso de derrube da monarquia. E sobretudo tentar saber das reacções a esperar. Foram escolhidos José Relvas, Magalhães Lima e Bernardino Machado (que acabou por não ir por discordância mal explicada). Missão inspirada e fortemente apoiada por Brito Camacho, do seu inestimável jornal de combate *A Lucta*. Missão importante. Não tanto pelo esclarecimento que pôde ter levado para o estrangeiro como sobretudo porque tranquilizava não pouco os republicanos. Porque temiam uma intervenção estrangeira que abafasse a sublevação que se preparava. Relvas e Magalhães Lima – a que se juntou o exilado Alves da Veiga – actuaram em Paris e em Londres (Junho de 1910). Souberam jogar com a solidariedade maçónica e com apoios na imprensa, a que tiveram acesso. Fizeram declarações que foram difundidas na França, Bélgica, Itália, Alemanha, Espanha, Inglaterra, Estados Unidos e Brasil.[72] Dava o tom a denúncia de existência em Portugal de uma crise monárquica: «o divórcio entre a Nação e o regime não pode deixar de produzir consequências lógicas.» Consequências que convergiam para a necessária proclamação da república.

Realçava-se ser preciso uma boa administração colonial e uma relação cordial com o Brasil. Os escândalos da monarquia, a divisão dos partidos políticos, o seu divórcio em relação às necessidades do povo conduziam inexoravelmente à República. «Eis a única solução para o problema político português.» O futuro governo republicano seria de ordem no interior e no exterior. Esse manifesto será publicado pela imprensa conservadora. Os «embaixadores» do partido republicano evitam encontrar-se com políticos radicais. A esses não era preciso sossegar. Em especial nada de contactos com os espanhóis – de cujo governo se previam as maiores hostilidades – e que convinha não assustar nem parecer que a republica portuguesa se poderia concretizar numa ameaça à monarquia espanhola. «A afirmação contida no manifesto, garantindo o respeito de todos os compromissos internacionais, foi seguramente a que criou uma corrente deliberadamente favorável.» Nos meios moderados da República Francesa estes propósitos ficaram bem vincados. Mas logo se percebeu que a França seguiria em tudo a posição oficial inglesa.

Em Londres, os «missionados», com o apoio do *Times* e do *Economist* foram recebidos no Foreign Office por Sir Thomas Mackinnon Wood, subsecretário parlamentar dos Negócios Estrangeiros.[73] O que aí se tratou chegou ao conhecimento do Ministro Secretário de Estado dos Negócios Estrangeiros Sir Edward Grey, personalidade de grande relevo na política inglesa.[74] Os argumentos apresentados foram os mesmos que em Paris. Reafirmava-se a manutenção dos pactos seculares «por um princípio de aliança nacional, e não dinástica, desenvolvendo as relações anglo-portuguesas no sentido das recíprocas vantagens, que a mais séria e leal política entre os dois países deveria sugerir aos seus governantes.»[75] Defendiam os republicanos portugueses que a «intimidade de relações entre a Inglaterra e Portugal não é uma questão dinástica nem uma questão sentimental.» Seria sobretudo um negócio.[76] Também na imprensa britânica se defendia que «a amizade da Inglaterra com Portugal não depende das formas de governo de cada um; a política interna dos portugueses em nada absolutamente nos interessa.»[77] É isso que parece ficar entendido: a velha aliança implicava os dois Estados, não se estabelecera entre as respectivas famílias reinantes. As questões internas de Portugal, ficavam para os Portugueses. Essa a posição já tomada por antecipação pelo governo inglês. Posição que satisfazia inteiramente os republicanos portugueses.

O afastamento britânico em relação ao destino dos Braganças não fora comunicado ao marquês de Soveral, ministro português em Londres.[78] Aliás em Portugal continuou a confundir-se o que eram posições das pessoas da realeza britânica com as políticas oficiais do governo. Por isso as movimentações dos republicanos em Inglaterra passavam de certo modo despercebidas aos monárquicos portugueses. Estes entendiam mal, se é que entendiam, que não era o rei inglês a definir a política externa do seu governo. Nas competências decorrentes da soberania e da orientação política quem punha e dispunha era o parlamento e o governo de Sua Majestade, mas não a própria majestade.[79] Teixeira Gomes dirá que o «Rei, aqui, não dá um passo oficial sem ser de harmonia com o governo.»[80] Vigorava a ilusão de que em tratado secreto a Inglaterra se comprometera a sustentar a dinastia de Bragança...[81] Como seria de esperar, o ministro dos Negócios Estrangeiros britânico não teria qualquer contacto directo com os enviados da oposição ao regime.

Encontrou-se ainda a missão com David Lloyd George, liberal, uma primeira figura na política inglesa – ocupava então a pasta das finanças e seria Primeiro-Ministro em 1917. Segundo Magalhães Lima, o político britânico «afirmou que tudo que interessava à liberdade interessava à Inglaterra, pondo à nossa disposição as colunas do seu jornal *The Nation*.»[82] Havia que insistir em que a República seria um «regime de ordem, de liberdade, de justiça e de escrupulosa administração, desejosa de dar inteira satisfação aos interesses nacionais e estrangeiros.»[83] Regressado José Relvas a Lisboa e apresentado o seu relatório, o directório faz publicar uma nota oficiosa relatando o que se passara. Sem merecer contradita monárquica: «Nenhum, entre os Estados que mais relações têm com Portugal, deixaria de respeitar as soluções internas que muito legitimamente a nação julgar por convenientes e necessárias para a sua política doméstica.»[84] Ficava claro que não haveria intervenção armada inglesa em defesa da monarquia, no caso de esta soçobrar. Segundo José Relvas declarou à chegada a Lisboa, tratou-se de «desempenhar a patriótica missão de defender o bom nome do povo português.» Faltava enviar semelhante missão ao Brasil, de onde a numerosa e activa colónia portuguesa devia ser elucidada sobre a viragem que se anunciava em Portugal. Era uma exigência da nova diplomacia republicana que começava a ser montada.[85] E isso teria sido, por certo, da maior utilidade. Mas já não houve tempo.

Indispensável era agora avançar na preparação do movimento de revolta. A Alta Venda da Carbonária – o que significa Machado Santos e António Maria da Silva (na ausência de Luz de Almeida exilado) – entendem juntar a Maçonaria à revolução. Era uma forma de criar relações de solidariedade do grupo socialmente dominante com a gente humilde numerosa na Carbonária. Em Agosto de 1910 foi criada uma *Comissão de Resistência* maçónica a que presidia José de Castro, vice grão-mestre em funções. Junto dela, como representante do directório aparecia António José de Almeida, depois substituído por António Maria da Silva.[86] Junto da organização partidária (comité do directório) instalava-se assim um subcomité da maçonaria – além do subcomité dos militares.[87]

Em Agosto previa-se para breve a revolução: suspeitoso, o governo deu ordem de saída do Tejo aos navios de guerra. Denúncia?[88] Quem sabe... Deve ter ocorrido em 29 de Setembro a última reunião do Directório do partido republicano com os responsáveis pelo levantamento: Comités Civil e Militar, Carbonária, Loja Acácia (onde eram muitos os militares) e Comissão de Resistência da Maçonaria. Tudo se aprontava.[89] E nada parecia transpirar: talvez a solidariedade maçónica explique tal silêncio.

Já em Outubro, o ministro dos Negócios Estrangeiros José de Azevedo Castelo Branco garantia a um jornal inglês que o exército e a marinha eram fiéis à monarquia. «Se forem insuficientes o Exército e a Marinha, o Governo tem outros meios à sua disposição que não hesitará em empregar para combater a insurreição.» Afirmação que poderia lançar a suspeita de que havia um acordo com a Espanha para defesa do regime.[90] O que não era verdade: apenas ocorrera uma conversa exploratória com o ministro da monarquia vizinha em Lisboa. Mesmo assim, causou inquietação. O governo viu-se forçado a emitir uma nota oficiosa desmentindo o que fora publicado.[91] Mas de dentro do regime monárquico havia quem acreditasse e esperasse, quem «tivesse por certa a intervenção estrangeira.»[92] E não era de sossegar, pois se a casa do vizinho ardesse... Tudo muito nebuloso. Provavelmente não se sentia que fosse urgente avançar em concretos planos de defesa. E sempre havia risco de uma sublevação geral, e não apenas lisboeta, se tropas espanholas entrassem em Portugal. Desse perigo se apercebe o ministro inglês em Lisboa Sir Francis Hyde Villiers, que mencionou a Afonso XIII o «extremo melindre dos portugueses face a qualquer interferência que pudessem sentir.» Era a reacção espanhola que precisava ser afastada. E para isso havia que garantir a neutralidade interessada da Inglaterra. Embora não se soubesse com certeza certa, era o que estava previsto: «o princípio geral que nós próprios devemos observar é o da não-interferência nos assuntos internos de Portugal.» O que significava que não haveria intervenção no caso de se proclamar a República e de se tratar devidamente a família real. O próprio rei de Inglaterra sabia que assim seria. Porque o governo já decidira fazer como lhe competia, pelo ministro dos Negócios Estrangeiros britânico, o influente Sir Edward Grey.[93] Porque assim era doutrina corrente no direito internacional. Não haveria intromissão fosse qual fosse a forma de governo. E o exemplo buscado de impassibilidade inglesa ocorrera na queda da monarquia em Espanha em 1873.[94] Além do mais, já não era da sua realeza que os britânicos recebiam a definição das suas políticas. Essas eram da competência do governo. Não se aperceberem disso confundiu os monárquicos portugueses. Como também não perceberam que um executivo estrangeiro não tinha como interferir nas ocorrências dos outros países. A não-defesa da monarquia pôde ser interpretada como imperdoável auxílio aos republicanos por parte de Herbert Asquith e Sir Edward Grey. Mais: o governo britânico pôde mesmo ser acusado de ter destronado D. Manuel. Embora em prosas ditas íntimas.[95]

Entretanto a expansão do partido republicano continuava imparável: nas eleições para o parlamento do mesmo mês de Agosto conseguiu eleger 14 deputados. Não obstante, apenas por Lisboa, Setúbal e Beja. Não teve êxito no Porto, apesar de um excelente resultado, dado o recorte dos círculos eleitorais que continuava em vigor, agora atingindo os republicanos. Radicando os sentimentos de revolta. Tudo se ia preparando para que eclodisse o movimento de proclamação da República. Assim afirma *O Seculo*: «As eleições de ontem anunciam a vitória decisiva da democracia.»[96] Que não decorria da unanimidade dos dirigentes do partido republicano português, nem com um programa rigorosamente delineado.

Os conflitos eram muitos, mesmo na iminência da proclamação: para uns devia fazer-se uma ditadura provisória, passageira, entrando o mais depressa possível numa normalidade constitucional; para outros devia seguir-se uma ditadura prolongada, provocando mudanças profundas no País. Para além destas divergências estratégicas essenciais, eram ainda inúmeras as divergências pessoais entre os responsáveis pelo partido. Que não se arrumavam em apenas dois grupos, mais ou menos organizados pelas diferentes tácticas. Eram muitos mais. Apenas aliados no desejo de ver proclamada a República, já não quando havia de o ser, nem como: se por meios pacíficos ou mediante uma revolução. A marcação do golpe para princípios de Outubro foi feita em reunião do Directório, da Junta Revolucionária e com participação da Carbonária. Ficou decidido avançar com a revolução e mesmo organizar a composição do governo provisório.[97]

Era Portugal um País maioritariamente republicano? Não parece que a propaganda republicana tivesse já penetrado a maior parte da população. Mas também não há maneira de dizer que fosse ainda maioritariamente monárquico. Que a República tinha já por si a maioria das grandes aglomerações urbanas, não parece duvidoso. Classes altas e baixas, com a apreciável contribuição de pequenos lojistas e caixeiros, artesãos, alguns operários. É a pequena burguesia urbana em formação que a República tem como apoiante firme. Com que pode contar. A propaganda tocou-a. Havia uma necessidade de modernizar o País que a monarquia liberal já nao era capaz sequer de tentar. Mas que a república democrática propunha – com o que muitos atraía. Isso era visível. E tudo contaminava. Pelo Santo António de 1910 o conde de Mafra vai à Praça da Figueira, que acha republicanizada. «Balões e cravos encarnados e verdes. Retratos de republicanos por toda a parte.» Na feira de Agosto, no alto da Avenida, pouca gente «e essa ordinária e grosseira. Todas as barracas têm um tom republicano e nas que têm música toca-se a marselhesa.»[98] A Lisboa popular já era republicana. Deveras. Que a monarquia ainda tinha defensores, não há que duvidar. Mas não muitos na capital. Boa parte da Igreja alinhava activamente com as instituições e temia o anticlericalismo e a secularização que se anunciavam. Mas o «povo obscuro das aldeias mostrava-se quase indiferente.»[99]

Estaria a população monárquica e clerical – a chamada «clericalha»[100] – suficientemente convicta para pegar em armas em defesa das instituições? Obviamente que não. Como cedo previra Theophilo Braga, estava extinta a fé monárquica. Ocorria a «decomposição espontânea do regimen monárquico constitucional.»[101] Porque em rigor, embora a generalidade da população ainda se não supusesse republicana dedicada, já não era monárquica empenhada. Indiferente, esperava para ver – e não tinha qualquer expectativa de que surgissem novidades da monarquia. Esta ia decepcionando cada vez mais. Embora ainda houvesse os que viviam na ilusão de que nada iria mudar num outro regime. Como escreve um jornalista monárquico, quem «ouvisse os chefes políticos, por aí abaixo até ao chefe do último governo monárquico, persuadir-se-ia de que a mudança de regímen era um terror nocturno que só povoava espíritos de crianças.»[102] Como explica Brito Camacho, «o desconceito da Monarquia não implica necessariamente a confiança na República, e essa confiança precisamos nós impô-la ao maior número, à grande massa neutra que já deixou de ser monárquica e ainda não é republicana.»[103] Porque pouco ou nada fariam muitos para sustentar uma monarquia que esperança não tinha para dar. As instituições tinham mostrado já que delas nada havia a esperar para a modernização que o País precisava. Via-se que nem com a mudança de rei as coisas se apresentavam de outro modo. Nada de interessante trouxera a monarquia nova de D. Manuel. Que satisfizesse a um empenhamento de transformação que só o partido republicano era capaz de mostrar. E continuadamente propagandeava. Porém o partido republicano vinha-se mostrando incapaz de desencadear uma revolta a sério, depois do desaire do 28 de Janeiro de 1908. Mesmo empurradas pelos marinheiros e carbonários mais radicais, frustraram-se tentativas em 15 de Julho e em 19 de Agosto de 1910.[104] Porém, estavam avançados os preparativos para mais uma sublevação.

O Directório constituíra mesmo o Governo Provisório: Presidente sem pasta – Teófilo Braga; Estrangeiros – Afonso Costa; Fazenda – Brito Camacho; Interior – Duarte Leite; Justiça – António José de Almeida; Obras Públicas – Bernardino Machado. Faltava ainda a indicação dos ministros militares, Guerra e Marinha. Estava também pronta a lista dos governadores civis – essenciais para instalar o novo regime por todo o País. Havia que não improvisar os primeiros passos. Convinha que tudo desse certo.

Apesar disso, os responsáveis políticos temeram uma acção de sargentos e soldados desenquadrada de oficiais que se escusavam. Oficiais que temiam aquilo a que chamavam uma sargentada.[105] Mas em fins de Setembro tudo estava a postos para se desencadear a revolução. Havia que aproveitar qualquer ocasião em que a marinha fundeasse em força no Tejo e em que as tropas de terra não se encontrassem de prevenção.[106] Estas apenas as condições que importava reunir. O que parece pouco. Era notável a confiança que os conspiradores tinham no êxito da revolta. Pressentiam que o ambiente lhes seria favorável. E sabiam que os monarquicos se encontravam desmotivados para a defesa do regime, «sem um assomo de energia, sem um ímpeto.» «Tanto se lhes dava... como se lhes dera» – observa com grande lucidez um monárquico, e dos que não cediam às primeiras.[107]

Em geral, os partidários empenhados na conservação das instituições tradicionais não queriam acreditar que a derrocada poderia estar prestes. Havia um excesso de confiança que os fazia permanecer descansados. Mas também, e ao mesmo tempo, julgando que nada de grave poderia acontecer com a vitória dos republicanos. Inconscientemente fiados, talvez, na inevitabilidade da mudança. O regime político arrastava-se. Não mais tinha princípios nem objectivos que se pudessem considerar defensáveis. Como que se esperava para ver o que dava. Se seria bom ou mau. Já faltavam de todo as convicções monárquicas arreigadas. Além de que ainda a República não conseguira pôr em cheque a monarquia. De um modo claro. Não pregara ainda o susto que seria necessário para convencer os monárquicos de que as coisas iam mudar. Mesmo.

A sublevação falharia, mais uma vez? Muitos mais seriam os indecisos, à espera para ver antes de se decidirem por um lado ou por outro. E até podia acontecer que não se passasse nada, e fosse como de outras vezes: simples ameaças, suspeitas, prevenções das forças armadas e inquietações. Que afinal não se concretizavam ou que depois se goravam. Sublevação que seria apenas em Lisboa. Cândido dos Reis talvez de acordo com a Alta Venda da Carbonária, assim o tinha decidido. Era jogar pelo seguro. E o chefe militar sabia do que falava. Determinados a participar na revolta só eram considerados «grandes baluartes militares na província, Viana do Castelo e Tomar.» Bem pouco. O almirante ainda andou a «dar a sua última demão» aos preparativos em fins de Junho. Mas só podia contar com poucas e baixas patentes. Jovens alferes e tenentes, sargentos, estes que muito assustavam os comandos.[108] Pelo que na capital tudo se iria jogar. Arriscando muito. Só que desta vez as coisas iriam correr de modo muito diferente.

CAPÍTULO 14
NOTAS

1 João Chagas, *Cartas políticas*, 3ª série, p. 291.

2 Theophilo Braga, *Soluções positivas da Politica Portugueza*, vol. I, p. 148.

3 Z. Consiglieri Pedroso, *Propaganda Democratica. II. O que é a Republica*, Lisboa, Typographia Nacional, 1886.

4 Alfredo Pimenta, *O Fim da Monarchia*, p. 16.

5 Luis Morote, *De la Dictadura á la República (La vida política en Portugal)*, p. 24.

6 A. H. de Oliveira Marques, *A Primeira República Portuguesa (Alguns aspectos estruturais)*, p. 68; Idem, *História da 1ª República Portuguesa. As estruturas de base*, Lisboa, Iniciativas Editoriais, (1978), pp. 540-545.

7 João Sarmento Pimentel, *Memórias do capitão*, p. 122.

8 A. H. de Oliveira Marques, «Republicanismo e idealismo», *in Ensaios de História da I República Portuguesa*, Lisboa, Livros Horizonte, 1988, p. 36.

9 Carlos Malheiro Dias, *Em redor de um grande drama*, p. 153.

10 José Falcão, *Cartilha do Povo*, Lisboa, Livraria Central de Gomes de Carvalho, editor, 1909 (1ª edição, Vila Nova de Famalicão, Minerva, 1896).

11 *Apud* Jacinto Baptista, *O Cinco de Outubro*, pp. 22 e 37.

12 Joel Serrão, *Da «Regeneração» à República*, Lisboa, Livros Horizonte, 1990, p. 171.

13 Mário Soares, *As ideias políticas e sociais de Teófilo Braga*, Lisboa, Centro Bibliográfico, 1950, p. 44.

14 *A Patria*, nº 272, de 18 de Agosto de 1910.

15 Bazilio Telles, *I – As dictaduras. II – O regimen revolucionário*, pp. 26 e 30; «Programa do Partido Republicano portuguez», *in* Teophilo Braga, *Discursos sobre a Constituição Politica da da Republica Portugueza*, Lisboa, Livraria Ferreira, 1911, pp. 73-82.

16 Duarte Leite, *apud* David Ferreira, *História Política da Primeira Repúlica Portuguesa*, Lisboa, Livros Horizonte, 1973, 1ª parte, 1º vol., p. 27.

17 Sampaio Bruno, *A Dictadura. Subsidios moraes para seu juizo critico*, pp. 42-43.

18 Annibal Passos, *A tragedia de Lisboa e a politica portuguêsa*, pp. 223-224.

19 *Apud* A. H. de Oliveira Marques e Fernando Marques da Costa, *Bernardino Machado*, p. 104.

20 António José de Almeida, «Partido republicano» *in A Lucta*, nº 7, 7 de Janeiro de 1906.

21 Emilio Costa, *É precisa a Republica?*, p. 70

22 Fernando Catroga, *O republicanismo em Portugal da formação ao 5 de Outubro de 1910*, vol. II, p. 331.

23 Jacinto Baptista, *O Cinco de Outubro*, p. 301; Jean-Paul Scot, *«L'État chez lui, l'Église chez elle». Comprendre la loi de 1905*, Paris, Éditions du Seuil, 2005.

24 Theophilo Braga, *Soluções positivas da Politica Portugueza*, vol. II, pp. 86-97.

25 Z. Consiglieri Pedroso, *Propaganda democrática. XXII A Constituição da Suissa*, Lisboa, Typographia Nacional, 1887, p. 3.

26 Alves da Veiga, *Politica nova. Ideias para a reorganização da nacionalidade portugueza*, p. 19.

27 Luis Morote, *De la Dictadura á la República (La vida politica em Portugal)*, pp. 148.

28 Luís de Montalvor, *in História do Regímen Republicano em Portugal*, vol. II, extra-texto entre as pp. 304 e 305.

29 Luis da Camara Reys, *Vida Politica*, 1911, p. 218.

30 José Relvas, *Memórias políticas*, vol. I, pp. 59-60.

31 *Apud* Jacinto Baptista, *O Cinco de Outubro*, pp. 161-164.

32 João Chagas, *Cartas políticas*, 1ª série, p. 98.

33 Vasco Pulido Valente, *O Poder e o Povo: a revolução de 1910*, p. 61.

34 Carlos Malheiro Dias, *Em redor de um grande drama*, pp. XXX-XXXI.

35 Ferreira de Mira, *in* Aquilino Ribeiro e Ferreira de Mira, *Brito Camacho*, p. 65.

36 Fernando Catroga, *O republicanismo em Portugal da formação ao 5 de Outubro de 1910*, vol. I, p. 328.

37 Ibidem, vol. II, pp. 225, 331 e 361.

38 Jorge de Abreu, *A Revolução Portugueza*, vol. I, p. 16.

39 *História da República*, pp. 534-535.

40 Lopes d'Oliveira, *História da República Portuguesa. A propaganda na monarquia constitucional*, p. 371; *O Mundo*, nºs 2807 e 2996, de 29 de Agosto e de 16 de Abril de 1909.

41 *O Mundo*, nº 2920, de 20 de Dezembro de 1908.

42 Hipólito de la Torre Gómez, *Conspiração contra Portugal. 1910-1912*, trad., Lisboa, Livros Horizonte, 1978, p. 15.

43 Luís Reis Torgal, *António José de Almeida e a República. Discurso de uma vida ou vida de um discurso*, pp. 104-107.

44 Júlio Dantas, *Outros tempos*, 3ª ed., Lisboa, Portugal-Brasil (s. d.), p. 227 (1ª ed. de 1909).

45 Brito Camacho, «Vida íntima», *in A Lucta*, nº 1198, de 23 de Abril de 1909; *O Mundo*, nº 3044, de 26 de Abril de 1909.

46 Luz de Almeida, «A obra revolucionária da propaganda. As sociedades secretas», *in* Luís de Montalvor, *História do Regímen Republicano em Portugal*, vol. II, p. 244; António Maria da Silva, *O meu depoimento*, vol. I, pp. 204--208; Raul Brandão, *Memórias*, vol. II, p. 79.

47 João Chagas, *Cartas políticas*, 1ª série, pp. 296-302.

48 Machado Santos, *A revolução portugueza. Relatorio*, p. 39.

49 Brito Camacho, «Nas vésperas», *in A Lucta*, nº 1477 de 23 de Janeiro de 1910.

50 Armando Ribeiro, *A Revolução Portugueza*, vol. I, p. 450; *História da República*, pp. 546-547.

51 *Alma Nacional*, nº 1, 10 de Fevereiro de 1910, p. 14.

52 *História da República*, pp. 547-548; Pádua Correia, *Pão Nosso...*, Porto, nº 3, 4 de Maio de 1910, p. 47; *A Patria*, nº 106, de 2 de Fevereiro de 1910.

53 *Apud* Fernando Catroga, *O republicanismo em Portugal da formação ao 5 de Outubro de 1910*, vol. I, pp. 143-144.

54 Thomaz de Mello Breyner, *Diário de um monárquico. 1908-1910*, pp. 27, 47, 50, 53, 82 e 108; Lopes de Oliveira, «O têrmo da propaganda doutrinária republicana e o período revolucionário», *in* Luís de Montalvor, *História do Regímen Republicano em Portugal*, vol. II, p. 324; Álvaro Pinheiro Chagas, *O Movimento Monarchico*, I, p. 42.

55 António Cabral, *As cartas d'el-rei D. Carlos ao Sr. João Franco*, p. 65.

56 *História da República*, pp. 591-592; Thomaz de Mello Breyner, *Diário de um monárquico. 1908-1910*, p. 323.

57 Ibidem, p. 85; Carlos Malheiro Dias, *Em redor de um grande drama*, p. 76.

58 In *A Lucta*, nº1566, de 29 de Abril de 1910; *O Mundo*, nº 3297, de 5 de Janeiro de 1910.

59 Thomaz de Mello Breyner, *Diário de um monárquico. 1908-1910*, p. 284.

60 Visconde de Azevedo, *Algumas observações sobre a carta que ácerca das Conferencias do Casino escreveu o Snr. Alexandre Herculano e se acha inserta no tomo 1º dos «Opusculos» do illustre escritor*, Porto, Typographia da «Palavra», 1873; *História da República*, p. 572; Eurico de Seabra, *A Egreja, as Congregações e a Republica. A separação e as suas causas*, vol. II, p. 728; Pádua Correia, *Pão Nosso...*, Porto, nº 1, 19 de Abril de 1910, p. 8; *in A Lucta*, nº 1428 de 9 de Dezembro de 1909; Paulo Emílio, *A Lanterna*, 5 de Fevereiro de 1910, pp. 177-192.

61 Alexandre Herculano, *Opusculos*, 3ª ed., Lisboa, Antiga Casa Bertrand – José Bastos & Cª., – Editores, s. / d., tom. III, pp. 1-58; Bulhão Pato, *Memorias. Scenas da infância e homens de letras*, Lisboa, Typographia da Academia das Sciencias, 1894, vol. I, pp. 196-198.

62 *A Patria*, nº 175, de 26 de Abril de 1910.

63 *História da República*, p. 534; Brito Camacho, *Ao de leve*, Lisboa, Guimarães & Cª., 1913, p. 67.

64 Carlos Malheiro Dias, *Do desafio à debandada*, vol. I, p. 240.

65 Conselheiro Jacinto Cândido, *Memórias íntimas para o meu filho (1898-1925)*, p. 34.

66 *A Lucta*, nº 1528 de 21 de Março de 1910.

67 Thomaz de Mello Breyner, *Diário de um monárquico. 1908-1910*, p. 292; Luís de Magalhães, *Eduardo VII. Elogio historico pronunciado na sessão solemne da Liga Monarchica do Porto*, Porto, Magalhães & Moniz, 1910.

68 Pádua Correia, *Pão Nosso...*, Porto, nº 5, 18 de Maio de 1910, pp. 65-71; *O Mundo*, nºs 3425 a 3436, de 15 a 26 de Maio de 1910.

69 José Relvas, *Memórias políticas*, vol. I, pp. 69 e 80-82.

70 Fernando Catroga, *O republicanismo em Portugal da formação ao 5 de Outubro de 1910*, vol. I, p. 147.

71 José Augusto de Fontes Pereira de Mello, *A revolução de 4 de Outubro (Subsidios para a sua historia)*, p. 42.

72 Magalhães Lima, *Le Portugal Républicain*, Paris, Association Internationale de Conférences, 1910, pp. 29-32; *Correspondência Literária e Politica com João Chagas*, vol. I, pp. 156-160.

73 Jorge Morais, *Com permissão de Sua Majestade*, pp. 151-153.

74 M. Teixeira Gomes, «Uma fácil vitória diplomática», *in* Seara Nova, Lisboa, nº 267, 15 de Outubro de 1931, p. 39.

75 José Relvas, *Memórias políticas*, vol. I, pp. 80-97.

76 *O Mundo*, nº 2674, de 18 de Abril de 1908.

77 *Apud* João Chagas, *Cartas políticas*, 3ª série, p. 148.

78 Jorge Morais, *Com permissão de Sua Majestade*, pp. 157-162.

79 *Mémoires de Edward Grey Vicomte de Fallondon, ministre des affaires étrangères de Grande-Bretagne*, trad., Paris, Payot, 1927, pp. 195-196; Manuel Teixeira Gomes, «Uma fácil vitória diplomática».

80 M. Teixeira-Gomes, *Correspondência. I. Cartas para Políticos e Diplomatas*, Lisboa, Portugália Editora, 1960, p. 25.

81 Brito Camacho, *Matéria vaga*, p. 167.

82 Magalhães Lima, *Episodios da minha vida*, vol. I, p. 223.

83 Jorge Morais, *Com permissão de Sua Majestade*, pp. 127-128; o artigo de Magalhães Lima no *The Nation* foi transcrito n'*O Mundo* de 5 de Outubro de 1910 – *in* Jacinto Baptista, *Um jornal na Revolução. «O Mundo» de 5 de Outubro de 1910*, pp. 173-175.

84 *O Seculo*, nº 10 276, de 23 de Julho de 1910; «A missão ao estrangeiro», *in Almanach de A Lucta, 2º anno, 1911*, p. 97; José Relvas, *Memórias políticas*, vol. I, p. 97

85 António José de Almeida, *Quarenta anos de vida literária e política*, vol. II, pp. 308-309.

86 Fernando Catroga, *O republicanismo em Portugal da formação ao 5 de Outubro de 1910*, vol. I, p. 149; João Medina, «A Carbonária portuguesa e o derrube da monarquia», *in* João Medina (direc.), *História de Portugal*, p. 23.

87 Freitas Saraiva, *Como se implantou a Republica em Portugal (Notas de um revolucionario)*, p. 30.

88 Carlos Olavo, *Homens, Fantasmas e Bonecos*, p. 40.

89 Documento do espólio Carvalhão Duarte, na Fundação Mário Soares.

90 António Maria da Silva, *O meu depoimento*, p. 282; *História da República*, p. 592.

91 Hermano Neves, *Como triumphou a Republica. Subsídios para a Historia da Revolução do 4 de Outubro de 1910*, pp. 39-40.

92 José Lopes Dias, «O coronel Malaquias de Lemos e a revolução de 5 de Outubro (Novos documentos)», Doc. 34, p. 61.

93 *Apud* Jorge Morais, *Com permissão de Sua Majestade*, pp. 138 e 143-144.

94 Sampaio Bruno, *Portugal e a Guerra das Nações*, Lisboa, Livraria Chardron de Lello & Irmão, 1906, pp. 500-501.

95 *Memórias íntimas do conselheiro Jacinto Cândido*, pp. 169-170.

96 *O Seculo*, n° 10 313, de 29 de Agosto de 1910.

97 Amadeu de Carvalho Homem, «A propaganda republicana durante a monarquia constitucional», *in* João Medina (direc.), *História de Portugal dos tempos pré-históricos aos nossos dias*, Lisboa, Clube Internacional do Livro, 1998, vol. IX, pp. 285; António Maria da Silva, *O meu depoimento*, p. 280.

98 Thomaz de Mello Breyner, *Diário de um monárquico. 1908-1910*, pp. 108 e 298.

99 Luis da Camara Reys, *Vida Politica 1911*, p. 2.

100 Rocha Martins, *D. Manuel II*, vol. II, p. 319.

101 Theophilo Braga, *Soluções positivas da Politica Portugueza*, vol. I, pp. 26-30 e 64.

102 Joaquim Leitão, *A comedia politica*, pp. 6-7.

103 Brito Camacho, «Vida íntima», *in A Lucta*, n° 1198, de 23 de Abril de 1909.

104 João Chagas, *Cartas Políticas*, Quinta série, pp. 113-116.

105 Segundo apontamentos de João Chagas, *in* Carlos Olavo, *Homens, Fantasmas e Bonecos*, pp. 36 e 40.

106 João Augusto Fontes Pereira da Mello, *A Revolução de 4 d'Outubro (Subsidios para a sua historia)*, p. 53.

107 Alvaro Pinheiro Chagas, *O Movimento Monarchico*, I, pp. 156-157.

108 A. C. Costa Cabral, *A acção republicana militar na província (região central do Paiz)*, Coimbra, F. França Amado, Editor, 1911, pp. 47, 53 e 55.

CAPÍTULO 15
DE 3 A 5 DE OUTUBRO
– A REVOLUÇÃO NA RUA

O chefe civil da revolução que se preparava era o prestigiado médico psiquiatra e professor da Escola Médico-Cirúrgica de Lisboa Dr. Miguel Bombarda. Um oficial do exército, doente mental, atacou-o a tiro na manhã do dia 3 de Outubro. Não morreu logo. Ainda terá passado informações do estado da conspiração e feito queimar documentação comprometedora – Bombarda guardaria a lista de distribuição dos civis que iam participar na revolução.[1] Embora Simões Raposo o tenha substituído nas tarefas da organização revolucionária, a sua falta foi bem sentida. Bombarda era pessoa respeitada por todos. E bem necessário era o acatamento de uma disciplina na revolução. A emoção foi grande entre os republicanos, havendo imediatas manifestações populares de cariz anti-clerical quando a notícia foi afixada nos placards de *O Seculo*, no Rossio. Aí se lia: «*O povo de Lisboa está convencido de que o assassinato foi obra dos clericais.*»[2] A culpa recaía sobre os católicos a que juntavam a rainha, que alguns acusavam de mandar assassinar o médico. Estranhamente, os dirigentes republicanos não apareceram publicamente – a revolução estava para acontecer e não convinha excitar os ânimos. Menos ainda despertar a atenção do governo. No entanto, esse inexplicável comportamento dos responsáveis políticos republicanos perante a agonia e morte de Bombarda permitiu a Presidente do Conselho de ministros António Teixeira de Sousa a forte suspeita de que a revolução estaria em marcha. Suspeita mais tarde confirmada por uma denúncia de alguém em quem o Presidente do Conselho tinha toda a confiança – um seu «amigo pessoal» que cometeu uma inconfidência.[3] E uma traição. A polícia também andava com uma vaga suspeita de que qualquer coisa se preparava por se ter ouvido a uns populares dizerem que seria naquela noite às 3 horas. Também se terá apanhado um mapa suspeito de conter indicações para operações, embora sem localizações precisas.[4] A revolução estava preparada: apesar de algumas hesitações por parte dos conspiradores, já não era possível voltar atrás. A noite de 3 para 4 de Outubro foi marcada pelos republicanos para desencadear o movimento militar com apoio civil que iria pôr termo à monarquia em Portugal. «Já não era sem tempo», desabafaram os membros das associações secretas.[5] Por outro lado, a experiência adquirida em vários golpes falhados ajudava os revolucionários. Desta vez, havia que fazer tudo para acertar. O falhanço do 28 de Janeiro de 1908 teria ficado a servir de referência para não se cometerem tantos erros.

Na revolta e aliciamento de tropas apostaram os republicanos, dispostos a acabar com o regime. Os militares conspiradores procuraram convencer oficiais superiores das forças armadas para que se lhes juntassem. Talvez um pronunciamento militar tivesse sido mais rápido. Mas o recrutamento de militares de alta patente decorrera com fracos resultados. «Por muito que se falasse, cá fora, em República e em mudança das instituições, o certo era que os quartéis continuavam indiferentes ou retraídos, se não desconfiados diante do movimento libertador que se esboçava nas classes civis.» Em plena revolta poucos serão os ataques pessoais dentro dos quartéis e as prisões efectuadas parecem bem benévolas – quase jogos entre camaradas. Salvo quando se tratou de civis, apanhados dentro das unidades pelos oficiais fiéis à monarquia.[6] Ou quando houve resistência armada do comandante, como em Infantaria 16 ou no quartel de marinheiros. Mas tirando alguns casos pontuais, pouco ampla foi a violência. Pelo que se deve supor que as convicções monárquicas também não seriam muito fortes entre os que quase sem protestos deixavam sair tropas e armas dos quartéis. Ou que aguardavam ordens para se defenderem e defenderem as instituições evitando tomar iniciativas. Dir-se-ia que estavam à espera que a revolução republicana acontecesse. E que se comportavam como seguros de que não havia maneira de contrariar uma fatalidade anunciada.

O chefe operacional dos revolucionários era o vice-almirante Carlos Cândido dos Reis.[7] Uma Comissão de Resistência da Maçonaria se organiza, manobrando «por detrás da cortina.» Caber-lhe-ia elaborar e executar um plano para a acção civil. Era intermediário António Maria da Silva, que controlava a Carbonária – porque o grão-mestre da Alta Venda Luz de Almeida se encontrava exilado. Articulavam-se assim maçons e carbonários. Como se revelava indispensável o bom entendimento entre militares e civis, o que nem sempre aconteceu. A «acção conjunta dos militares e do povo» era considerada essencial para o êxito da revolta. «O papel d'esses elementos [civis] consistia essencialmente em facilitar a revolta nos quartéis e evitar a aglomeração da Guarda Municipal – o tradicional papão dos revoltosos.»[8] Assim se planeou. Assim foi feito. A «artilharia civil» – as bombas artesanais – era indispensável para dissuadir a Guarda Municipal de actuar. A preparação estava feita. Outros grupos montaram vigilância a percursos de possível passagem de forças da Guarda ou de regimentos fiéis.[9] Mas ao todo o directório do Partido Republicano só dispôs de 700 armas para distribuir.[10]

A data da revolta, mais uma vez, fora escolhida por se saber que os vasos de guerra fundeados no Tejo iriam ser deslocados para fora da barra no dia 4 de Outubro.[11] Era preciso antecipar este movimento, porque a marinha se tinha como essencial para a planeada revolução – nela se encontravam os revolucionários mais seguros e mais determinados. Juntava ainda uma grande quantidade de marinheiros aliciados, e alguns oficiais de confiança.

Fica tudo combinado numa reunião em casa da mãe de Inocêncio Camacho, na Rua da Esperança – feliz coincidência ou feliz prenúncio. Estavam presentes alguns dos principais dirigentes e houve oficiais que compareceram fardados. Era uma «tontería», comentou António Maria da Silva, conspirador a sério, que não brincava com facilidades nem se dispunha a permitir abertas para que a repressão se exercesse.[12] Vá lá que a polícia não se apercebeu do que se tramava. A sublevação começaria nessa madrugada de 4 de Outubro, à 1 hora. Mas logo se soube que as unidades do exército se encontravam já aguardando eventuais complicações. O governo tinha mandado entrar de prevenção todas as praças de terra e mar. Aí estava «a maçada do costume», nada alarmante, pois que ao longo de três anos os oficiais a isso se tinham habituado.[13] E talvez por isso os que se supunham defensores das instituições estivessem desatentos ao que poderia ocorrer – embora instalados dentro dos quartéis. O coronel Malaquias de Lemos, comandante da Guarda Municipal, cumpre o determinado, mesmo não acreditando que fosse desta vez; o comandante da divisão também não se convenceu de que a situação agora fosse séria.[14]

Porém, teria havido algum afrouxar do segredo por parte dos revolucionários? Ao Presidente do Conselho de ministros, António Teixeira de Sousa tinham chegado várias informações que o levaram a determinar o estado de alerta nas unidades militares: preparava-se mais uma revolução, foi o que lhe disseram, informação em que acreditou. Dadas as suas relações com os dissidentes e destes com os republicanos, não é impossível que alguma coisa tivesse transpirado. Quem sabe mesmo a quem se deveu a inconfidência ou deslize... Embora: o Presidente do Conselho estava confiante em que o movimento revolucionário «seria dominado sem consequências de maior.» Os comandantes da força pública asseveravam que «as instituições seriam defendidas com a certeza de êxito.» Havia «confiança em que [a revolução] seria sufocada.» O «antigo regime foi iludido pelas afirmações de inteira confiança que os comandantes da divisão e da Guarda Municipal diziam ter nas forças que lhes estavam subordinadas.» Tanta era essa confiança que o governo apenas adiou por 24 horas o início da visita que o rei devia fazer para se mostrar ao povo de Trás-os-Montes e do Norte.[15]

Fosse como fosse, e mesmo com acrescidas dificuldades, o almirante Cândido dos Reis consegue impor a decisão de se avançar: desta vez, a «Revolução não será adiada; sigam-me, se quiserem. Havendo um só que cumpra o seu dever, esse único serei eu.» «Para a vitória ou para a morte!», palavras do almirante num tom grandiloquente e romântico que marca a revolução.[16] Cuja senha e contra-senha também tinham alguma coisa de romântica evocação revolucionária: «– *Mandou-me procurar?! – Passe, cidadão!*» E ao mesmo tempo levantando os braços acima da cabeça.

O começo da rebelião seria dado por uma salva de 31 tiros, disparada de um dos navios da armada. Esse o sinal combinado, a que Artilharia 1 responderia com 6 tiros. O que não aconteceu, prejudicando o levantamento das unidades que não se encontravam em ligação umas com as outras. Causando não pouca perplexidade, pois não se soube de imediato se teria havido algum contratempo grave. Aliás os testemunhos variam. Para alguns, os disparos seriam apenas três – o que aliás parece que seria menos alarmante para a população de Lisboa. Mas teria ocorrido alguma inconfidência, alguma traição? Em vão se esperou pelos regimentos com que se contava e que não se revoltaram.[17] Porque alguma coisa correu mal. Segundo Eusébio Leão, só pela 1 hora e 23 minutos se ouviram alguns tiros.[18] Mesmo sem ter sido dado sinal de início das operações alguns conspiradores actuaram como estava combinado. Segundo escreveu Machado Santos, combinara-se que «**não haveria sinal** para começo da revolução, *mas sim uma hora combinada.*»[19] Pelo menos para Machado Santos assim foi. Não esperou por sinal algum: e à hora marcada actuou em Campo de Ourique, no quartel de Infantaria 16.

O directório do partido republicano e outras personagens de peso reúnem-se no estabelecimento de banhos de São Paulo. Só estavam civis. Nem por a vitória ainda estar longe deixam estes de tratar de coisas que lhes interessavam. Aí devem ter sido ajustados e alterados os nomes para o governo provisório. Estavam indicados Bazilio Telles (Presidência e Interior), José de Castro (Justiça), Duarte Leite (Finanças), Miguel Bombarda (Negócios Estrangeiros), Ramos da Costa (Guerra), Cândido dos Reis (Marinha) e o Dr. António José de Almeida (Fomento).[20] Mas o Directório, e muito em especial João Chagas que o acompanhava, devem ter decidido nessa espera em São Paulo outra composição. «Com que direito, pois, se modificou nas Termas de S. Paulo o que ficara assente pelos organismos a quem tal cabia?!...», interrogar-se-á António Maria da Silva.[21] Contido, Eusébio Leão apenas dirá que fora preciso reorganizar o ministério, por causa da morte de Miguel Bombarda. E que isso ocorreu nos banhos de S. Paulo. Não fora segredo esta modificação.[22] Porém a Carbonária – e Machado Santos disso se queixará – ficara sem saber das combinações que se preparavam para o governo.[23] Talvez por pressão de Afonso Costa, que quereria entrar, e fazer entrar Bernardino Machado. E que introduziu ainda Theophilo Braga. Porque Afonso Costa «desde logo começou a discutir os nomes indicados para o Governo revolucionário.» Consegue que António José de Almeida aceda à sua proposta.[24] João Chagas terá acabado por deixar que lhe fosse feita a vontade: «talvez ainda obedecendo ao critério da inutilização, que julgava certo para os republicanos, que constituíssem o primeiro ministério.»[25] Pensavam alguns num governo de curta duração, depressa substituído por um governo constitucional – abreviando a «ditadura de entrada» de que falava Bazilio Telles, que a tinha por essencial.[26] Governo constitucional em que os ministros do governo provisório não figurariam – como depois acabou por acontecer.

Houve alguma improvisação nesta decisão – ou foi obra do «acaso»...[27] Ficou assim composto o governo provisório: Theophilo Braga (Presidência) e Bazilio Telles (Finanças) figuras de prestígio, membros do Directório. Entrou o Dr. Bernardino Luís Machado Guimarães a substituir Miguel Bombarda nos Negócios Estrangeiros. O Interior, pasta política por excelência, passou para o Dr. António José de Almeida e na Justiça ficou o Dr. Afonso Augusto da Costa, deputado, advogado de fama e professor de direito penal em Coimbra. Para a Guerra foi o coronel António Correia Barreto e para as Obras Públicas o Dr. António Luís Gomes; na Marinha, depois de confirmada a morte de Cândido dos Reis, ficará o capitão-de-mar-e-guerra Amaro Justiniano de Azevedo Gomes, escolha de última hora.[28] Theophilo Braga chegou a presidente sem empenhamento em sê-lo, quase sem disso se aperceber. A Bernardino Machado, que se encontrava em Paredes de Coura, nada constara destes cozinhados ministeriais. Sequer a indigitação de Miguel Bombarda para ministro dos Negócios Estrangeiros...[29] Terá havido discordâncias quanto a esta composição. Porém nela se fixaram os responsáveis. Tudo devia estar preparado, mas primeiro havia que derrotar a monarquia.

A Carbonária foi logo avisada do eclodir da revolução, e bons serviços prestou. Para começar «os telegramas enviados pelo governo, depois da prevenção, não seguiram.»[30] Esperavam-se os sinais, que não vieram. E os civis reunidos em São Paulo saíram por causa de um telefonema que os avisara de que estavam a ser vigiados e na iminência de serem presos.[31] Não era verdade.

Mas a hora era dos militares combatentes, não dos dirigentes políticos. Muito embora. Estaria combinado que os caudilhos da democracia estariam presentes à sublevação dos quartéis.[32] A verdade é que nem um só compareceu. Dispersaram, e a polícia mesmo que quisesse não sabia como prendê-los por não lhes conhecer o paradeiro. Prudência elementar de quem não queria ser detido – nem convinha à revolução que isso acontecesse, como fora o caso em 28 de Janeiro com o efeito desmoralizador que provocou.

Prevenidos pelo chefe do governo, antes do jantar em Belém, nem o rei nem o príncipe herdeiro D. Afonso mostraram qualquer intento de se porem à frente das tropas e de se baterem pelo regime. Apenas se abreviou o banquete. O rei voltou para as Necessidades – por ser essa a opinião do ministro dos Negócios Estrangeiros – e o príncipe seguiu para Cascais.[33] Ambos confiavam plenamente nas tropas que tinham jurado fidelidade ao soberano e defender o regime. D. Manuel sente chegado o momento decisivo, como que com alívio: «A revolução é hoje, estão tomadas todas as providências e acaba-se por uma vez com este estado de coisas.»[34] Compreende-se: ele, que tantas vezes fora vitoriado nos quartéis, que poucas semanas antes tivera no Buçaco uma estrondosa recepção, confiava nas forças militares que haviam de saber comportar-se: «Conquistei hoje o exército!», terá então dito o rei. E desejoso estaria agora de que acabasse o contínuo susto em que vivia. Terminasse mesmo. E de vez. A expectativa de D. Manuel era a de uma derrota estrondosa das forças republicanas sublevadas. Mas deveria ter desconfiado da ausência de áulicos junto de si. Porque esses e essas não apareceram – sinal que mereceria ter sido lido.[35]

Tudo começou por Infantaria 16 (Campo de Ourique), que se insubordinara: na confusão gerada, foram abatidos a tiro o coronel Pedro Celestino da Costa, comandante, que se defendia armado e um capitão da unidade. Pelos soldados amotinados.

No quartel entraram depois uns 70 civis. Aí chegou Machado Santos com uns 16 homens armados. Daí em seguida o grupo parte para Artilharia 1 onde o capitão de artilharia José Afonso Palla já se encontrava, controlando a situação. Onde também tinham entrado alguns civis. A Artilharia 1 cabia responder ao sinal de sublevação a ser dado por um dos navios. Sinal que ninguém ouviu. Mesmo assim: Palla, ele mesmo, conta como trouxe parte do seu regimento para a rua junto com Infantaria 16.[36] Comandava agora o capitão Sá Cardoso, conspirador mais graduado entretanto chegado ao quartel. Revolução militar, pois, mas com apoio de civis: assim tinha desde sempre sido preparada a rebelião. Assim se começou a executar. Sargentos e soldados que revolucionam os quartéis, abrem as portas para entrarem paisanos que se armam. E em conjunto saem para a rua. Com poucos oficiais, jovens e de baixa patente os que alinham.[37] Tudo isso se previra no plano da Comissão Militar Revolucionária. A começar pelo apoio civil – da Carbonária –, que se tornava essencial. Distribuíram-se algumas armas, que o Directório tinha ido comprando e armazenando. Haveria disponíveis umas 350 pistolas Browning de 7,65 mm, 100 de 6,35 e 150 e tantos revólveres de diversos calibres. Que nem chegavam para os prometidos. Eram armas adquiridas sobretudo em Badajoz. Além das que os revoltosos possuiriam.[38] Seriam as tais 700 armas, em número muito arredondado... Não era grande a força dos civis em armas – alguns tinham-nas para fazer vista, confessando nem saber disparar. Embora houvesse que contar sobretudo com as bombas – e essas abundariam.

Estava prevista a constituição de duas colunas de civis. Uma, indo instalar-se em São Roque, teria como finalidade ameaçar o Quartel do Carmo e o Quartel da Estrela, ambos da Guarda Municipal. A outra destinava-se a atacar as Necessidades, onde estaria o rei, de regresso do banquete oferecido pelo presidente eleito da República do Brasil, marechal Hermes da Fonseca.

Juntar-se-lhe-iam Caçadores 2, Infantaria 2, Guarda Fiscal e marinheiros do quartel de Alcântara, e tentariam prender o monarca – o que seria um notável triunfo e um excelente trunfo para negociar a rendição de tropas fiéis. Mas em Campo de Ourique a Guarda Municipal aparece e esses revoltosos retrocedem, indo instalar-se na Rotunda da Avenida da Liberdade donde não mais saíram. Vencendo logo o primeiro e imediato ataque da Guarda Municipal.[39] Era a primeira grande contrariedade. Porque se tratava de «uma boa posição de espera». Ora os revolucionários não deveriam começar por escolher uma posição defensiva.[40]

As unidades navais surtas no Tejo eram as parceiras indispensáveis dos combatentes de terra. Com elas se contava. No entanto, tardaram a dar os sinais de se encontrarem revoltadas. Esperou por isso junto dos cais o almirante Cândido dos Reis, chefe militar da revolução, que deveria instalar-se num dos navios revoltados. Mas houve atrasos. Não estavam operacionais os vapores para levar os conjurados para bordo – tinham as caldeiras apagadas. Alguém chega para comunicar ao almirante que estava tudo perdido.[41] Como nada acontecesse nos navios de guerra, julgando que estava mesmo gorada a revolta, Cândido dos Reis afasta-se do Tejo. Foi encontrado morto, horas mais tarde, para os lados de Arroios. Suicídio, foi a versão aceite. Mas não teria sido assassinado? Não se sabe.[42]

As tripulações dos navios *S. Rafael* e *Adamastor* foram as primeiras a revoltar-se. Porém, tiveram que esperar por oficiais que as comandassem. Em terra, marinheiros e civis (entre os quais guarda-freios da Carris) ocupam o quartel de marinheiros em Alcântara, comandados pelo 1º tenente António Ladislau Parreira. É ferido o comandante, que se defendera a tiro. Oficiais que estavam de prevenção são presos. Esta força não consegue avançar para outras operações. No entanto, como o Palácio das Necessidades ficava perto, planeara-se que se juntasse a outras unidades e tentasse o assalto. O que foi impossível. Nele se armaram e equiparam 180 homens – marinheiros e populares que seguiram para outros sítios. Assim o quartel de marinheiros passou a constituir apenas uma barreira e uma ameaça às forças da monarquia. No entanto, ocupação decisiva porque fixará por próximo algumas unidades leais que não se atreveram a eliminar esse foco rebelde e mal defendido: o civil José Nogueira entreteve «as forças inimigas que se encontravam no heróico bairro d'Alcântara.» Foi a «artilharia civil», a metralha da Carbonária, que por ali imobilizou a cavalaria e as mais tropas. As bombas de rudimentar factura assustavam os cavalos ou feriam-nos; desorganizavam a Guarda Municipal a cavalo e as tropas de cavalaria. Metade do esquadrão do Regimento de Cavalaria 4 perdeu as montadas e os seus soldados fugiram. Houve bastantes feridos. Considerou-se destroçado com grandes perdas, em Alcântara – umas 50 baixas entre mortos e feridos.[43] Com enorme efeito desmoralizador.

Junto do quartel de marinheiros havia republicanos aguerridos, armados, revolucionários civis que facilitaram a defesa aos revolucionários militares. Porque o aquartelamento esteve quase desguarnecido. Mas na ignorância da situação e com o receio do que a partir daí pudesse acontecer mantiveram as tropas monárquicas imobilizadas, não se deslocando para atacar a Rotunda. Nem tampouco cumpriram a ordem de se desviarem para o Rossio. É que os homens de Infantaria 1 e Caçadores 2 já estavam muito fatigados e a darem sinais de simpatia pelos revoltosos – ou pelo menos a abster-se numa como que neutralidade.[44] Depois de instaladas junto das Necessidades as peças de artilharia do Grupo de Queluz que deveriam bombardear o quartel de marinheiros, veio ordem do Quartel General para seguirem para o alto da Penitenciária.[45] E a residência régia continuou bem guardada. Para nada. Serviu apenas para imobilizar tropas. Mas estas também não eram de toda a confiança.

Havia nelas soldados feitos com os insubordinados.[46] No quartel de marinheiros só mais tarde um oficial da armada, o capitão-tenente Álvaro de Oliveira Soares Andréa dirigiu a resistência, que entretanto fora assegurada tendo ao comando um comerciante.[47] Para lá tinham sido desviadas duas carroças de víveres que se destinavam às tropas que estavam nas Necessidades... Deu para um bom almoço dos revolucionários.

E é o *Adamastor*, que na manhã do dia 4 de Outubro ficara a ser comandado pelo 2º tenente José Mendes Cabeçadas, que faz fogo sobre o Palácio Real – os estragos não foram muitos. A adriça do pavilhão régio terá sido cortada.[48] O estandarte arreou: símbolo antecipado da monarquia em queda. Ânimo para os insurrectos. Lá ficam vestígios de destruição. E as tropas de guarda mais descrentes ainda no que estavam para ali a fazer imobilizadas. No *S. Rafael* chefia o 2º tenente Tito de Morais. «E o rei? O rei reza», supõe um revolucionário. Agora é tempo de o rei deixar as Necessidades e decidir-se a seguir para Mafra – e ainda dá ordem para que algum destroyer inglês, acaso no Tejo, afunde os navios portugueses. Foi ordem que ninguém transmitiu – por as comunicações serem más ou porque quem estava ao telefone achou melhor calar o que o rei lhe ordenava? Patrioticamente, a monarquia esperava e apelava para a intervenção armada e violenta da Inglaterra em seu favor. A imagem de D. Manuel II irá sofrer com esse arranque de última hora, tido como de «uma criança cobarde e deformada, que, no momento do perigo, não hesita em pedir um socorro aviltante a uma nação estrangeira.»[49] Seria a única saída que lhe restava. E não parece que alguém se tenha lembrado do auxílio espanhol – apesar de o seu ministro ter passado pelas Necessidades a oferecer os seus préstimos.[50] Na margem Sul e nos arredores, a República é proclamada no dia 4 de Outubro, antes de Lisboa: Barreiro, Almada, Aldeia Galega, Moita e Seixal. E ainda em Loures.[51]

A revolução não conseguira um êxito fulminante, mas também não fracassara.[52] Pusera na rua cerca de uns 4000 homens armados, enquanto que as tropas fiéis podiam contar com cerca de 8000 soldados.[53] Decisivo foi que o quartel-general não conseguisse fazer executar o plano de repressão da tentativa revolucionária. Plano que existia desde 1909, tendo sido elaborado, pelo coronel José Joaquim de Castro e aprovado pelos sucessivos ministros da Guerra. Consistia em dividir a cidade em duas áreas, pelas cumeadas que vão do Rato ao Largo das Duas Igrejas. Os diversos regimentos tinham marcados os pontos que deviam defender. Partia-se do princípio de que a revolução seria exclusivamente civil. E procurava-se impedir o acesso de revoltosos ao centro da cidade.[54] A Guarda Municipal defenderia os estabelecimentos que importava manter em mãos fiéis: bancos, correios, telégrafos, telefones, Caixa Geral de Depósitos, Casa da Moeda, Companhia do Gás, Banco de Portugal... O comandante da Guarda Municipal coronel Malaquias de Lemos desespera por ter o seu pessoal pulverizado em muitas posições.[55] A Polícia ficou na defensiva, tendo sido mandada recolher às esquadras.[56] Grave deficiência houve no abastecimento das tropas, horas e horas sem comer a ponto de lhes faltar energia e vontade para se deslocarem. Ou de terem de pedir pão pelas vizinhanças. Ou de exigirem a venda de aguardente para se reanimarem. A planificação terá contado com uma acção rápida, não com uma imobilização que se prolongou por umas 33 horas, em que os civis apenas ajudavam a parte dos revoltosos. Parece que o plano secreto não era lá muito crível. A acreditar nos oficiais que o conheciam e desmereciam do seu autor.[57]

A Rotunda e o alto do Parque Eduardo VII revelaram-se magníficas posições para a artilharia, pelo que foi aí um dos centros nevrálgicos da revolução. Com o capitão Sá Cardoso e o comissário naval Machado Santos aos comandos de início. O Quartel General da 1ª Divisão, no Palácio Almada no Largo de São Domingos, ficava assim entre o fogo da Rotunda, e a ameaça dos navios no Tejo e de desembarque de marinheiros junto da Alfândega. A Carbonária fez cessar «a transmissão de despachos telegráficos referentes à chamada das forças militares a Lisboa.» Foi suspenso o tráfego na linha telefónica do Porto, cortada em Telheiras.

Contudo, na manhã do dia 4 aos homens instalados na Rotunda chegavam as más notícias: a morte por suicídio (ou assassinato) do almirante Cândido dos Reis, a impossibilidade de fazer sair alguns regimentos – em especial para o ataque às Necessidades.[58] Pessoas conhecidas como o visconde da Ribeira Brava passavam a desencorajar os revolucionários. O ex-tenente Coelho, escarmentado com a lembrança do que sucedera em 1891 larga esta desoladora expressão: «Outro 31 de Janeiro.»[59] Mesmo assim os empenhados revolucionários militares de baixas patentes e civis não arredaram do local. Mesmo se José Afonso Palla, Sá Cardoso e outros oficiais, reunido um conselho, pensando que a revolução estava perdida, ainda nessa manhã do dia 4 se desfardaram e desapareceram – Palla sempre temeu uma «barcelonada» que iria aproveitar aos monárquicos. E dirá que se rendeu à evidência dos factos.[60] Eram estes militares republicanos, decididos, empenhados na revolta; porém não sabiam lidar com o imponderável das situações revolucionárias? Talvez. «Os militares confundiram sempre uma revolução com uma guerra», é a explicação que António Maria da Silva encontra.[61] Verosímil. Em especial, como profissionais, tinham sempre de ter presente uma via de retirada para o caso de falhar a operação ofensiva. Sem a qual não se entende uma acção programada. «Todos concordaram em que a resistência era impossível e que não devíamos assumir a responsabilidade de tentar a resistência, condenando sem direito para o fazer todos aqueles soldados que para ali tínhamos trazido.»[62] Mas há que dizer mais: «o abandono do acampamento foi simplesmente provocado pela falta de coesão, de unidade, de todos os elementos comprometidos na revolta.»[63] Algumas peças regressam a Artilharia 1 – o que foi um acidente feliz, pois proporcionou a defesa posterior. Pelo menos cinco peças se aprontaram então aí.[64] Machado Santos manteve-se na Rotunda, com sargentos e soldados, e com os civis que os ajudavam – e atrapalhavam. Dispunha de oito peças.[65]

A escolha da Rotunda era boa, era má? Não estava previsto que as tropas aí se instalassem, a não ser como alternativa a posições combinadas nos cumes da Graça, Castelo, Penha de França e Senhora do Monte.[66] Mas a Rotunda foi a instalação escolhida por razões circunstanciais, enquanto se esperava saber como estavam as coisas nos pontos cruciais que os revoltosos deviam tomar – o que não aconteceu –, embora Machado Santos afirme que «era plano antigo, discutido e aprovado na Alta Venda da Carbonária.»[67] O capitão José Afonso Palla é claro ao afirmar que o plano primitivo «tinha de ser alterado.»[68] Havia os que pensavam que aí os esperava «ou um grande triunfo ou o aniquilamento completo.» No entanto, a posição revelou-se excelente. As ligações eram fáceis. Conta um revolucionário: «Dispúnhamos dum admirável serviço de informação feito pelo povo que espontaneamente nos comunicava: – Vem aí a Municipal por tal sítio. – Homens postados pelas ruas fora iam-nos passando as notícias.»[69] Ao tentar chegar à Rotunda pela Avenida da Liberdade, um esquadrão da Guarda Municipal foi destroçado pela metralha dos carbonários. Era preciso garantir a posição das tropas comandadas por Machado Santos.[70] Que começavam a aumentar, a partir dos 400 homens do início – a que muitos se irão juntar no decurso do dia 4 e madrugada de 5. Alguns oficiais e alunos militares da Escola do Exército, cinco cadetes, tinham-se vindo para os revoltosos, melhorando-lhes a capacidade combatente e organizativa.[71] E outros oficiais, que não eram da primeira hora. Um grupo de civis é mandado seguir da Rotunda para o Rossio: deveria sublevar as tropas que ali estavam. Mas as metralhadoras instaladas nos Restauradores impedem-nos de lá chegar.[72] Manejava-as o alferes Ernesto Augusto Empis, monárquico e activo defensor do regime. Com escasso efeito, porque esse fogo não alcançava o alto da Avenida onde se encontravam os revoltosos. As informações iam sendo conseguidas, sabendo-se o que se passava no quartel de marinheiros, nos navios e no Rossio. A Carbonária assegurava a passagem das informações.[73] Machado Santos e Ladislau Parreira tinham arranjado maneira de contactar por escritos.[74] Que naturalmente eram levados por estafetas civis.

O directório do partido republicano tornará a reunir-se no Hotel de l'Europe donde passará para a redacção d'*A Lucta*, jornal dirigido por Brito Camacho. Foi este «o único núcleo civil organizado durante a revolução, com os chefes e republicanos, que ali se reuniram.» Improvisando-se como «Junta Revolucionária», redigiu e publicou proclamações que animaram os revoltosos. Manifestos redigidos por Brito Camacho que eram espalhados pela cidade. Ali se organizaram grupos de civis, ali se ordenou a entrega de armas e munições. *A Lucta* foi também responsável pela ligação entre a Rotunda e os navios. Tomaram-se providências para impedir o acesso a Lisboa de tropas de Santarém – não passaram da Póvoa de Santa Iria.[75] *A Lucta* acabou por funcionar como quartel general da insurreição.[76] Porque aos jornais acorriam os que queriam saber notícias. Isso também aconteceu n'*O Mundo*, onde muita gente se juntou.[77] Já no dia 5, e para se saber o que se estava a passar com a actuação dos marinheiros, deslocam-se membros do Directório e a autodenominada Junta Revolucionária para o Hotel de l'Europe, donde tinham vista sobre o Tejo. Membros do Directório foram a bordo dos navios revoltados.

Entretanto, as tropas fiéis reagem: a mais grave ameaça foi dirigida pelo capitão Henrique de Paiva Couceiro, que com o

Grupo de Artilharia Móvel de Queluz, e depois de longa caminhada de envolvimento pela cidade, pôs 2 peças nas imediações da Penitenciária: logo foi alvejado de Artilharia 1, que dispunha de 3 peças instaladas (2 do lado do Parque, 1 à porta do quartel). Fez fogo da 1 e meia às 4 horas da tarde [78] Sargentos dirigiam o fogo dos revoltosos. A luta da artilharia foi renhida. Porém, faltava a Couceiro a infantaria para avançar. Ainda tentou deslocar-se, mas não teve como.[79] As tropas que o acompanhavam, de Infantaria 2, estavam infiltradas pela Carbonária, pelo que houve deserções – debandaram como pardais.[80] E sofreram baixas. Havia um desequilíbrio nas forças: enquanto Couceiro dispunha de uma bateria com 4 peças (só tendo instalado 2) – com munições apenas para 250 tiros –, a artilharia da Rotunda era composta por 8 peças, mais as do quartel de Artilharia 1.[81] Essencial, para os revoltosos, a proximidade dessa unidade, onde havia munições bastantes e depósitos de forragens para os animais de tracção para deslocamento das peças.[82] E aos homens não faltavam os mantimentos: «Os víveres acorrem em abundância.»[83] Fizeram-se barricadas, que davam ainda mais um tom popular e revolucionário conforme ao sentir de muitos dos revoltosos. Barricadas muitas delas a fingir, para acender as imaginações de heróicas jornadas – barricada «platónica» no dito de Machado Santos. «O acampamento, cheio de civis, lembra um enorme arraial, pitoresco e agitado.» Entretanto o Quartel General não envia a Paiva Couceiro as tropas pedidas e o bravo soldado acaba por ordenar a retirada.[84] Havia o perigo de perder a artilharia para os revoltosos. É depois mandado para o Rossio, onde o encarregam de preparar a defesa contra um esperado desembarque de marinheiros republicanos. Instala 4 peças nas embocaduras das ruas Augusta e do Ouro. Assim poderia fazer face à artilharia existente a bordo dos navios, que já se tinham feito sentir a flagelar o Terreiro do Paço donde afastara a Guarda Municipal.

Finalmente, ao *Adamastor* e ao *S. Rafael* se juntara o cruzador *D. Carlos*. O comando fiel à monarquia deste poderoso navio não tinha ousado atacar os revoltosos com receio da tripulação, pouco de confiar. Depois, comandado pelo 2º tenente José Carlos da Maia, junta-se aos outros navios. Agora estavam nas mãos dos republicanos os vasos de guerra mais potentes que se encontravam no Tejo – a fragata *D. Fernando* e o transporte de vela *Pero d'Alenquer* também aderiram, mas pouco representavam como força de combate. Marinheiros e civis tinham reforçado as tripulações dos navios sublevados. A Escola de Torpedos de Vale do Zebro não passou para os revolucionários que o tentam, chefiados pelo 1º tenente João Fiel Stockler; porém manteve-se inactiva, apesar de algumas tentativas de actuação por parte de oficiais monárquicos. Era base muito bem dotada em armas e munições.[85] As coisas complicaram-se e os três torpedeiros só vieram fundear frente a Lisboa quando tudo tinha acabado, já pelo meio-dia de 5 de Outubro. Do Tejo, Lisboa fica bem à vista para os navios. Que podem alvejar directamente muitos pontos vitais da defesa da cidade: e não apenas na linha de água, mas a das colinas imediatamente envolventes.[86] Para mais, aos marinheiros juntara-se uma numerosa força civil. Marinheiros e civis depois desembarcados ocuparam o arsenal do exército e depois o arsenal de marinha.[87] E preparavam-se para fazer a junção com os revoltosos da Rotunda.

Tropas fiéis mandadas para S. Pedro de Alcântara são alvejadas do alto da Avenida, enquanto os civis as atacam à bomba.[88] Esboça-se um avanço republicano pelo Príncipe Real. Confrontos rápidos em que a artilharia civil deve ter assustado. Paiva Couceiro ainda recebe ordens de alvejar o alto do Parque da posição do Torel. O que executa, e com uma peça apenas. Mesmo assim, causando baixas.[89] Mas esses tiros já vinham tarde: poucas eram as munições e a operação foi suspensa por ordem do comando da Divisão.

O centro militar da contra-revolução fora instalado no Quartel General de Lisboa, ao Largo de São Domingos – no Palácio Almada. A concentração de tropas nesse verdadeiro «poço» que era o Rossio fora um erro.[90] Estaria certa se se tratasse de obstar a uma insurreição civil e impedi-la de tomar o centro da cidade. Mas não. Ora aí instalaram os Regimentos de Caçadores 5 e de Infantaria 5, tidos como fiéis à monarquia. Engano. Havia oficiais revolucionários nessas unidades que deveriam ter tomado o Quartel General – onde o governo se acolheu –, embora tal não lhes tivesse sido possível. Cabia-lhes ainda impedir a saída da Guarda Municipal do Quartel do Carmo, o que também não puderam fazer. Todavia essas tropas «fiéis» conservaram-se tacticamente imóveis no Rossio e no Largo de São Domingos, receando a junção das tropas da Rotunda com marinheiros que podiam desembarcar e avançar a partir da Praça do Comércio. E a Guarda Municipal acabou por ter pouco préstimo porque se encontrava dispersa, conforme o plano de contra-revolução adoptado. Nessa dispersão se conteria a razão da ineficácia da defesa da monarquia, segundo alguns oficiais. «Era incompreensível tudo o que se estava passando», desabafa um monárquico.[91] Sequer as unidades de artilharia do Campo Entrincheirado estavam em condições de fazer fogo contra os navios revoltosos. Destinavam-se a defender Lisboa por fora da barra, não para o seu interior. Pensara-se, em tempos, em prepará-las para isso; mas o indispensável estudo nunca fora feito...[92] Os navios de guerra sublevados manobravam à vontade no Tejo, desde que não saíssem a barra.

No Rossio, e não podendo actuar militarmente, oficiais revolucionários iam convencendo os soldados a juntar-se aos republicanos. O tenente José de Ascensão Valdez, carbonário confesso, de Infantaria 5, conta como procurou durante todo o tempo encontrar o momento oportuno para se ir juntar aos revolucionários na Rotunda, enquanto as ordens superiores eram de aguentar as posições. Pretendia passar pelo túnel do Rossio, mas não teve possibilidade de o executar. Alguns dos seus soldados fizeram esse percurso.[93] «Compreende-se bem, portanto, que as praças do batalhão, em geral, não podendo actuar de uma forma decisiva como era aliás seu desejo, contribuíram, contudo, pela inércia para o bem da Pátria e para a implantação da República.» Porque o trabalho político ia sendo feito junto dessas tropas no Rossio, onde pouco se sabia do que se estava a passar no resto da cidade: «todo o meu anseio foi, junto com a desmoralização dos soldados, reunir a meu lado um núcleo de oficiais pronto para as eventualidades ou para impor ao comandante a única decisão que me convinha: fazer causa comum com os revoltosos.»[94]

Tratava-se de fazer resistência passiva e provocar a desmoralização das tropas, conforme recomendavam as normas da Carbonária. Caçadores 5, também no Rossio, sofria com a mesma inacção, aguardando para dar luta aos marinheiros revoltosos, que nunca vieram – porque não foram precisos. Mais: as ordens de fogo também não eram cumpridas, porque os subalternos as contrariavam. «Foi um verdadeiro trabalho de sapa.»[95] Assim o fez o alferes Ernesto Gomes da Silva Junior: «corri ao meu pelotão e ordenei que ninguém fizesse fogo ainda que o comandante mandasse.» É este mesmo jovem oficial que se prepara para se juntar aos marinheiros a bordo dos navios revoltados, e a contribuir para apressar a rendição das tropas no Rossio.[96] Convence os comandantes dos navios a mandarem ao quartel general um emissário. Vem o comissário naval Mariano Martins, que pergunta ao general comandante da Divisão pelas condições de rendição. Indignou-se o general. Mas o oficial de marinha deu-lhe uma hora, finda a qual a armada começaria a bombardear a cidade. Os emissários regressam a bordo no meio de aclamações. Os comandantes dos regimentos de Infantaria 5 e de Caçadores 5 decidem «não fazer fogo sobre os marinheiros ou quaisquer outros revoltosos, evitando-se assim uma luta inglória e uma chacina.»[97] Reunido um conselho de oficiais no Quartel General, o comandante da 1ª Divisão descreve a situação em que se encontram. Paiva Couceiro chega ao inevitável termo: «N'estas circunstâncias concluo que V. Ex.ª já não tem soldados.»[98] Assim acontecia. E foi ver se conseguia saber onde parava o rei. Desde a madrugada do dia 5 que Infantaria 5 e Caçadores 5 se recusavam a atirar. Os soldados insubordinavam-se. No interior do Quartel General da defesa da monarquia encontravam-se não poucos oficiais republicanos. Que terão ajudado ao resultado que desejavam.

O encarregado de negócios da Alemanha tenta um armistício para evacuar os seus compatriotas. No que o general comandante concorda. Mais difícil foi convencer Machado Santos, que começou por recusar. Mas depois aproveita essa proposta de suspensão de tiros. Por causa dessas conversas sai do Quartel General um grupo com uma bandeira branca. O que leva a que no Rossio logo os civis confraternizem com as tropas, pensando que a rendição já estava consumada. «Os factos iam de tropel. Povo e tropa, tudo dava vivas à República», indigna-se um oficial fiel. O povo também invadira o Quartel do Carmo: o regimento de cavalaria 2 que ali se acolhera «não pode ser considerado vencido porque não combateu.» E estava pronto para aderir à república.[99] O comandante Malaquias de Lemos, lastimar-se-á: «eu não fui um traidor; fui um fraco.» E atira com as culpas para o comando da Divisão: «se houvesse boa direcção do quartel general e fossem atendidos os meus pedidos, a revolução teria abortado em menos de duas horas.»[100] Sobretudo deixou-se «dominar pelo terror que n'ele produziu a revolução.» E no entanto, a sua reputação era a de ser «o cérbero da monarquia.»[101] Mas os oficiais que se supunham monárquicos, pouco já acreditariam no regime que se afundava: por isso a «estranha atitude de indiferença e de desalento patenteada» por muitos graduados durante a revolução.[102] De certo modo o Quartel General fora tomado por dentro. O general António do Carvalhal da Silveira Telles de Carvalho, comandante operacional, era tido por republicano, da confiança de Cândido dos Reis. E pouco se terá esforçado por derrotar os revoltosos. Não apenas ele. As forças de defesa mostraram-se sempre muito pouco empenhadas em combater os revolucionários.[103]

Machado Santos inicia a cavalo a descida da Avenida da Liberdade: «O Povo, entusiasmado, arranca-me de cima do cavalo e leva-me ao colo até às portas do Quartel General de S. Domingos.» O comandante da divisão, o venerando general Manuel Rafael Gorjão, confessa que já não tem tropas: rende-se. Pouco depois o tenente Valdez baixa a bandeira branca e iça a verde-rubra da República. O quartel do Carmo, temida sede da Guarda Municipal, aderirá em seguida. Faltava ainda o quartel da Estrela, que seria o último a resistir.[104] Mas o comandante Malaquias de Lemos para lá transmite as suas ordens: «Entreguem-se também, que eu já me entreguei.»[105] Não havia nada mais a fazer.

Narra uma testemunha: «Da multidão de civis e marinheiros e soldados que se misturava com a tropa do Rossio e do Quartel-General, saiu um brado ensurdecedor, um «Viva a República» repetido por milhares de pessoas vindas de todos os cantos, das janelas, dos telhados, das ruas. E palmas e abraços e lágrimas de alegria, de louco entusiasmo, festejaram a implantação da República, seriam 9 e 1/2 da manhã do dia 5 de Outubro de 1910.»[106] «Soldados fora das fileiras, fraternizavam com o povo, disparando para o ar as espingardas. Por todos os lados grande vivório.»[107]

Porque a presença popular foi uma evidência. Sempre as forças militares (revolucionárias) foram acompanhadas por civis. Embora na grande maioria não-combatentes, ao contrário do que se planeara. E em escasso número, muito menor do que se contava ter – não abundavam as armas para o Directório distribuir. Mesmo assim, «pelo seu arrojo e também pelo número fizeram vingar a revolução, expondo-se a uma morte quase certa», escreve o capitão Caetano do Carvalhal Correia Henriques, de Caçadores 5.[108] «Garotos, mulheres, iam ao quartel de Artilharia 1 buscar granadas para as peças postadas no parque Eduardo VII e cunhetes para a Infantaria civil e militar. Homens traziam pão, vinho, aguardente, azeitonas e seu naco de presunto, salpicão, bacalhau da peça, linguiça, e tudo era repartido irmãmente entre os da tropa e paisanos.»[109] Na Rotunda nunca faltaram munições nem mantimentos, o que foi uma vantagem decisiva sobre os defensores da monarquia. Cumplicidades republicanas que sustentam e animam todo o desenrolar das operações. Que servem como elementos de ligação entre os combatentes. Civis que se deslocam a dar notícias, a transmitir mensagens, linhas telegráficas e telefónicas que funcionam – ou não. A linha telefónica para o Porto foi suspensa – e se no Porto não se sabe o que se passa em Lisboa, também é verdade o contrário. Fazem-se debandar soldados das unidades que se não revoltaram. O automóvel já permitia uma enorme mobilidade para a passagem de informações. Escreve um oficial monárquico: «Além dos elementos da carbonária em serviço nos correios, telégrafos, telefones, caminhos de ferro, etc., policiavam as ruas em serviço da revolução, indivíduos em automóveis (vinte), trens e velocípedes que livremente circulavam pela cidade, espiando os movimentos das tropas fiéis para avisarem os revolucionários. Isto, afora gente de pé que a tudo se expunha, para ajudar a revolução. Com a população republicanizada de Lisboa não se podia contar.» Era pranto de um monárquico.[110]

O Paço das Necessidades, onde estava o rei, ficou sem comunicações telefónicas excepto por uma linha com o Quartel General e com Sintra, linha «que escapara à vigilância dos revolucionários.»[111] Os republicanos dispunham de informações que faltavam aos monárquicos. A rede conspirativa era muito vasta e esteve activa. A Carbonária estava fortemente motivada – e actuou.[112] Os jornais republicanos com destaque para *A Lucta* iam publicando as notícias que interessavam para motivar os revoltados. Escondiam e desmentiam a morte de Cândido dos Reis, davam como verdadeiros acontecimentos que não ocorriam.[113] Inventavam notícias ou davam-nas sem poderem confirmá-las. Porque a verdade é que as linhas telegráficas e telefónicas estavam interrompidas. Assim como as vias ferroviárias.[114] Temiam as tropas fiéis que os civis perturbassem a defesa, temiam-se deles os comandos. O momento final da monarquia será o da substituição da bandeira azul e branca pela verde e vermelha no mastro do Quartel General.

As forças da monarquia revelaram-se ineptas e desordenadas. Sem nexo. Eram compostas de traidores? De incompetentes, dirá um ministro que deixava de o ser.[115] «Imperícia do comando? Erro na transmissão de ordens? Quem sabe?» Assim se interroga o secretário pessoal do rei.[116] Os defensores não revelaram a indispensável agilidade para refazerem o plano fixado de antemão com um pressuposto errado – o de se tratar de uma revolta popular. Faltou-lhes a noção de que não se encontravam perante uma revolução exclusivamente civil, por que esperavam. Também não era uma batalha de militares profissionais executada segundo as regras estudadas nos exercícios académicos. Mas, como narra uma testemunha, «todo o povo conspirava» contra a monarquia.[117] E tinha a comandá-los militares que souberam dar conta do recado.

Era difícil «evitar o triunfo republicano na capital, dado o estado de espírito que se viu na maior parte da oficialidade, dada a desorientação e a incompetência manifestadas nos comandos superiores, dada a indecisão, a falta de energia em tudo e em todos notadas.» Assim escreve um fiel monárquico. Que logo acrescenta como pergunta: «Era porém impossível evitar que à capitulação de alguns regimentos no Rossio, correspondesse a capitulação sem luta, sem resistência, sem protesto, de todo um exército, de todo um país?»[118] Esquecia que grande parte dos oficiais formava uma espécie de «burocracia fardada», nada interessada em combater.[119] E também que havia dificuldades para obter a fidelidade dos soldados às instituições. Sequer em mantê-los incorporados: disso se andava a queixar o comandante da Guarda Municipal. Ninguém queria permanecer ao serviço.[120] Não seriam as praças imunes à propaganda republicana e menos ainda estariam dispostas a sacrificar-se. Algumas vítimas houve: mas relativamente poucas: 76 mortos e pouco mais de 200 feridos.[121] Os revoltosos tomaram a peito evitar «violências inúteis. É essa a orientação do movimento. A revolução não se inspira no desejo de matar. Inspira-se na aspiração de salvar a Pátria.»[122]

O chefe do governo, Dr. António Teixeira de Sousa, tinha reunido o ministério em sua casa, em S. Sebastião da Pedreira, na noite de 3 para 4 de Outubro. Lá passaram ainda o governador civil e o juiz de instrução criminal. E se enxotaram jornalistas que queriam saber notícias. Foi prudente os governantes não terem ido para a Arcada, não acontecesse que os marinheiros fossem apanhá-los.[123] Daí passou o governo para o Quartel General no Rossio na manhã desse dia 4. Onde não conseguiu ou sequer quis impor-se ao general comandante a quem competia organizar a defesa da monarquia. Depois dispersaram-se os ministros, alguns como que detidos por populares que os reconheceram. Ou confiados à guarda de amigos de confiança.[124] Só, Teixeira de Sousa foi para a casa de um familiar e sofreu um disparo no percurso. Na madrugada de 5 de Outubro estava o Presidente do Conselho numa residência na rua do Andaluz, junto da Avenida Duque de Loulé, onde chegara ferido. E onde não havia telefone. Foi o médico que o tratou, o Dr. Augusto de Vasconcelos, que lhe comunicou a proclamação da República. «Quis impedir a revolução, desarmando-a com liberdades. Nada consegui. Quis conjurar a revolução; quis, como era de honra minha, impedir que a revolução caminhasse. Vi então e vi depois que toda a luta era impossível. A monarquia estava cercada, salvo raras excepções, de republicanos e indiferentes.» Assim escreveu Teixeira de Sousa.[125]

Na manhã de 5 de Outubro o general comandante da Divisão tinha-se simplesmente esquecido de avisar o Presidente do Conselho de que tinha capitulado... A desmoralização das tropas fora contagiante. «Deste deboche vergonhoso só se salvou o povo (Zé Povinho), que a sua instrução não tinha atrofiado, os oficiais, que à última hora quiseram manter as suas tropas disciplinadas, e que pagaram com a morte ou com ferimentos graves os erros de muitos, e o grupo a cavalo.» Era a conclusão a tirar do relatório de Paiva Couceiro, segundo o Marquês de Lavradio, secretário pessoal de Sua Majestade.[126] Era «a lógica consequência de tantos erros, de tanta fraqueza e da inacção dos mais fortes elementos militares», conclui o último Presidente do Conselho da monarquia.[127] Sobretudo, era o ponto de chegada dos «erros que de longe vinham», como lucidamente escrevera D. Carlos. D. Carlos que fora um dos maiores culpados pelo descalabro das velhíssimas instituições. «A monarquia morreu... Deixemo-la na podridão silenciosa do seu transe, que nem a lira dos bardos entoará por ela sagas épicas, nem a boca dos augures há-de rezar-lhe outros responsos que não sejam desdenhosas vaias por não ter sabido defender-se», escreverá Fialho de Almeida, em amarga desilusão de monarquias e de repúblicas.[128]

Porque a monarquia não mostrou uma vontade firme de se defender. Sempre esperaram os governos que não fosse agora, que não fosse ainda a revolução que há dois anos e meio se podia ter por certa. Um regime acuado, sabendo onde estão e quem são os seus inimigos, prepara-se para o ataque que há-de vir. Monta serviços de informações, instrui a polícia, recruta bufos, paga espiões. Estuda planos de defesa e de contra-ataque. Vigia as comunicações. Decreta o estado-de-sítio e fá-lo executar. Eram essas algumas possibilidades que não tinham sido objectos de trabalho sério e competente. Um serviço avisado sabe para onde mandar o rei que não pode ser capturado, prepara um local onde o governo se reuna vigiado por guarda armada, dispondo de telefones e de facilidade de transportes. Não se limita a improvisar ou a esperar para ver o que dará.

Talvez ninguém esperasse que o momento do confronto final acontecesse. Uma contra-revolução não encafua a Polícia Civil nas esquadras nem imobiliza a Guarda Municipal em redor de objectivos menores. Não manda os regimentos para a rua sem um cuidado serviço de intendência. Era sabido que aos soldados se deveriam fornecer refeições abundantes. Assunto que tem de ser sempre estudado na preparação de revoluções: «Saco vazio não se sustenta em pé – diz a sabedoria popular.» E lembra Bazilio Telles.[129] Mantimentos e munições. Que não podem ser escassas. Beirolas não podia ser cercada e guardada por civis, que impediam o acesso ao aprovisionamento para municiar as tropas fiéis. Menos ainda permite cortes nas linhas telefónicas, telegráficas e férreas... Acumulação de inépcias. Inexplicável. Era este o ponto de chegada de uma longa evolução. Com uma perturbada história recente que mostrara a impossibilidade de manutenção da forma monárquica de governo.

Nem por isso a monarquia caía sem se defender. Defendeu-se sem eficácia? É certo. Sobretudo com uma estratégia antiquada e «sem acção coordenadora.»[130] O governo nem sequer mandou vigiar os centros republicanos onde era presumível que os civis se juntassem antes de entrar em acção – é uma acusação pertinente.[131] Mas defendeu-se. E teve tempo de sobra para isso. Mal Infantaria 16 saiu com o acompanhamento de civis que isso se soube no Quartel General e na Guarda Municipal. Porém o descontentamento das forças armadas era grande, a determinação republicana bem firme. Maior ainda a indiferença de muitos dos oficiais do exército e da marinha que deveriam ser tidos como defensores da monarquia. E essa indiferença será, talvez, a principal das razões para o rápido desfecho militar. «Mas quem poderia supor que o inimigo permanecesse inactivo durante horas, deixando enfraquecer o moral das suas tropas?» pergunta o revoltoso capitão Sá Cardoso. Que conclui ter isso sido o resultado de uma monarquia «que nos últimos anos tinha vivido quase sem homens e sem ideias, e assim devia acabar.»[132]

Revolução militar: em que o papel dos civis se revelou determinante.[133] Não pela força armada que estes poderiam representar – e que se esperava embora não tivesse acontecido na dimensão com que fora planeada – mas como força dissuasória. Sobretudo estimulante e perturbadora. Populares guardam militares presos, populares rendem militares.[134] «A Revolução tinha que ser feita com o povo e com a tropa – o povo abrindo caminho à tropa.»[135] Releve-se que o contingente de engenharia, enviado a defender o Arsenal do exército, foi dispersado pelos civis. Civis que enxameavam pelas ruas da Baixa, dissuadindo ou impedindo os tiros, civis que se acumulavam pelo acampamento da Rotunda e Parque Eduardo VII para ajudar, prejudicando embora as operações militares. Mas por outro lado, levando os comandantes das tropas fiéis ao regime a agir com mais cuidado, evitando excessos e banhos de sangue – que o comandante da Divisão sempre disse temer.[136] Civis cortam as linhas de caminho-de-ferro e estradas que poderiam permitir deslocar regimentos tidos como fiéis para Lisboa: de Santarém, Tomar, Portalegre, Abrantes... A linha do Norte até Alfarelos... Mesmo a linha de Sintra foi cortada. Civis cercam Beirolas, e as munições não podem sair para servir as tropas julgadas monárquicas – o que foi decisivo e constava bem destacado no plano da insurreição, que nisso foi cumprido.[137] O republicano coronel Correia Barreto ficou na fábrica de pólvora de Barcarena, onde os defensores da monarquia nem sequer procuraram ir. Os arredores de Lisboa estavam controlados por postos de vigia assegurados por civis. Que passavam a responsabilidade aos oficiais militares, quando os havia. Ergueram-se barricadas, levantaram-se barragens aos passantes.[138] Há que sempre reconhecer a acção da Carbonária Portuguesa, que se manifestou não apenas pelas bombas que atrapalharam as unidades regulares e intimidaram a cavalaria mas pelo apoio que prestou aos revoltosos. «Deve-se-lhe, principalmente, a força de fé indomável que foi o segredo da vitória.»[139]

«Tenho a honra de comunicar a V.ᵃˢ Ex.ᵃˢ que as forças do meu comando acampadas na Rotunda da Avenida, venceram as tropas monárquicas, nos dias 4 e 5 de Outubro.» É com esta singeleza que António Maria de Azevedo Machado Santos, comissário da administração naval, inicia o relatório, que endereça a S.ᵃˢ Ex.ᵃˢ os membros do Governo Provisório da República, a 5 de Outubro de 1910.[140] Não era bem assim. Machado Santos teve um papel fulcral na vitória, mas não esteve sozinho. Nem as tropas acampadas na Rotunda da Avenida da Liberdade, elas só, triunfaram. A República não teve um fundador apenas. Embora a «heróica loucura» de Machado Santos tenha sido decisiva para o desfecho da revolta.[141] Como se escreverá depois, em «Machado dos Santos admiramos a bravura heróica levada à loucura, em António Maria da Silva admiramos o espírito ponderado e a viva inteligência, em Luz d'Almeida admiramos a faculdade de organizador e a singeleza da sua modéstia.»[142] Assim seria: e se mais o elemento civil não fez, foi porque lhe faltaram as armas. Mas tratava-se de uma revolução militar, estrategicamente pensada e começada a executar segundo plano do tenente Helder Ribeiro, do capitão Sá Cardoso e do capitão Aragão e Melo. Estes militares retomam os trabalhos da anterior Comissão Militar Revolucionária, composta por Fontes Pereira de Mello, José Afonso Palla e Ramos da Costa. Comissão que planeara as operações, com destaque para a prevista junção dos militares com os carbonários. Mas que talvez não tivesse concebido um plano suficientemente ofensivo.[143] A Comissão Militar Revolucionária acaba por ser afastada das operações quando estas são desencadeadas. Nem sequer todos os seus componentes foram avisados do que se preparava.[144]

E o governo não esteve isolado. Contudo, o ministério descansou no general comandante da divisão e o general descansou nos planos de um estado-maior sem qualificação nem experiência. Se a guerra não é para amadores, esta revolução também não o era. Porque a maneira como foi executada, com tremendos erros e improvisações embora, revelou-a eficaz. E mostrou uma surpreendente conjugação do elemento militar com o civil. Foi a junção da caserna e da rua, perante a indiferença do País (no dizer de um chefe nacionalista).[145] Colaboração que explica a vitória final. A operação militar contara com o apoio activo e determinante da população civil para destronar o senhor D. Manuel II e pôr fim à dinastia dos Braganças em Portugal. Aconteceu. «Lisboa revolucionada. O rei, segundo consta, procurou asilo inviolável. Mas que equivale ao abandono do país.» Supôs-se que D. Manuel se tivesse refugiado numa legação estrangeira.[146] Mas não.

Teixeira de Sousa mandara retirar o monarca das Necessidades. As tropas encarregadas da sua defesa faziam falta noutros pontos da cidade – mas elas dali não saíram, tão desmoralizadas estavam já.[147] E foi assim que o rei, depois de o Palácio das Necessidades ter sido arranhado por alguns tiros de artilharia lançados do *Adamastor* foi convencido a sair de automóvel para Mafra, onde pernoitou de 4 para 5 de Outubro. Quase só: afinal a corte não existia. Nem nas Necessidades nem em Mafra aparecem os monárquicos. Não se vislumbra onde paravam os padres que agora não compareceram... «Que é dos amigos, dos fardalhões recamados de veneras, das mãos sempre abertas a pedir?»[148] Dos políticos, nem sombra.

Na Ericeira fundeava depois o iate real *Amélia*, tendo a bordo o príncipe herdeiro D. Afonso Henriques, o pouco marcial condestável do Reino, que nele viera de Cascais. Aí acolheu as rainhas D. Amélia e D. Maria Pia – idas de Sintra – e o próprio rei D. Manuel II. As reais pessoas foram da praia para o iate em barcos de pescadores – aquele em que embarcou o rei chamava-se *Bom-Fim,* as rainhas foram na *Navegadora.* Eram barcas sardinheiras, mal-cheirosas para régias narinas. Eram 4 horas da tarde.[149] A bordo do *Amélia* ainda houve quem propusesse seguir para o Porto, a esperar que aí ocorresse uma defesa armada das instituições. Seria esse o desejo do rei, ainda tendo na memória as triunfais recepções aí acontecidas. Contudo, não havia garantia de que as tropas lá estivessem da parte do rei; menos ainda se sabia das disposições da guarnição da barra do Douro. E esta poderia bombardear o iate real.[150] Portanto, por oposição do príncipe D. Afonso e dos oficiais do navio a decisão foi navegar para Gibraltar.

As pessoas reais acolhiam-se no exílio à protecção da Inglaterra. Mantendo ainda a esperança de alguma actuação em seu favor por parte do monarca britânico? Nada disso. Um palaciano conclui: «há que respeitar os factos consumados!»[151] Logo que desembarcou el-rei ouviu missa. Comenta um revolucionário: «Com missas e rosários assim perdeu um Reino.» A saída do soberano do País e o seu acolhimento em território estrangeiro equivalia a um abandono nunca assinado. Podia ser considerada como uma *abdicação de facto* – como desde logo foi considerada. Não seria a *deserção vergonhosa* nem a *fuga cobarde* – de que será acusado. Mas podia dizer-se que sua augusta majestade se fora embora e abandonara o trono. Desertaram e logo traíram muitos considerados fiéis ao regime que ruíra.[152]

A monarquia caíra – a família de Bragança seria proscrita; estava feita a República.[153] O rei nunca reconhecerá ter cometido erros: segue para o exílio de consciência tranquila por sempre ter cumprido o seu dever... Fosse como fosse, D. Manuel não percebeu com clareza o que se estava a passar. E como o desfecho se aproximava. Assim o revelam as suas cartas privadas: «Quis fazer muito para o meu querido país. Como apoio só encontrei o terreno a fugir-me debaixo dos pés.»[154] Conclusão do último Presidente do Conselho de ministros da monarquia, conselheiro Teixeira de Sousa: «O optimismo de uns, a fraqueza de muitos, a duplicidade de bastantes, a incapacidade e a indiferença da maior parte, fizeram que a Revolução triunfasse.»[155] E o valor dos revolucionários, convém acrescentar. Segundo Eusébio Leão, membro do Directório do partido republicano, a revolução foi organizada «com método, com ordem, com lógica e com plano.»[156] A monarquia «indecorosamente capitulara», constata outro dos perdedores.[157] Mesmo assanhados opositores da democracia haverão de reconhecer que «no momento crítico, por cobardia, traição, ou simples inépcia» os que deveriam ter defendido o regime o não fizeram.[158] «A [Revolução] de 5 de Outubro fez-se pela manifestação violenta de um grupo de vontades, e pelo assentimento tácito de todo o país, sem esquecer o exército e a armada.»[159] O governo não traíra, mas fora incompetente, fraco, inábil. Ou nada disso. Quem sabe se afinal o seu presidente fora apenas burro.[160] Apenas. «A revolta d'Outubro triunfou pela audácia d'uns, pela cobardia d'outros, pela traição de poucos, pelo desgosto de muitos, pela indiferença de quasi todos, e ainda por uma série d'acasos felizes.»[161] Foram notórias «a passividade, a indiferença e o desalento» dos monárquicos.[162] Teixeira de Sousa reconhece: «a organização revolucionária era completa e complexa, enquanto tudo era confusão e inércia no campo das forças fiéis.»[163] Afirmação que parece conforme ao que se passou.

E serão os civis membros do directório do Partido Republicano Português a tomar conta da revolução militar que triunfara. Pelas 11 horas da manhã de 5 de Outubro de 1910 o Dr. Eusébio Leão, secretário do Directório, sobe à varanda da Câmara

Municipal de Lisboa e declara «abolida a monarquia, proscrita a casa de Bragança e proclamada a República.»[164] Entre muitos outros, está José Relvas que fala à multidão. Inocêncio Camacho anuncia a composição do governo provisório. Eram todos membros do Directório do Partido Republicano – todavia o governo provisório não resultou de uma nomeação formal.[165] Por telégrafo comunica-se a proclamação ao País, que de imediato adere ao novo regime: «nem uma província, nem uma cidade, nem uma aldeia, ergueu a voz pelo rei destronado», concluía o desolado monárquico que deixava de ser Presidente do Conselho.[166] E assim foi. Alguns temeriam as reacções dos «povoados incultos e fanáticos». Afinal, «a província não se levantava. Por toda a parte os caciques monárquicos arrancavam os galões do antigo regímen e cobriam galhardamente o peito com insígnias das instituições triunfantes.»[167]

No Porto a República foi acolhida com entusiasmo depois de angustiante espera – após indignação causada pela morte de Miguel Bombarda. O corte das ligações – telegráficas e telefónicas – provocou algum atraso nas notícias. Nos diários de 6 de Outubro ainda havia dúvidas quanto ao desfecho d'*A Revolução em Lisboa*: *Portugal a caminho da redenção?* Assim se perguntava o Porto n'*A Patria*, periódico dirigido por Duarte Leite. *A Patria* que nos seus *placards* deu primeiramente a notícia, logo nesse dia. Uma enorme multidão fez na rua imponentes manifestações, saudando com palmas e vivas a bandeira revolucionária. Que se içou nos Paços do Concelho, onde o Dr. Nunes da Ponte, vereador mais velho e conceituado republicano, proclamou a República. Seguiu-se uma romagem ao cemitério do Prado do Repouso, em homenagem aos vencidos do 31 de Janeiro de 1891. Comovido, discursou o Dr. Alfredo de Magalhães.[168] Os dois acontecimentos revolucionários haviam de ficar unidos na memória republicana. Como se fosse uma só revolução, separada embora por quase vinte anos.

O País – o resto do País para além de Lisboa e do Porto – que se acreditava fiel à realeza, e que afinal nem era tanto assim – deixara sem protesto nem defesa destronar e exilar o rei e mudar as instituições... À velha pergunta respondera Junqueiro:

«O trono... o que é um trono? Uma simples cadeira /

De veludo já gasto e de velha madeira.»[169] Razão tinha D. Carlos: Portugal era uma monarquia sem monárquicos. Terminavam «800 anos de monarquia e 80 anos de corrupções e desmandos.»[170] Acontecia a tempo: «O perigo era que a crise da monarquia se tornasse a crise nacional. A morte da monarquia provou o contrário e tanto mais nitidamente o provou quando essa morte foi rápida e decisiva.»[171]

Era hora de mostrar a diferença. Machado Santos, pela Carbonária Portuguesa – Jovem Portugal, no seu Comité Civil, determinara em ordem geral que «Todo o cidadão da República deve regular o seu procedimento pelos ditames da Honra, do Patriotismo e da Humanidade.» E proclama o novo regime como uma grande festa da fraternidade «A luta terminou! Já não há inimigos! Hoje todos os portugueses trocando abraços fraternais, vão colaborar na obra de regeneração da Pátria. Já não há inimigos! Há só irmãos!»[172] «O Povo, o Exército e a Armada acabaram de proclamar a República. A dinastia de Bragança, maléfica e perturbadora consciente da paz social, acaba de ser para sempre proscrita em Portugal. [...] A República confia do Povo a manutenção da ordem social, o respeito pela justiça e a dedicação pela causa comum da liberdade!»[173]

E logo o presidente do governo provisório Theophilo Braga «saúda as forças de terra e mar que com o povo instituíram a República para felicidade da Pátria.»[174] República e Pátria, como na propaganda, não podem deixar de significar a mesma coisa ainda no momento do triunfo. Na República «defensora dos oprimidos, redentoras de todas as misérias e injustiças humanas.»[175] República que se esperava que fosse capaz de cuidar e de promover essa desejada felicidade de todos os compatriotas. *Emfim! A Republica em Portugal. A Revolução triunfante!* É o título de *O Mundo*. *A Lucta* por seu lado mostra: *Viva a Republica Portugueza*. E logo a transcrição dos relatos animadores que nesse jornal foram inventados a passo e passo do movimento revolucionário. «Ao Povo Portuguez» se endereça uma mensagem: «Lisboa, a cidade republicana por excelência, a mais republicana de todas as cidades do mundo, ao cabo d'uma luta por finda em que se empenharam, n'uma sublime conjugação de esforços o Povo, o Exército e a Marinha, proclamou a República como Governo da Nação.» Mais. «Não oferecia dúvidas a ninguém, a não ser, talvez, aos monárquicos de *entourage* palaciana, que o País era republicano, profundamente republicano, e que a Monarquia só lograva manter-se pela força da inércia.»[176] Exagero, sem dúvida. Mas mesmo a um monárquico escapava um desabafo definitivo: «a Monarquia que existia não merece o sacrifício de quem quer que seja.»[177] A revolução fora «o levantamento da dignidade nacional», nas palavras de Bernardino Machado.[178] Sobretudo. O trono desabara «em súbita explosão», como previra Guerra Junqueiro.[179] Nada acontecera que não fosse de esperar. Tudo se encaminhara para isso. Como se escreverá em Inglaterra pouco depois: «Não houve nada de surpreendente no golpe a não ser a sua rapidez e perfeição.»[180] Tratava-se agora de substituir a «soberania do direito divino, baseada na revelação e na fé, e mantida pelo altar e o trono, na indestrutível soberania da Nação, baseada na Razão e no Direito e na Justiça.» Assim diria Manuel de Arriaga.[181]

A monarquia estava acabada em Portugal. De vez.

CAPÍTULO 15
NOTAS

1 João Augusto Fontes Pereira de Mello, *A Revolução de 4 d'Outubro (Subsidios para a sua historia)*, p. 48; Jorge d'Abreu, *A Revolução Portugueza. O 5 de Outubro (Lisboa, 1910)*, p. 120.

2 Raul Brandão, *Memórias*, vol. II, p. 22; Alvaro Pinheiro Chagas, *O Movimento Monarchico*, vol. I, p. 11; *Proclamação da Republica Portugueza (em 5 d'Outubro de 1910). Programma do Partido Republicano e Historia completa da Revolução*, Lisboa, Typographia Commercio e Industria, Rua de S. Bento, 24, (1910?), p. 6.

3 Teixeira de Sousa, *A força pública na Revolução (Réplica ao ex-coronel Albuquerque)*, pp. 225 e 284-285; constava – sem prova – que fora inconfidente o Dr. Augusto de Vasconcelos (*in* Rocha Martins, *Pimenta de Castro. Ditador*, Lisboa, Edição do Autor, s./d., p. 33).

4 Ângelo Ribeiro, «A implantação da República», *in* Damião Peres, *História de Portugal*, Barcelos, Portucalense Editora, vol. VII, 1935, p. 458.

5 António Maria da Silva, *O meu depoimento*, vol. I, p. 282.

6 *Relatórios sobre a revolução de 5 de Outubro*, pp. 59 e 124.

7 Machado Santos, *A revolução portugueza. Relatorio*, p. 54.

8 Jorge d'Abreu, *A Revolução Portugueza. O 5 de Outubro (Lisboa, 1910)*, p. 113.

9 In *Almanach de A Lucta, 2º anno, 1911*, pp. 228-230.

10 *O Seculo*, nº 10 372, de 27 de Outubro de 1910, testemunho do Dr. Eusébio Leão.

11 Machado Santos, *A revolução portugueza. Relatorio*, p. 59.

12 António Maria da Silva, *O meu depoimento*, vol. I, p. 284.

13 Carlos Ferrão, prefácio a *Relatórios sobre a revolução de 5 de Outubro*, p. 20; *Relatórios sobre a revolução de 5 de Outubro*, p. 66; Joaquim Leitão, *Diário dos vencidos*, p. 28; Alvaro Pinheiro Chagas, *O Movimento Monarchico*, I, p. 14.

14 Teixeira de Sousa, *A força pública na Revolução (Réplica ao ex-coronel Albuquerque)*, pp. 229, 234-235 e 244-245.

15 Teixeira de Sousa, *Para a história da Revolução*, vol. II, pp. 231, 245, 251 e 259.

16 Machado Santos, *A revolução portugueza. Relatorio*, p. 120; José Relvas, *Memórias políticas*, vol. I, p. 112.

17 Vitorino Magalhães Godinho, *Vitorino Henriques Godinho. Pátria e República*, pp. 39-41; «Para a História da Revolução. Desde a madrugada de 4 ás 9 horas da manhã do mesmo dia. Relatório apresentado pelo capitão Sr. Sá Cardoso», *in Almanach de O Mundo para 1912*, p. 201; Machado Santos, *A revolução portugueza. Relatorio*, p. 94-95; Hermano Neves, *Como triumphou a Republica. Subsídios para a Historia da Revolução do 4 de Outubro de 1910*, p. 98; Freitas Saraiva, *Como se implantou a Republica em Portugal (Notas de um revolucionario)*, p. 48; Celestino Steffanina, *Subsidios para a historia da revolução de 5 de Outubro de 1910*, Lisboa, Ed. de O Auctor, 1918, p. 7; Carlos Olavo, *Homens, Fantasmas e Bonecos*, p. 21.

18 «Como se fez a República», *in O Seculo*, n° 10 373, de 28 de Outubro de 1910.

19 Machado Santos, *A revolução portugueza. Relatorio*, p. 57.

20 Notas de Carlos Ferrão a José Relvas, *Memórias políticas*, p. 315.

21 António Maria da Silva, *O meu depoimento*, vol. I, p. 280.

22 «Como se fez a República», *in O Seculo*, n° 10 372, de 27 de Outubro de 1910; Luis da Camara Reys, *Vida Politica*, Lisboa, 1911, pp. 3-4.

23 Rocha Martins, *O Govêrno Provisório da República Portugueza (Crónica e memórias políticas) 1910-1911*, Lisboa, Inquérito, 1945, pp. 19.

24 António Maria da Silva, *O meu depoimento*, vol. I, p. 293.

25 José Relvas, *Memórias políticas*, pp. 113-114.

26 Bazilio Telles, *I – As dictaduras. II – O regimen revolucionário*, p. 31.

27 Carlos Ferrão, *História da I República*, Lisboa, Terra Livre, 1976, p. 29; Joaquim Madureira (Braz Burıry), *Na «Fermosa estrivaria» (Notas d'um Diario Subversivo) – 1911*, Lisboa, Livraria Classica Editora, 1912, p. 59.

28 *História da República*, p. 631.

29 Amadeu Carvalho Homem, *A ideia republicana em Portugal. O contributo de Teófilo Braga*, Coimbra, Minerva, 1989, p. 75; Angelo Vaz, *Bernardino Machado. Sentimentos, ideias e factos do seu tempo*, p. 135.

30 António Maria da Silva, *O meu depoimento*, p. 198.

31 José Relvas, *Memórias políticas*, p. 116.

32 Machado Santos, *A revolução portugueza. Relatorio*, p. 60.

33 Teixeira de Sousa, *Para a história da Revolução*, vol. I, pp. 267 e 294; Idem, vol. II, pp. 246-247.

34 *Memórias do Sexto Marquês de Lavradio*, p. 152.

35 *Como se implantou a Republica em Portugal (Notas de um revolucionario)*, pp. 104 e 130-131.

36 *Relatórios sobre a revolução de 5 de Outubro*, p. 74; Machado Santos, *A revolução portugueza. Relatorio*, pp. 68-69.

37 Gonzaga Pinto, *Memorias da Revolução. Na rotunda. Em artilharia 1. No Parque Eduardo VII*, Lisboa, Guimarães & C.ª, s/d, p. 34-37.

38 Freitas Saraiva, *Como se implantou a Republica em Portugal (Notas de um revolucionário)*, p. 34; Luis da Camara Reys, *Vida Politica*, 1911, p. 82.

39 *Relatórios sobre a revolução de 5 de Outubro*, pp. 59-76; Freitas Saraiva, *Como se implantou a Republica em Portugal (Notas de um revolucionário)*, pp. 62-63.

40 «Para a História da Revolução. Desde a madrugada de 4 ás 9 horas da manhã do mesmo dia. Relatório apresentado pelo capitão Sr. Sá Cardoso», *in Almanach de O Mundo para 1912*, p. 202-203.

41 Hermano Neves, *Como triumphou a Republica. Subsídios para a Historia da Revolução do 4 de Outubro de 1910*, p. 104.

42 José Relvas, *Memórias políticas*, vol. I, p. 115; Rocha Martins, *D. Manuel II*, vol. II, p. 499, n. 1; Vitorino Magalhães Godinho, *Vitorino Henriques Godinho. Pátria e República*, pp. 40-41; Augusto Vivero e Antonio de la Villa, *Cómo cae un trono (la Revolución en Portugal)*, pp. 177-179.

43 Lopes d'Oliveira e Rocha Martins, *A revolução de 5 de Outubro de 1910*, Lisboa, Edições Excelsior, (s. / d.), p. 14; *Diario de Noticias*, nº 16 127, de 5 de Outubro de 1910; Jorge d'Abreu, *A Revolução Portugueza. O 5 de Outubro (Lisboa, 1910)*, p. 140; Freitas Saraiva, *Como se implantou a Republica em Portugal (Notas de um revolucionário)*, pp. 74-75.

44 Teixeira de Sousa, *A força pública na Revolução (Réplica ao ex-coronel Albuquerque)*, p. 423; Hermano Neves, *Como triumphou a Republica. Subsídios para a Historia da Revolução do 4 de Outubro de 1910*, p. 123.

45 Joaquim Leitão, *Os cem dias funestos*, p. 222.

46 Teixeira de Sousa, *Para a história da Revolução*, vol. II, p. 482.

47 Machado Santos, *A revolução portugueza. Relatorio*, pp. 102-103; Freitas Saraiva, *Como se implantou a Republica em Portugal (Notas de um revolucionário)*, p. 67.

48 José Relvas, *Memórias políticas*, p. 124.

49 Freitas Saraiva, *Como se implantou a Republica em Portugal. Notas de um revolucionario*, p. 103; Raul Brandão, *Memórias*, vol. II, p. 24; Luis da Camara Reys, *Vida Politica*, 1911, p. 71.

50 Augusto Vivero e Antonio de La Villa, *Como cae un trono (La revolución en Portugal)*, p. 193.

51 Vitorino Magalhães Godinho, *Vitorino Henriques Godinho. Pátria e República*, p. 46; Jacinto Baptista, *Um jornal na Revolução. «O Mundo» de 5 de Outubro de 1910*, p. 149; David Ferreira, «Outubro de 1910, 5 de», *in* Joel Serrão (coord.), *Dicionário de História de Portugal*.

52 Rui Ramos, *A segunda fundação (1890-1926)*, p. 383.

53 Jacinto Baptista, *Um jornal na Revolução. «O Mundo» de 5 de Outubro de 1910*, pp. 96-97.

54 *História da República*, p. 551; Vasco Pulido Valente, *O Poder e o Povo: a revolução de 1910*, p. 129.

55 José Lopes Dias, «O coronel Malaquias de Lemos e a revolução de 5 de Outubro (Novos documentos)», Doc. 42, pp. 66-69.

56 Joaquim Leitão, *Os cem dias funestos*, pp. 200-209; Teixeira de Sousa, *A força pública na Revolução (Réplica ao ex-coronel Albuquerque)*, pp. 264-265.

57 Joaquim Leitão, *Os cem dias funestos*, pp. 264-268; Idem, *Diário dos vencidos*, p. 333; Carlos Ferrão, *Em defesa da República*, p. 47.

58 António Maria da Silva, *O meu depoimento*, vol. I, pp. 359 e 395-396.

59 «Para a História da Revolução. Desde a madrugada de 4 ás 9 horas da manhã do mesmo dia. Relatório apresentado pelo capitão Sr. Sá Cardoso», *in Almanach de O Mundo para 1912*, p. 206-207.

60 João Augusto de Fontes Pereira de Mello, *A revolução de 4 de Outubro (Subsidios para a sua historia)*, p. 41; «Os que se bateram. Fala o capitão Palla», *in O Seculo*, nº 10 263, de 18 de Outubro de 1910.

61 António Maria da Silva, *O meu depoimento*, vol. I, pp. 274, 313-315.

62 «Para a História da Revolução. Desde a madrugada de 4 ás 9 horas da manhã do mesmo dia. Relatório apresentado pelo capitão Sr. Sá Cardoso», *in Almanach de O Mundo para 1912*, p. 207.

63 Jorge d'Abreu, *A Revolução Portugueza. O 5 de Outubro (Lisboa, 1910)*, p. 177.

64 Gonzaga Pinto, *Memorias da Revolução*, pp. 54-55.

65 Lopes d'Oliveira, *A revolução de 5 de Outubro de 1910*, p. 20.

66 Jacinto Baptista, *Um jornal na Revolução. «O Mundo» de 5 de Outubro de 1910*, p. 77.

67 Machado Santos, *A revolução portugueza. Relatorio*, pp. 51-52.

68 *Relatórios sobre a revolução de 5 de Outubro*, p. 75.

69 Luis da Camara Reys, *Vida Politica*, 1911, p. 86; Raul Brandão, *Memórias*, vol. II, p. 111.

70 António Maria da Silva, *O meu depoimento*, vol. I, p. 274.

71 Freitas Saraiva, *Como se implantou a Republica em Portugal (Notas de um revolucionário)*, p. 66; António Maria da Silva, *O meu depoimento*, pp. 306--307 e 312; Machado Santos, *A revolução portugueza. Relatorio*, p. 82; João Sarmento Pimentel, *Memórias do capitão*, p 124.

72 Rocha Martins e Lopes d'Oliveira, *A revolução de 5 de Outubro de 1910*, Lisboa, Edições Excelsior, s. / d., p. 26.

73 António Maria da Silva, *O meu depoimento*, vol. I, p. 316.

74 Machado Santos, *A revolução portugueza. Relatorio*, p. 80.

75 António Maria da Silva, *O meu depoimento*, vol. I, p. 368, n. 1.

76 José Relvas, *Memórias políticas*, pp. 121-126 e 130.

77 Augusto Vivero e Antonio de La Villa, *Como cae un trono (La revolución en Portugal)*, p. 120.

78 António Maria da Silva, *O meu depoimento*, vol. I, p. 329; Freitas Saraiva, *Como se implantou a Republica em Portugal (Notas de um revolucionário)*, p. 67.

79 *Memórias do Sexto Marquês de Lavradio*, p. 156.

80 Teixeira de Sousa, *Para a historia da Revolução*, vol. II, p. 358.

81 2 no desembocar da Avenida Fontes Pereira de Melo, 1 na Duque de Loulé, 3 na Avenida da Liberdade, 1 na Rua Braamcamp, 3 no alto do Parque Eduardo VII (*A Revolução em Lisboa. Descripção circunstanciada dos acontecimentos que fizeram o advento da Republica Portugueza*, Lisboa, João Romano Torres & Ca. – Editores, 1910, p. 25).

82 António Maria da Silva, *O meu depoimento*, vol. I, p. 313.

83 Jorge d'Abreu, *A Revolução Portugueza. O 5 de Outubro (Lisboa, 1910)*, p.148.

84 Testemunho transcrito por Luis da Camara Reys, *Vida Politica*, 1911, p. 88; Carlos Malheiro Dias, *Do desafio à debandada*, vol. I, pp. 51-61.

85 Lopes d'Oliveira, *A revolução do 5 de Outubro de 1910*, p. 36.

86 António José Telo, *História Naval Portuguesa. Homens, doutrinas e organização. 1824-1974*, Lisboa, Academia de Marinha, 1999, tomo I, pp. 215-217.

87 Machado Santos, *A revolução portugueza. Relatorio*, pp. 108-109.

88 Joaquim Leitão, *Os cem dias funestos*, pp. 266-269.

89 Ibidem, p. 88; António Maria da Silva, *O meu depoimento*, p. 335-336.

90 António Maria da Silva, *O meu depoimento*, p. 336.

91 Teixeira de Sousa, *Para a história da Revolução*, vol. II, p. 433; Teixeira de Sousa, *A força pública na Revolução (Réplica ao ex-coronel Albuquerque)*, p. 250; Alvaro Pinheiro Chagas, *O Movimento Monarchico*, p. 115.

92 Joaquim Leitão, *Diário dos vencidos*, pp. 164-165.

93 Lopes d'Oliveira, *A revolução do 5 de Outubro de 1910*, pp. 30-31.

94 *Relatórios sobre a revolução de 5 de Outubro*, pp. 110 e 125.

95 António Maria da Silva, *O meu depoimento*, vol. I, pp. 287 e 317.

96 *Relatórios sobre a revolução de 5 de Outubro*, p. 140.

97 Teixeira de Sousa, *A força pública na Revolução (Réplica ao ex-coronel Albuquerque)*, p. 421.

98 José Relvas, *Memórias políticas*, p. 148.

99 Teixeira de Sousa, *A força pública na Revolução (Réplica ao ex-coronel Albuquerque)*, p. 311.

100 José Lopes Dias, «O coronel Malaquias de Lemos e a revolução de 5 de Outubro (Novos documentos)», Doc. 42, pp. 66-69; Joaquim Leitão, *Os cem dias funestos*, pp. 292 e 296; Júlio de Vilhena, *Antes da Republica (notas autobiográficas)*, vol. II, p. 388.

101 Teixeira de Sousa, *Responsabilidades Historicas (Politica contemporânea)*, vol. 2º, pp. 406 e 431.

102 Alvaro Pinheiro Chagas, *O Movimento Monarchico*, p. 20.

103 Vitorino Magalhães Godinho, *Vitorino Henriques Godinho. Pátria e República*, p. 52.

104 Machado Santos, *A revolução portugueza. Relatorio*, pp. 90-91.

105 Teixeira de Sousa, *Para a história da Revolução*, vol. II, p. 438.

106 João Sarmento Pimentel, *Memórias do capitão*, pp. 126-127.

107 Teixeira de Sousa, *Para a história da Revolução*, vol. II, p. 444.

108 *Relatórios sobre a revolução de 5 de Outubro*, p. 130.

109 João Sarmento Pimentel, *Memórias do capitão*, pp. 124-125; Rocha Martins, *D. Manuel II*, vol. II, p. 506.

110 Joaquim Leitão, *Os cem dias funestos*, p. 205; Lopes de Oliveira, *A revolução de 5 de Outubro de 1910*, pp. 16-17. .

111 Joaquim Leitão, *Diário dos vencidos*, p. 173.

112 António Maria da Silva, *O meu depoimento*, pp. 395-399.

113 Vitorino Magalhães Godinho, *Vitorino Henriques Godinho. Pátria e República*, p. 48.

114 *Diario de Noticias*, nº 16 127, de 5 de Outubro de 1910.

115 Raul Brandão, *Memórias*, vol. II, p. 35.

116 Joaquim Leitão, *Diário dos vencidos*, p. 174.

117 Hermano Neves, *Como triunfou a Republica. Subsídios para a Historia da Revolução do 4 de Outubro de 1910*, p. 15; Bourbon e Meneses, «O movimento revolucionário do 4 de Outubro de 1910 e a proclamação da República», *in* Luís de Montalvor, *História do Regímen Republicano em Portugal*, vol. II, pp. 371-372.

118 Alvaro Pinheiro Chagas, *O Movimento Monarchico*, I, p. 150.

119 Bourbon e Meneses, «O movimento revolucionário do 4 de Outubro de 1910 e a proclamação da República», *in* Luís de Montalvor, *História do Regímen Republicano em Portugal*, vol. II, pp. 398.

120 José Lopes Dias, «O coronel Malaquias de Lemos e a revolução de 5 de Outubro (Novos documentos)», Doc. 131, pp. 58-59.

121 João Medina, «A revolução republicana: o «Dies Irae» que não passou de um «idílio»», *in* João Medina (direc.), *História de Portugal*, vol. X, p. 32.

122 *A Revolução em Lisboa. Descripção circunstanciada dos acontecimentos que fizeram o advento da Republica Portugueza*, p. 15.

123 Joaquim Leitão, *Diário dos vencidos*, p. 70; José Brissa, *La Revolución Portuguesa (1910)*, 2ª ed., Barcelona, Casa Editorial Maucci, 1911, p. 118.

124 Freitas Saraiva, *Como se implantou a Republica em Portugal (Notas de um revolucionário)*, pp. 69-70.

125 Ibidem, p. 137.

126 *Apud Memórias do Sexto Marquês de Lavradio*, p. 158.

127 Teixeira de Sousa, *Para a história da Revolução*, vol. II, p. 421.

128 Fialho d'Almeida, *Saibam quantos... (cartas e artigos politicos)*, p. 14.

129 Basílio Teles, *Memórias Políticas*, p. 17.

130 José Relvas, *Memórias políticas*, vol. I, p. 129.

131 Joaquim Leitão, *Os cem dias funestos*, p. 189.

132 «Para a História da Revolução. Desde a madrugada de 4 ás 9 horas da manhã do mesmo dia. Relatório apresentado pelo capitão Sr. Sá Cardoso», *in Almanach de O Mundo para 1912*, p. 208.

133 Cfr. David Ferreira, «Outubro de 1910, 5 de», *in* Joel Serrão (dir.), *Dicionário de História de Portugal*; Vasco Pulido Valente, *O poder e o Povo: a revolução de 1910*, pp. 137-140.

134 José Relvas, *Memórias políticas*, vol. I, p. 134.

135 Jorge d'Abreu, *A Revolução Portugueza. O 5 de Outubro (Lisboa, 1910)*, p. 152.

136 Teixeira de Sousa, *A força pública na Revolução (Réplica ao ex-coronel Albuquerque)*, p. 82.

137 *Apud* Teixeira de Sousa, *Para a história da Revolução*, vol. II, pp. 253 e 255.

138 António Maria da Silva, *O meu depoimento*, pp. 379-380; *Relatórios sobre a revolução de 5 de Outubro*, p. 166; Joaquim Leitão, *Diário dos vencidos*, pp. 24 e 258.

139 Jorge d'Abreu, *A Revolução Portugueza. O 5 de Outubro (Lisboa, 1910)*, p. 154.

140 *Relatórios sobre a revolução de 5 de Outubro*, Lisboa, Publicações Culturais da Câmara Municipal de Lisboa, 1978, p. 47.

141 José Relvas, *Memórias políticas*, vol. I, p. 72.

142 Carlos Simões, *in* Francisco Valença, *Varões Assinalados*, Anno 2º, nº 29, Novembro de 1911.

143 *História da República*, p. 588.

144 *Apud* Teixeira de Sousa, *Para a história da Revolução*, vol. II, pp. 252-256; João Augusto de Fontes Pereira de Mello, *A revolução de 4 de Outubro (Subsidios para a sua historia)*, pp. 54-55.

145 Conselheiro Jacinto Cândido, *Memorias íntimas para o meu filho (1898-1925)*, pp. 54 e 65.

146 *O Seculo*, nº 10 350, de 5 de Outubro de 1910.

147 Joaquim Leitão, *Diário dos vencidos*, pp. 175 e 182.

148 *A Revolução em Lisboa. Descripção circunstanciada dos acontecimentos que fizeram o advento da Republica Portugueza*, p. 31.

149 Augusto Vivero e Antonio de La Villa, *Como cae un trono (La revolución en Portugal)*, p. 206; Freitas Saraiva, *Como se implantou a Republica em Portugal (Notas de um revolucionário)*, pp. 114-116; Maria Filomena Mónica, *A queda da monarquia. Portugal na viragem do século*, Lisboa, Publicações D. Quixote, 1987, p. 28.

150 *Memórias do Sexto Marquês de Lavradio*, pp. 160-161; João Jorge Moreira de Sá, *Aclarando a verdade (1910-1940). Narrativa sucinta de quanto se passou a bordo do «Amélia» na ida para Gibraltar no dia 5 de Outubro de 1910*, Lisboa, 1940, pp. 22-24.

151 Augusto Vivero e Antonio de La Villa, *Como cae un trono (La revolución en Portugal)*, p. 208; Freitas Saraiva, *Como se implantou a Republica em Portugal (Notas de um revolucionário)*, p. 117.

152 Alvaro Pinheiro Chagas, *O Movimento Monarchico*, vol. II, pp. 25 e 50; Freitas Saraiva, *Como se implantou a Republica em Portugal (Notas de um revolucionário)*, p. 100.

153 In *Almanach de A Lucta, 2º anno, 1911*, p. 183.

154 Cartas pessoais de D. Manuel II *in* Theophilo Duarte, *Sidónio Pais e o seu consulado*, Lisboa, Portugália, (1941), p. 96; e em Rodrigues Cavalheiro, *D. Manuel II e João Franco. Correspondência inédita*, p. 20.

155 Teixeira de Sousa, *A força pública na Revolução (Réplica ao ex-coronel Albuquerque)*, p. 428.

156 «Como se fez a República», *in* O *Seculo*, nº 10 372, de 27 de Outubro de 1910.

157 Alvaro Pinheiro Chagas, *O Movimento Monarchico, II. «O Correio da Manhã»*, Porto, Leitão e Cª., 1914, p. 54-59.

158 *A situação politica em Portugal. Republica ou Monarchia? por Um antigo Deputado ás Cortes da Monarchia*, Paris-Rio de Janeiro, Aillaud, Alves & Cia – Francisco Alves & Cia, 1913, p. 35.

159 Júlio de Vilhena, *Carta aberta. I Ao Sr. J. A. Moreira d'Almeida*, p. 39.

160 Antonio Cabral, *Memorias politicas. Em plena república*, pp. 58 e 66.

161 Conselheiro Jacinto Cândido, *Memórias íntimas para o meu filho (1898-1925)*, p. 66.

162 Alvaro Pinheiro Chagas, *O Movimento Monarchico*, vol. I, p. 22.

163 *Apud* Vitorino Magalhães Godinho, *Vitorino Henriques Godinho. Pátria e República*, p. 50.

164 «Como se fez a República», *in* O *Seculo*, nº 10 373, de 28 de Outubro de 1910.

165 David Ferreira, *História Política da Primeira República Portuguesa*, Parte I, I vol. (1910-1915), p. 22; talvez José Relvas tivesse antes feito uma proclamação – as crónicas são confusas!

166 *Apud* Teixeira de Sousa, *Para a história da Revolução*, vol. II, p. 452, n. 1.

167 Luis da Camara Reys, *Vida Politica*, 1911, p. 2.

168 Freitas Saraiva, *Como se implantou a Republica em Portugal*, 2ª ed., p. 175; *A Patria*, nº 315, de 7 de Outubro de 1910.

169 Guerra Junqueiro, *Patria*, p. 74.

170 *A Revolução em Lisboa. Descripção circunstanciada dos acontecimentos que fizeram o advento da Republica Portugueza*, p. 22.

171 Fernando Pessoa, *Da República (1910-1935)*, ed. Maria Isabel Rocheta e Maria Paula Mourão, Lisboa, Ática, 1978, p. 115.

172 Machado Santos, *A revolução portugueza. Relatorio*, p. 93; *apud* Lopes d'Oliveira, *A revolução de 5 de Outubro de 1910*, pp. 54-55.

173 *Apud* Jacinto Baptista, *Um jornal na Revolução. «O Mundo» de 5 de Outubro de 1910*, p. 138.

174 *Apud* Raul Brandão, *Memórias*, vol. II, p. 27.

175 Carlos Amaro, «Depoimento de um conspirador», *in Almanach de A Lucta, Anno 2º, 1911*, p. 228.

176 *A Lucta*, nº 1726, de 5 de Outubro de 1910.

177 José Luciano de Castro, *Correspondência política (1858-1911)*, nº. 264, pp. 586-587.

178 Hermano Neves, *Como triumphou a Republica. Subsídios para a Historia da Revolução do 4 de Outubro de 1910*, p. 115.

179 Guerra Junqueiro, «O caçador Simão», *in Horas de Luta*, Porto, Lello & Irmão – Editores, 1965, pp. 73-74. *in* Joaquim de Carvalho, «Formação da ideologia republicana (1820-1880), *in* Luís de Montalvor, *História do Regímen Republicano em Portugal*, vol. I, entre as pp. 336-337.

180 John D. Vincent-Smith, *As relações políticas luso-britânicas. 1910-1916*, trad., Lisboa, Livros Horizonte, 1975, p. 41.

181 Manuel de Arriaga, «A proclamação da República», *in Portugal em crise. Da agonia da monarquia à implantação da República*, Porto, Fronteira do Caos Editores, 2006, p. 268.

FONTES

IMPRENSA

A Lucta, Lisboa, 1906-1910.

A Patria, Porto, 1909-1910.

Alma Nacional, Lisboa, 1910.

Almanach de A Lucta, 2º anno, 1911, Lisboa, 1910.

Almanach de O Mundo para 1912, Lisboa, Tipografia Casa Portuguesa, 1911.

Almanach de O Mundo para 1913, Lisboa, Tipografia Casa Portuguesa, 1912.

Diário da câmara dos deputados (on-line).

Diário da câmara dos pares (on-line).

Diario de Noticias, Lisboa, nº 16 127, de 5 de Outubro de 1910.

Jornal de Noticias, Porto, nº 235, de 5 de Outubro de 1910.

Justiça, Coimbra, 1903-1910.

O anno parlamentar. 1905. A sessão – A questão dos tabacos, Lisboa, Livraria Editora Viuva Tavares Cardoso, 1906.

O Mundo, Lisboa, 1906-1910.

O Seculo, Lisboa, 1906-1910.

O Xuão, Lisboa, 1908.

Ortigão, Ramalho, *As farpas. Crónica mensal da política, das letras e dos costumes*, reed., Lisboa, Livraria Clássica Editora, tom. XIV, 1946.

Pão Nosso..., de Pádua Correia, Porto, 1910.

Resistencia, Coimbra, 1906-1909.

Reys, Luis da Camara, *Vida Politica*, Lisboa, 1911-1913.

Reys, Luis da Câmara, *Cartas de Portugal (Para o Brazil)*, Lisboa, Livraria
Ferreira, Editora, 1907.

Seara Nova, Lisboa, 1921-1922.

Suplemento Humorístico de *O Seculo*, Lisboa, 1906-1910.

Valença, Francisco, *Varões assinalados*, Lisboa, 1909-1911.

MEMÓRIAS E TESTEMUNHOS

Almeida, Luz de, «A obra revolucionária da propaganda. As sociedades secretas»,
in Luís de Montalvor, *História do Regímen Republicano em Portugal*, Lisboa,
Ática, vol. II, 1932.

Amaro, Carlos, «Depoimento de um conspirador», *in Almanach de A Lucta,
Anno 2°, 1911.*

Brandão, Raul, *Memórias*, Lisboa, Perspectivas & Realidades, s/d.

Breyner, Thomaz de Mello, *Diário de um monárquico. 1908-1910*, 2ª ed., Porto,
Fundação António de Almeida, 2004.

Breyner, Thomaz de Mello, *Diário de um monárquico. 1911-1913*, 2ª ed., Porto,
s./e., 1994.

Cabral, António, *As minhas memorias politicas. Cinzas do passado*, Lisboa,
Livraria Popular de Francisco Franco, 1929.

Cabral, António, *As minhas memorias politicas. Em plena República.
A Catastrophe – valeu a pena?...*, Lisboa, Livraria Popular de Francisco Franco,
1932.

Cabral, António, *As minhas memorias politicas. Na linha de fogo*, Lisboa,
Livraria Popular de Francisco Franco, 1930.

Cabral, António, *As minhas memorias politicas. O agonizar da Monarquia.
Erros e crimes – novas revelações*, Lisboa, Livraria Popular de Francisco Franco,
1931.

Cabral, António, *Para a história. Os culpados da queda da monarquia*, Lisboa,
Livraria Popular de Francisco Franco, 1946.

Campos, Agostinho de, *O homem, a ladeira e o calhau (Breviário de desencanto
político)*, Paris-Lisboa, Aillaud e Bertrand, 1924.

Cândido, Conselheiro Jacinto, *Memórias íntimas para o meu filho (1898-1925)*,
prefácio do Dr. José Lopes Dias, Edição dos *Estudos de Castelo Branco*, 1963.

Chagas, Álvaro Pinheiro, *O Movimento Monarchico, I. O 28 de Janeiro
e o 5 de Outubro; II. O Correio da Manhã*, Porto, Leitão & Cª., 1913-1914.

Christo, Homem, *Monarchicos e Republicanos (Apontamentos para a Historia Contemporânea)*, Porto, Livraria Escolar Progrédior, 1928.

Colaço, Branca de Gonta, *Memórias da Marquesa de Rio Maior*, 2ª ed., Lisboa, Parceria A. M. Pereira, 2005.

Dias, Carlos Malheiro, *Do desafio á debandada, I. O pesadêlo*, Lisboa, Livraria Classica Editora, 1919.

Fonseca, Tomás da, *Memórias de um Chefe de Gabinete*, Lisboa, Distribuidor Livros do Brasil, 1949.

Gomes, M. Teixeira, «Uma fácil vitória diplomática», *in Seara Nova*, Lisboa, nº 267, 15 de Outubro de 1931.

Guedes, Armando Marques, *Páginas do meu Diário*, Lisboa – Rio de Janeiro, Editorial Enciclopédia L.ᵈᵃ, 1957.

João Sarmento Pimentel, *Memórias do capitão*, 2ª ed., Porto, Editorial Inova, 1974.

DOCUMENTOS VÁRIOS

A insubordinação do Vasco da Gama, pelo advogado António de Sousa Horta Sarmento Osório, Lisboa, 1906.

Adiantamentos à Família Rial Portuguesa deposta em 5 de outubro de 1910. Relatório elaborado pela comissão de sindicância à Direcção Geral da Tesouraria, Lisboa, Imprensa Nacional, 1915.

Almeida, Pedro Tavares de, «Materiais para a História Eleitoral e Parlamentar Portuguesa», 1820-1926.

Anais do Município de Coimbra, 1904-1919, Coimbra, Edição da Biblioteca Municipal, 1952.

Arquivo da Universidade de Coimbra, Colecção Fausto de Quadros, VI-III-5-4.

Cabral, A. C. Costa, *A acção republicana militar na província (região central do Paiz)*, Coimbra, F. França Amado, Editor, 1911.

Castro, Augusto de, «O fim da monarquia», *in Diário de Notícias*, 24 e 25/1/1968 e 17 e 22/2/1968.

Cavalheiro, Rodrigues, *D. Manuel II e João Franco*, 2ª ed., Lisboa, Biblioteca do Pensamento Político, 1970.

Cruzada a favor da Boa Imprensa, 2ª ed., Lisboa, Typographia da Casa Catholica, 1902.

Dias, Carlos Malheiro, *Em redor de um grande drama. Subsidios para uma Historia da Sociedade Portuguesa (1908-1911)*, s /d, Lisboa – Rio de Janeiro, Aillaud & Bertrand – Francisco Alves, p. XXXVI.

Duarte, Theophilo, *Sidónio Pais e o seu consulado*, Lisboa, Portugália, (1941).

Documentos políticos encontrados nos Palácios Riais depois da revolução republicana de 5 de Outubro de 1911, Lisboa, Imprensa Nacional de Lisboa, 1915.

QUESTÕES POLÍTICAS

Azevedo, Visconde de, *Algumas observações sobre a carta que ácerca das Conferencias do Casino escreveu o Snr. Alexandre Herculano e se acha inserta no tomo 1° dos «Opusculos» do illustre escritor*, Porto, Typographia da «Palavra», 1873.

Braga, Theophilo, *História das Ideias Republicanas em Portugal*, reed., Lisboa, Vega, 1983.

Braga, Theophilo, *Soluções positivas da Politica Portugueza*, 2ª. ed., Porto, Livraria Chardron, 1912.

Bruno, José Pereira de Sampaio, *A Questão Religiosa*, Porto, Livraria Chardron de Lello & Irmão, 1907.

Bruno, José Pereira de Sampaio, *A Dictadura. Subsidios moraes para seu juizo critico*, Porto, Livraria Chardron, 1909.

Bruno, José Pereira de Sampaio, *Portugal e a Guerra das Nações*, Lisboa, Livraria Chardron de Lello & Irmão, 1906.

Camacho, Brito, *Questões Nacionais*, Lisboa, Guimarães & Cª., (1937).

Coelho, Trindade, *Manual politico do cidadão português*, 2ª ed., Porto, Typographia a vap. da emprêsa literaria e typographica, 1908.

Cordeiro, Joaquim António da Silva, *A crise nos seus aspectos morais*, 2ª ed., Lisboa, Edições Cosmos – Centro de História da Universidade de Lisboa, 1999.

Costa, Affonso, *Discursos*, Lisboa, Livraria Classica Editora, 1908.

Costa, Emílio, *É precisa a Republica?*, Lisboa, Imprensa de Libanio da Silva, 1903.

Discursos dos illustres deputados republicanos Srs. Drs. Affonso Augusto da Costa, Alexandre Braga, Antonio José de Almeida e João de Menezes, proferidos no Parlamento, vols. I (prefácio de Magalhães Lima) e II (prefácio de França Borges), Lisboa, 1906-1907.

Duas palavras sobre o Registo Civil. Parecer apresentado no dia 14 de Maio de 1866 na aula de Direito Administrativo da Universidade de Coimbra, Coimbra, Imprensa da Universidade, 1866.

Gallis, Alfredo, *A burla do constitucionalismo. Autopsia á politica portugueza no actual momento historico*, Lisboa, Parceria Antonio Maria Pereira, 1905.

Herculano, Alexandre, *Opusculos*, 3ª ed., Lisboa, Antiga Casa Bertrand – José Bastos & Cª., Editores, tom. III, s/d.

Machado, Bernardino, «Formas de Governo», *in Portugal em crise. Da agonia da monarquia à implantação da República*, Porto, Fronteira do Caos Editores, 2006.

Martins, Oliveira, «Condições da formação de um partido vivedoiro», *in O Repórter*, Lisboa, Guimarães & Ca., vol. I, 1957.

Martins, Oliveira, *Dispersos*, ed. António Sérgio e Faria de Vasconcelos, Lisboa, Publicações da Biblioteca Nacional, 1923.

Martins, Oliveira, *Política e História*, Lisboa, Guimarães & C.ª Editores, 1957.

Nogueira, César, *Notas para a história do socialismo em Portugal*, 2º vol., *(1895--1925)*, Lisboa, Portugália Editora, 1966.

Pessoa, Fernando *Da República (1910-1935)*, ed. Maria Isabel Rocheta e Maria Paula Mourão, Lisboa, Ática, 1978.

Pimenta, Alfredo, *O Fim da Monarchia*, Coimbra, Typographia Democratica, 1906.

Praça, Lopes, *apud* Joaquim de Carvalho, «Formação da ideologia republicana (1820-1880), *in* Luís de Montalvor, *História do Regímen Republicano em Portugal*, Lisboa, Ática, vol. I, 1930.

Salgueiro, Jeronymo, *O franquismo*, Coimbra, Typographia M. Reis Gomes, 1904.

Sousa, Teixeira de, *A questão dos tabacos (De 21 de Março a 17 de Maio de 1906)*, Lisboa, Typographia Lusitana – Editora, 1906.

Telles, Bazilio, *Do Ultimatum ao 31 de Janeiro. Esboço d'historia politica*, Porto, Bazilio Telles, editor, 1905.

Telles, Bazilio, *I – As dictaduras. II – O regimen revolucionário*, Famalicão, Typographia Minerva – Editora, 1911.

Veiga, Alves da, *Politica nova. Ideias para a reorganização da nacionalidade portugueza*, Lisboa, Livraria Classica Editora, 1911.

INTERVENÇÕES POLÍTICAS

Almeida, António José de *Quarenta anos de vida literária e política*, Lisboa, J. Rodrigues & C.ª, l933-1934.

Almeida, Fialho d', *Saibam quantos… (cartas e artigos políticos)*, Lisboa, Livraria Clássica Editora, 1912.

Arriaga, Manuel de, «A proclamação da República», *in Portugal em crise. Da agonia da monarquia à implantação da República*, Porto, Fronteira do Caos Editores, 2006.

Braga, Alexandre, *Discurso pronunciado no comicio anti-jesuitico*, Porto, Typographia Occidental, 1885.

Camacho, Brito, *Ao de leve*, Lisboa, Guimarães & Cª., 1913.

Camacho, Brito, *Ferroadas*, Lisboa, Livraria Editora Guimarães & C.a, (1932).

Camacho, Brito, *Matéria vaga*, Lisboa, Guimarães & C.a, 1934.

Castro, José de, *O Maior Crime do Regimen. O juizo d'instrucção criminal*, Lisboa, Composto e impresso na Typ. La Bécarre, de F. Carneiro & C.a, 1910.

Dias, Carlos Malheiro, *O Estado actual da Causa Monarchica. 1912*, Lisboa, ed. do Autor, 1912.

Franco, João, *Carlos Lobo d'Avila. Discurso Parlamentar*, Lisboa, Imprensa Nacional, 1896.

Machado, Bernardino, *Da monarchia para a republica. 1883-1905*, Coimbra, J. Moura Marques – editor, 1905.

Machado, Bernardino, *A concentração monarchica*, Lisboa, Typographia do Commercio, 1908.

Machado, Bernardino, *A Universidade de Coimbra*, 2ª ed., Lisboa, Editor-Proprietario, Bernardino Machado, 1908.

Magalhães, Luís de *Eduardo VII. Elogio historico pronunciado na sessão solemne da Liga Monarchica do Porto*, Porto, Magalhães & Moniz, 1910.

Medeiros, Francisco José de, *O Juizo de Instrução Criminal. Discurso proferido na sessão da Câmara dos Senhores Deputados na Nação de 16 de Março de 1903*, Lisboa, Imprensa Nacional, 1903.

Obras de Afonso Costa, Discursos parlamentares, I. 1900-1910, ed. A. H. de Oliveira Marques, Lisboa, Publicações Europa-América, 1973.

Oliveira, Manuel d', *O perigo negro*, Porto, Typographia Gutenberg, 1901.

Ribeiro, Hintze, *Dois discursos*, 1906.

PROPAGANDA E POLÉMICA

A situação politica em Portugal. Republica ou Monarchia? por Um antigo Deputado ás Cortes da Monarchia, Paris-Rio de Janeiro, Aillaud, Alves & Cia – Francisco Alves & Cia, 1913.

Agostinho, José, *Galeria Republicana. I. Dr. Antonio José de Almeida*, Lisboa, Bibliotheca Democratica, 1906.

Arnoso, Conde de, *Justiça!*, Coimbra, França Amado – Editor, 1908.

Baptista, Henrique, *Monarchia e Republica. Carta ao Snr. Dr. Bernardino Machado*, Porto, Livraria Portuense de Lopes & C.ª – Successor, 1909.

Baptista, Henrique, *Ilusões e Desenganos. Carta ao Snr. Conselheiro José d'Alpoim*, Porto, ed. Autor, 1910.

Bombarda, Miguel, *A reacção em Portugal. Discurso pronunciado no Parlamento em homenagem a Joaquim António de Aguiar*, Lisboa, Editora Biblioteca de Estudos Sociais, (s/d).

Bombarda, Miguel, *A sciencia e o jesuitismo. Replica a um padre sabio*, Lisboa, Parceria Antonio Maria Pereira, 1900.

Botto-Machado, Fernão, *Crenças e revoltas*, Lisboa, Typographia Bayard, 1908.

Cabral, António, *As cartas d'el-rei D. Carlos ao Sr. João Franco*, Lisboa, Portugal-Brasil, s/d.

Camacho, Brito, *«D. Carlos, intimo»*, Lisboa, Guimarães & Ca., s/d.

Chagas, João, *1908. Subsidios criticos para a historia da dictadura*, Lisboa, Editor, João Chagas, 1908.

Chagas, João, *As minhas razões*, Lisboa, Livraria Central de Gomes de Carvalho, editor, 1906.

Chagas, João, *Cartas políticas*, Lisboa, João Chagas, 1908-1910.

Chagas, João, *João Franco. 1906-1907*, Lisboa, J. Chagas, 1907.

Chagas, João, *Na brecha (Pamphletos) 1893-1894*, Lisboa, Agencia Universal de Publicações – Editora, 1898.

Chagas, João, *Posta-restante (cartas a toda a gente)*, Lisboa, Livraria Editora – Viuva Tavares Cardoso, 1906.

Coelho, Dr. Joaquim Pinto, *Textos Políticos, 1905-1910*, ed. Francisco Azevedo Brandão, Espinho, Câmara Municipal, s./d..

Emílio, Paulo, *A Lanterna (Opusculo semanal de inquerito á vida religiosa e ecclesiastica portugueza)*, Lisboa, 1909-1910.

Falcão, José, *Cartilha do Povo*, Lisboa, Livraria Central de Gomes de Carvalho, editor, 1909 (1ª edição, Vila Nova de Famalicão, Minerva, 1896).

Freire, João Paulo (Mario), *O livro de João Franco sobre el-rei D. Carlos. Recortes e commentarios d'um jornalista*, Porto, Livraria e Imprensa Civilização, 1924.

Leal, Thomaz d'Eça, *A prisão de um anarchista*, Lisboa, ed. do Autor, 1907.

Leitão, Arthur, *Um caso de loucura epiléptica*, Lisboa, ed. Autor, 1907.

Lima, Magalhães, *Le Portugal Républicain*, Paris, Association Internationale de Conférences, 1910.

Lima, Sebastião de Magalhães, *Pela Patria e pela Republica*, Porto, Casa Editora Alcino Aranha & C.ª, s /d.

Meneses, Bourbon e, *Páginas de Combate. Critica & Doutrina*, Lisboa, Livraria Central Editora de Gomes de Carvalho, (1933).

O programma do Sr. João Franco. Commentario em Artigos publicados no jornal a Tarde, Lisboa, 1904.

Passos, Annibal, *A tragedia de Lisboa e a Politica Portuguesa*, Porto, Empresa Litteraria e Typographica – Editora, 1908.

Pedroso, Z. Consiglieri, *Propaganda democrática. 2ª serie, XXII A Constituição da Suissa*, Lisboa, Typographia Nacional, 1887.

Pedroso, Z. Consiglieri, *Propaganda Democratica. 1ª serie, II. O que é a Republica*, Lisboa, Typographia Nacional, 1886.

Propaganda democrática, Publicação Quinzenal para o Povo, fundada e dirigida por Z. Consiglieri Pedroso, Lisboa, Typographia Nacional, 1886-1888.

Sereno, João, *Cartas a toda a gente. 1ª carta. A El-Rei. A propósito da sua segunda visita a esta cidade*, Porto, Editores Gonçalves & Castro, 1909.

Silva, Manuel I. Abúndio da, *Questões actuaes. Carta-Dedicatoria ao Rev.º Geral dos Franciscanos*, Porto, Magalhães & Moniz, 1910.

CORRESPONDÊNCIAS

Cabral, António, *Cartas d'El-Rei D. Carlos a José Luciano de Castro*, Lisboa, Portugal-Brasil, 1927.

Cartas d'el rei D. Carlos I a João Franco Castello-Branco seu ultimo Presidente do Conselho, Lisboa, Livrarias Aillaud & Bertrand, 1924.

Cartas de Sua Majestade a Rainha Senhora Dona Amélia a D. Manuel de Bastos Pina, Lisboa, Livraria Clássica Editora, 1948.

Cabral, António, *Cartas d'el-rei D. Manuel II. O Homem, o Rei, o Portuguez – Notícias e revelações. – Memorias políticas*, Lisboa, Livraria Popular de Francisco Franco, 1933.

Castro, José Luciano de, *Correspondência Política (1858-1911)*, edição de Fernando Moreira, Lisboa, Instituto de Ciências Sociais da Universidade de Lisboa – Quetzal Editores, 1998.

Correspondência literária e política com João Chagas, Lisboa, Empresa Nacional de Publicidade, 1957.

Dias, José Lopes, «Cartas políticas do Conselheiro João Franco a Tavares Proença», *in Estudos de Castelo Branco*, nºs. 7-11, 1963-1964.

Dias, José Lopes, «O coronel Malaquias de Lemos e a revolução de 5 de Outubro (Novos documentos)», *in Estudos de Castelo Branco, Revista de História e Cultura*, Castelo Branco, nº 14/1 de Outubro de

Marques, A. H. de Oliveira, *Correspondência política de Afonso Costa. 1896--1910*, Lisboa, Editorial Estampa, 1982.

Martins, J. P. Oliveira, *Correspondência*, ed. de Francisco d'Assis Oliveira Martins, Lisboa, Parceria A. M. Pereira, 1926.

Matos, Sérgio Campos e Freitas, Joana Gaspar de [organizadores], *Correspondência política de Manuel de Arriaga*, Lisboa, Livros Horizonte, 2004.

Teixeira-Gomes M. , *Correspondência. I. Cartas para Políticos e Diplomatas*, Lisboa, Portugália, 1960.

LITERATURA

Albuquerque, António de, *A execução do rei Carlos. Monarchicos e Republicanos*, Bruxelas?, ed. do Autor, 1909.

Albuquerque, António de, *Marquês da Bacalhoa*, Lisboa, Imprensa Nacional/Casa da Moeda, 2002.

Deus, João de, *Campo de Flores*, 10ª ed., Lisboa, Livraria Bertrand, 1974.

Junqueiro, Guerra, *Patria*, 1896.

Lima, Campos, *O Regicida*, Lisboa, Livraria Gomes de Carvalho, 1909.

Metzner, Edo, *Crimes de lesa-Humanidade — I Os deportados!...*, Lisboa, s/ed., Novembro de 1906.

Metzner, Edo, *Fragmento de uma satyra. No agonisar da monarchia (ao ultimo dynasta de Bragança)*, Lisboa, 20-X-1906.

Ortigão, Ramalho, *Rei D. Carlos. O martyrisado*, Lisboa, Typographia «A Editora», 1908.

BIBLIOGRAFIA

OBRAS GERAIS

Caldeira, Alfredo, e Reis, António, *5 de Outubro de 1910, Implantação da República*, CD, Lisboa, Creatrix – Publicidade, Grafismo e Marketing, Lda., 2005.

Carvalho, Joaquim de, «Formação da ideologia republicana (1820-1880), *in* Luís de Montalvor, *História do Regímen Republicano em Portugal*, Lisboa, Ática, vol. I, 1930.

Ferrão, Carlos *História da I República*, Lisboa, Terra Livre, 1976.

Ferreira, David, «Outubro de 1910, 5 de», *in* Joel Serrão (coord.), *Dicionário de História de Portugal*, Lisboa, Iniciativas Editoriais, 1964-1971.

Ferreira, David, *História Política da Primeira República Portuguesa*, Lisboa, Livros Horizonte, Parte I, I vol. (1910-1915), 1973.

Alfredo Gallis, *Um reinado tragico*, *in* M. Pinheiro Chagas e J. Barbosa Colen, *Historia de Portugal (complemento)*, Lisboa, Empreza da Historia de Portugal, 1908-1909.

Grainha, Manuel Borges, *História da Franco-Maçonaria em Portugal (1733--1812)*, ed. António Carlos de Carvalho, Lisboa, Editorial Vega, 1976.

História da República, Lisboa, Editorial O Século, s./d.

Homem, Amadeu de Carvalho, «A propaganda republicana durante a monarquia constitucional», *in* João Medina (direc.), *História de Portugal dos tempos pré--históricos aos nossos dias*, Lisboa, Clube Internacional do Livro, vol. IX, 1998.

Lopes, José da Silva, «Finanças públicas», *in* Pedro Lains e Álvaro Ferreira da Silva (organizadores), *História Económica de Portugal 1700-2000*, Lisboa, ICS, vol. III, 2005.

Marques, A. H. de Oliveira (direcção), *História da 1ª República Portuguesa. As estruturas de base*, Lisboa, Iniciativas Editoriais, 1978.

Marques, A. H. de Oliveira, *Guia de História da 1ª República Portuguesa*, Lisboa, Editorial Estampa, 1997.

Marques, A. H. de Oliveira, *História de Portugal*, Lisboa, Palas Editora, vol. II, 1973.

A. H. de Oliveira Marques, *Portugal da Monarquia para a República*, *in* Joel Serrão e A. H. de Oliveira Marques, *Nova História de Portugal*, Lisboa, Editorial Presença, 1991

Martins, Rocha e Oliveira, Lopes d', *A revolução de 5 de Outubro de 1910*, Lisboa, Edições Excelsior, s/d.

Medina, João, «A revolução republicana: o «Dies Irae» que não passou de um «idílio»», *in* João Medina (direc.), *História de Portugal dos tempos pré-históricos aos nossos dias*, Lisboa, Clube Internacional do Livro, vol. X, 1998.

Meneses, Bourbon e, «O movimento revolucionário do 4 de Outubro de 1910 e a proclamação da República», *in* Luís de Montalvor, *História do Regímen Republicano em Portugal*, Lisboa, Ática, vol. II, 1932.

Mónica, Maria Filomena, *A queda da monarquia. Portugal na viragem do século*, Lisboa, Publicações D. Quixote, 1987.

Oliveira, Lopes d', *História da República Portuguesa. A propaganda na monarquia constitucional*, Lisboa, Editorial Inquérito, (1947).

Oliveira, Lopes de, «A obra de propaganda republicana», *in* Luís de Montalvor, *História do Regímen Republicano em Portugal*, Lisboa, Ática, vol. II, 1932.

Pabón, Jesus, *A Revolução Portuguesa*, trad., Lisboa, Aster, 1961.

Proença, Maria Cândida, e Manique, António Pedro, «Da reconciliação à queda da monarquia», *in* António Reis (direc.), *Portugal Contemporâneo*, Lisboa, Edições Alfa, 1996.

Ramos, Rui, *A segunda fundação (1890-1926)* vol. VI da *História de Portugal*, direcção de José Mattoso, Lisboa, Círculo de Leitores, 1994.

Rêgo, Raúl, *História da República*, Lisboa, Círculo de Leitores, 1986-1987.

Ribeiro, Armando *A Revolução Portugueza*, Lisboa, João Romano Torres & Cª., s/d.

Telo, António José, *História Naval Portuguesa. Homens, doutrinas e organização. 1824-1974*, Lisboa, Academia de Marinha, tomo I, 1999.

Valente, Vasco Pulido, *O poder e o Povo: a revolução de 1910*, Lisboa, Dom Quixote, 1974.

QUESTÃO RELIGIOSA

Carvalho, José, *Católicos nas vésperas da I República. Os Jesuítas e a Sociedade Portuguesa: o Novo Mensageiro do Coração de Jesus (1881-1910)*. Porto: Editora Civilização, 2008.

Catroga, Fernando, «O Livre-Pensamento contra a Igreja. A evolução do anticlericalismo em Portugal. (séculos XIX-XX)», *in Revista de História das Ideias*, Coimbra, Faculdade de Letras, vol. 22, 2001.

Catroga, Fernando, *Entre Deuses e Césares. Secularização, Laicidade e Religião Civil. Uma perspectiva histórica*, Coimbra, Almedina, 2006.

Clemente, Manuel, «A vitalidade religiosa do catolicismo português: do Liberalismo à República», *in História religiosa de Portugal*, Lisboa, Círculo de Leitores, 2002.

Cruz, Manuel Braga da «Partidos políticos confessionais», *in Dicionário de história religiosa de Portugal*, Lisboa, Círculo de Leitores, 2001.

Cruz, Manuel Braga da *As origens da democracia cristã e o salazarismo*, Lisboa, Editorial Presença – Gabinete de Investigações Sociais, 1980.

Gomes, J. Pinharanda, «Laicado», *in Dicionário de história religiosa de Portugal*, Lisboa, Círculo de Leitores, 2001.

Igreja e o Estado em Portugal. Da 1ª República ao limiar do Século XXI (A), Vila Nova de Famalicão, Câmara Municipal de Famalicão – Museu Bernardino Machado, 2004.

Neto, Vítor, *O Estado, a Igreja e a Sociedade em Portugal (1832-1911)*, Lisboa, Imprensa Nacional/Casa da Moeda, 1998.

Scot, Jean-Paul, *«L'État chez lui, l'Église chez elle». Comprendre la loi de 1905*, Paris, Éditions du Seuil, 2005.

Seabra, Eurico de, *A Egreja, as Congregações e a Republica. A separação e as suas causas*, Lisboa, Typographia Editora José Bastos, (1911?).

BIOGRAFIAS

Cardeal Neto (Esbôço biográfico), Prefácio do Pᵉ. Bartolomeu Ribeiro, Braga, 1928.

Cortegaça, Visconde de, *João Franco – ultimo Presidente do Conselho d'el rei D. Carlos – Carta inédita*, Ponte de Lima, Tip. Guimarães, 1952.

Godinho, Vitorino Magalhães, *Vitorino Henriques Godinho. Pátria e República*, Lisboa, Assembleia da República – Dom Quixote, 2005.

Madureira, Joaquim (Braz Buriry), «Caras Lavadas. I. Machado Santos», *in Machado Santos, A Carbonária e a Revolução de Outubro*, Lisboa, História Crítica, 1980.

Marques, A. H. de Oliveira, *Afonso Costa*, Lisboa, Arcádia, 1969.?

Marques, A. H. de Oliveira, e Costa, Fernando Marques da, *Bernardino Machado*, Lisboa, Montanha, 1978.

Martins, Rocha, *D. Carlos, História do seu reinado*, Lisboa, Edição do Autor, 1926.

Martins, Rocha, *D. Manuel II (Memorias para a Historia do seu reinado)*, Lisboa, Sociedade Editora «José Bastos», s /d.

Martins, Rocha, *João Franco e o seu tempo e comentários livres às cartas d'el-rei D. Carlos*, Lisboa, edição do autor, s/d.

Martins, Rocha, *Pimenta de Castro. Ditador*, Lisboa, Edição do Autor, s. /d.

Pallier, Jean, *D. Carlos I. Rei de Portugal. Destino maldito de um rei sacrificado*, trad., 5ª ed., Lisboa, Bertrand, 2005.

Proença, Maria Cândida, *D. Manuel II*, Lisboa, Círculo de Leitores, 2006.

Ramos, Rui, *D. Carlos, 1863-1908*, Lisboa, Círculo de Leitores, 2006.

Ribeiro, Aquilino e Mira, Ferreira de, *Brito Camacho*, Lisboa, Livraria Bertrand, (1942).

Sérgio, António, «Franco, João», *in Grande Enciclopédia Portuguesa e Brasileira*, Lisboa, Editorial Enciclopédia, vol. XI, s/d.

Serrão, Joel, «Martins, Joaquim Pedro de Oliveira», *in Dicionário de História de Portugal*, Lisboa, Iniciativas Editoriais, 1964-1971.

Torgal, Luís Reis, *António José de Almeida e a República. Discurso de uma vida ou vida de um discurso*, Lisboa, Temas e Debates, 2005.

Vaz, Ângelo, *Bernardino Machado. Sentimentos, ideias e factos do seu tempo*, Porto, edição do autor, 1950.

Vaz, Ângelo, *Vida vivida. Homens da República*, Porto, Edição do Autor, 1954.

QUESTÕES POLÍTICAS

Amaral, Augusto Ferreira do, *A acalmação e D. Manuel II*, Lisboa, Empresa Nacional de Publicidade, 1966.

Baptista, Jacinto, *O Cinco de Outubro*, Lisboa, Arcádia, 1964

Catroga, Fernando, *O republicanismo em Portugal da formação ao 5 de Outubro de 1910*, Coimbra, Faculdade de Letras, 1991.

Cavalheiro, Rodrigues, *Política e história*, Lisboa, Livraria Sam Carlos, 1960.

Ferrão, Carlos, *Desfazendo mentiras e calúnias*, Lisboa, Editorial Seculo, s /d.

Ferrão, Carlos, *Em defesa da República*, Lisboa, Editorial Inquérito, (1963).

Ferrão, Carlos, *Em defesa da verdade. O regicídio, os adiantamentos, a diplomacia de D. Carlos*, Lisboa, Editorial Século, s/d.

Ferreira, David, «Franquismo», *in* Joel Serrão (direc.), *Dicionário de História de Portugal,* Lisboa, Iniciativas Editoriais, 1964-1971.

Ferreira, David, «Republicano Português, Partido», *in* Joel Serrão (direc.), *Dicionário de História de Portugal,* Lisboa, Iniciativas Editoriais, 1964-1971.

Ferreira, José Medeiros, *O comportamento político dos militares. Forças armadas e regimes políticos em Portugal no século XX,* Lisboa, Editorial Estampa, 1992.

França, José-Augusto *Rafael Bordalo Pinheiro. O Português tal e qual,* Lisboa, Livraria Bertrand, 1981.

Homem, Amadeu Carvalho, «João Franco ou a tentação ditatorial», *in* João Medina (direc.), *História de Portugal dos tempos pré-históricos aos nossos dias,* Lisboa, Clube Internacional do Livro, vol. IX, 1998.

Homem, Amadeu Carvalho, *A ideia republicana em Portugal. O contributo de Teófilo Braga,* Coimbra, Minerva, 1989.

Homem, Amadeu de Carvalho, *Da monarquia à república,* Viseu, Palimage, 2001.

Leal, Ernesto de Castro, «A ideia federal no republicanismo português (1910-1926)», *in Revista de História das Ideias,* Coimbra, Faculdade de Letras, vol. 27, 2006.

Marques, A. H. de Oliveira, «Republicanismo e idealismo», *in Ensaios de História da I República Portuguesa,* Lisboa, Livros Horizonte, 1988.

Martins, F. A. Oliveira, *D. Carlos I e os «Vencidos da Vida»,* 2ª ed., Lisboa, Parceria António Maria Pereira, 1942.

Martins, Rocha, *O Govêrno Provisório da República Portugueza (Crónica e memórias políticas) 1910-1911,* Lisboa, Inquérito, 1945.

Medina, João, «A Carbonária portuguesa e o derrube da monarquia», *in* João Medina (direc.), *História de Portugal dos tempos pré-históricos aos nossos dias,* Lisboa, Clube Internacional do Livro, tomo X, 1998.

Morais, Jorge, *Com permissão de Sua Majestade. Família real inglesa e maçonaria na instauração da República em Portugal,* Lisboa, Occidentalis, 2005.

Nascimento, João Cabral do, «Hinton. A questão», *in* Joel Serrão (coord.), *Dicionário de História de Portugal,* Lisboa, Iniciativas Editoriais, 1964-1971.

Oliveira, Lopes d', *Oliveira Martins. O seu programa e o engrandecimento do poder real,* Lisboa, Edições Excelsior, s/d.

Ramos, Rui, *João Franco e o fracasso do reformismo liberal (1884-1908),* Lisboa, ICS, 2001.

Ribeiro, Ângelo, «A implantação da República», *in* Damião Peres, *História de Portugal,* Barcelos, Portucalense Editora, vol. VII, 1935.

Santos, Fernando Piteira, «O 5 de Outubro e a História: perspectiva sociopolítica da revolução», *in 5 de Outubro de 1976. Conferências no Palácio Foz*, Lisboa, Secretaria de Estado da Comunicação Social, 1976.

Sardica, José Miguel, *A dupla face do franquismo na crise da monarquia portuguesa*, Lisboa, Edições Cosmos, 1994.

Serrão, Joel, *Da «Regeneração» à República*, Lisboa, Livros Horizonte, 1990.

Serrão, Joel, «Republicanismo», *in* Joel Serrão (dir.), *Dicionário de História de Portugal*, Lisboa, Iniciativas Editoriais, 1964-1971.

Silva, Amaro Carvalho da, *O Partido Nacionalista no contexto do nacionalismo católico. Subsídios para a História Contemporânea Portuguesa*, Lisboa, Edições Colibri, 1996.

Soares, Mário, «Registo Civil», *in* Joel Serrão (dir.), *Dicionário de História de Portugal*, Lisboa, Iniciativas Editoriais, 1964-1971.

Soares, Mário, *As ideias políticas e sociais de Teófilo Braga*, Lisboa, Centro Bibliográfico, 1950.

Tengarinha, José, «Rotativismo», *in* Joel Serrão (dir.), *Dicionário de História de Portugal*, Lisboa, Iniciativas Editoriais, 1964-1971.

Tengarrinha, José Manuel, «Regimes eleitorais da Monarquia Parlamentar», *in Estudos de história contemporânea de Portugal*, Lisboa, Editorial Caminho, 1983.

José Miranda do Vale, *Anselmo Braamcamp Freire (1849-1921) Sua actividade política*, Lisboa, Seara Nova, 1953.

Valente, Vasco Pulido, *As duas tácticas da monarquia perante a revolução*, Lisboa, Publicações Dom Quixote, 1974.

Ventura, António, *A Carbonária em Portugal, 1897-1910*, Lisboa, Livros Horizonte, 2004.

Ventura, António, *Entre a República e a Acracia. O pensamento e a acção de Emílio Costa (1897-1914)*, Lisboa, Colibri, 1995.

ESTUDOS VÁRIOS

Aguiar, Asdrúbal de, «Causas das mortes do Rei D. Carlos I e do Príncipe Real D. Luís Filipe», *in Memórias*, Lisboa, Academia das Ciências, 1960, tom. VIII.

Correia, Félix *Quem matou o rei D. Carlos!*, 2ª ed., Lisboa, Portugália Editora, s/d.

Correia, Natália, *A questão académica de 1907*, Lisboa, Minotauro – Seara Nova, (1962).

Dantas, Júlio, *Outros tempos*, 3ª ed., Lisboa, Portugal-Brasil, s/d.

La Torre Gómez, Hipólito de, *Conspiração contra Portugal. 1910-1912*, trad., Lisboa, Livros Horizonte, 1978.

Marques, A. H. de Oliveira, colaboração de Jorge Ramos do Ó e Sérgio Bustorff Fortunato, *Companhia Geral de Crédito Predial Português. 125 anos de História*, Lisboa, 1989.

Saraiva, António José, *A Tertúlia Ocidental*, 2ª ed., Lisboa, Gradiva, 1996.

Vazquez Cuesta, Pilar, *A Espanha ante o «ultimatum»*, trad., Lisboa, Livros Horizonte, 1975.

Vincent-Smith, John D., *As relações políticas luso-britânicas. 1910-1916*, trad., Lisboa, Livros Horizonte, 1975.

Xavier, Alberto, *História da greve académica de 1907*, Coimbra, Coimbra Editora, 1962.

1   O rei D. Carlos I (1863-1908) foi a figura central dos últimos anos do regime monárquico. Autoritário e interveniente na política, embora sem persistência, tornou-se uma personagem discutida, atacada e pouco estimada. Dizia que em Portugal não havia monárquicos.

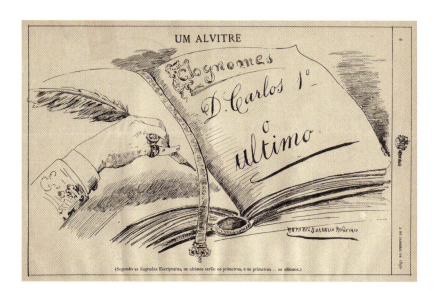

2   O rei, com uma visão lúcida das dificuldades nacionais, deixou-se encadear a um regime que dava sinais de exaustão e cedo foi anunciado que se aproximava do fim.

3   A eleição de quatro aguerridos republicanos para a câmara dos deputados em 1906 – Afonso Costa, João de Meneses, António José de Almeida e Alexandre Braga – fazia prever uma situação política agitada para Portugal.

4   João Franco, escolhido por D. Carlos para presidir ao ministério e mudar de política em 1906, não consegue equilibrar-se na defesa da monarquia por todos os meios e travar o avanço para um regime democrático que o crescimento republicano mostrava urgente.

Ataques parlameptares e ataques de larypge.

5   Professor e advogado de renome, Afonso Costa destaca-se como deputado pelos tremendos ataques desferidos contra a monarquia: saberá explorar o grande escândalo do período final do regime – a questão dos adiantamentos à casa real.

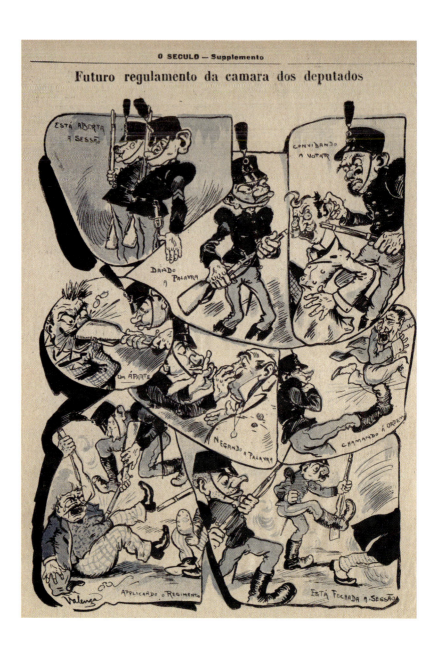

6   No final de intervenções provocadoras sobre os adiantamentos Afonso Costa e Alexandre Braga foram expulsos da câmara dos deputados pelos soldados da guarda. A propaganda anti-monárquica logo aproveitou a situação para mostrar a repressão que crescia, mesmo no interior do parlamento.

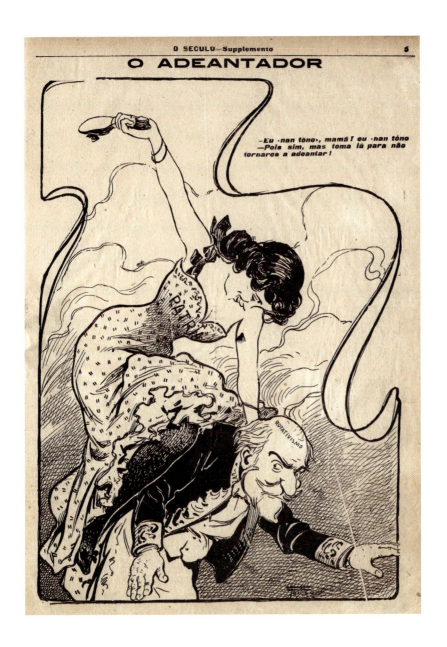

7 Os políticos do rotativismo eram cúmplices dos adiantamentos à família real. O arrependimento mostrado já não colhia na opinião pública: a Pátria castigava-os.

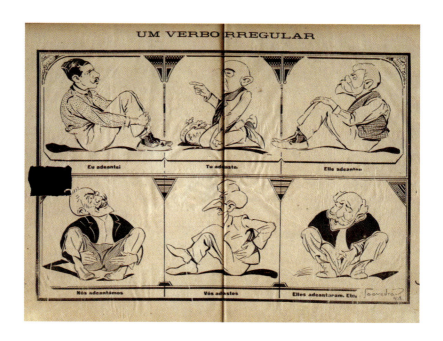

8   O aproveitamento propagandístico contra os adiantamentos foi uma arma de arremesso dos republicanos, culpando políticos monárquicos. Todos eles tinham sido cúmplices, todos tinham conjugado o verbo adiantar nas várias pessoas.

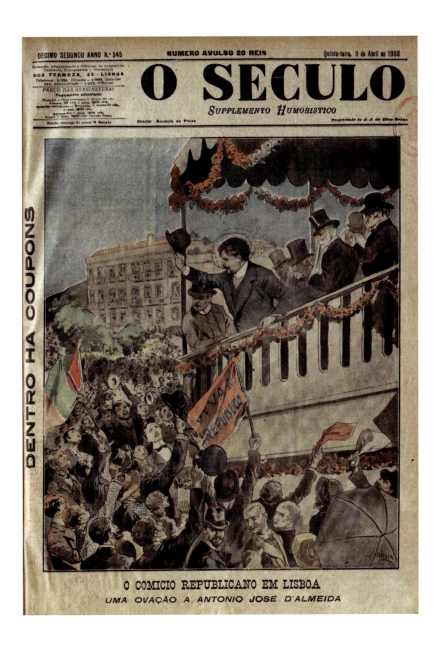

9   A propaganda republicana instala-se também na rua, realizando-se comícios muito concorridos em que os "caudilhos" atacavam as instituições. O mais querido dos tribunos foi o Dr. António José de Almeida.

10 A Universidade de Coimbra era atacada pelo seu tradicionalismo e atraso, dando origem a protestos como em 1907 a chamada questão académica – aproveitada pelo governo de João Franco e pelos republicanos.

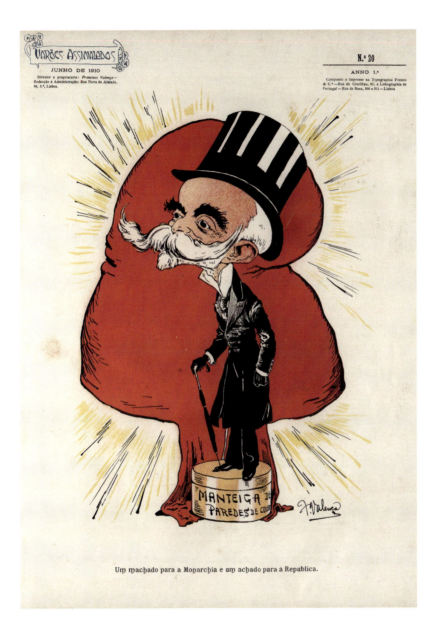

11 Figura notável de professor da Universidade, político regenerador passado à República, o Dr. Bernardino Machado demitiu-se de lente da Faculdade de Filosofia em protesto contra a repressão instalada na Universidade em 1907.

12 O jornalista João Chagas, figura central da propaganda. Sofreu cadeia, deportação e exílio e elevou a grande qualidade a escrita panfletária com as *Cartas Politicas* (1908-1910). Esteve também envolvido na organização da revolta armada.

13 A ditadura de João Franco (e do rei) apoiava-se naturalmente na repressão e na vigilância da imprensa. Antevia-se perigo numa revolta que essa situação estimulava.

14 O Dr. António José de Almeida foi o mais conhecido e estimado tribuno da propaganda, sendo também o responsável pela ligação do Partido Republicano à Carbonária para preparar o assalto ao regime.

15 A revolta dos marinheiros do navio *Vasco da Gama* em 1906 foi punida com extrema severidade pelo regime que não hesitava já em resolver pela força as dificuldades que se lhe iam levantando.

16 A rainha viúva D. Maria Amélia de Orleães foi uma presença determinante junto do filho, D. Manuel II, influência tida como nefasta. Não era uma pessoa popular.

17 José Luciano de Castro, chefe do partido progressista, foi um conselheiro muito ouvido pelo rei D. Manuel II durante o seu curto reinado. As composições e recomposições ministeriais devem-se em boa parte à sua intervenção.

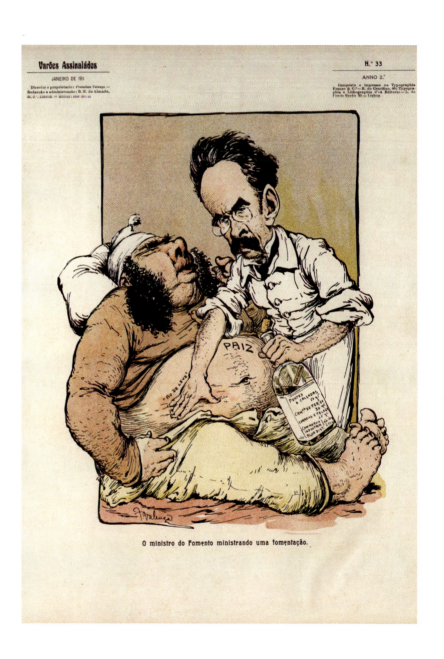

18 O Dr. Brito Camacho, médico militar e jornalista, director de *A Lucta*, tornou-se uma figura central da propaganda republicana, mostrando os desmandos da governação e do regime monárquico. Seria ministro do Fomento em 1910-1911.

19 O Dr. Teófilo Braga, professor do Curso Superior de Letras, foi um político e teórico do pensamento republicano. Trabalhador incansável era conhecido pela sua modéstia. Presidiu ao Governo Provisório.

20 O Zé Povinho descobre que o interior do cofre da Companhia de Crédito Predial se encontra sem valores e que os seus próprios bolsos estão vazios. Os arrombadores de cartola afastam-se com o dinheiro. José Luciano de Castro, governador da instituição, está à espreita – e deixa roubar.

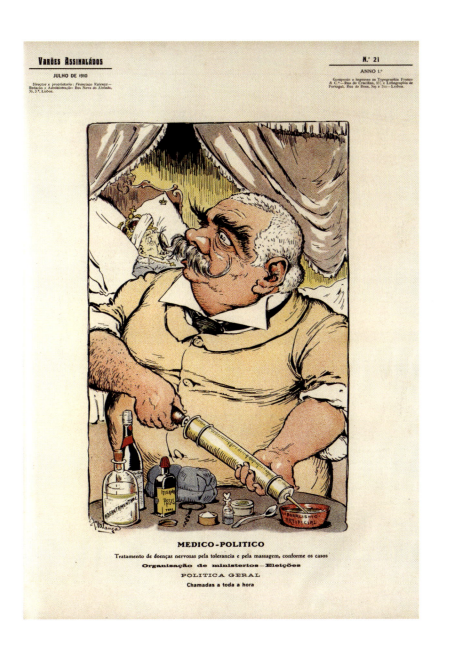

21 O último presidente do Conselho da monarquia, o Dr. Teixeira de Sousa, pretendeu ainda salvar a monarquia agonizante com uma política liberal. Entre outras iniciativas, tentou limitar a acção das congregações religiosas – porém, já não ia a tempo.

22 Padre e escritor de extrema rudeza, não poupando sequer a família real, Lourenço de Matos, director de O *Portugal*, foi um defensor agressivo da monarquia e uma figura muito criticada pelos republicanos.

23 O associativismo foi aproveitado pelos republicanos para propaganda e para criarem os organismos que haviam de servir para a defesa da República. A Federação Portuguesa de Livre Pensamento, ligada à Maçonaria, teve notável papel agregador contrário à política clerical.

24 O príncipe D. Afonso Henriques, tio e jurado herdeiro de D. Manuel II, figura popular e sem papas na língua, espantava-se com a beatice do sobrinho.

25 Luz de Almeida, Machado Santos e António Maria da Silva constituíram a Alta-Venda da Carbonária, direcção da sociedade secreta que preparou a intervenção armada popular na revolta contra a monarquia.

26 A campanha eleitoral de Agosto de 1910 foi em boa parte polarizada pela intervenção clerical, fazendo propaganda do bloco conservador e muito em especial do partido nacionalista.

27 As eleições de 28 de Agosto de 1910 deram um aumento da votação nos republicanos – embora só elegendo 14 deputados – e numa indecisão quanto ao equilíbrio dos partidos monárquicos. Em Lisboa, cidade republicana, e no Porto a vitória foi clara.

28 Soldados e civis juntos de uma barricada fingida durante a revolta.

29 Militares e civis junto de um peça de artilharia, durante a revolta de 4 para 5 de Outubro de 1910.

30 Auto da proclamação da República Portuguesa que ocorreu nos Paços do Concelho da cidade de Lisboa, pelas 8 horas e quarenta e cinco minutos de 5 de Outubro de 1910. Em nome do Directório do Partido Republicano Português Eusébio Leão declara abolida a monarquia e proclamada a República. Inocêncio Camacho anuncia a composição do Governo Provisório. A divisa do novo regime seria *Ordem e Trabalho*.

FONTES

1 Caricatura de D. Carlos por Leal da Câmara, *História da República*, Lisboa, Editorial O Século, p. 208 [1960];

2 D. Carlos 1º, O Último, de Rafael Bordalo Pinheiro, in J. A. França, *Rafael Bordalo Pinheiro, O português tal e qual*, Lisboa, Bertrand, 1980, p. 308; Museu Bordalo Pinheiro / Câmara Municipal de Lisboa;

3 A fogueira: O inquilino do primeiro andar – Parece-me que vou aquecendo, in Suplemento Humorístico de *O Seculo*, nº 474, de 29 de Novembro de 1906; foto cedida pela Biblioteca Nacional de Portugal;

4 Exercício difícil, João o Temerário, in Suplemento Humorístico de *O Seculo*, nº 453 de 3 de Junho de 1906; foto cedida pela Biblioteca Nacional de Portugal;

5 Afonso Costa, in Francisco Valença, *Varões assinalados*, Lisboa, nº 20, anno 1º, Junho de 1910; foto cedida pela Biblioteca Nacional de Portugal;

6 Futuro regulamento da câmara dos deputados, in Suplemento Humorístico de *O Seculo*, nº 476, de 13 de Dezembro de 1906; foto cedida pela Biblioteca Nacional de Portugal;

7 O adiantador, in Suplemento Humorístico de *O Seculo*, nº 559, de 16 de Julho de 1908; foto cedida pela Biblioteca Nacional de Portugal;

8 Um verbo irregular, in Suplemento Humorístico de *O Seculo*, nº 560. de 23 de Julho de 1908; foto cedida pela Biblioteca Nacional de Portugal;

9 Comício republicano em Lisboa, uma ovação a António José de Almeida, in Suplemento Humorístico de *O Seculo*, nº 545 de 9 de Abril de 1908; foto cedida pela Biblioteca Nacional de Portugal;

10 As Universidades, in Suplemento Humorístico de *O Seculo*, nº 489, de 14 de Março de 1907; foto cedida pela Biblioteca Nacional de Portugal;

11 Bernardino Machado, in Francisco Valença, *Varões assinalados*, Lisboa, nº 20, anno 1º, Junho de 1910; foto cedida pela Biblioteca Nacional de Portugal;

12 João Chagas, in Francisco Valença, *Varões assinalados*, Lisboa, nº 24, anno 1º, Agosto de 1910; foto cedida pela Biblioteca Nacional de Portugal;

13 Jogo arriscado, in Suplemento Humorístico de *O Seculo*, nº 501 de 5 de Junho de 1907; foto cedida pela Biblioteca Nacional de Portugal;

14 António José de Almeida, in Francisco Valença, *Varões assinalados*, Lisboa, nº2, anno 1º, Setembro de 1909; foto cedida pela Biblioteca Nacional de Portugal;

15 Ás mulheres portuguezas, in Suplemento Humorístico de *O Seculo*, nº 482, de 24 de Janeiro de 1907; foto cedida pela Biblioteca Nacional de Portugal;

16 D. Manuel II e a Rainha D. Amélia (viúva), *História da República*, p. 398;

17 José Luciano por Silva e Souza, in *Xuão*, nº 58, 2º anno, 6 de Abril de 1909, "O Vulcano da política. Enquanto eu for vivo não hão de faltar ministros"; foto cedida pela Hemeroteca Municipal de Lisboa;

18 Brito Camacho in Francisco Valença, *Varões assinalados*, Lisboa, nº 33, anno 2º, Janeiro de 1911; foto cedida pela Biblioteca Nacional de Portugal;

19 Theophilo Braga, retrato da presidência da República, *História da República*, p. 356 / 357;

20 Crédito Predial, Desenho de Alberto Sousa, n'*O Mundo*, nº 3414, de 4 de Maio de 1910; foto cedida pela Biblioteca Nacional de Portugal;

21 Teixeira de Sousa, in Francisco Valença, *Varões assinalados*, Lisboa, nº21, anno 1º, Julho de 1910; foto cedida pela Biblioteca Nacional de Portugal;

22 Padre Lourenço de Matos: in *Xuão*, nº 76, 2º anno, "Tem razão."; foto cedida pela Hemeroteca Municipal de Lisboa;

23 Estandarte da Federação Portuguesa de Livre Pensamento, in Museu Maçónico;

24 D. Manuel e o príncipe D. Afonso: por Silva e Souza in *Xuão*, nº 75, 2º anno, "É sacristão ou chefe de Estado?..."; foto cedida pela Hemeroteca Municipal de Lisboa;

25 Luz de Almeida, Machado Santos e António Maria da Silva, in Francisco Valença, *Varões assinalados*, Lisboa, nº29, anno 2º, Novembro de 1910; foto cedida pela Biblioteca Nacional de Portugal;

26 Campanha eleitoral em Agosto de 1910: desenho em *O Seculo*, nº 10 307, de 23 de Agosto de 1910; foto cedida pela Biblioteca Nacional de Portugal;

27 A eleição de Domingo — Lisboa faz o apuramento, in Suplemento humorístico de *O Seculo*, nº de 25 de Agosto de 1910; foto cedida pela Biblioteca Nacional de Portugal;

28 Arquivo Municipal de Lisboa / Arquivo Fotográfico: A Revolução de 5 de Outubro de 1910, de Anselmo Franco;

29 Arquivo Municipal de Lisboa / Arquivo Fotográfico: Acampamento revolucionário, de Alberto Carlos Lima;

30 Arquivo Municipal de Lisboa / Arquivo Fotográfico: Palácio da Mitra, Antigo Museu Municipal. Auto da proclamação da República Portuguesa a 5 de Outubro de 1910, do Estúdio Mário Novais.